I
Italiano

E
English

1.822

m ü. NN / m s.l.m. / m a.s.l.

St. Moritz

Graubünden / Grigioni / Grischun
Schweiz / Suisse / Svizzera / Svizra

Mehrfamilienhaus „Hans-Jürg Buff"
Edificio residenziale "Hans-Jürg Buff"
"Hans-Jürg Buff" Housing Complex

Pablo Horváth, Architekt SIA/SWB, Chur

4

→ 306

Samedan

Graubünden / Grigioni / Grischun
Schweiz / Suisse / Svizzera / Svizra

CHESA FATTA NU DROG

1.721

m ü. NN / m s.l.m. / m a.s.l.

Samedan

Graubünden / Grigioni / Grischun
Schweiz / Suisse / Svizzera / Svizra

Wohnüberbauung „Giardin“
Complesso residenziale “Giardin”
“Giardin” Residential Development

Lazzarini Architekten, Samedan

→ 308

1.716
m ü. NN / m s.l.m. / m a.s.l.

Zuoz

Graubünden / Grigioni / Grischun
Schweiz / Suisse / Svizzera / Svizra

Wohnüberbauung „Chesa Mariöl"
Complesso residenziale "Chesa Mariöl"
"Chesa Mariöl" Residential Develepment

Könz Molo architetti eth.sia.fas, Lugano

→ 310

1.560
m ü. NN / m s.l.m. / m a.s.l.

Davos

Graubünden / Grigioni / Grischun
Schweiz / Suisse / Svizzera / Svizra

Mehrfamilienhaus „Stockenwald“
Casa plurifamiliare “Stockenwald”
“Stockenwald” Condominiums

Zindel Brönnimann Ferrario, Zürich

1.359

m ü. NN / m s.l.m. / m a.s.l.

Gondo

Wallis / Valais
Schweiz / Suisse / Svizzera / Svizra

Wiederaufbau Gemeinde Gondo
Ricostruzione del Comune di Gondo
Reconstruction of Gondo Village

Durrer Linggi Architekten, Zürich
in Zusammenarbeit mit Jürg Schmid

→ 314

Agip

Gondo

Wallis / Valais
Schweiz / Suisse / Svizzera / Svizra

1.175

m ü. NN / m s.l.m. / m a.s.l.

Innichen / San Candido

Trentino-Südtirol / Trentino-Alto Adige
Italia

Wohnbau „Tetris House“
Edificio residenziale “Tetris House”
“Tetris House” Residential Building

Plasma Studio, London/Sexten

→ 316

1.130
m ü. NN / m s.l.m. / m a.s.l.

Disentis / Mustér

Graubünden / Grigioni / Grischun
Schweiz / Suisse / Svizzera / Svizra

„Unterhaus“ Mädcheninternat Kloster Disentis
Collegio femminile “Unterhaus”, convento di Disentis
“Unterhaus” Boarding School for Girls at Kloster Disentis

Gion A. Caminada, Vrin

→ 318

Nani-Bazar
SWISSLOS

918

m ü. NN / m s.l.m. / m a.s.l.

Ried-Brig

Wallis / Valais
Schweiz / Suisse / Svizzera / Svizra

Alters- und Pflegeheim „Santa Rita"
Casa di riposo e di cura "Santa Rita"
"Santa Rita" Retirement and Nursing Home

bhend.klammer architekten, Zürich

→ 320

Santa Rita

867
m ü. NN / m s.l.m. / m a.s.l.

Lans

Tirol
Österreich

Terrassen-Wohnanlage
Edificio per abitazioni a terrazze
Terraced Residential Complex

obermoser arch-omo zt gmbh / architektur, Innsbruck

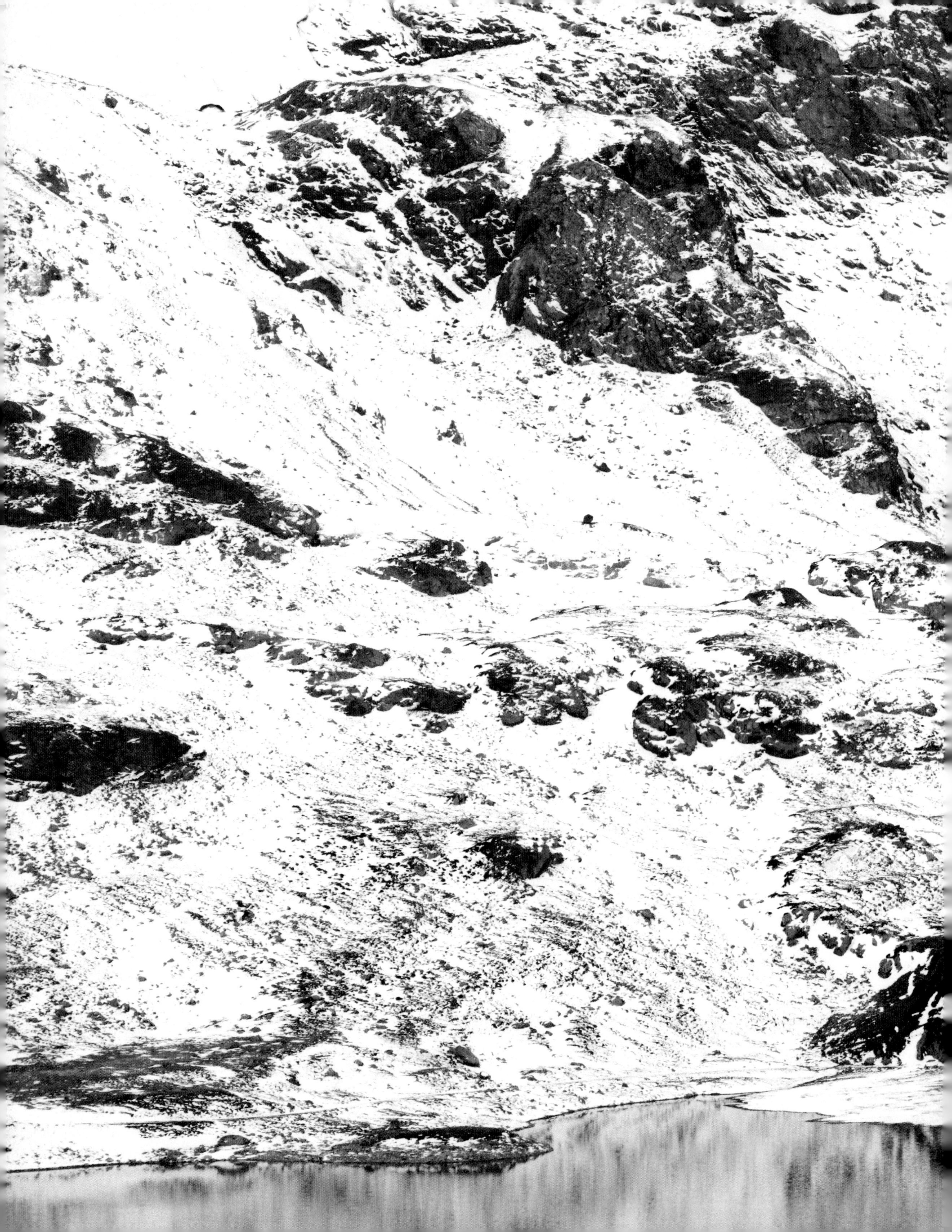

CH

Wohnen in den Alpen. Eine biografische Notiz

Köbi Gantenbein

→ I 385 / → E 387

Am 25. Februar 1956 kam in Samedan im Oberengadin ein Büblein zur Welt: ich. Und schon bald trugen mich meine Eltern in ihr Haus an der Bahnhofstrasse, in der die Eisenbahner zu Hause waren. Wie zu einem Zug waren die Bauten aufgereiht. Zuvorderst als Lokomotive eine malerische Villa, das Haus des Bahningenieurs. An sie angebunden je vier Stockwerke hoch vier Wagen, hellbraungrau verputzt unter breiten, mächtigen Dächern, die Arbeiterhäuser. Im hintersten unter dem Dach war meine erste Wohnung. Eine knarrende Holztreppe führte zu ihr hinauf; auf jeder Etage wohnten zwei Familien, sie hiessen Manatschal, Caflisch, Platz, Derungs und Muggli. Die Wohnung von Lydia, Hitsch und mir mass 80 m², hatte drei Zimmer und eine grosse Küche. Es gab kein Badezimmer, keinen Kühlschrank, ein Holzöfchen in der Stube und Kühle in den zwei Schlafzimmern. Der wichtige Unterschied zum Wohnen in der Stadt – ich sah vom Stuben-, vom Küchen- und vom Fenster meines Zimmers aus auf je einen anderen Berg. Aber organisiert war das Wohnen da wie dort entlang der Schichten der Gesellschaft. Die Bahnarbeiter waren in der Talsohle zu Hause, die Bauern auf ihren Höfen, die Lehrer, der Doktor und höhere Angestellte am Sonnenhang, wobei in den 1950er Jahren die Mobilität der Gesellschaft in den Alpen langsam die Sozial- und Raumordung veränderte. Ein Vetter meines Vaters war auch Lokomotivführer und wohnte schon in einem Einfamilienhaus im vornehmen Quartier. Und ein Onkel meines Vaters war Bahnhofsvorstand und wohnte auch dort.

Auf den zweiten Blick ist eine Differenz zu den Städten bemerkenswert. Besuchte ich meine Tante Verena in Zürich, so lernte ich den sozialen Wohnungsbau kennen, denn sie wohnte in einem Haus einer grossen Genossenschaft. In den Alpen weit über das Engadin hinaus war diese Sozial- und Siedlungsform unbekannt. Meine Familie gehörte zur Ausnahme, zu den Bähnlern und Pöstlern, deren staatliche Betriebe für ihre Angestellten Wohnungen an den Knotenpunkten der Eisenbahn bauten. Wer aber in der Hotellerie, dem Baugewerbe oder an anderen typischen Arbeitsplätzen der Alpen zu tun hatte, musste selbst schauen, wie und wo er unterkam. Das ist bis heute eine Eigenart des Wohnens in den Alpen: Während in der Stadt Zürich 40 % der Wohnungen Genossenschaften oder der Stadt gehören und nach gemeinnützigen Überlegungen bewirtschaftet werden, sind Baugenossenschaften im Kanton Graubünden, aber auch bei dessen Nachbarn, ein Gerücht, und dass eine Gemeinde über Wohnungen verfügt, ist weder üblich noch politisch erwünscht. Da und dort ist allenfalls möglich, dass eine Gemeinde einem privaten Bauherrn das Bauland im Baurecht abgibt und so für eine leichte Minderung der hohen Wohnkosten sorgt. Man schaut aber darauf, dass nicht allzu viel sozialistisches Gedankengut das private Grundeigentum stört. Dieses zählt in den Alpen viel und regiert das Wohnen.

Meine Familie profitierte also von der in den Alpen exotischen Idee des sozialen Wohnens, die mit der Eisenbahn hierherkam. Sie bezahlte umgerechnet 35 Euro Wohnungszins, der Lokomotivführer Hitsch verdiente umgerechnet 300 Euro. Aber er war nur auf Zeit im Engadin, wo die Winter lang sind und die Kälte eisig ist. Meine Eltern wollten zurück an den Alpenfuss, wo es milder ist und die Sommer länger sind. Auch sind die Wurzeln der Familie im Prättigau, und also packten wir, nachdem der Vater sechs Jahre abverdient hatte, die Koffer. Ich nahm Abschied nicht nur von Silvali Muggli, Emmarita Manatschal und Ursali Zanoni, meinen Freundinnen, sondern auch von einer Wohnform – dem Mehrfamilienhaus. Für meine jungen, aufstrebenden Eltern war klar, dass auch sie sich in einem Haus mit Garten und Kirschbaum einrichten und also im Eigentum leben würden, wie es Brauch und Sitte war. Fast alle Brüder und Schwestern meiner Eltern wohnten so, fast alle meiner über dreissig Basen und Vettern tun es heute immer noch.

Wir taten es ab 1964. Den Baugrund dafür fanden wir in Malans, einem Dorf im Alpenrheintal, nahe zum Depot, wo die Lokomotiven der Rhätischen Bahn zu jeder Tages- und Nachtzeit auf meinen Vater warteten. So ist es nicht erstaunlich, dass in Malans mein Milieu ähnlich war wie in Samedan, nicht nur gebirglerisch oder alpin geprägt, sondern auch sozial geformt: Unsere Nachbarn waren wieder Bähnler; aber auch Elektriker, Lastwagenchauffeure, Bankbeamte, Bäcker und Baupoliere konnten für sich und die Ihren den sozialen Aufstieg befestigen, indem sie ein eigenes Haus bauten. Der Baugrund meiner zweiten Wohnung ist typisch für den Wachstumsschub, der die Dörfer in den Alpen zu formen begann, als sie in den 1960er Jahren an die moderne Schweiz angeschlossen wurden. Rund um die alten Siedlungen schieden die Planer Terrains aus, auf denen sich Einfamilienhäuser mit Vorgärten in einem Speckgürtel um die Dörfer legten. Sie zeichneten die Grundstücke nach den Regeln von Strassenbau und Kanalisation; Einschätzungen, wie gut das Portemonnaie der Siedlungswilligen gefüllt sein würde, legten die Parzellengrössen fest. Stramm geordnet wie im Militär steht ein Grundstück neben dem andern Spalier und bestimmt Variablen der Architektur wie Ausrichtung, Platzierung, Umschwung und Volumen des Hauses und natürlich der Garage samt Einfahrt. Denn das Auto wurde in den 1960er Jahren quer durch die Schweiz und so auch in den Alpen zum Städtebauer. Mit ihm verwischten die Unterschiede der Siedlungen zwischen den Alpen und den schnell wachsenden Agglomerationen des Mittelandes. Nicht baukünstlerischer Wille oder Interesse für ortsbauliche Traditionen des Siedelns und Wohnens in den Bergen führten die Feder der Planer, sondern ökonomische Überlegungen wie Erschliessung mit leistungsstarken Strassen, schnelle Erreichbarkeit und Sicherung von Terrains für die guten, zuverlässigen Steuerzahler, als die Eigenheimbesitzer galten. Auf einer so geplanten Parzelle stand bald darauf das Einfamilienhaus mit meiner zweiten Wohnung.

Ich lebte dort zwölf glückliche Jahre, ab und zu beansprucht von den Pflichten, die zu dieser Wohnform gehören: den Gartenzaun streichen, gärtnern, den Vorplatz kehren. Ein Ornament, das sich hartnäckig von den Mittellandgemeinden der Schweiz in die Alpen emporgearbeitet hat, mochte ich allerdings nie: den Rasen. Auch wir hatten einen; ich empfand ihn als den Alpen fremd. Aber er war ein Zeichen dafür, dass auch wir es uns leisten konnten, ein Stück Land nur um der gärtnerischen Schönheit willen und nicht zur Nahrungsmittelgewinnung zu bearbeiten. Und fürs Rasenmähen hatten wir ja mich. Heute ist der Rasenteppich bis weit hinauf ins Gebirge gedrungen, seine resistenten Sorten umgürten Häuser giftiggrün unmittelbar neben den Gletschern. Zusammen mit der Yucca, dem Gummibaum und der Konifere ist er der Kulturnachfolger des Wohlstandes.

Die erste Generation des alpinen Einfamilienhauses, die losgelöst vom Bauernhof vom 19. Jahrhundert bis in die 50er Jahre des 20. Jahrhunderts gebaut wurde, war geprägt von der Knappheit. Einfache Schnitte, knappe Grundrisse, ein kleiner Katalog an Materialien, handwerkliche Mittel und einfache Verzierungen bestimmten den Hausbau. Für Wintergärten oder komplizierte Dächer fehlte das Geld. Das Baumeisterhaus war die Variante aus Stein, das Zimmermannshaus die aus Holz, bekannt auch als Chalet. Von beiden gibt es bis heute prächtige Exemplare, nur wenige aber haben die Zumutungen der Modernisierungen überstehen können. Wintergärten setzen ihnen zu, Dachausbauten zerstörten einst stimmige Proportionen. Mitte der 1960er Jahre, als meine Familien zum Bauen kam, war der Fächer der Gestaltungsmöglichkeiten des alpinen Einfamilienhauses weiter gespannt. Kein Baumeister hat unser Haus entworfen, sondern der Architekt Kessler, der aus dem Dorf meiner Mutter kam und als vertrauenswürdig galt. Er zeichnete einen Entwurf, der sich absetzte von denen der Nachbarhäuser, er schob den Giebel des Hauses leicht aus der Mittelachse und legte einen kleinen Hügel an, sodass meine Eltern und ich als einzige des Quartiers über eine sanfte Rampe zum Haus hinaufstiegen. Solches Bemühen ist typisch für die Bauten der zweiten Einfamilienhausgeneration: Es suchte die Differenz. Die Fortschritte der Bautechnik und -chemie, die Verfügbarkeit vieler Materialien und Formen überall und zu jeder Zeit begannen Blüten zu treiben. Und es ist wie verhext: Aus lauter Differenz wuchs ein Einheitsbrei. In den Speckgürteln rund um die Dörfer bis weit ins Gebirge hinauf ist ein architektonisches Häusereinerlei entstanden. Mir allerdings konnte das nichts anhaben – ich habe meine zwölf Jahre Einfamilienhaus in Freude erlebt, eine unbesorgte Jugend im Dorf am Fuss des Gebirges bereichert mein Leben, begleitet von Daniel, meinem Bruder, und Susanne, dem Schwesterchen.

Anders als bei meinen Schulfreunden, deren Vater Arzt oder Bankangestellter war, war es in meiner Familie Brauch und Sitte, in den Schulferien nicht mit Sack und Pack zu verreisen, sondern „eine Stelle" anzutreten. Das ergänzt meine Wohnbiografie in den Alpen vorzüglich, denn ich hatte in unterschiedlichen Chargen im Fremdenverkehr zu tun. Als Gymnasiast machte ich Karriere vom Chasseur über den Etagenkellner, den Telefonisten bis zum Bademeister im Hotel Schweizerhof auf der Lenzerheide. Dort waren wir etwa 200 Angestellte. Meine Wohnung war ein Zimmer mit sechs weiss lackierten Eisenbetten. Zu jedem gehörte ein Metallkasten und ein Nachttisch. Unter dem Bett konnten wir die Koffer versorgen. Ich wohnte zusammen mit Köchen, Kellnern und Küchenburschen aus Wien, Porto und Catania. Sie waren schon länger auf „Saison"; die Wohnform zu viert oder zu sechst galt ihnen als üblich. Ich erfuhr in diesem verdichteten Wohnen viel über das Leben der Leute, die den Tourismus am Laufen hielten. Auch sorgte dieses Milieu für meine politische Bildung: Zwei meiner Mitbewohner studierten „hors saison" in Wien Philosophie. Sie zogen mich in ihre „Basisgruppe Hotelproletariat" ein und brachten mir die Grundlagen des Marxismus bei. So war mir diese kollektive Wohnform im Unterbau der alpinen Wirtschaft, bar aller kleinbürgerlichen Ablenkungen, auch ein Augenöffner. Denn ausserhalb des Wohnens im Eisenbett hatte ich ja die Herrschaften in den Suiten auf der Etage zu bedienen und den noblen Damen im Hotelbad das warme Badtuch zu überreichen.

Als Student ging ich später als Skilehrer „auf Saison" nach Davos. Anders als im geschützten Kollektiv des Hotels musste ich mich dort als Einzelkämpfer auf dem Wohnungsmarkt einer Stadt in den Alpen durchsetzen. Ein Drittel des Lohns war herzugeben für eine miserable Kammer von 15 Quadratmetern, mit dem WC für alle auf dem Gang. Ich lernte, was heute das Wohnen in den Tourismusorten der Alpen arg bedrängt: Wer dort lebt und arbeitet, muss eine beachtliche Zeche des Fortschritts bezahlen, dessen Gewinn die Boden-, Immobilien- und Bauwirtschaft abschöpft. Eine blühende Zweitwohnungswirtschaft hat den Boden- und damit den Wohnungsmarkt mittlerweile in Städten wie St. Moritz, Davos, Arosa, Zermatt oder Crans Montana vollends aus den Angeln gehoben.

Meine späteren Berufe zogen mich ins Unterland, nach Zürich, wo ich von der Wohngemeinschaft über die Haugenossenschaft bis zur Miet- und schliesslich der Eigentumswohnung alle Formen bürgerlichen Wohnens erlebte. Nach dreissig Jahren bin ich – zeitweilig – wieder am Fuss der Alpen zu Hause, im kleinen Dorf Fläsch, dem nördlichsten des Kantons Graubünden. Ich wohne in einem verträumten, steinalten Haus mit einem Kachelofen, einem Garten und einem riesengrossen, leeren Stall. Hier erlebe ich am Morgen den grossen Unterschied des Wohnens in den Alpen zu dem in der Stadt und auf dem flachen Land: Wenn ich meine Augen öffne, sehe ich ins Gebirge: im Horizont die mit Schnee gepuderten Bäume auf dem Pizol, weit hinten schroffe Felsen und weit vorne die eingeschneiten Alpweiden und den Einschnitt der zauberhaften Taminaschlucht. Und liege ich in der Badewanne, so blicke ich auf die schauerlich schwarze Felswand des Fläscherbergs auf der andern Seite des Hauses. Auch erlebe ich eine Dynamik des alpinen Wohnens und Arbeitens, die sich in meiner Jugend zu entfalten begann. Der Fuss der Alpen ist über die Strasse und die Eisenbahn mit der Metropole verbunden. Er wird ihr Vorort. Um 6:30 morgens steige ich im Nachbardorf in den Zug, lese die Zeitungen und schaue in den werdenden Morgen; eine gute Stunde später sitze ich schon an meinem Arbeitstisch in der Redaktion von Hochparterre in Zürich. Um 22:10 abends steige ich dort in den Zug und träume in den Abend hinein. In Landquart warte ich auf den Rufbus, mit dem mich Hausi Ludwig nach Fläsch bringt. Um Mitternacht bin ich zuhause. Oder ich bleibe gleich dort, verbunden mit der Metropole via Computer. Die Verkehrsgunst als Landes- und Alpenplanung, die in meiner Kindheit erste Konturen fand, prägt heute das Wohnen am Alpenfuss. In meinen Studentenjahren fuhren morgens zwischen sechs und acht Uhr drei Schnellzüge nach Zürich, heute sind es acht; die schnellsten benötigen weniger als eine Stunde. Waren einst ein paar Frühbummler unterwegs in die grosse Stadt, so sind die Züge heute schon an der ersten Haltestelle des Zugs gut besetzt, und vor Zürich sitzen wir eng auf eng. Auch die Strasse beansprucht stärkeres Wachstum: Mein Nachbar Andrea, auch er Chefredaktor in Zürich, pendelt mit dem Auto hin und zurück und tut das in knapp einer Stunde – je nach Verkehrslage geht es allerdings länger, denn er ist nicht allein. Bis weit hinein in die Alpen reichen die Pendeldistanzen auf der Strasse. Und sie gelten nicht nur für die Werktätigen, sondern auch für die Freizeitler, die mit dem Automobil oder dem Zug an den Wochenenden in grossen Scharen aus ihren Wohnungen in den Alpen in die Festhütte Zürich fahren, um Opern anzusehen oder die Nacht durchzutanzen.

Auch das zweite Programm, das in meiner Kindheit erste Konturen erhielt, läuft vierzig Jahre später auf vollen Touren: Die Dörfer, die die Modernisierung mit sich nimmt, entgrenzen sich und werden Teil einer Stadt. Die von Fläsch heisst Stadt am Alpenrhein und entwickelt sich diesem entlang von Chur bis an den Bodensee. Über 70 Kilometer wächst aus 70 Dörfern der Schweiz, Liechtensteins und Vorarlbergs plan- und absichtslos ein Stadtband zusammen. Chaotisch, gelenkt von Standortgunst und regiert von der Nord-Süd-Autobahn. Weder guter Wille der Raumplaner noch die schwer zu vereinbarenden Planungen der drei Länder, zu deren Terrain die Alpenstadt gehört, können diese Stadtwerdung steuern. Bemerkenswert ist, wie die Bewohnerinnen und Bewohner einiger Dörfer ihre Wohn- und Lebensorte zu regeln versuchen. Fläsch zum Beispiel hat in einer aufwändigen und aufreibenden Revision des Ortsplans sichergestellt, dass Eigenarten wie die Aussenräume im Dorf ebenso gehalten werden können, wie Offenheit sein soll für zeitgenössische Architektur. Das Nachbardorf Malans, wo meine Jugendwohnung war, will den Siedlungsdruck, der auf die Verkehrs- und die Naturgunst folgt, mit Ortsplanung so auffangen, dass das Dorf nicht im Agglomerationseinerlei untergeht.

Und meine letzte Wohnung? Sie befindet sich vielleicht auf dem Terrain, das an das Haus und die Werkstatt meines Grossvaters grenzt. In Jenaz, wo ich als Büblein, aus dem Engadin kommend, gerne zu Besuch war. In diesem Dorf im Prättigau ist vor ein paar Monaten das zweite Altersheim des Tals eingeweiht worden. Am Dorfrand steht ein wackerer Klotz in zeitgenössischer Architektur. Alle Standards des staatlich reglementierten Wohnungsbaus fürs Heim haben die Architekten geschickt erfüllt. Der Hausbesuch hat mich berührt – ich will nicht das Lob des Heims singen, aber die oft harten Zumutungen des Wohnens mehrerer Generationen auf einem Hof oder gar unter einem Dach, wie es bis noch vor einer Generation Brauch und Sitte war in den Alpen, sind abgelöst worden von der umsorgenden Form des kollektiven Wohnens im Alter. Die Sorgfalt und die Umsicht, mit der das Altersheim von Jenaz geplant und eingerichtet worden ist, steht für den dramatischen sozialen Wandel des Wohnens und Lebens in den Alpen. Der soziale Staat, die grosse Errungenschaft der Arbeiterbewegung in den Städten, ist bei den Menschen im Berggebiet angekommen. Institutionen, die sich um das Wohnen der Alten kümmern, gehören nicht nur in der Stadt, sondern auch im Gebirge selbstverständlich dazu. War meine Urgrossmutter Annalydia noch ohne jede Altersvorsorge und vollkommen abhängig von der Hilfe der Familie, so erlebte meine Mutter – ihre Enkelin – ein erfülltes Berufsleben als Pflegerin in einem Altersheim, alte Prättigauerinnen umsorgend. Was vor einer Generation noch „Asyl" hiess, ist heute als Alterswohnung und -wohnheim gestützt und getragen. Mein Zimmer im Wohnheim von Jenaz habe ich mir vorgemerkt: Es liegt im dritten Stock. Von seinem Fenster aus werde ich – in sagen wir dreissig Jahren – direkten Blick auf den Kirschbaum haben, unter dem ich als Büblein spielte, zu Besuch bei Grossmutter und Grossvater.

Köbi Gantenbein (*1956) ist Chefredaktor von Hochparterre, der Zeitschrift für Architektur und Design der Schweiz. Er lebt und arbeitet in Zürich und Fläsch, einem Dörflein im Kanton Graubünden.
Er studierte vor 25 Jahren Soziologie an der Universität Zürich. Er war Golfcaddy, Bademeister, Gärtner, Kellner, Skilehrer und Wissenschafter. Er ist Fussgänger und Wanderer und spielt Klarinette in einer Tanzkapelle.
Er trinkt gerne guten Rotwein und Brunnenwasser. Sein Lieblingsessen ist alles, was mit Liebe gekocht ist. Wenn er nicht arbeitet, liest, sinniert, spaziert oder schläft er, und er ist herzlich gerne mit seiner Frau Luci zusammen. Sein neustes Buch heisst „Himmelsleiter und Felsentherme - Architekturwandern in Graubünden", erschienen im Rotpunkt Verlag in Zürich. gantenbein@hochparterre.ch

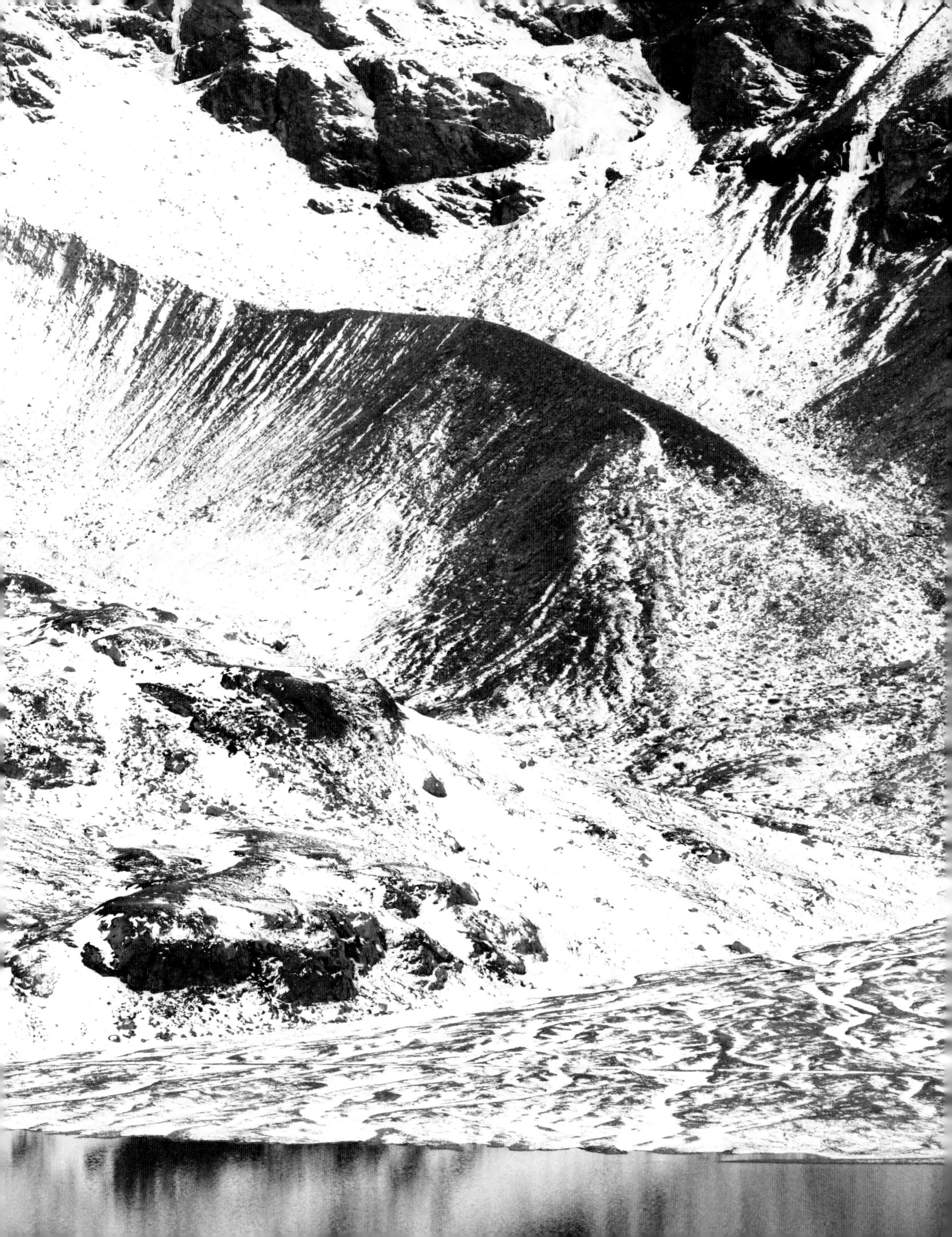

837

m ü. NN / m a.s.l. / m s.l.m.

Teufen

Appenzell Ausserrhoden
Schweiz / Suisse / Svizzera / Svizra

Mehrfamilienhaus
Edificio plurifamiliare
Apartment Building

Covas Hunkeler Wyss Architekten, Zürich

→ 324

835

m ü. NN / m a.s.l. / m s.l.m.

Bruneck / Brunico

Trentino-Südtirol / Trentino-Alto Adige
Italia

Pflegeheim
Centro di degenza
Nursing Home

Pedevilla Architekten, Bruneck

→ 326

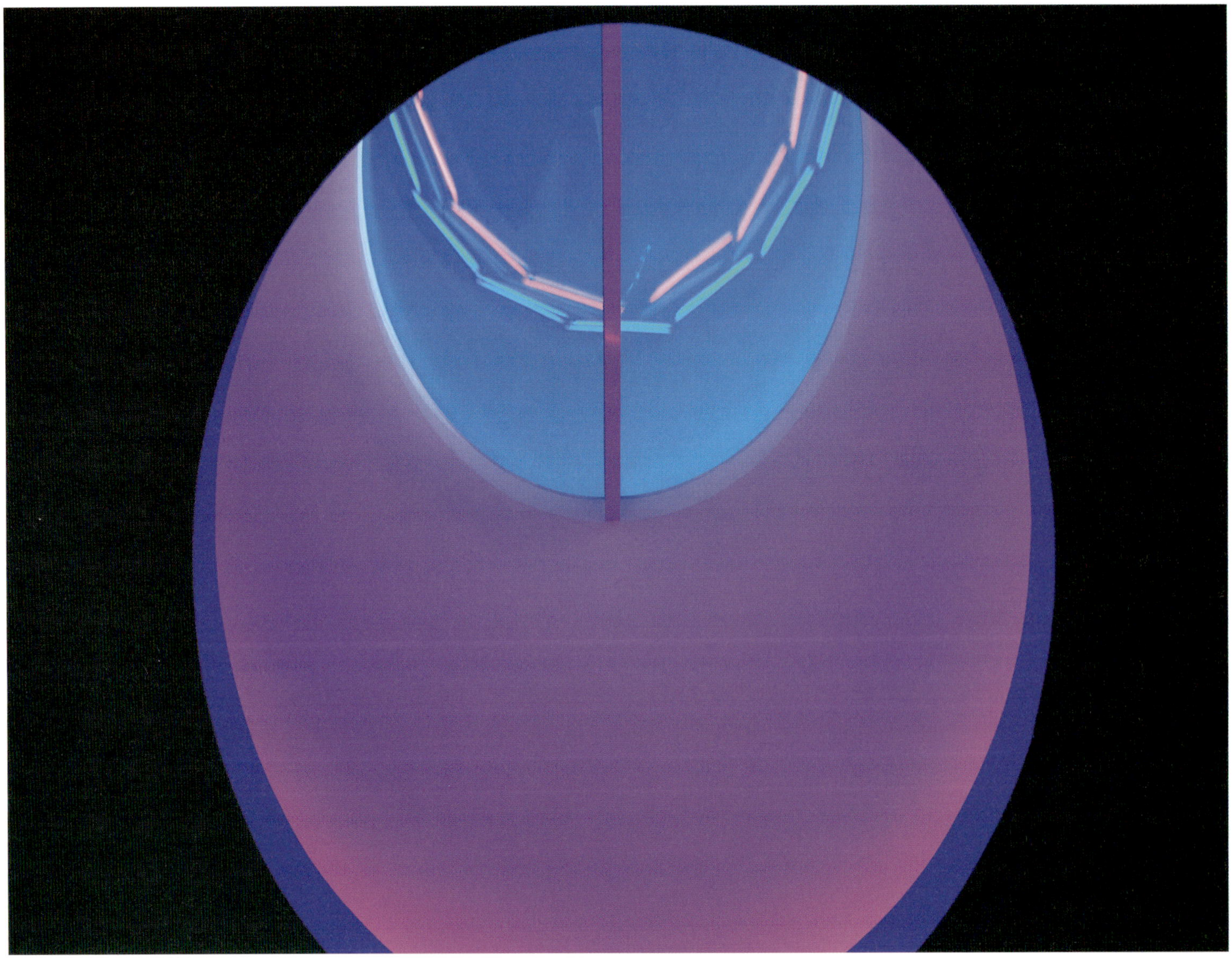

721
m ü. NN / m s.l.m. / m a.s.l.

Alberschwende
Vorarlberg
Österreich

Wohnanlage
Edificio residenziale
Residential Complex
k_m.architektur, Bregenz

→ 328

671
m ü. NN / m a.s.l. / m s.l.m.

Weyarn

Oberbayern
Deutschland

Bebauung am Schmiedberg, Gruppe von 5 Einfamilienhäusern
Edificazione sullo Schmiedberg, gruppo di 5 case unifamiliari
Schmiedberg Building Zone, group of 5 single-family houses

Prof. Reichenbach-Klinke Schranner, Adlkofen
Florian Nagler Architekten, München

→ 330

658
m ü. NN / m a.s.l. / m s.l.m.

Bad Tölz

Oberbayern
Deutschland

50+ Wohnen im Herderpark
Residenze +50 nello Herderpark
50+ Living in Herderpark

Goetz Hootz Castorph Architekten und Stadtplaner GmbH, München

→ 332

DE

Der deutsche Alpenraum: Ein paar Vorberge, aber keine signifikante Architektur

Christian Schittich

→ I 389 / → E 390

Ein Landschaftsraum von eindrucksvoller Schönheit und einmalig in Europa – das sind unsere Alpen. Über beinahe 191.000 m^2 erstreckt sich ihr Gebiet, etwa 90 % davon entfallen auf die Länder Österreich, Italien, Frankreich und die Schweiz, wo auch die Gipfel am höchsten und die Almen am saftigsten sind. Wenigstens noch zu einem winzig kleinen Stückchen mit ein paar weniger markanten Bergen am nördlichen Rand hat es auch für das bevölkerungsreiche Deutschland gereicht. Nicht mehr ganz so gut aber steht es um seinen Anteil an der international renommierten Architektur aus dem Alpenraum. Davon ist hierzulande nicht allzu viel zu sehen. Während Regionen wie Vorarlberg, Graubünden oder Tirol mit ihrer aktuellen Baukunst (bei der nicht zuletzt der Wohnungsbau eine wichtige Rolle spielt) im Fokus der internationalen Architekturdiskussion stehen und, was deren Aufmerksamkeit betrifft, durchaus mit Trend-Metropolen wie London oder Madrid konkurrieren können, sieht es für den deutschen Alpenraum in dieser Hinsicht eher düster aus. Das zeigen auch die Ergebnisse des international angesehenen Sextener Architekturpreises für Neues Bauen in den Alpen. Denn unter die insgesamt 69 Preise und Auszeichnungen der letzten 15 Jahre hat es kein einziges deutsches Projekt geschafft. Ähnlich trist ist das Bild, was internationale Publikationen betrifft, auch wenn sich ein paar vereinzelte Veröffentlichungen aus den vergangenen zwei Dekaden finden. Doch dabei handelt es sich um zwei oder drei Einfamilienhäuser, ein kleines Museum oder einen Sakralbau und nicht um typische Mehrfamilienhäuser und Siedlungen, wie sie Gegenstand dieser Betrachtung sind.

Gewiss werden die drei in diesem Katalog gezeigten Projekte dazu beitragen, das Bild etwas zurecht- und den deutschen Alpenraum wenigstens ein klein wenig in den Fokus der Architekturdebatte zu rücken. Alle drei sind von hoher Qualität und gelungene Beispiele für zeitgemäßes Bauen mit regionalem Bezug. Modern gestaltet, fügen sie sich mit Material und Baukörper in ihre Umgebung ein. Um charakteristische Vertreter eines zukunftsweisenden verdichteten Wohnungsbaus handelt es sich aber auch bei ihnen nicht. So haben die Architekten Götz, Hootz und Castorph für Bad Tölz eine Luxusseniorenresidenz entworfen (Motto: „Die Villa auf der Etage für die Generation 50+“) mit Wohnungsgrößen von bis zu 200 m^2, und das bei einem Kaufpreis, der demjenigen von exklusiven Lagen im teuren München kaum nachsteht.

Bei den beiden anderen Beispielen, einer Baugemeinschaft von drei Doppelhäusern in Dießen am Ammersee von Bembé und Dellinger und einer Baugruppe in Weyarn dagegen handelt es sich um gelungene Kleinsiedlungen aus Ein- und Zweifamilienhäusern. Hervorzuheben freilich ist bei dem letztgenannten Projekt von Florian Nagler der bewusste Umgang mit dem Hang – ein für das Bauen in den Bergen maßgebliches Thema –, der zu einer geschickten Ausnutzung der Topografie und zur Erschließung einiger der Häuser über das Obergeschoss führt. Die von der Jury getroffene Auswahl der drei bayerischen Beiträge jedenfalls belegt, dass es einen spezifischen Wohnungsbau des deutschen Alpenraums kaum gibt.

Laut Konvention handelt es sich beim deutschen Alpenraum um einen schmalen, insgesamt 11.152 m^2 großen Streifen, der sich vom Bodensee im Westen bis nach Bad Reichenhall im Osten erstreckt und aus den Landkreisen Lindau, Oberallgäu, Ostallgäu, Weilheim-Schongau, Garmisch-Partenkirchen, Bad Tölz-Wolfratshausen, Miesbach, Rosenheim, Traunstein und Berchtesgadener Land sowie den kreisfreien Städten Kempten, Kaufbeuren und Rosenheim zusammensetzt. Nur knapp 16% der bayerischen Staatsfläche bzw. gerade einmal 3% der Fläche der Bundesrepublik Deutschland umfasst das Gebiet. Innerhalb des gesamten Alpenraums gehört es mit durchschnittlich 124 Einwohnern pro Quadratkilometer zu den dichter besiedelten Gegenden, obwohl seine größten Städte, Kempten und Rosenheim, jeweils nur gut 60.000 Einwohner zählen. Trotz seiner geringen Fläche ist der Siedlungsraum indes ausgesprochen heterogen. Denn die Gemeinden in einigen der nördlichen Landkreise des deutschen Alpenraums gehören teilweise zum Einzugsbereich der Metropole München und profitieren von der Nähe ihres dynamischen Arbeitsmarkts und ihrer großstädtischen Dienstleistungen, während andere Orte im Oberland oder im südlichen Allgäu mit ihrer hohen landschaftlichen Attraktivität vor allem auf den Tourismus ausgerichtet sind. Wieder andere stehen vor der Herausforderung, sich neue, individuelle Entwicklungsperspektiven erarbeiten zu müssen.

Entgegen der Tendenz in Gesamtdeutschland nimmt die Bevölkerung in Bayern nach wie vor zu – die Steigerungsrate in der Alpenregion ist dabei neben der im Großraum München am höchsten. Dieses Wachstum beruht auf einer deutlichen Zuwanderung, denn die natürliche Bevölkerungsentwicklung ist hier (wie auch anderorts) negativ. Hohe Zuwanderungsraten sind stets Ausdruck hoher Attraktivität. Das gilt für die bayerische Alpenregion in einem ganz besonderen Maß. Trotzdem gibt es für die Zuzüge in die Landkreise dieses Gebiets unterschiedliche Gründe. Denn in die nahe an der bayerischen Hauptstadt gelegenen Gemeinden ziehen überwiegend Beschäftigte des Ballungsraumes – da-runter zahlreiche Familien mit Kindern –, während sich in den wirklichen Alpengemeinden am Fuß der Berge – in Garmisch-Partenkirchen oder Mittenwald, Tegernsee oder Obersdorf – vor allem ältere Menschen, nicht selten aus nördlicheren Regionen, niederlassen. Diese Entwicklung hat natürlich Auswirkungen auf die Siedlungsstruktur und den Wohnungsbau. So entstehen in den „Umland-Gemeinden" von München überwiegend die üblichen Wohnsiedlungen für Familien mit Kindern, wie sie auch andernorts in Deutschland zu finden sind, während der Geschosswohnungsbau in zahlreichen der eigentlichen Alpengemeinden (wie Garmisch-Partenkirchen) so gut wie keine Rolle (mehr) spielt. Schließlich wollen die Menschen, die sich bewusst dazu entscheiden, am Rand der Berge zu leben, auch im „alpenländischen Stil" wohnen. Das hat nicht nur Einfluss auf die Gestaltung der Häuser, sondern auch auf deren Baukörpergröße, die sich am traditionellen Bauernhaus orientiert. „Wohnungen in Gebäuden, die größer sind als Doppelhäuser, sind in den Touristengemeinden einfach nicht marktgerecht", äußern sich Bauträger und Immobilienentwickler. Jedenfalls ist vielerorts der Preis für Bauland bereits derartig hoch, dass Einheimische, „die meist in den schlechter bezahlten Jobs arbeiten", wie es der Bauamtsleiter einer Gemeinde am Fuß der Berge unverblümt formuliert, „sich den Baugrund in ihren Heimatorten gar nicht mehr leisten können". Neuer Wohnraum entsteht somit fast nur noch für betuchte „Zugereiste" mit ihren speziellen Vorstellungen vom Leben in den Bergen. Ein Übriges bewirken die Gestaltungssatzungen, die oftmals neben den Materialien, der Dachneigung und den Dachüberständen auch die Baukörpergröße und -proportionen vorgeben. So schreibt die Ortsgestaltungssatzung des Marktes Mittenwald vor, bauliche Anlagen derart zu entwerfen, dass „sie in allen Belangen, z.B. nach Form, Maßstab, Verhältnis der Baumassen und Bauteile zueinander, Werkstoff und Farbe, den wesentlichen Merkmalen der heimischen Bauweise entsprechen", und regelt anschließend all diese Aspekte im Detail.

Der Wohnflächenbedarf in Mehrfamilienhäusern wird im deutschen Bergland fast ausschließlich durch Bestandssanierungen gedeckt. Schließlich gab es früher durchaus einmal Zeiten, in denen auch in einigen der heutigen Tourismusgemeinden öffentlich geförderter Wohnungsbau stattfand, wie beispielsweise nach dem Zweiten Weltkrieg, als Orte wie Berchtesgaden oder Garmisch Heimatvertriebene aus den deutschen Ostgebieten aufnahmen. So fördert die aktuelle Zuwanderung einerseits den Flächenfraß und die Zersiedelung, gleichzeitig verursacht der daraus resultierende hohe ökonomische Druck die verstärke Beschäftigung mit der vorhandenen Bausubstanz. Dort, wo noch Geschosswohnungsbau im größeren Maßstab neu entsteht – im Einzugsgebiet von Städten wie Kempten oder Rosenheim sowie im südlichen Ballungsraum von München –, unterscheidet sich dieser kaum vom Wohnungsbau im Rest der Republik.

Deutschland aber ist kein Land, das international durch einen besonders innovativen Wohnungsbau auf sich aufmerksam macht, auch wenn es einige Ausnahmen gibt, die meist aus privater Initiative oder als staatlich geförderte Demonstrativbauvorhaben entstanden sind. Obwohl sich auch hierzulande die gesellschaftlichen Strukturen seit Jahrzehnten er-heblich verändern – und zwar im ländlichen Bereich ebenso wie in der Großstadt – orientiert sich der typische Wohnungsgrundriss nach wie vor fast ausschließlich an den Bedürfnissen der durchschnittlichen Kleinfamilie, die jedoch zunehmend an Bedeutung verliert. Denn was das Wohnen betrifft, ist man in Deutschland konservativ, und da Bauträger und Investoren in der Regel den bequemen und risikoarmen Weg wählen (und ihr Ange-bot streng an der Nachfrage ausrichten), setzen sich Neuerungen im Wohnungsbau nur langsam durch. Das gilt auch für die Gestaltung. Wo in anderen Bereichen, etwa bei Autos und Elektronikgeräten oder bei Bauaufgaben wie Bahnhöfen, Museen oder Läden, futuristisches Design und neueste Technologien vorbehaltlos akzeptiert werden, orientiert sich der Wohngeschmack am Bewährten, Überlieferten. Ein Übriges tut oftmals der Dschungel an Gestaltungsvorschriften, Verordnungen und technischen Normen, die alles bis ins kleinste Detail regeln und ästhetische Spitzenleistungen meist ebenso verhindern wie auf der anderen Seite die verheerenden Ausrutscher nach unten. Gemessen jedenfalls an dem, was an erfrischenden und kompromisslos gestalteten Lösungen aktuell in Ländern wie Österreich und der Schweiz entsteht, handelt es sich beim Wohnungsbau in Deutschland überwiegend um gehobenes Mittelmaß – solide und wertbeständig, jedenfalls in technischer Hinsicht. Nur nicht auffallen, ist grob vereinfacht die Devise der deutschen Architektur. Das gilt auch für den Wohnungsbau an Bayerns südlichem Rand. Wie schon gesagt: Architekturspezifisch existiert der deutsche Alpenraum ohnehin nicht.

Christian Schittich, Dipl.-Ing. Architekt
Geboren 1956 in Halle/Saale
Architekturstudium an der TU München, Diplom 1984,
anschließend sieben Jahre Praxis in Architekturbüros und publizistische Tätigkeit,
seit 1991 verantwortlicher Redakteur,
seit 1998 Chefredakteur der Zeitschrift DETAIL
Autor und Herausgeber zahlreicher Fachbücher und Fachartikel

574
m ü. NN / m a.s.l. / m s.l.m.

Hall in Tirol

Tirol
Österreich

Eduard Wallnöfer-Zentrum für medizinische Innovation (EWZ)
Studentenheim
Casa dello studente
Student Dormitory

henke und schreieck Architekten, Wien

→ 334

554

m ü. NN / m s.l.m. / m a.s.l.

Feldkirchen

Kärnten
Österreich

Holzwohnanlage Markstein
Complesso residenziale in legno Markstein
Markstein Housing

Dietger Wissounig, Graz

→ 336

547

m ü. NN / m a.s.l. / m s.l.m.

Diessen am Ammersee

Oberbayern
Deutschland

Wohnbebauung „Kithier"
Complesso residenziale abitazioni "Kithier"
"Kithier" Housing Development

Bembé Dellinger Architekten BDA, Greifenberg

→ 338

LI

Wohnraum Alpen

Hansjörg Hilti

←
Pfälzerhütte
Nachlass Ernst Sommerlad (im Liechtensteinischen Landesarchiv, Vaduz)

Der architektonische Ausdruck Liechtensteins ist nicht auf eine nationale, sondern auf eine regionale Entwicklung zurückzuführen. „Wohnen in Liechtenstein“ zu beschreiben bedeutet daher, das kleine Land eingebettet in die Region zu verstehen – mit Planungskonzepten, die denen der Schweiz entsprechen. Vor diesem Hintergrund wird im Folgenden versucht, die bauliche Entwicklung Liechtensteins der letzten hundert Jahre zu beschreiben.

Liechtenstein ist historisch ein Agrarstaat ohne städtische Gefüge. 90% der Bevölkerung leben in der Rheintalebene oder an den sanften Hängen vor den Bergmassiven. Die Dörfer sind großteils entlang der schon in der Römerzeit entstandenen Nord-Süd-Route aufgereiht. Zu Beginn bestand Liechtenstein aus Strassen- und Haufendörfern im Talraum und der auf einer Bergterrasse liegenden Weilersiedlung Triesenberg. Im Hauptort Vaduz, seit 1937 auch Residenz der Fürstenfamilie, entwickelte sich im 18. und 19. Jahrhundert durch einen neuen Bautyp mit Administrationsbauten und Beamtenwohnungen eine gewisse Dichte.

Eine erste Serie von Mietwohnungen entstand in der zweiten Hälfte des 19. Jahrhunderts in Form von „Kosthäusern“ mit den ersten Industrieansiedlungen in Vaduz und Triesen. Benedikt Loderer schrieb in dem 2002 von der Hochschule Liechtenstein aufgelegten Architekturführer: „Liechtenstein wurde in weniger als einem Menschenalter vom Armenhaus in eine Prokuristenvilla umgebaut. Dies in einem Land, das mit einer vergleichsweise schmalen kulturellen Basis auskommen muss. Es fehlte die Stadt als Ort der jahrhundertealten kulturellen Akkumulation.
Die alte Armut hinterliess nur ein bescheidenes architektonisches Erbe. […] Wo früher von den herrschaftlichen Schlössern beherrschte Bauerndörfer waren, finden wir heute eine Agglomeration ohne Mitte.“ Inzwischen ist die „Zwischenstadt“ als städtebauliches Phänomen reichlich untersucht worden und die Erkenntnis, dass Agglomerationen auch ohne mittelalterliche Stadtkerne eine neue Form von Urbanität entwickeln können, hat sich durchgesetzt. Versuchen wir nochmals, diesen Hintergrund zu beleuchten:

Die Zeit der Moderne begann in den späten 20er Jahren des 20. Jahrhunderts, als der deutsche Architekt Ernst Sommerlad mit seiner Interpretation des Bauhausstils die Villenviertel in Vaduz und Schaan gestaltete. Die Architekten Sommerlad und Richter etablierten in der Zwischenkriegszeit das Neue Bauen. Ihr Experimentierfeld waren diese Villenquartiere, die auf landwirtschaftlich wertlosen, aber schönen Hanglagen für gut betuchte deutsche Klienten errichtet wurden. Auch Projekte wie die hybride Stahl-/Betonkonstruktion „Engländerbau“ von Erwin Hinderer aus dem Jahr 1933 sowie einige Geschäftshäuser und ein Motelbau von Sommerlad sind Teil dieses Auf- und Ausbruchs aus der bäuerlichen Tradition. Ein sehr schönes Beispiel alpiner Architektur ist das Berghaus "Pfälzerhütte" von Sommerlad, das 1927 auf 2.111 Metern Höhe erbaut wurde.

Mit dem wirtschaftlichen Aufschwung nach dem Zweiten Weltkrieg und dem damit verbundenen Wohlstand entstand die Devise: Hinaus aus der Enge der Strassen- und Haufendörfer, hinein ins traute Eigenheim. Die staatliche Förderung über das Eigenheimgesetz löste eine weitere Zersiedelung aus. Dazu nochmals Loderer: "Das Ergebnis heisst Siedlungsexplosion. Seit 1959 wurde in Liechtenstein mehr gebaut als in allen früheren Zeiten seit den Römern zusammen. Ein Massstabssprung, der noch nicht verdaut ist." Parallel zum Einfamilienhausbau entstand in dieser Zeit auch die zweite Serie von Mietwohnungsbauten in Form von "Wohnblocks". Inzwischen sind viele dieser ursprünglich kubischen Bauten mit Giebel- oder Walmdächern gegen die durchlässigen Flachdächer geschützt und formal verfremdet.

In dieser Phase der Fortschrittseuphorie wurden ganze Straßenzüge abgebrochen. Das Auto bekam Platz. Die Dörfer verloren an Charakter und passten sich dem allgemeinen Trend der europäischen Agglomerationen an. Der wirtschaftliche Boom formte die Planungen ideologisch. In den 1960er Jahren wurden riesige Bauzonen für ungefähr das Dreifache der heutigen Bevölkerung geschaffen. Nach gängigem Muster wurden Industriegebiete, Wohn-, Kern- und öffentliche Zonen definiert. Die Dorfzentren wurden nach ähnlichen Mustern der Funktionentrennung neu geplant. Vaduz als Paradebeispiel erhielt eine 200 Meter lange Fussgängerachse und parallel dazu eine Verkehrsachse mit einer Fussgängerbrücke. Der damals fremd anmutende Zentrumsplan ist heute umgesetzt, die meisten Baulücken sind geschlossen – das Leben kehrt langsam wieder in unseren Hauptort ein. Die radikale Trennung von Auto- und Fussgängerverkehr wird inzwischen etwas lockerer gehandhabt: Die Fussgänger dürfen wieder direkt über die Strasse. Die Spuren dieser Rezepte jedoch sind heute noch in diesem kleinen Kosmos in Form der unansehnlichen Fussgängerbrücke und Tiefgarageneinfahrten sichtbar. Die Fussgängerzone des Vaduzer "Städtle" hat sich zum urbanen Zentrum des Landes entwickelt. An ihr reihen sich das Museums- und Regierungsviertel, die Geschäfts- und Bankenwelt.

Nach zwei Jahrzehnten aktiver Zersiedelung wurde mit einem internationalen Wettbewerb für „zeitgemässe Wohntypologien" zum ersten Mal von staatlicher Seite gegengesteuert. Eine Reihenhaus- und zwei Terrassensiedlungen wurden durch die Wettbewerbsgewinner Bargetze & Nigg umgesetzt. Eines der beiden Terrassenhausprojekte ist in seiner klaren, in Sichtbeton materialisierten Formensprache vor Kurzem sorgfältig renoviert worden. Auch ein Reihenhausprojekt in Vaduz Süd ist im Originalzustand erhalten. 1973 realisierte der Zürcher Architekt Ernst Gisel in Vaduz eine spannende Split-Level-Reihenhaussiedlung und vervollständigte damit die

Reihe der Vorbilder für verdichteten Wohnbau. Dem internationalen Trend entsprechend wurde auch Liechtenstein während zwei Jahrzehnten von Hochhausprojekten, Regionalismus und Postmodernismus geprägt. Der aufkommende Holzbau Anfang der 1980er Jahre manifestierte sich nur in Einzelfällen im Siedlungs- oder Geschosswohnungsbau, meist aber im Einfamilienhausbau.

Ab 1990 entstanden einige zeitgenössische, sehr sorgfältig in die Umgebung eingebettete Wohnbauten in den alten Dorfgefügen. In den ehemaligen Einfamilienhaus-Quartieren zeigten einige Stadtvillen und Geschosswohnungsbauten den Weg in die zukünftige Dichte. Damit formte sich das Bild Liechtensteins schnell um: Die Giebelhäuser bäuerlichen Ursprungs, die die Hauptverkehrsachsen in einer beachtlichen Dichte gesäumt hatten, wurden ab den 1950er Jahren mit kubischen Geschäfts- und Bürobauten durchsetzt; dem wachsenden Autoverkehr wurde durch Abbruchwellen Platz gemacht und die gewachsenen homogenen Dorfbilder wurden dabei radikal zerstört. Architektonisch sind Schulen und andere öffentliche Verwaltungsbauten prägend, die über das Wettbewerbssystem gekürt wurden. Der Wohnungsbau jedoch bleibt der große Markt, in dem auch architektonisch experimentiert wird. Siedlungen wie diejenige von Ivan Cavegn (→ 128/340) in Balzers, die „La Casa“-Gruppe in Triesen von Silvio Marogg, eine Reihenhaussiedlung von Binotto/Gähler in Ruggell oder die rote Betongruppe von Hasler Architekten im alten Dorfteil Specki in Schaan repräsentieren den zeitgenössichen Wohnungsbau.

Die zentralen Dörfer Schaan, Vaduz und Triesen sind heute eine zusammenhängende Agglomeration. Die Hauptstraßen sind von viergeschossigen Baukörpern geprägt und die Dichte beträgt in diesen Bereichen etwa 100 %, d.h. AZ 1.0. Der ehemalige Agrarstaat ist heute sichtlich zu einem Dienstleistungs- und Industriestaat geworden: Liechtenstein hat fast ebenso viele Arbeitsplätze wie Einwohner, und über 50 % der Arbeitnehmer pendeln täglich aus der umliegenden Region ein. Letzteres liegt unter anderem daran, dass sich die politische Ebene bisher nicht für eine Personenfreizügigkeit entscheiden konnte. Diese Politik wird jedoch langfristig kaum zu halten sein. Durch eine starke Zuwanderung einerseits und den angebotsschwachen Grundstücksmarkt anderseits bewegen sich heute die Grundstückspreise für Wohnungsbauten zwischen 1.000 und 3.000 Schweizer Franken beziehungsweise zwischen 700 und 2.000 Euro pro Quadratmeter. Das hat zur Folge, dass Normalverdiener keinen Landerwerb mehr tätigen können. Die meisten Gemeinden fördern den verdichteten Wohnungsbau auf gemeindeeigenen Grundstücken, die meist im Baurecht abgegeben werden. Diese etwa vier bis zwölf Wohneinheiten umfassenden Siedlungen werden in Wettbewerbsverfahren ausgewählt. Die größten „Siedlungen“ werden aber von privaten Investoren gebaut –

meist ohne Architekturwettbewerbe. Aufgrund dieser Situation leben heute ungefähr 50% der Bevölkerung Liechtensteins in Wohneigentum und 50% in Miete.

Ob der wirtschaftliche Erfolg Liechtensteins anhalten wird, bleibt abzuwarten. Bisher wurden keine klaren Konzepte entwickelt, die die Zukunft antizipieren oder zumindest mögliche Szenarien darlegen könnten. Der Bevölkerung konnte die Idee einer positiven Raumentwicklung bis heute nicht nähergebracht werden. Ein Raumplanungsgesetz wurde vor wenigen Jahren vom Souverän verworfen. Im heutigen Standortwettbewerb wächst aber das Bewusstsein, dass Raumentwicklung in Form von intakter Natur verbunden mit einer gewissen Urbanität und optimiertem Schienenverkehrsanschluss ans europäische Netz wohl die räumliche Chance dieses kleinen Landes ist. Die Diskussion darüber wird heute vom Institut für Architektur und Raumentwicklung der Hochschule Liechtenstein geführt. Diese international ausgerichtete Architekturfakultät beeinflusst die Auseinandersetzung über die räumliche Zukunft maßgeblich. Die Umsetzung obliegt einer Generation von Architekten, die sich in der in Liechtenstein selbstverständlich gewordenen internationalen Wettbewerbsszene sehr gut behaupten.

Die Siedlungstätigkeit Liechtensteins wird zur Zeit von der Verkehrsplanung dominiert, und eine Neuausrichtung auf eine nachhaltige städtebauliche Zukunft ist noch nicht absehbar. Durch die Klimaveränderung und den Mangel an fossilen Brennstoffen wird jedoch ein Umdenken unvermeidbar werden, und auch siedlungsplanerische und architektonische Ideen werden gefragt sein. Momentan sind solche Experimente noch rar, obwohl die Baukultur des kleinen Landes durchaus als zeitgenössisch bezeichnet werden kann. Liechtenstein ist demnach kein Musterbeispiel des zeitgenössischen alpinen Bauens, jedoch als Ganzes ein attraktiver Lebensraum.

Prof. Dipl. Ing. Arch. TUB, **Hansjörg Hilti**

Leiter des Instituts für Architektur und Raumentwicklung der Hochschule Liechtenstein

Ausbildung:

1969-1972	Hochschule für bildende Künste Berlin (Dipl. Werkarchitekt)
1972-1975	TU Berlin (Dipl. Ing. Arch.)
Lehre:	
1973-1974	Gastprofessur Entwurf und Planung Universidad Autónoma del Estado de Morelos (UAEM)
1975-1977	Gastprofessor Entwurf und Stadtplanung Universidad Nacional Autónoma de México (UNAM)
seit 1987	Leiter des Instituts für Architektur und Raumentwicklung der Hochschule Liechtenstein
Praxis:	Tätigkeiten in Liechtenstein, der Schweiz, Finnland, Deutschland, Polen, México
seit 1977	eigenes Architekturbüro in Liechtenstein (Schaan) mit Spezialisierung auf Holzbau/Bauökologie

Balzers
Liechtenstein

472
m ü. NN / m a.s.l. / m s.l.m.

Balzers

Liechtenstein

Wohnüberbauung „Stadel“
Complesso residenziale “Stadel”
“Stadel” Residential Development Project

Adrian Christen, Chur/Balzers und cavegn architektur, Schaan

→ 340

AT

Lederhose war gestern

Alpines Bauen am Wendepunkt von Architektur zu Regionalpolitik

Wojciech Czaja

Brezensuppe und Schlutzkrapferl, zum Abschluss ein Stamperl Zirbenschnaps. So schmeckt ein hübscher Sommernachmittag auf der Terrasse im Restaurant Alpbacherhof. Das Panorama ist so unbegrenzt wie die Freude am regionalen Speisen- und Getränkesortiment. Der Blick wandert über Wiesen und Wälder, schwebt übers Tal, fängt sich wieder am gegenüberliegenden Berghang, wo auf saftig grünen Almwiesen nicht nur Gras und Fressfutter gedeihen, sondern auch Einfamilienhäuser, Bauernhöfe, Hütten. Verbunden durch kleine Wege, die so steil und kurvenreich sind, dass man sich die Fortbewegung darauf kaum vorstellen kann, gleicht das landschaftliche Bild, das sich hier auftut, einem zwar romantischen und postkartentauglichen, letztendlich aber kritisch zu bewertenden architektonischen Würfelhusten mit null Struktur.

Alpbach, ein kleines Bergdorf mitten in Tirol, wurde in einem ORF-Fernsehwettbewerb 1983 zum „Schönsten Dorf Österreichs" erkoren. Bis zum heutigen Tag schmückt sich die 2.500-Seelen-Gemeinde mit diesem ruhmvollen Stempel und lockt auf diese Weise rund 50.000 Touristen pro Jahr an. Kein Wunder: Die Bauordnung ist rigoros und kennt bei den behördlichen Einreichungen kein Pardon. Bei sämtlichen Wohn- und Hotelneubauten verordnet sie – nicht ohne Stolz – die Anpassung an den traditionellen Alpbacher Baustil: Holzfassade, Blumenbalkon, und obendrauf ein Satteldach. Manche sagen auch Lederhose dazu.

Ob es sich bei den vielen Bauten am gegenüberliegenden Hang um Alt- oder um Neubauten handelt, lässt sich also schwer sagen. In vereinzelten Fällen verrät sich das Alter einzig und allein durch helle, honiggelbe Holzlatten, die aus dem gebauten Potpourri jugendlich hervorblitzen. In wenigen Jahren wird auch dieses letzte Entstehungsmerkmal ergraut und verwittert sein.

„Wir wissen, dass die einschlägigen Gesetze, Regelwerke und Vorschriften ausschließlich aus den Ergebnissen historischer Prozesse, also von ihren Erscheinungsformen abgeleitet sind", stellte der österreichische Architekturtheoretiker Friedrich Achleitner in einem Vortrag fest, den er 1994 in Innsbruck hielt. Mit erhobenem Zeigefinger, meint er, mache sich diese Form der Architektur über ein aus den Fugen geratenes Bauen her, um es mit einem süßlichen, sittlich-ländlichen Überguss wieder zusammenzukitten. Doch vergeblich: „Jeder Versuch, regionalistisch zu handeln, geht in die Falle der formalen Interpretation, die kulturell meist stagnierend oder verflachend wirkt."

Ist das die Architektur des österreichischen Alpenraums? Das wäre ein trauriges Kapitel in diesem Buch.

Doch ganz im Gegenteil: Dank dem ungebrochenen Elan vieler Architektinnen und Raumplaner, vieler Bürgermeister und Bauherrinnen hat sich der baukulturelle Nebel, in dem das Pseudo-Alte dem Neuen vorgezogen wurde, nach vielen Jahrzehnten des Stillstands endlich wieder gelichtet. Mit Ausnahme einiger weniger Tourismusgemeinden, die an ihren historischen und historisierenden Ortsbildern krampfhaft festhalten, erlebt das Bauen in den Alpen einen neuen Aufschwung. Wo früher prototypisch im Sinne der Oberfläche und des zu erwartenden Bildes gehandelt wurde, wird die zeitgenössische Architektur heute differenzierter, vor allem lebendiger und abwechslungsreicher betrachtet. Die Gegenwart wird nicht nur still geduldet, sie wird eingefordert.

„Immer wieder ist vom Alpenraum die Rede, doch wenn man den Begriff etwas genauer betrachtet, wird man feststellen, dass es einen homogenen und zusammenhängenden Alpenraum gar nicht gibt", sagt der Vorarlberger Architekt Dietmar Eberle. „Denn anders, als wir das heute erleben, waren die Berge in der Geschichte der Menschheit nicht etwas Verbindendes, sondern etwas zutiefst Trennendes." In jedem einzelnen Tal führten unterschiedliche Klimaverhältnisse, Topografien sowie soziale, politische und wirtschaftliche Entwicklungen zu ebenso unterschiedlichen Bautypologien. Wer heute in den Alpen baut, der müsse sich dieser kontrastreichen Welt gewahr werden: „Jede Region, und wenn sie noch so klein und abgelegen ist, hat ihre kulturelle Eigenheit, ihre eigene architektonische Schöpfungsgeschichte", so Eberle. „Die Aufgabe von uns Architekten ist es, diese spezifischen Traditionen mit dem zu verknüpfen, was uns heute an Wissen zur Verfügung steht. Das hirnlose Kopieren von Vorgefundenem gehört nicht dazu."

Wie kann ein solcher Prozess, wie kann ein solches Resultat konkret aussehen? „Ich bin davon überzeugt, dass man sich dem Bauen in den Bergen über das Material annähern muss", erklärt Herrmann Kaufmann. „Die traditionell verwendeten Baustoffe sind nun einmal Holz und Stein. Damit – und auch mit den daraus erzeugten Derivaten wie etwa Zement und Beton – lässt sich vieles bewerkstelligen." In der von ihm geplanten Wohnanlage Hofsteigstraße in Wolfurt kommt die wohl typischste neuvorarlbergerische Materialkombination zum Einsatz, die man sich vorstellen kann: Sichtbeton und sägeraues Holz. Der abrupte Fassadenwechsel vom nachwachsenden Rohstoff zum Massivbau hat einen guten Grund: Im Osten läuft knapp am Haus eine Hochspannungsleitung vorbei. „Als Abschirmungsmaßnahme hat sich der Bauherr eine massive Wand aus Stahlbeton gewünscht. Die elektromagnetische Wirkung dieser Maßnahme ist zwar wissenschaftlich nicht nachweisbar, doch der psychologische Aspekt lässt sich nicht von der Hand weisen. Die Käufer sind beruhigt."

Für Kaufmann stellt das Projekt nicht zuletzt eine Verneigung vor den Vorfahren dar: „Die alte Schreinerei, die hier früher gestanden hat, wird nicht schmerzlich vermisst. Der Neubau füllt die Lücke in der von Rheintalhäusern gesäumten Straße fast unbemerkt." Wäre eine solch einleuchtende, ja selbstverständliche Lösung mit regionalistischer Zeigefinger-Architektur, wie Achleitner sie bezeichnet, möglich gewesen? Die Frage kommt über ihre eigene Rhetorik nicht hinaus.

Harmonisch fügt sich andernorts die Wohnanlage Alberschwende ins Landschaftsbild. Das Gras ist zum Reinbeißen, die bewohnbare Holzskulptur von einer derart unangestrengten Schönheit, dass bei der Betrachterin der Eindruck entsteht, sie sei immer schon da gewesen. „Durch die exponierte Hanglage erscheint selbst eine kleine Baukubatur mit zwölf Wohneinheiten groß und mächtig", sagt Daniel Sauter vom planenden Büro k_m.architektur. „Aus diesem Grund war es mir wichtig, das Gebäude möglichst geräuschlos auf das Grundstück zu stellen. Eine laut um sich schreiende Architektur – das wäre in diesem Fall nicht angebracht gewesen."

Höhepunkt in der Anpassung an die örtlichen Gegebenheiten ist die Wohnanlage Sebastianstraße in Dornbirn-Oberdorf. In Anlehnung an seinen greisen und weisen Nachbarn ist das gesamte Haus eingepackt in ein Schindelkleid aus Lärchenholz. Respektvoll, aber keineswegs anbiedernd schmiegt sich die Architektur trotz eigenständiger Formensprache an ihr materielles Vorbild aus dem 18. Jahrhundert. „Bauen in den Alpen, das ist nicht zuletzt ein Bauen mit Rücksicht auf die unmittelbare Nachbarschaft", sagt Architekt Christian Lenz. „Im Gegensatz zum städtischen

Umfeld ist der Alpenraum in den meisten Fällen nämlich so kleinteilig und eng, dass zu viel Heterogenität die Bebauungsstruktur wahrscheinlich ihres letzten Zusammenhalts berauben und noch mehr auseinanderreißen würde, als sie es ohnehin schon ist."

Nicht alle teilen diese Bedenken. Baumschlager Eberle, Johann Obermoser und henke und schreieck Architekten, um nur einige Beispiele zu nennen, sie alle kehren der Materialfrage selbstbewusst den Rücken. „Bauen in den Alpen ist von ebenso vielen Faktoren abhängig wie überall anders auch", erklärt die Wiener Architektin Marta Schreieck. „Es geht um Umgebung, es geht um Topografie, es geht Atmosphäre. Sorgfalt und Stringenz sind überall eine Grundvoraussetzung, ganz gleich, wo man baut. Ich wüsste nicht, warum man hier differenzieren sollte."

Das von henke und schreieck geplante Eduard Wallnöfer-Zentrum für medizinische Innovation in Hall (EWZ) macht die kritische Haltung seiner Urheber anschaulich. Sichtbeton, Glas und Stahl prägen das Ambiente. Brüstungen aus gekantetem Lochblech bilden den Abschluss in der äußersten Schicht. Von den umliegenden Gebirgen will das Gebäude nichts wissen, viel lieber orientiert es sich am Standort sowie am Raum- und Funktionsprogramm und bietet eine Gestalt, die man im besten Sinne des Wortes „urban" nennen könnte. „Ich denke, dass im Zuge der Moderne viele Nutzungen und Bautypologien entstanden sind, für die es in den Alpen bis dahin keine Vorbilder gegeben hat", sagt Schreieck. „Es ist ganz einfach: Neue Bauformen verlangen neue Lösungen."

Zurück zum Alpbacher Würfelhusten, im Fachjargon „Zersiedelung" genannt. Er steht stellvertretend für viele andere keuchende, kotzende und krächzende Symptome im österreichischen Alpenraum – vom äußersten Rheintal bis zur tiefsten Steiermark. Denn am Ende aller gestellten Fragen und gegebenen Antworten kristallisiert sich heraus, dass der spezifische Wohnraum Alpen weniger mit Architektur zu tun hat als vielmehr mit Raumplanung und Regionalpolitik. „Wenn heute die alpinen Regionen verbaut und versaut sind, dann liegt der Grund nicht in den zentralen Verwaltungen von Bern, München, Turin, Mailand oder Wien", stellte Friedrich Achleitner in seinem Vortrag vor über 15 Jahren fest, „sondern in den kleinen Entscheidungen in den Gemeindestuben. Brüssel kommt viel zu spät, wir haben unsere Bergtäler längst in gediegener Heimarbeit zubetoniert."

Die Zeit vergeht, die Problematik ist deutlicher als je zuvor. „Die Zersiedelung der Alpenregionen ist in der Tat ein schwerwiegendes Problem", fügt Dietmar Eberle aus heutiger Sicht hinzu. „Aufgrund der dünnen Besiedelung entsteht keine Öffentlichkeit mehr. Wer meint, das sei ein Luxusproblem, das nur die Fachwelt betrifft, der irrt. Jeder einzelne Häuslbauer wird damit konfrontiert, wenn er eines Tages verblüfft erkennen muss, dass der Wiederverkaufswert seines Hauses viel geringer ist als die einst getätigte Investition. Das sind Bebauungsstrukturen ohne Aussicht auf Attraktivität. Mit dem breit gestreuten und zusammenhanglosen Bauen – und das ist ein Faktum – tun die Leute sich und der Gesellschaft nichts Gutes."

Im Zuge des demografischen Wandels, in dem sich Österreich befindet, und der gestiegenen wirtschaftlichen Konkurrenzsituation zwischen den Tälern, ist der Architekt überzeugt, werde man eine ganze Reihe besiedelter Talschaften in naher Zukunft auflösen müssen. „Das ist nichts Neues, das hat es in der Geschichte schon öfters gegeben, und das wird es wieder geben. Aus diesem Grund plädiere ich selbst in den größeren Höhenlagen ausschließlich für Siedlungsformen, die es ermöglichen, aufgrund ihrer Dichte eine gewisse Öffentlichkeit zu generieren."

Ist das die Architektur des österreichischen Alpenraums? Ja, das ist sie. Nachdem es in den letzten Jahrzehnten gelungen ist, die formalen und baukulturellen Kriterien zu überdenken und die regionalistische Lederhosen-Uniform durch eine zeitgemäße und kritische Diskussion zwischen Politikerinnen, Auftraggebern und Fachplanerinnen zu ersetzen, ist das alpine Bauen heute vor eine neue Herausforderung gestellt. Nun gilt es, die Lebens- und Besiedelungskultur zu reformieren. Initiativen wie vision rheinland, Tirol City und der Landluft-Baukulturpreis, der letztes Jahr erstmals vergeben wurde, ziehen bereits am richtigen Strang. Das Stamperl Zirbenschnaps auf Ex, wie sich's gehört, und Prost. Möge das Vorhaben gelingen.

Wojciech Czaja, freischaffender Architekturjournalist

1978	geboren in Ruda Slaska, Polen
seit 1981	wohnhaft in Wien
1996-2004	Architekturstudium an der TU Wien
1998-1999	Mitarbeit in der Österreichischen Gesellschaft für Architektur (ÖGFA)
2000-2004	Mitarbeit bei querkraft architekten, Wien
seit 2001	freischaffender Architekturpublizist und -journalist
2001-2005	Tageszeitung Die Presse
2002-2005	Falter, Stadtzeitung Wien
2003-2007	"Die schönen Architektinnen", Moderation auf Radio Orange
2007-2008	Chefredaktion von 91° More than Architecture
seit 2002	Architektur & Bauforum, Österreichischer Wirtschaftsverlag
seit 2005	Tageszeitung Der Standard
seit 2007	Beiratsmitglied für Kunst im öffentlichen Raum, Niederösterreichische Landesregierung

Zuletzt erschienen: "Wir spielen Architektur. Verständnis und Missverständnis von Kinderfreundlichkeit" im Sonderzahl Verlag, "periscope architecture. gerner gerner plus" im Verlag Holzhausen sowie "Stavba. Bauen, Kunst und Wirtschaft in Bratislava".

Dornbirn
Vorarlberg
Österreich

437
m ü. NN / m a.s.l. / m s.l.m.

Dornbirn

Vorarlberg
Österreich

Pflegeheim
Casa di riposo
Nursing Home

ARGE Johannes Kaufmann Architektur, Riepl Riepl Architekten, Dornbirn/Linz

→ 342

437
m ü. NN / m s.l.m. / m a.s.l.

Dornbirn

Vorarlberg
Österreich

Wohnanlage Sebastianstraße
Edificio residenziale sulla Sebastianstraße
Sebastianstraße Residential Complex

Architekturbüro DI Christian Lenz ZT GmbH, Schwarzach

→ 344

Hotel garni
Zum Verwalter

Dornbirn

Vorarlberg
Österreich

437

m ü. NN / m s.l.m. / m a.s.l.

Dornbirn

Vorarlberg
Österreich

Wohnanlage „Verwalter"
Edificio d'abitazione "Verwalter"
"Verwalter" Housing

Baumschlager Eberle Lochau ZT GmbH, Lochau

→ 346

434

m ü. NN / m s.l.m. / m a.s.l.

Wolfurt

Vorarlberg
Österreich

Wohnanlage Hofsteigstraße
Complesso abitativo nella Hofsteigstraße
Hofsteigstraße Residential Complex

Hermann Kaufmann ZT GmbH, Schwarzach

156

→ 348

405
m ü. NN / m a.s.l. / m s.l.m.

Widnau

St. Gallen
Schweiz / Suisse / Svizzera / Svizra

Wohnbau „Haus Y“
Edificio residenziale “Haus Y”
“Haus Y” Residential Building

novaron Architektur Baumanagement Konzept GmbH

→ 350

354
m ü. NN / m a.s.l. / m s.l.m.

Mendrisio

Ticino
Schweiz / Suisse / Svizzera / Svizra

Studentenwohnheim „Casa dell'Accademia"
Casa dello studente "Casa dell'Accademia"
"Casa dell'Accademia" Student Dormitory

Könz Molo e Barchi architetti, Lugano

→ 352

298

m ü. NN / m a.s.l. / m s.l.m.

Ljubljana

Ljubljana
Slovenija

Mehrfamilienhaus „Tetris Apartments“
Edificio residenziale “Tetris Apartments”
“Tetris Apartments” Housing Complex

Ofis Arhitekti, Ljubljana

298
m ü. NN / m a.s.l. / m s.l.m.

Ljubljana

Ljubljana
Slovenija

Studentenwohnheim „Poljane“
Casa dello studente “Poljane”
“Poljane” Student Dormitory

bevk perović arhitekti d.o.o., Ljubljana

→ 356

298

m ü. NN / m a.s.l. / m s.l.m.

Ljubljana

Ljubljana
Slovenija

Wohnanlage „Pilon“
Complesso abitativo “Pilon”
“Pilon” Residential Complex

bevk perović arhitekti d.o.o., Ljubljana

→ 358

298

m ü. NN / m a.s.l. / m s.l.m.

Ljubljana

Ljubljana
Slovenija

Wohnanlage „Cesta v Gorice“
Complesso abitativo “Cesta v Gorice”
“Cesta v Gorice” Residential Complex

bevk perović arhitekti d.o.o., Ljubljana

→ 360

SI

Postajamo normalni?

Potenciali (priložnosti) za novo slovensko alpsko arhitekturno sago

Miha Dešman

Mož in oblakov vojsko je obojno
končala temna noč, kar svetla zarja
zlatí z rumenmi žarki glavo trojno
snežnikov kranjskih sivga poglavarja,
Bohinjsko jezero stoji pokojno,
sledu ni več vunanjega viharja;
al somov vojska pod vodó ne mine,
in drugih roparjov v dnu globočine.[1]

1. Ali je Slovenija alpska dežela ali ni? Ali je del »*družine v Lederhosen*«? Seveda je, saj ima v svoji mitologiji svoje inačice zgodb o Heidi in je tudi dežela, kjer so doma alpinisti, alpski smučarji in v zadnjem času alpski turbofolk.
Čeprav majhna, ima Slovenija na grbi več protislovnih identitet. Od nekdaj je bila del mediteranskega sveta in v vmesnem času Balkana in sive vzhodne Evrope, step in ravnin, še od prej pa je tudi del srednje Evrope.
To je seveda odraz geografske, topografske in geopolitične lege. Alpe padejo skoraj do morja, zgodi se prostor, ki je hkrati alpski, mediteranski in balkanski, edino tu se stikajo latinski, germanski in slovanski svet. Na simbolni ravni se to srečanje najlepše manifestira na Prešernovem trgu v Ljubljani, trgu, ki velja za simbolno središče Ljubljane in Slovenije. Pogled iz trga proti severu se ustavi na Alpah, preko reke se pne Plečnikovo Tromostovje, ki v misel prikliče Benetke. Slovane zastopa kip pesnika na podstavku, France Prešeren, ki gleda v dalj, proti oknu, na katerem sloni Julija, njegova neizpolnjena ljubezen.
Julija je simbol meščanske kulture, urejenosti in pravovernosti. Prešeren je boem, dvomljivec in sanjač, prava slovanska duša. Med tema dvema vlogama oscilira slovenska identiteta še danes. Pod gladino konformnosti še vedno vre, anestetizirani zahodni svet se meša z balkansko neukročenostjo. V tem je prekletstvo, pa tudi prvi in najpomembnejši potencial za ustvarjanje specifične (tudi arhitekturne) identitete.
2. Verjetno interpretacija sodobne nacionalne identitete, kakor tudi slovenske arhitekture, ni mogoča brez upoštevanja izkušnje razpada družbenopolitičnega sistema socializma v začetku 90-ih let prejšnjega stoletja in kasnejše tranzicije. Vsi, ki smo preživeli otroštvo in mladost v socializmu, nismo pa nikoli bili aktivni udeleženci tistega časa, ker se je pač iztekel, preden smo zares odrasli, se na nek način profiliramo v tej izkušnji. V izkušnji»prej«in»sedaj«, v izkušnji biti izven (Evrope, alpske družine) in biti znotraj. Tranzicija družbe proti normalnosti pa se seveda ni mogla zgoditi brez nezaželenih stranskih učinkov. Prinesla je degradacijo kulturnega in socialnega prostora, ki se je razcvetel v obdobju odmiranja prejšnjega družbenega sistema, v času osamosvajanja in neposredno po ustanovitvi nove države. Za kulturno sfero takrat značilne oblike, kot so socialna občutljivost in solidarnost, želja po državi blaginje, empatični multikulturalizem, antimilitarizem, new age, vrednote so zamenjali individualizem, hedonizem, številne špektakularne retro avantgarde, glasna alter kultura, ekstremni športi, ekstremne diete, in tudi investitorski ekstremizem.

Pravzaprav je največji problem bivanja v Sloveniji pomanjkanje skupne zavesti, zaupanja v javno sfero, in dopuščanje skrajnega individualizma in sebičnosti, ki ne vidi preko praga svojega majhnega partikularnega interesa. Slovenec hoče imeti lastno hišo na svoji zemlji v predmestju ali

na deželi. Po tej strukturi bivanja in lastništva smo prvi v Evropi. Kakršenkoli urbanizem je suspendiran, krajino smo pozidali s tisoči in tisoči individualnih hiš nizke arhitekturne in bivalne kvalitete. Tej katastrofi se je pridružila še popolna fragmentacija političnega in upravnega prostora - na stotine malih občin, kjer prostoru vladajo župani. Vsaka teh občin zato gradi svoje obrtne in industrijske cone, v vsakem kraju se bohotijo vse verige šopingcentrov. Vsaka teh malih občin vodi tudi svojo prostorsko politiko, kjer je trgovanje s prostorom, zlasti spreminjanje kmetijskih površin v zazidalne, najboljši biznis.
Navdušenje nad »krasnim novim svetom« kapitalizma, univerzalnostjo tržne ekonomije in globalnostjo interneta se odraža v splošnem nivoju arhitekture, ki je postala pluralna, neodgovorna do globalnih vprašanj, površinska. A ta pesimistična, žal pa zelo resnična analiza, ima tudi drugo plat. Kljub vsemu nastaja tudi vrhunska arhitektura, celo takšna, ki v mednarodnem merilu utira nove poti. Ravno spričo *laissez faire* situacije je možen eksperiment, nihanja, celo izjemni dosežki, ki drugod spričo prevelike normiranosti niso mogoči. Zato je moja ocena stanja dvoumna, vsaki kritiki sledi hvala in obratno.

3. Za arhitekturno sceno, ki na prvi pogled obstaja relativno kratek čas (od ustanovitve samostojne države Slovenije leta 1991), je sodobna slovenska arhitektura sproducirala presenetljivo obsežen in zrel *oeuvre*, tudi takega z alpskim značajem, še zlasti če gledamo le ustvarjalne vrhunce, kot je to na razstavi. Še bolj presenetljivo je, da je zrelost prisotna že od samega začetka. A ta čudež je razumljiv, če upoštevamo bogato arhitekturno tradicijo, najprej arhitekte, ki so se formirali in uveljavili že v času pred 1. svetovno vojno, kot sta Fabiani in Plečnik, nato pa slovenski povojni modernizem, ki se nasloni na skandinavske vzore, z Edvardom Ravnikarjem in njegovo šolo.
A je stanje kljub temu daleč od idealnega.
Slovenija trenutno nima razvite konsistentne alpske arhitekture niti bivalne kulture. Za nas so Švicarji, pa tudi Vorarlberg in obe Tirolski, severna in južna, vsaj zaenkrat in navidez nedosegljivi vzori. To ne pomeni, daplediram za kakršenkoli paternalizem, saj smo alpsko arhitekturo in tudi bivalno kulturo v preteklosti že imeli, pa tudi danes ima Slovenija veliko avtentičnih potencialov, ki omogočajo, da bi se ta kultura lahko razvila. Najprej je tu dediščina »arhitekture brez arhitektov«, ki je potencialno uporabna za razvijanje specifične sodobne arhitekture. Slovenija ima bogato alpsko etnografsko stavbno dediščino, ki je še relativno ohranjena. Nastala je kot povsod drugod iz potreb in nuje za preživetje v trdih gospodarskih, socialnih, geografskih in klimatskih pogojih. Primer: stare hiše v alpskih vaseh so razporejene po strogih principih v skupine, ki oblikujejo vaške ambiente. Nekoč je vsaka nova hiša premišljeno reagirala na danosti

1

2

3

4

5

6

7

1 Središče Ljubljane, s pogledom proti Alpam, foto Aerovizija, Matevž Lenarčič
2 Poster za film Kekec, Triglav film 1951, režiser Jože Gale,scenarij po knjigi Josipa Vandota Kekec nad samotnim breznom, 1918
3 Ansambel bratov Avsenik, Na Golici, 1953, notni zapis
4 Prešernov trg s Tromostovjem, foto Primož Hieng
5 Velika planina, primer avtohtone slovenske vernakularne alpske arhitekturne dediščine
6 Janez Lajovic, Hotel Prisank, Kranjska Gora, 1964, foto Janez Kališnik
Hotel, ki je bil leta 2003 porušen in nadomeščen s konfekcijsko komercialno arhitekturo, je bil eden najlepših primerov slovenskega Ñmodernističnegaì regionalizma. Volumen stavbe je sledil krajinskim oblikam, lesena streha je povezala volumne v celoto, detajli in tudi oprema so bili modernistična interpretacija elementov tradicionalne arhitekture.
7 Jože Plečnik, Lovska koča kralja Aleksandra v Kamniški Bistrici, 1933
Lovska koča je zasnovana v obliki elegantnega lesenega paviljona, postavljenega na kamnit podstavek. Izraz objekta ne kaže tipičnih prvin alpske arhitekture. Plitva streha s poudarjeno horizontalo daje vtis lebdečega pokrova, obloga nadstropja deluje kot tanka lesena opna z nesorazmerno velikimi okenskimi izrezi. Značilno je nasprotje, ki ga ustvarjata poudarjeno tektonsko oblikovano pritličje v kamniti rustiki in nadstropje, ki je oblikovano izrazito lahkotno. Nastaja vtis, kot da se v hiši srečujeta zemlja in nebo oziroma narava s kulturo. To dvojnost še podčrtujeta različna konstrukcijska principa podstavka, ki nosi, in paviljona, ki je nošen.

v prostoru, s postavitvijo vhoda, erkerjem, pogledom na vodnjak, cerkveni stolp ipd. Še danes te hiše oblikujejo skupnost, ki je tesna in premišljena, omogoča notranjo demokratičnost, medsebojno spoštovanje in pogovor. Ta kultura se je v drugi polovici 20. stoletja popolnoma izgubila. Novejše hiše so postavljene ob cesto sredi parcele, brez medsebojnih odnosov.

Tudi arhitekturo, ki je zavestno in odgovorno interpretirala alpsko tradicijo, smo imeli že večkrat v zgodovini. Jože Plečnik, ki je danes mednarodno prepoznan kot slovenski prispevek k svetovni arhitekturi, je v svojih delih zavestno povezoval folklorne elemente in visoko arhitekturo, da bi sproduciral specifično nacionalno identiteto. Z zanj značilno ustvarjalno domišljijo je z zgoščanjem podob iz arhitekturne in umetnostne zgodovine, arheologije, ljudskega izročila na arhitekturni način gradil pripoved o izvorih arhitekture, identitete, krajev in življenja.

V okviru t.i. Ljubljanske arhitekturne šole v 50-ih in 60-ih letih 20. stoletja so arhitekti pod vodstvom prof. Edvarda Ravnikarja razvili specifično arhitekturo, ki bi ji še najbolj ustrezal Framptonov termin »kritični regionalizem«. Številni objekti z javnim ali zasebnim programom, kot so bili hoteli, šole, pa tudi vikendi in planinske koče, so dosegli zavidljiv nivo arhitekturne kvalitete v vseh pogledih, od idejne drznosti, izvirnosti do izvedbene bravuroznosti.

4. Kaj pa zmore današnja arhitektura na slovenskem koščku Alp in njeni arhitekti?

Seveda je arhitekturna kvaliteta večine zgrajenega katastrofalna. Popolnoma generične, iz arhitekture v mestih izvirajoče stavbe so najpogostejše. Ponavadi se jim, v režiji pričakovanj naročnikov, ali če je tako predpisano v urbanističnih aktih, doda kakšen površni atribut regionalnega, kot je lesena fasada, strma dvokapnica, čopi, ali kaj podobnega. V alpsko nošo oblečeni, neproporcionalni in oblikovno banalni stavbi, ki posnema kmečko hišo iz 19. stoletja se skriva hotel, diskoteka, bazen ali/in šopingcenter. Le majhnemu delu zgrajenega lahko rečemo arhitektura. Nastaja po zaslugi arhitektov, ki na bolj ali manj uspešen in kreativen način v vsakem posameznem projektu vključujejo današnje pozicije arhitekture in trende bivanja v alpskem svetu v svojo specifično pripoved. Tako nastajajo raznoliki žanri alpske arhitekture (in bivanja), ki odpirajo nove tipološke in formalne registre. Nekateri se pojavijo tudi na razstavi, drugi pač ne.

Kar razširjeni so arhitekti, ki znajo patos romantičnega zanosa naročnikov izkoristiti za realizacijo skrajno osebnih poetik. Osrednjo vlogo igra mlada, manieristična generacija, ki raziskuje in meša vse potenciale na vedno nov način. Od prejšnjih generacij se razlikuje po odpovedi večnim resnicam in privilegiju edinega pravilnega prepričanja, svoje naročnike zapeljujejo, namesto da bi jih učili, kot so to počele predhodne generacije. Ne ukvarja jo se s teorijami, strokovnimi združenji in klasičnim arhitektskim

imidžem (ki so ga osvojili in pustili za sabo), pač pa ponujajo čutnost, empatijo, operativnost in zapeljevanje. Njihova arhitektura ne temelji več na civiliziranem branju arhitekturne zgodovine, pač pa je nekakšna mutacija profesionalne prakse, ki se je prilagodila plitvosti in hitrosti sodobne generične družbe. Ta pristop, kot pravi Koolhaas, postaja nova folklora, nova vernakularna arhitektura. Sprejeti situacijo, takšno kot je, je nujna prva faza v terapiji, nadaljuje Koolhaas.
Sodobne izpeljave tradicije, z neizbežnim soočenjem s Plečnikom kot očetovsko figuro, so idejno raznorodne in velikokrat površne. Pogosto poskušajo arhitekti nevtralizirati, globalizirati in razpršiti premočan vpliv. Situacija je podobna, kot pri številnih italijanskih arhitektih zadnjih dveh desetletij, ki ne najdejo svojega načina nadaljevanja herojske zgodovine in se zato trudijo postati Neitalijani, da bi sploh lahko delali neobremenjeno. Prav v zadnjem času pa se najboljši iz dovoljšnje časovne distance in po ovinku spoznanja izpraznjenosti aktualne globalne izkušnje, znova približujejo večplastnemu, odprtemu in kreativnemu stiku s koreninami. Ta kontekstualizem ni naraven, pač pa umeten in kritičen. Zavestno problematizira svoje vzore in išče stik s sodobnostjo. Ta stik je tretji in najpomembnejši potencial, ki ga lahko Slovenci prispevamo k razvoju alpske arhitekture.

5. Arhitektura ne zmore vsega, kljub želji arhitektov. Svet gre svojo pot, in iz iluzije lastne pomembnosti hitro drsimo v situacijo, ko se zdi arhitektura manj ali celo nepomembna. Potegniti avtocesto ali hitro železniško progo skozi ozko alpsko dolino pomeni poseg, viden iz satelita, v primerjavi s katerim je arhitekturno detajliranje fasadne obloge videti irelevantno. Jezera in jezovi hidroelektrarn, smučišča s svojimi napravami, industrija, kamnolomi …, nasproti pa lahko postavimo kaj malo, nostalgično željo po harmoniji in razumljivosti arhitekturnega sporočila. Pa še tu nam stvari uhajajo iz rok.
Najbrž bi bil primeren skupni cilj, da bi usposobili alpsko regijo, da bi lahko odgovorila na globalne ekonomske, ekološke trende, z vključitvijo regeneracije ekološko in drugače prizadetih območij, hidrologije, konstrukcijo novih, naravi prijaznih infrastruktur, prostorov za bivanje, rekreacijo, novih parkov, prostorov kulture. Pri tem moramo slediti maksimi, da je varovanje tradicije prenos ognja, ne čaščenje pepela. Izogniti se moramo nevarnosti, da bi alpsko pokrajino konzervirali kot muzej, ki bo izgubljal ekonomsko utemeljenost, možnost razvoja, ustvarjalni smisel.
Prihodnost sveta je odvisna od naše zmožnosti, da ohranimo oziroma zaščitimo globalno bivalno okolje. To je kompleksen in interdisciplinaren problem, ki zadeva vsakogar in vse, navadne ljudi, politike, strokovnjake, intelektualce, znanstvenike, umetnike itd. Za njegovo reševanje je potreben holističen pristop, v katerem ima arhitektura pomembno vlogo in odgovornost, predvsem pri iskanju inovativnih rešitev. Pri tem ne gre le za zaščito

obstoječih virov, prostora, kulture ipd., pač pa predvsem za kreativno oblikovanje prihodnosti. Razviti moramo oblike in možnosti za vzdržno in trajnostno bivanje in razvoj, tako politični in ekonomski kot socialni in kulturni. Arhitekti morajo biti inventivni pri kreiranju vzdržnostne in trajnostne arhitekture. Poleg tega je arhitektura kljub vsemu še vedno živ dokaz vitalnosti in ekonomske moči neke regije, zato si vsako okolje, še posebej alpsko, zasluži dobro arhitekturo. In še, kar tudi ni zanemarljivo, lepota ambienta ima vedno tudi terapevtski učinek.

6. Hugo von Hofmannsthal pravi nekje, da je treba globino skriti, kam? – na površino. Morda je potencial poglobljene arhitekture in kulture bivanja v Sloveniji skrit v površini, v globini pa poteka neusmiljen boj, kot v Prešernovih verzih. Vsekakor nam še veliko manjka do normalnosti.
Na fakulteti za arhitekturo v Ljubljani ni predmeta, ki bi se na celosten način ukvarjal z alpskimi študijami, alpsko arhitekturo, alpsko tradicijo, alpskimi tehnologijami gradnje itd.
Aktualna slovenska arhitekturna identiteta se ne realizira sama iz sebe, ampak prvenstveno v odnosu do regionalnih in globalnih centrov. Naša nova arhitektura je daleč od tega, da bi zmogla oblikovati jedro, ki bi opredelilo neko nacionalno identiteto. Za nas so identitete kot obleke, prosto zamenljive, v nekakšni modni sezonskosti. Tudi kontekst postane igra. Tako smo v širšem evropskem merilu še vedno območje eksperimenta, avantgarde. Se pa za nazaj da to avantgardnost navezati na v zadnjem desetletju ekstremno hitro izenačevanje kulturnih razlik – kot pri vremenu, ko se izenačuje pritisk – nekaj se sprosti, in so turbulence, potem pa se vse umirja. Nastaja pa v Sloveniji, tudi v njenem alpskem delu, zanimiva nova arhitektura in mladi slovenski arhitekti so uspešni v mednarodnem merilu kot še nikoli doslej.

Če povzamem, slovenski arhitekti se radi prikazujemo kot enaki evropskim kolegom, tuji opazovalci pa bi nas radi videli kot različne, kot zanimive, ker smo drugačni. Znanje in izkušnje iz tranzicije nam, navajenim vsega hudega, omogočajo presenetljivo operativnost v (za nas kljub vsemu blažjih, ugodnejših) pogojih današnjega globaliziranega sveta, kljub splošni krizi. To bi lahko bil odločilni potencial, na katerem temelji fenomen sodobne slovenske arhitekture. A se ta primerjalna prednost hitro izenačuje v vsesplošni fragmentaciji in individualizaciji pozicij in stališč.
Če uporabim smučarsko primerjavo, slovenski arhitekt ni novinec na progi za smuk, ki bi imel srečo. Ni niti izkušen veteran. Še najbolje bi ga opisal kot deskarja, ki se vratolomno spusti po neutrjeni pisti.

1 France Prešeren, verz iz pesnitve Krst pri Savici, 1835

8

9

10

11

12

8 Miha Kajzelj, Bivak, Stol nad Breginjem, 2002
Bivak služi kot zavetišče pred naravnimi silami in prenočišče za alpiniste in druge ekstremne planince. Obrnjen je vzporedno z grebenom, v profilu njegove trikrat zalomljene strehe se izriše oblika snežnega zameta na grebenu. V njem je prostora za 4-8 ljudi, spodaj so 4 ležišča, po dve in dve na vsaki strani prostora, zgoraj pa še 4 pomožna. Montažna konstrukcije je bila postavljena na svoje mesto s pomočjo helikopterja.
9 Superform, Hiša Križnik, Ljubno, 2009
Gre za rekonstrukcijo dveh obstoječih hiš v razkošno vilo ob potoku. Prva hiša je namenjena nočnemu in servisnemu delu. Po videzu je tradicionalna, s pridihom kmečkih hiš iz Savinjske doline. V drugi hiši so reprezentančni in bivalni prostori. Je odprta, ekstrovertirana in kot barka lebdi nad terenom. Interier je oblikovan s pomočjo pogledov in svetlobe.
10 Gregorc /Vrhovec arhitekti, apartmajska hiša v Podkorenu
Hiša usmeri pozornost nase s svojo črno barvo in mnogokotno obliko. Črna barva fasade povzema barvo tradicionalne zaščite lesa, ki so jo kmetje vedno uporabljali pri izgradnji svojih stavb. Oblikovana je kot poligonalno telo s strmo dvokapnico. Moč in teža kmečkih hiš je v novi stavbi kontrastirana s tektoniko, ki je blizu konstrukcijski logiki gospodarskih objektov. Zunanji plašč je les, ki ni uporabljen kot opaž, pač pa kot element konstrukcije. Diagonale, postavljene pred opaž, pomenijo ìstrukturni plaščî, ki obdaja hišo in jo zavetruje. Oblika je skulptura, ki učinkuje kubistično, ko iz ene točke vidimo Ńpreveči, kot bi se sprehajali okrog nje. Hiša je homogena, celo monolitna, a hkrati uhaja preprostemu prepoznavanju. Gre za kontekstualizem, ki je sodobna verzija regionalizma, kot smo ga poznali v 60-tih in katerega najlepši primer je bil žal pokojni hotel Prisank v bližnji Kranjski gori. Ta kontekstualizem zavestno ni naraven, pač pa umeten in kritičen.
11 Bevk Perović, Počitniška hiša Rožič, Bohinj, Ribčev Laz, 2008
Kadar je hiša zaprta v svojo varovalno sivo lupino, brez oken in brez vrat, je skoraj nevidna, skrita in zraščena z bohinjsko pokrajino. Pod leseno obleko hiše pa se skriva sodoben bivalni ambient, preprost, asketski, a udoben po današnjih merilih. Tradicija starih bohinjskih hiš prevedena v jezik sodobne, domišljene in avtentične počitniške hišice.
12 Ofis, Počitniška hiša, Bohinj, Stara Fužina, 2008
äe en vikend v Bohinju, postavljen v zaščitenem območju narodnega parka. Uporabljeni so lokalni materiali in detajli, ter principi avtohtone regionalne gradnje. Velika vogalna okna lovijo sonce. Previsno nadstropje ščiti pred soncem, dežjem in snegom.

Miha Dešman, profesor in arhitekt

1956	rojen v Gornjem Gradu, Slovenija
1975-1981	Študij arhitekture na Fakulteti za arhitekturo Univerze v Ljubljani
1983-1984	Postgraduate study at Università IUAV di Venezia
Od 1985	samostojni arhitekt v Ljubljani, član DESSA
Od 1985	atelje s Katarino Pirkmajer Dešman v Ljubljani
1991	Priznanje Piranesi
Od 1995	glavni in odgovorni urednik ab, mednarodne revije za teorijo arhitekture
2003-2006	Predsednik društva arhitektovLjubljane
Od 2005	Atelje DANS arhitekti v Ljubljani
Od 2006	Predsednik Sklada arhitekta Jožeta Plečnika v Ljubljani
2009	Profesor za zgodovino in teorijo arhitekture na Fakulteti za arhitekturo v Ljubljani

270
m ü. NN / m a.s.l. / m s.l.m.

Chambéry

Rhône-Alpes
France

Wohnbau „L'Oxygène"
Edificio residenziale "L'Oxygène"
"L'Oxygène" Residential Building

pateyarchitectes, Chambéry

→ 362

.A VENDRE.
70 000 KMS
TEL :
6425 VJ 73

247

m ü. NN / m a.s.l. / m s.l.m.

Siebeneich / Settequerce (Terlan / Terlano)

Trentino-Südtirol / Trentino-Alto Adige
Italia

Arbeiterhaus Verwaltung Graf Enzenberg
Casa per dipendenti dell'amministrazione Conte Enzenberg
Graf Enzenberg Workers' Housing

Walter Angonese, Kaltern mit Ingenieurbüro Bergmeister und Partner, Brixen

→ 364

Celje

Celje
Slovenija

241
m ü. NN / m a.s.l. / m s.l.m.

Celje

Celje
Slovenija

Mehrfamilienhaus „Rock Villas“
Complesso residenziale “Rock Villas”
“Rock Villas” Residential Development

Arhitektura Krušec, Ljubljana

232

m ü. NN / m a.s.l. / m s.l.m.

Bozen / Bolzano

Trentino-Südtirol / Trentino-Alto Adige
Italia

Mehrfamilienhaus „Domus Malles“
Complesso residenziale “Domus Malles”
“Domus Malles” Residential Development

METROGRAMMA
Andrea Boschetti & Alberto Francini, Milano mit Enzo Fontana

→ 368

232
m ü. NN / m a.s.l. / m s.l.m.

Bozen / Bolzano

Trentino-Südtirol / Trentino-Alto Adige
Italia

Wohnanlage Kaiserau EA7
Complesso abitativo CasaNova EA7
Kaiserau EA7 Residential Complex

Atelier Christoph Mayr Fingerle, Bozen
Farb- und Materialkonzept Manfred Alois Mayr, Meran

208
→ 370

Bozen / Bolzano

Trentino-Südtirol / Trentino-Alto Adige
Italia

212

m ü. NN / m a.s.l. / m s.l.m.

Grenoble

Rhône-Alpes
France

Wohnanlage „SkinWall“
Complesso abitativo “SkinWall”
“SkinWall” Residential Complex

Edouard François, Paris

→ 372

FR

Avoriaz et le Queyras – Deux modèles d'aménagement dans les Alpes françaises

Axel Sowa

Le présent article tente, au moyen de deux modèles géographiquement et économiquement éloignés, de décrire sous forme abrégée le changement continu des formes d'urbanisme et de conception des loisirs dans le contexte de l'espace alpin français. L'observation comparée de ces modèles fortement contrastés, que l'on pourrait considérer comme des types idéalisés, permet de faire ressortir des tendances historiques et facilitera l'évaluation d'autres planifications et scénarios de développement. Les deux modèles choisis ici sont tout d'abord la station de ski d'Avoriaz qui, depuis son ouverture en 1966, a été continuellement agrandie et gérée telle une marque déposée par l'industrie du tourisme. Malgré sa croissance constante en l'espace de quarante années, Avoriaz n'est toujours pas reconnue comme une commune autonome, mais fait partie de Morzine, localité de 3.000 habitants située dans une vallée. Dans les discussions actuelles sur l'avenir économique et écologique d'Avoriaz, les voix des habitants, qui exigent au niveau politique local les principes de la durabilité, se font entendre à côté de celles des agences immobilières.

Le second modèle, avec une densité de seulement 8 habitants au kilomètre carré, présente un contraste saisissant avec l'histoire du développement par bonds du premier et mérite d'être cité ici à titre d'exemple des sites périphériques des Alpes françaises qui sont faiblement équipés en infrastructures. Le projet de biosphère du Queyras – Mont Viso, qui se trouve actuellement à un stade avancé de planification,[1] est situé au sud de Briançon près de la frontière italienne. Ce projet qui prévoit d'ajouter 9 aux 11 communes qui ont fondé, en 1977, le Parc Naturel Régional du Queyras devrait favoriser l'échange bilatéral entre la France et l'Italie. Un peu plus de 10.000 habitants vivent sur le territoire du Parc, dans la partie Est du département des Hautes-Alpes. Mais si l'on fonde les statistiques sur les localités du Queyras au sens étroit, reliées aux villes de Gap, Briançon et Turin seulement par des routes de cols, le nombre d'habitants diminue de moitié.

Avoriaz – Une ville complexe dans les Alpes

En 1963, un groupe de travail interministériel, dénommé la «Mission Racine» s'est mis à l'œuvre. Il était chargé d'élaborer des propositions d'aménagement de la côte méditerranéenne dans la région du Languedoc-Roussillon. La pression démographique qui s'exerçait sur la région et ses espaces naturels ainsi que l'énorme demande d'installations résidentielles et de loisirs, proches de la côte, avaient motivé cette action concertée. La mission Racine avait pour objectif de répondre à la demande en créant des lotissements extrêmement compacts, très denses et bien équipés en infrastructures. Les premiers résultats visibles de cette mission ont été les stations balnéaires créées ex nihilo, telles «La Grande Motte», «Port

Grimaud» et «Port Barcarès». Ces structures fonctionnellement homogènes situées sur la côte méditerranéenne conçues dans l'esprit des «Trente Glorieuses», durant une période à croissance continue, ont protégé d'autres régions du littoral de la consommation d'espaces naturels et du mitage. Ce n'est que des années plus tard que l'on a attribué à ces infrastructures touristiques le statut de commune au sens politique du terme. Les noms d'architectes renommés sont liés à ces réalisations: le créateur de Port Grimaud était François Spoerry, celui de La Grande Motte, Jean Balladur, ancien élève de Jean-Paul Sartre et officier de la Légion d'honneur qui est décédé en 2002. La construction de ces ensembles a exigé, outre la coordination interministérielle, la coopération des secteurs de la construction, de l'immobilier et du tourisme. Quelque temps après, ces opérations extrêmement réussies se sont étendues à l'aménagement de régions montagneuses. Les Arcs et Avoriaz en sont les exemples les plus marquants dont la construction a été marquée par l'initiative directe d'investisseurs. Dans le cas d'Avoriaz, l'histoire a commencé par la vision du champion de ski Jean Vuarnet qui, après sa victoire olympique, a voulu créer une station de 5000 lits sur un alpage de son village natal, Morzine. Située à 1.800 m d'altitude, la station sans voitures devait être accessible uniquement par les téléphériques. Les investisseurs parisiens Robert et Gérard Brémond se sont intéressés au projet. Un ensemble de 240.000 m^2 de surface habitable a vu le jour sur le territoire de 82 ha. En 1963, le conseil municipal de la commune de Morzine a signé un contrat de concession avec les Brémond, prévoyant qu'à la fin de l'opération, une superficie de 22 ha serait restituée à la commune. Gérard Brémond a trouvé en Jacques Labro, jeune diplômé de l'Ecole des Beaux-Arts de Paris, un architecte qui a conféré à Avoriaz son aspect caractéristique. Avec ses confrères, Jean-Jacques Orzoni et Jean-Marc Roques, Labro a élaboré, selon son concept d'une architecture «mimétique», un ensemble dont la silhouette peut être vue comme l'écho visuel des chaînes de montagnes.[2] L'œuvre de Labro a été influencée par l'architecture visionnaire et fantastique de «La chaîne de verre», dont les membres Bruno Taut, Paul Scheerbart et Hans Scharoun ont imaginé au cours des années qui ont suivi la Première Guerre mondiale des structures cristallines colorées aux reflets changeants dans des régions alpines d'Europe. Sur l'Alpe d'Avoriaz, le premier point d'appui de l'aménagement fût l'hôtel des Dormonts qui a ouvert ses portes à Noël 1966. Cet hôtel sur dix niveaux dont la façade en dents de scie est revêtue de clins de red cédar canadien a valu à Labro, en 1968, le prix de l'Equerre d'Argent, le prix d'architecture le plus prestigieux en France. Au cours des étapes suivantes d'aménagement, Avoriaz a atteint une capacité d'hébergement de 16.000 lits. Le succès que remporte la station n'est pas uniquement dû à son architecture imitant la silhouette des chaînes alpines. Durant les années de

Avoriaz – Une ville artificielle dans les Alpes
Crédit Photo: Axel Sowa

construction d'Avoriaz, la France comptait parmi les pays d'Europe avec une forte activité de sport d'hiver qui engendrait alors une forte demande intérieure en stations de ski.[3] Dans les années soixante-dix, Gérard Brémond, grand amateur de jazz et de film fantastique, a su faire venir les personnalités de la vie parisienne à Avoriaz. Grâce au festival, la station devient un pôle d'attraction touristique, même en demi-saison, et atteint un taux d'occupation de 75 % durant la haute saison d'hiver. Doué d'un flair particulier pour les modes et les désirs de son époque, Brémond a aménagé, dès 1988, un parc de snowboard à Avoriaz qui, depuis, a été continuellement modernisé, alors que le festival du film, considéré comme trop élitiste, a été arrêté.

Tandis que la station de ski moderne des Arcs est reliée au réseau national du TGV par la gare de Bourg-Saint-Maurice, l'accès à la station sans voitures d'Avoriaz n'est justement pas possible sans voiture. Pourtant 2.400 places de stationnement sont prévues à l'entrée de la station où l'on continue son parcours dans l'un des trente traîneaux à cheval, en véhicule à chenilles ou à ski. Lors de la conception de la station, Labro et Brémond ont veillé sur la disposition des masses bâties en faisant alterner la densité des centres et les espaces libres. L'implantation des 288 pistes ainsi que 207 télésièges et téléphériques prévoit des points de vue spectaculaires sur le paysage de montagnes, dont les plus remarquables sont surmontés par l'architecture sculpturale de Labro. L'édifice le plus récent en est la résidence Saskia, qui s'élève à l'aplomb de la falaise abrupte séparant Avoriaz de sa commune d'origine Morzine. Pour celle-ci, Labro a conçu, au milieu des années quatre-vingt, une architecture résidentielle accessible par des coursives protégées dont les appartements sont adaptés aux besoins de familles de tailles différentes. Le fondateur d'Avoriaz, Gérard Brémond, aujourd'hui directeur septuagénaire de l'agence «Pierre & Vacances», nourrit d'autres projets d'agrandissement.[4] Afin que Avoriaz suscite à nouveau l'attention du grand public, Brémond a annoncé, en février 2009, les prochaines étapes d'aménagement: En 2010, une gigantesque bulle tropicale devrait voir le jour. Á 1.800 m d'altitude, les visiteurs trouveront un bassin de 2.000 m², chauffé à 29° Celsius ainsi que des points de vue sur le monde alpin qui, désormais muni de canon de neige artificielle, subit, lui aussi, un lent réchauffement. Parallèlement à ce projet, le conseil municipal de Morzine, dont Avoriaz fait partie, a approuvé, en décembre 2008, un immense projet de construction. D'autres ensembles résidentiels avec 475 appartements de vacances et d'une superficie de 38.600 m² viendront agrandir Avoriaz. Les appartements seront commercialisés par Pierre & Vacances, Maeva et Residences MGM; le mètre carré étant évalué à 5.000 à 6.000 euros.[5] Avoriaz ne reste pas aux niveaux parisiens que par les prix de la construction. La commune tente aussi de répondre aux attentes écologiques des citadins recherchant la détente et la diversion. En janvier 2010, les dix premières stations de ski françaises, dont Avoriaz, ont comparé leurs émissions de dioxyde de carbone. L'action effectuée en coopération avec l'agence de l'environnement et de la maîtrise de l'énergie, l'Ademe, révèle que plus de la moitié des émissions de CO^2 provient des véhicules des visiteurs.[6] Les communes voudraient donc renforcer les transports publics, inciter le public au covoiturage et rééquiper les systèmes de chauffage pour la combustion de ressources renouvelables. Aux problèmes écologiques s'ajoute un problème commercial: Depuis l'époque où Avoriaz a été conçue à la fin des années soixante telle une ville satellite dans les Alpes, la station dépend de l'afflux massif en provenance des régions métropolitaines. Il n'est pas encore certain qu'un équipement d'une telle densité puisse être transformé pour s'adapter à de nouvelles attentes.

Le Queyras – Une région en pleine ascension à l'ombre des montagnes

Le Queyras est l'une des régions les plus reculées du massif français des Alpes du Sud. Pendant des siècles, cette région a été le théâtre de conflits frontaliers entre l'Italie et la France tout en étant une région d'échanges économiques entre les Alpes du Sud et le Piémont. Le Queyras doit la base juridique de son actuelle existence en tant que parc régional au décret du 24. 10. 1975, qui a été complété en 1985 par la loi montagne[7] stipulant la création d'un conseil national des Alpes, placé sous la présidence de la République. Soutenus par les mesures en faveur de la décentralisation et des besoins régionaux spécifiques, les nouvelles bases juridiques ont permis de maintenir les infrastructures, de stabiliser l'agriculture locale et de freiner le recul de la population. Elles ont contribué à la transformation du Queyras d'une structure rurale régressive en un parc régional. Le centre de la région du parc, comprenant des écoles, des centres commerciaux et surtout la gare sur la ligne de chemin de fer entre Gap et Briançon, est la petite ville de Guillestre, dont le nombre d'habitants était en 1968 exactement le même qu'en 1851.[8] Depuis la fin des années soixante, Guillestre présente des gains migratoires constants et compte aujourd'hui 2.300 habitants. Á partir de la ville de Guillestre, nichée dans la vallée et de la ville Mont-Dauphin, connue pour sa place forte construite par Vauban, on accède aux huit communes du Queyras uniquement par l'étroite vallée du Guil.[9] Cette région isolée est, avec un revenu annuel moyen de 13.900 euros par habitant, l'une des régions aux plus faibles revenus de France. Le chômage atteint 7 % de la population active. Sur celle-ci, 4 % seulement travaillent dans l'agriculture.[10] Les terrains agricoles présentent une structure de petites parcelles, en moyenne 15 par hectare. Sur les pentes difficilement exploitables, les forêts de Mélèze viennent remplacer les pâturages.

Malgré la régression pratiquement impossible à arrêter de l'agriculture, les structures des villages et les paysages de cultures du Queyras sont encore nettement lisibles. Ce qui est frappant, ce sont les villages compacts et le faible degré de mitage.[11] Les raisons en sont l'inaccessibilité et la situation périphérique du parc régional dont le territoire n'a jamais été préconisé pour des opérations immobilières de grande envergure des années soixante et soixante-dix. C'est seulement au cours des dernières années qu'une nette augmentation du nombre de visiteurs a été enregistrée. Actuellement, il y a 640 hébergements touristiques pour un habitant du futur parc de biosphère. D'ailleurs les deux tiers de ces hébergements se trouvent dans des résidences secondaires privées, à occupation saisonnière. Les hébergements en hôtels et pensions représentent seulement 6,5 % de l'offre. Rien que dans les communes situées à haute altitude comme Vesoul, Vars et Château-Queyras, des besoins de 16.000 lits supplémentaires ont été constatés.[12] Les terrains de camping régionaux jouissent d'une grande popularité en attendant d'autres constructions. Cette tendance ne changera pas de si tôt, car il est difficile de trouver de nouveaux terrains constructibles. Ceci en raison des risques d'avalanches, d'érosion du sol et de crue, d'une part. D'autre part, les communes du parc ont clairement exprimé dans la charte qu'elles ont signée qu'elles tiennent à protéger les espaces naturels avec leur variété d'espèces et à conserver les paysages agricoles qui existent encore. Il en résulte d'autres obligations pour les constructions qui, comme le souhaite la population locale, devraient concerner en premier lieu la réaffectation et la densification des structures villageoises existantes. Des recommandations pour l'adoption de formes de construction et de matériaux locaux ont été éditées sous forme d'une brochure «Construire dans le Queyras».[13] La notion essentielle est celle de «patrimoine», l'héritage local qui comporte aussi bien les biens méritant d'être protégés que les traditions vivantes. Il s'agit aussi de la conservation de structures architectoniques et de petits ouvrages comme des fours à pain, chapelles et horloges solaires. Les projets importants des communes du parc comprennent aussi l'encouragement des petites structures agricoles et le développement de formes touristiques compatibles avec la qualité de vie de la population locale. Julia Clermont, conseillère municipale d'Aiguilles, fait remarquer que la forte demande de promenades en ski et randonnées individuelles a déjà entraîné la suppression de télésièges. Un nouveau profil de «moniteurs» et de «guides de montagne» semble correspondre aux nouvelles attentes des clients. Grâce à leur connaissance des lieux, ces moniteurs peuvent faire connaître les avantages et particularités de la région aux visiteurs recherchant la détente, Les communes du parc rédigent actuellement l'acte qui les réunira au sein du parc transfrontalier de biosphère Queyras – Mont Viso qui sera le premier parc alpin français de cette nature.[14] Les projets les plus importants en sont la gestion durable des forêts, la conservation des pâturages, l'entretien des noyaux des villages, l'inventaire du patrimoine construit ainsi que le transport gratuit des touristes de la gare de Montdauphin-Guillestre jusqu'aux villages montagneux du parc. L'objectif est ici un tourisme «lent», à l'écart de l'animation des centres urbains et peu dépendant des fluctuations saisonnières.

Ces deux exemples mettent en évidence les changements drastiques que la politique française de l'urbanisme a connu dans l'espace alpin au cours des quarante dernières années. Outre les paramètres démographiques et touristiques, il faut citer deux facteurs d'influence décisifs dans le contexte français. D'une part on observe une diminution des prescriptions et des mécanismes d'orientation venant de l'Etat central, qui a conduit à un renforcement des structures décisionnelles et des identités régionales. D'autre part, on peut observer un changement de mentalités. La nette préférence pour des structures denses, quasi urbaines, des années soixante, qui se répercutait aussi sur l'organisation des loisirs et du tourisme, cède la place à une offre plus vaste et différenciée apte a soutenir les projets de vie des individus et des familles. Avec sa diversité fascinante de formes d'habitat et de paysages culturels, le monde des Alpes de France restera un important laboratoire pour la société entière où l'on teste la coexistence soutenable de l'homme et de la nature.

1 Programme MAB (Man and Biosphere) de l'UNESCO. La demande de projet devrait être achevée fin 2010.
2 Sowa, Axel: «Avoriaz a 40 ans», dans: *L'Architecture d'Aujourd'hui N° 369*, mars-avril 2007, page 10 et suivantes
3 Huet, Philippe: «Politique française des montagnes et les problèmes actuels», dans: Bätzing, W./Messerli, P., *Les Alpes dans l'Europe des années quatre-vingt-dix*, Bern 1991
4 Papazin, Claire: «Gérard Brémond va construire dans la station haut-savoyarde un bassin ludique «tropical» comme ceux des Centerparcs», dans: *Le Figaro*, 3.2.2009
5 Papazin, Claire, *ibid.*
6 Picouët, Martine: «Dix stations de montagne: leur premier bilan carbone», dans: *Le Monde*, 16.1.2010
7 Huet, Philippe: op.cit., page 185 et suivantes
8 Barbier, Bernard: *Villes et centres des Alpes du Sud*, Gap 1969, page 58
9 Les huit villages de montagne du Queyras sont: Abriès, Aiguilles, Arvieux, Château Ville-Vieille, Molines-en-Queyras, Ceillac, Ristolas et Saint-Véran. A ceux-ci s'ajoutent les communes d'Eygliers et de Guillestre situées dans la vallée. La commune de Vars située plus au sud n'a pas signé le renouvellement de la charte du parc en 2009.
10 Clanché, François (Editeur): *Queyras - Mont Viso: une vitalité démographique et économique structurée par le tourisme.* (Etude pour le compte de l'INSEE de la Région Provence-Alpes-Côte-d'Azur et du parc naturel régional du Queyras), janvier 2006
11 Siestrunck, R./Soubarne, M.: *Synthèse étude socio culturelle du Massif du Mont Viso* (Etude de l'Association pour la Recherche et le Développement en Montagne (ARDEM), juin 2006
12 Clanché, F.: *op.cit.*
13 Parc Naturel Régional du Queyras: *Pour un nouveau parc, Biosphère, Ecotourisme et Agriculture durable: Queyras, Haute montagne exemplaire*, Charte 2010-2022, 27 juillet 2009, Art. 12, page 28 et suivantes
14 Ecotone, Etudes-Actions, Geoscop: *Synthèse territoriale valant diagnostique*, (Etude pour l'aménagement du parc transfrontalier de biosphère du Queyras – Mont Viso), décembre 2005

Axel Sowa, Univ.-Prof. Dipl.-Ing.,
Né en 1966 à Essen, Allemagne, Axel Sowa étudie l'architecture à Berlin et Paris. De 1994 à 1995 il est collaborateur dans l'agence de Bruno Rollet à Paris.
De 1996 à 1997, dans le cadre du programme «Japon» de la Carl-Duisberg-Gesellschaft, il travaille en tant qu'architecte à l'agence Gen-Plan à Kyôto.
Depuis 1996, il contribue à diverses revues d'architecture avant d'intégrer, en 1998, la rédaction de *L'Architecture d'Aujourd'hui* dont il occupe le poste du rédacteur en chef de janvier 2000 à novembre 2007. Depuis octobre 2007, Axel Sowa est professeur de théorie d'architecture à la RWTH-Aachen (Aix-la-Chapelle).
Il est co-editeur de la revue *Candide. Journal for Architectural Knowledge*.

152
m ü. NN / m a.s.l. / m s.l.m.

Castenedolo

Lombardia
Italia

Wohnbau „Case A.L.E.R.“
Edificio residenziale “Case A.L.E.R.”
“Case A.L.E.R.” Residential Building

Giorgio Goffi, Camillo Botticini, Brescia

→ 374

150

m ü. NN / m a.s.l. / m s.l.m.

Brescia

Lombardia
Italia

ZONA A21 SANPOLINO, Comparto 15, Lotti L3_L4_L6_B2.2
Wohnbebauung
Edificio residenziale
Residential Complex

DI_aRCHON ass_ Architetti Stevan Tesic Milena Veljkovic, Brescia

→ 376

Monaco

Principatu de Múnegu / Principauté de Monaco

40 - 621
m ü. NN / m a.s.l. / m s.l.m.

Beausoleil

Provence-Alpes-Côte d'Azur
France

Wohnbau „Stella K"
Edificio residenziale "Stella K"
"Stella K" Residential Building

Calori Azimi Botineau (CAB) Architectes, Nizza

→ 378

Monaco

Principatu de Múnegu / Principauté de Monaco

Wohn Raum Alpen Abitare le Alpi Living in the Alps

Gibt es eine besondere Art, die Alpen zu bewohnen? Mit der Auswahl von Projekten in dieser Ausstellung möchten wir versuchen, auf diese Frage eine Antwort zu geben.
In der kollektiven Vorstellung entspricht die alpine Landschaft einer Ansichtskarte aus der Tourismuswerbung. In der Realität aber sind die Alpen ein komplexes geografisches System, das sich über acht Länder erstreckt, vom Fürstentum Monaco bis nach Slowenien.
Die geomorphologischen Merkmale des Gebietes bestimmen die Form und die Ausdehnung der urbanen Siedlungen. Dort, wo die Umweltbedingungen und das Klima besonders rau oder einschränkend wirken, kann sich die Architektur der Auseinandersetzung mit ihrem Umfeld nicht entziehen. Bauen in den Alpen bedarf besonderer planerischer Anstrengung, um Gebäude in das jeweilige Umfeld zu integrieren. Diese vertiefte Auseinandersetzung mit dem Gesamtkontext bietet nicht selten einen beachtlichen Mehrwert für Architektur.
In den Talsohlen hingegen prägt die Architektur eine eigenständigere Formensprache, fast so, als wolle sie hier ihre völlige Autonomie und Freiheit von der Umgebung behaupten – diesen Eindruck erwecken zumindest die Abbildungen der ausgestellten, von einer internationalen Expertengruppe ausgewählten Projekte.
In der vorliegenden Publikation wie in der gleichnamigen Ausstellung setzen wir uns mit der Thematik des kollektiven Wohnens auseinander und zollen damit der (Gemeinschafts-)Wohnanlage die ihr gebührende Anerkennung.
Das Projekt eines Einfamilienhauses oder einer Villa folgt zumeist einer durchaus nachvollziehbaren individuellen, elitären und autoreferenziellen Haltung des Planers. Den Wohnbedürfnissen einer Gemeinschaft gerecht zu werden, stellt jedoch eine völlig andere Herausforderung dar. Das architektonische Projekt wird von den Bedürfnissen des jeweiligen Kollektivs beeinflusst und bedingt. Die finanzielle Investition und die Ausdehnung des Baugrundes sind beschränkt, das Bauvolumen ist groß und die Raumplanung komplex, da sie den Bedürfnissen unterschiedlicher Familien und Generationen gerecht werden muss. Die Auftraggeber können Bauunternehmer, Wohnbaugenossenschaften oder auch Ämter für den sozialen Wohnbau sein.
Diese Rahmenbedingungen führen in der Regel zu einer intensiven Auseinandersetzung mit den vorhandenen Typologien und im Idealfall zur Entwicklung neuer, individueller Lösungen für das jeweilige Gebäude und die jeweilige Wohneinheit. In den Alpenregionen legen die klimatischen Bedingungen und der eng bemessene Baugrund heute eine nachhaltige Bauweise nahe. Besonderes Augenmerk wird dabei auf die Energieeffizienz und die kompakte und mehrstöckige Struktur der Gebäude gelegt.
Das Thema der Wohnanlage, in der die Bewohner Gemeinschaftsräume teilen, wirft – auch dann, wenn es sich nicht um sozialen Wohnbau handelt – soziale Fragen auf. Dies führt unweigerlich zu einer Auseinandersetzung mit der öffentlichen Sphäre, in der der Raum als ein Ort der Verbindung und Begegnung verstanden wird. Das Verhältnis zwischen dem „Draußen“, der urbanen Struktur, und dem „Drinnen“, der Privatsphäre der Wohnung, gewinnt an Bedeutung. Die Nutzung dieser Räume unterliegt sowohl der Raum- und Bauordnung als auch den nicht verbrieften sozialen Normen des Zusammenlebens. Gerade letztere sind es aber, die das Gemeinschaftsgefühl fördern. Die Wohnanlage verbindet die Gemeinschaft und verstärkt das Zusammengehörigkeitsgefühl der Bewohner. Oder ist das etwa nur eine Idealvorstellung?
Heute ist das Thema der Wohnhausanlage nicht mit solcher Dringlichkeit behaftet wie z.B. in den Jahren der Nachkriegszeit und später im Zuge der Landflucht.
Doch die Verbesserung der allgemeinen Wohnbedingungen bedeutet für jeden Architekten eine Herausforderung, die ihm seine soziale Verantwortung bewusst macht. In diesem Sinn erhält sein Einsatz, sein Handeln, einen politischen Wert.
Der Architekt beteiligt sich zusammen mit den öffentlichen Ämtern an den gemeinsamen Zielsetzungen für die Erhaltung der Kulturlandschaft und die Erfüllung des Grundrechtes auf ein angemessenes Heim. In diese Richtung arbeiten in unserer Provinz das Amt für Raumordnung, Umwelt, Natur und Landschaft und Energie, das Institut für den sozialen Wohnbau (WOBI), die Ämter für Kultur und Wohnbau. Bereits seit geraumer Zeit unterstützt überdies das Amt für Öffentliche Bauten die zeitgenössische Architektur in Südtirol. Diese institutionelle Förderung hat sich nicht nur positiv auf die Entwicklung der Architektur im privaten Bausektor ausgewirkt, sondern auch einen großen Einfluss auf den Wohnbau gehabt.
Die Stiftung der Kammer der Architekten der Provinz Bozen sieht ihre wichtigste Aufgabe darin, Verständnis für eine alpine Baukultur zu entwickeln und die Architekten auf ihre Verpflichtung gegenüber Gesellschaft und Umwelt hinzuweisen sowie sie in der Umsetzung eben dieser zu unterstützen. Kunst Meran teilt diesen kulturellen Anspruch. Diese Verpflichtung für die Architektur und die fruchtbare Zusammenarbeit vertiefen den moralischen Anspruch, der zur Erfüllung gemeinsamer Zielsetzung ansporn. Mit dieser Überzeugung haben wir dieses Projekt gemeinsam aus der Taufe gehoben und es leidenschaftlich und aktiv begleitet.
Wir danken den Kuratoren, die uns von der Ausarbeitung des Projektes bis hin zu seiner Realisierung mit viel Engagement unterstützt haben.
Diese Wanderausstellung und die dazugehörige Publikation „Wohn Raum Alpen“ bieten Ihnen nun die Möglichkeit, sich mit dem „Bewohnen“ der Alpen und besonders der Südtiroler Alpen auseinanderzusetzen.

Luigi Scolari
Präsident der Stiftung der Kammer der Architekten der Provinz Bozen
Georg Klotzner
Präsident von kunst Meran

Esiste uno specifico modo di abitare le Alpi? È una domanda alla quale questa raccolta di progetti intende dare risposta.
Il paesaggio alpino dell'immaginario collettivo coincide con la cartolina illustrata della pubblicità per il turista. In realtà le Alpi compongono una struttura geografica complessa che interessa otto stati e si estende dal Principato di Monaco alla Slovenia.
Le caratteristiche geomorfologiche del territorio hanno condizionato la forma e l'estensione degli insediamenti urbani.
Dove le condizioni ambientali e climatiche sono più rigide o vincolanti, l'architettura non ha potuto sottrarsi al confronto con il contesto. Costruire sui declivi implica uno sforzo del progetto per il corretto inserimento ambientale. Questo maggiore impegno implica uno scarto del pensiero progettuale che diviene portatore di valori.
Nelle zone pianeggianti di fondovalle l'architettura è più disinvolta nell'assunzione delle forme espressive, quasi ad affermare la sua piena autonomia e libertà dal contesto.
È quanto emerge dalle immagini dei progetti selezionati dalla giuria internazionale.
Abbiamo voluto declinare il tema dell'abitare dando esclusivo riconoscimento all'abitazione collettiva. Il progetto per la casa unifamiliare, la villa, è un esercizio che asseconda un atteggiamento individualistico, elitario ed autocelebrativo, tutti legittimi. Ma è una sfida più avvincente il soddisfacimento delle esigenze abitative di una comunità. Il progetto architettonico ne viene maggiormente condizionato. L'investimento finanziario è limitato, la superficie del lotto ridotta, i volumi edificabili ingenti, il programma spaziale è complesso, perché legato alle esigenze di differenti nuclei familiari ed alla molteplice composizione generazionale degli abitanti. La committenza spazia dall'imprenditore immobiliare, alla cooperativa, agli enti per l'edilizia popolare.
Questi presupposti portano ad approfondire e innovare i sistemi tipologici, sia per l'edificio che per l'alloggio, a sperimentare nuove soluzioni. Le condizioni climatiche, la penuria di suolo, suggeriscono criteri di progettazione sostenibile, attenti al risparmio energetico e che privilegiano un'edificazione compatta e multipiano.
Il tema della casa condominiale, in cui gli abitanti condividono gli spazi, propone questioni sociali anche quando non si tratta di edilizia economica popolare. Esso ci proietta inevitabilmente in una dimensione pubblica, dove gli spazi assumono valenza di relazione e promiscuità. Il rapporto con l'esterno, il tessuto urbano e con l'interno, la sfera privata dell'alloggio diventano rilevanti. L'uso di questi spazi è sottoposto a regolamenti come la normativa urbanistica ed edilizia. Ma anche a regole sociali di convivenza che alimentano il senso civico. In area alpina la casa collettiva combina comunità e comunanza, genera un sentimento di solidarietà tra abitanti verso l'ambiente esterno.
È una suggestione?

Sinora il tema della casa collettiva non era una priorità, lo era stato in epoca postbellica e in seguito alla migrazione dalle zone rurali verso le città. Il miglioramento della condizione abitativa è una sfida all'architetto e lo investe di una responsabilità sociale.
In questo senso il suo impegno, il suo agire assume un valore "politico".
Egli partecipa con le istituzioni pubbliche ad obbiettivi comuni, la tutela del territorio ed il soddisfacimento di un bene primario come la casa. In questa direzione lavorano nella nostra Provincia l'Assessorato all'Urbanistica, Ambiente ed Energia, l'Istituto per l'edilizia sociale (IPES), gli Assessorati alla cultura e all'Edilizia abitativa. L'Assessorato all'Edilizia pubblica ha dato un sostegno istituzionale al consolidamento dell'architettura contemporanea. Questo riconoscimento ha legittimato l'architettura contemporanea anche nel settore privato, e si riconosce nell'edilizia abitativa.
Promuovere la cultura del progetto, la *Baukultur,* sensibilizzare sull'impegno degli architetti per una società ed un ambiente migliori è il compito prioritario della Fondazione dell'Ordine degli Architetti della Provincia di Bolzano.
Questo impegno culturale per l'architettura è condiviso da Merano arte.
Dalla collaborazione nasce e si consolida un effetto virtuoso che rende più facile il perseguimento di obbiettivi comuni. Con questo convincimento abbiamo avviato insieme questa iniziativa che ci ha appassionato ed a cui abbiamo partecipato attivamente.
Ringraziamo i curatori che ci hanno accompagnato nel suo percorso di definizione e di realizzazione.
La mostra itinerante ed il catalogo avranno il merito di coinvolgervi in un ragionamento sui modi di abitare nelle Alpi e più specificatamente in Alto Adige.

Luigi Scolari
Presidente della Fondazione dell'Ordine degli Architetti della Provincia di Bolzano

Georg Klotzner
Presidente di Merano arte

Is there any such thing as a specific Alpine housing style? That is the question this collection of projects sets out to answer. In the popular imagination, the Alpine landscape is merely a motif for picture postcards designed for tourists. But the Alps are a complex structure involving eight countries and stretching from the Principality of Monaco to Slovenia.

The geomorphology of the terrain has conditioned the form and extent of the region's urban development. Architecture has no choice but to bend to the tough and extreme climate and environment. Building on a slope means hard work to nestle appropriately into the surroundings. But such extra effort entails a leap in design and heightens values. On the flat valley floor, architecture can play with expressive forms, as though to assert its freedom from the context.

Something of this emerges from these pictures of projects selected by an international jury. In reviewing the topic, we chose to focus on collective or communal forms of housing. Designing a single-family unit or villa means serving an individualistic mentality—a self-celebratory, elitist approach. Fair enough, but the greater challenge is to satisfy the housing needs of a community. That makes planning more difficult for the architect. The financial outlay is less, and the plot of land is contained, but the building volumes in play are huge. Space planning is more complex, as it involves various family nuclei and often several generations under the same roof. The commissioning expenses may be borne by a building entrepreneur, a cooperative, or a public housing authority. Such starting conditions call for innovation and research into building and accommodation styles, and for experiments with new solutions. Plus the taxing weather conditions and the scarcity of land necessitate principles of sustainability: energy-saving, compact, and multi-story designs. Social issues—and not just concerning money—always arise in condominiums, where the occupants share common areas. As soon as space forms relationships and means life at close quarters, one is inevitably propelled into a public arena. Greater importance is attached to how we look out at the town and how we look in at private living quarters. The way we use space is determined by building and town-planning regulations, not to mention the social norms of coexistence. There may be an unwritten code that constructs a sense of civic awareness. In the Alps, co-housing combines community and belonging, it generates solidarity among the inhabitants against the outer world. Unless that is too fanciful...?

Until not so long ago, communal housing was not a priority. It became one through the drift to the cities after the war. Improving housing conditions is now a challenge for our architects, forcing them to accept social responsibility. No matter what they do, it has a "political" meaning. They work alongside public institutions for common goals: protecting the environment and meeting people's primary need for a roof over their heads. In our province, these are the goals pursued by the Assessorato all'Urbanistica (Town-Planning office), Ambiente ed Energia (Environment and Energy Office), Istituto per l'edilizia sociale (IPES) (Institute for Social Building), and the Assessorati alla cultura e all'Edilizia abitativa (Offices for Culture and for Housing). The Assessorato all'Edilizia pubblica (Public Building Office) has lent institutional weight to present-day architecture, and the results are plain to see in residential building.

To promote building culture and raise public awareness of the contributions of architects to a better society and environment are the main objectives of the Fondazione dell'Ordine degli Architetti della Provincia di Bolzano. Merano arte shares this commitment to architecture. We are convinced that this joint commitment will enable us to reach our common targets. That is why we threw ourselves wholeheartedly into this joint initiative.

We would like to thank the curators with whom the ideas were hatched and brought to fruition. This itinerant exhibition and the accompanying catalog will have the merit of altering the way you look at how we inhabit the Alps, and above all the Alto Adige.

Luigi Scolari
Presidente della Fondazione dell'Ordine degli Architetti della Provincia di Bolzano

Georg Klotzner
Presidente di Merano arte

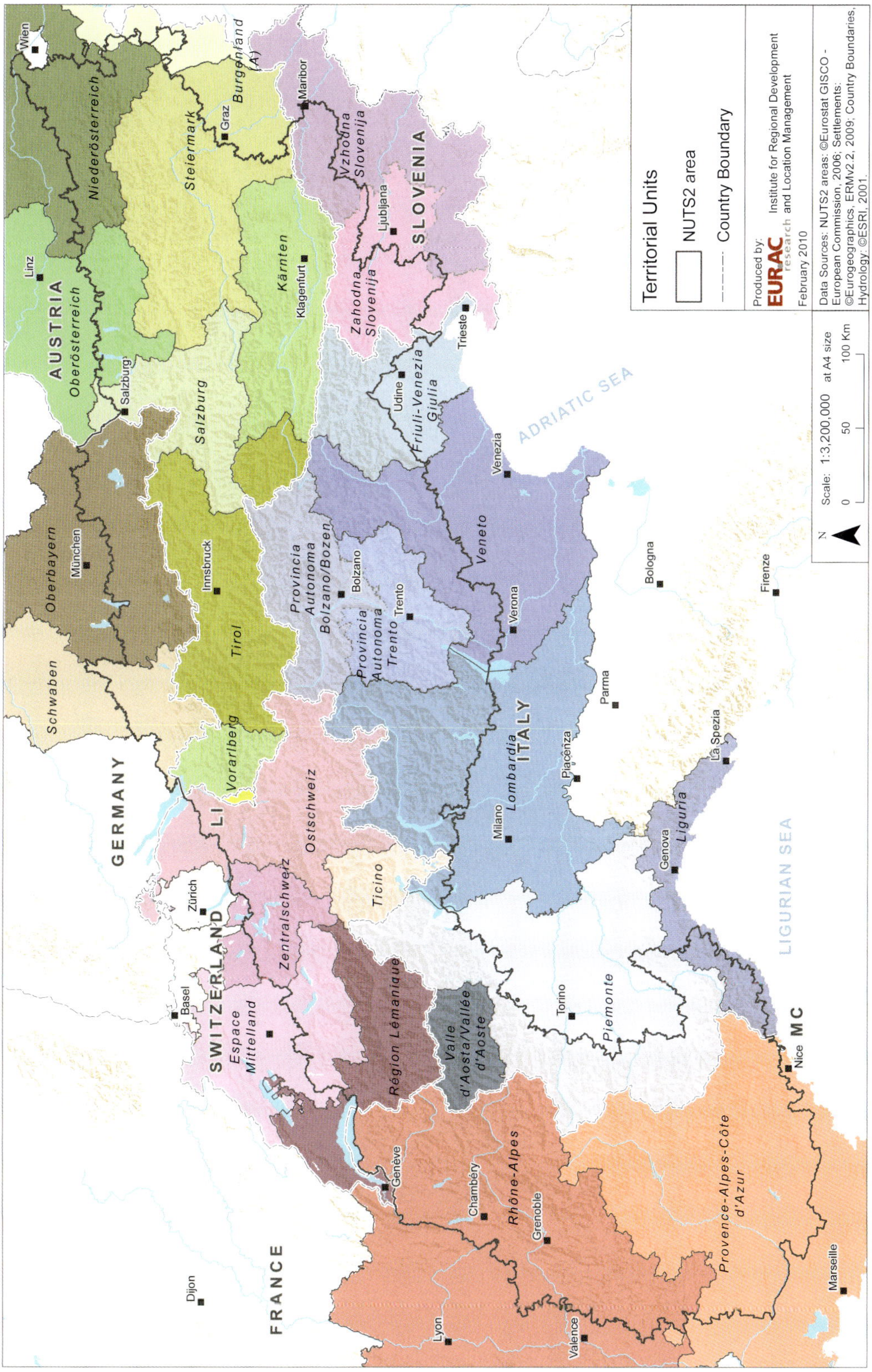
Territorial Units
NUTS2 area
Country Boundary
Produced by:
EURAC research
Institute for Regional Development and Location Management
February 2010
Data Sources: NUTS2 areas: ©Eurostat GISCO - European Commission, 2006; Settlements: ©Eurogeographics, ERMv2.2, 2009; Country Boundaries, Hydrology: ©ESRI, 2001.
Scale: 1:3,200,000 at A4 size
0 50 100 Km
N
GERMANY
FRANCE
AUSTRIA
SWITZERLAND
ITALY
SLOVENIA
LI
MC
ADRIATIC SEA
LIGURIAN SEA
Schwaben
Oberbayern
Niederösterreich
Oberösterreich
Salzburg
Steiermark
Burgenland (A)
Kärnten
Tirol
Vorarlberg
Vzhodna Slovenija
Zahodna Slovenija
Friuli-Venezia Giulia
Veneto
Provincia Autonoma Bolzano/Bozen
Provincia Autonoma Trento
Lombardia
Liguria
Piemonte
Valle d'Aosta/Vallée d'Aoste
Ticino
Ostschweiz
Zentralschweiz
Espace Mittelland
Région Lémanique
Rhône-Alpes
Provence-Alpes-Côte d'Azur
Wien
Linz
Salzburg
München
Innsbruck
Graz
Maribor
Klagenfurt
Ljubljana
Trieste
Udine
Venezia
Bolzano
Trento
Verona
Bologna
Firenze
Parma
Piacenza
La Spezia
Milano
Genova
Torino
Nice
Zürich
Basel
Genève
Chambéry
Grenoble
Lyon
Valence
Marseille
Dijon

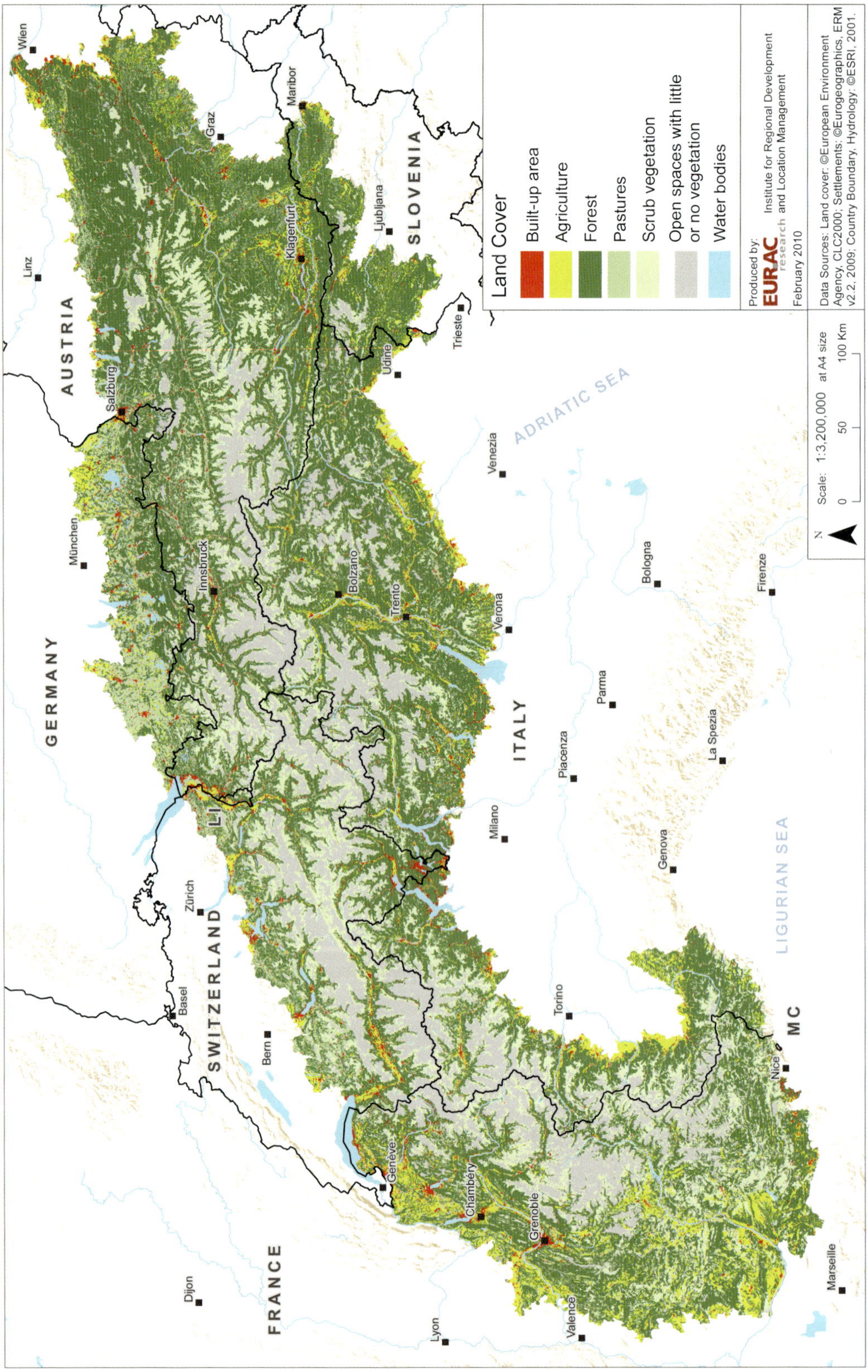
Land Cover
Built-up area
Agriculture
Forest
Pastures
Scrub vegetation
Open spaces with little or no vegetation
Water bodies
Produced by:
EURAC research
Institute for Regional Development and Location Management
February 2010
Data Sources: Land cover: ©European Environment Agency, CLC2000; Settlements: ©Eurogeographics, ERM v2.2, 2009; Country Boundary, Hydrology: ©ESRI, 2001.
Scale: 1:3,200,000 at A4 size
0
50
100 Km
N
AUSTRIA
GERMANY
SWITZERLAND
FRANCE
ITALY
SLOVENIA
LI
MC
ADRIATIC SEA
LIGURIAN SEA
Wien
Linz
Graz
Maribor
Klagenfurt
Ljubljana
Trieste
Udine
Salzburg
München
Innsbruck
Bolzano
Trento
Venezia
Verona
Bologna
Firenze
Parma
La Spezia
Piacenza
Milano
Genova
Zürich
Basel
Bern
Torino
Nice
Genève
Chambéry
Grenoble
Dijon
Lyon
Valence
Marseille

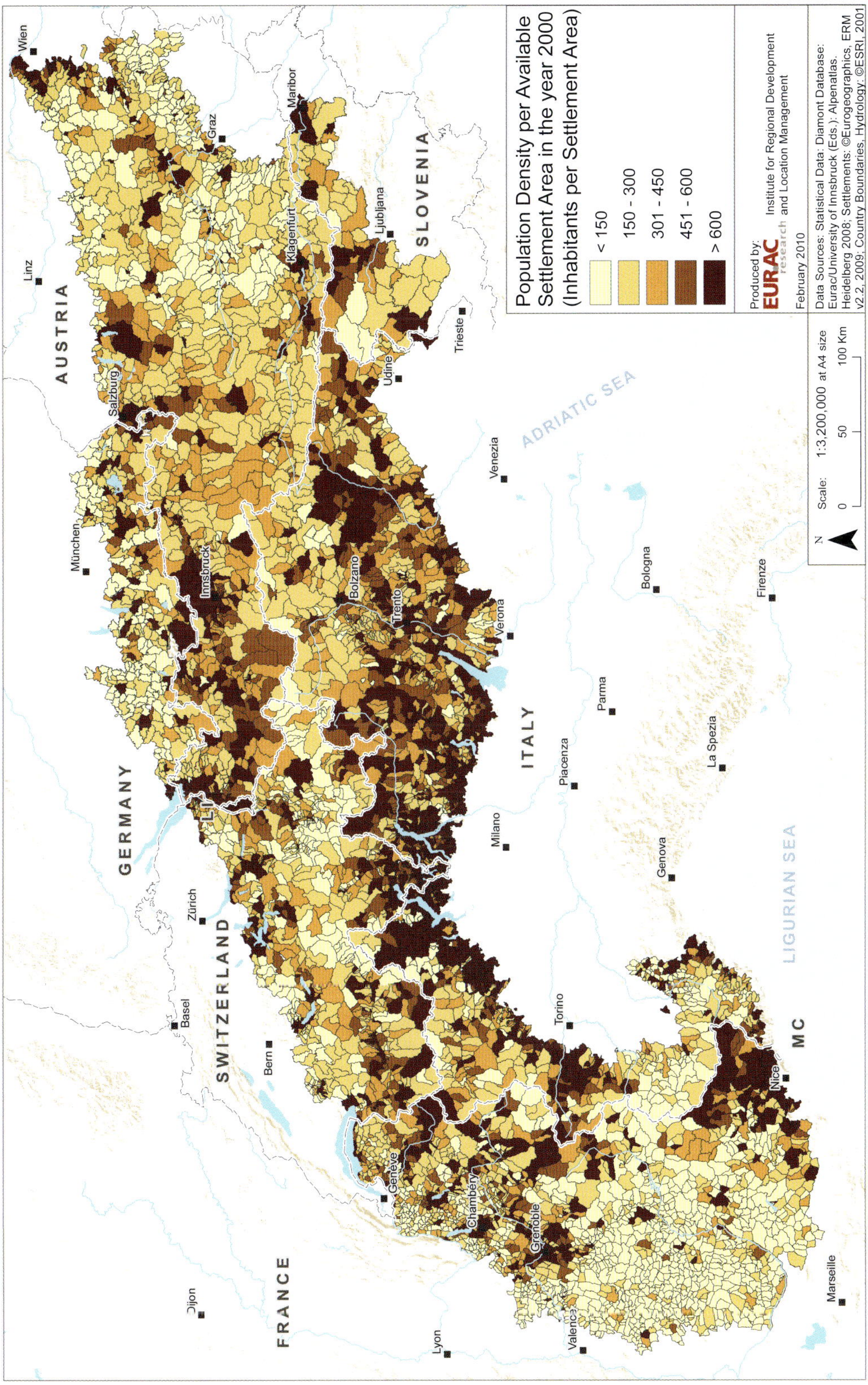

Population Density per Available Settlement Area in the year 2000 (Inhabitants per Settlement Area)
< 150
150 - 300
301 - 450
451 - 600
> 600
Produced by:
EURAC research
Institute for Regional Development and Location Management
February 2010
N
Scale: 1:3,200,000 at A4 size
0
50
100 Km
Data Sources: Statistical Data: Diamont Database: Eurac/University of Innsbruck (Eds.): Alpenatlas. Heidelberg 2008; Settlements: ©Eurogeographics, ERM v2.2, 2009; Country Boundaries, Hydrology: ©ESRI, 2001
AUSTRIA
GERMANY
SWITZERLAND
FRANCE
ITALY
SLOVENIA
LI
MC
ADRIATIC SEA
LIGURIAN SEA
Wien
Linz
Graz
Maribor
Klagenfurt
Ljubljana
Trieste
Udine
Salzburg
München
Innsbruck
Bolzano
Trento
Venezia
Verona
Bologna
Firenze
Parma
La Spezia
Piacenza
Milano
Genova
Zürich
Basel
Bern
Torino
Nice
Geneve
Chambery
Grenoble
Dijon
Lyon
Valence
Marseille

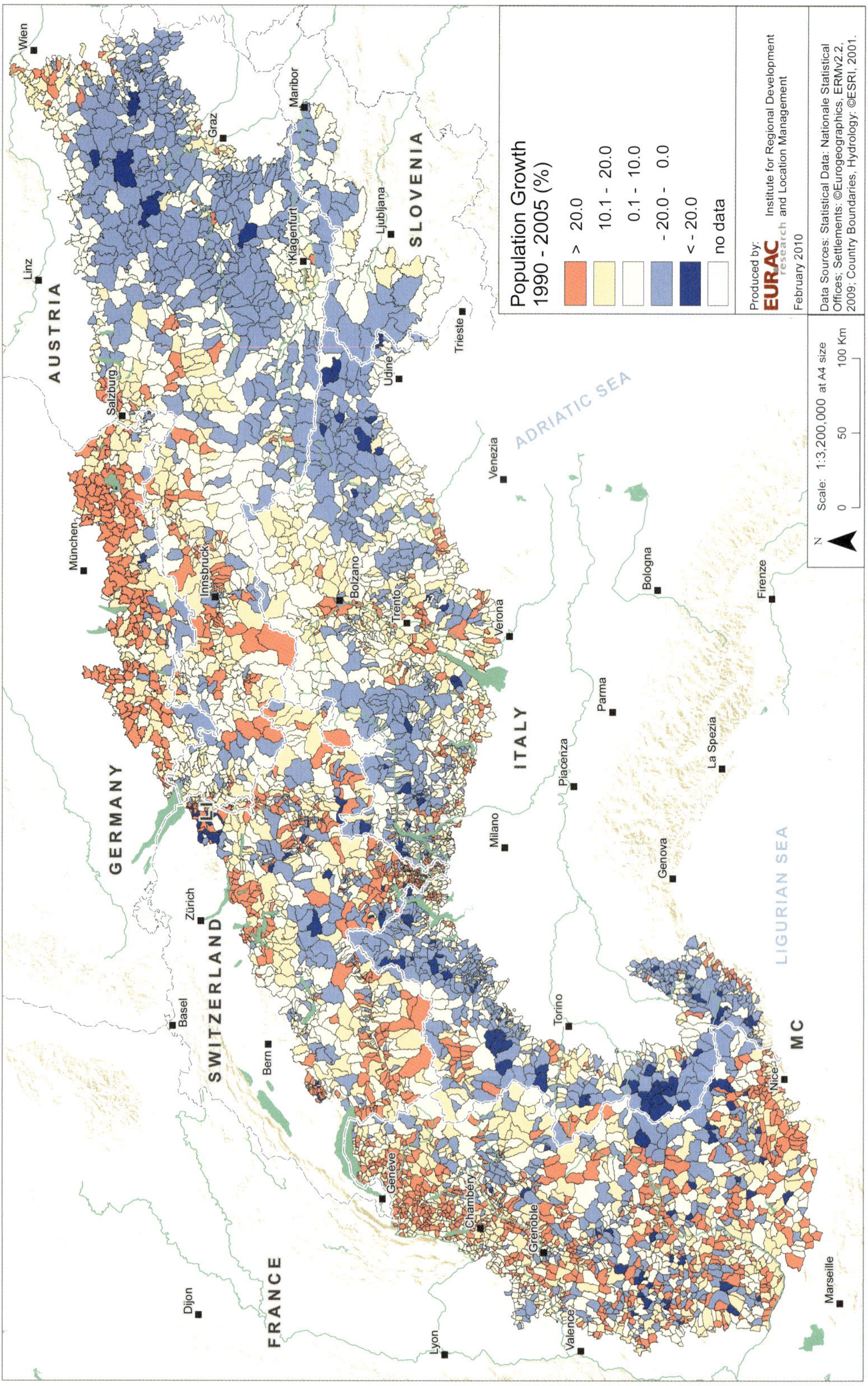
Population Growth
1990 - 2005 (%)
> 20.0
10.1 - 20.0
0.1 - 10.0
- 20.0 - 0.0
< - 20.0
no data
Produced by:
EURAC research
Institute for Regional Development and Location Management
February 2010
Data Sources: Statistical Data: Nationale Statistical Offices; Settlements: ©Eurogeographics, ERMv2.2, 2009; Country Boundaries, Hydrology: ©ESRI, 2001.
N
Scale: 1:3,200,000 at A4 size
0
50
100 Km
AUSTRIA
GERMANY
SWITZERLAND
FRANCE
ITALY
SLOVENIA
MC
ADRIATIC SEA
LIGURIAN SEA
Wien
Linz
Graz
Maribor
Salzburg
Klagenfurt
Ljubljana
München
Innsbruck
Bolzano
Trento
Verona
Udine
Trieste
Venezia
Bologna
Firenze
Parma
La Spezia
Placenza
Milano
Genova
Torino
Zürich
Basel
Bern
Genève
Chambéry
Grenoble
Valence
Lyon
Dijon
Marseille
Nice

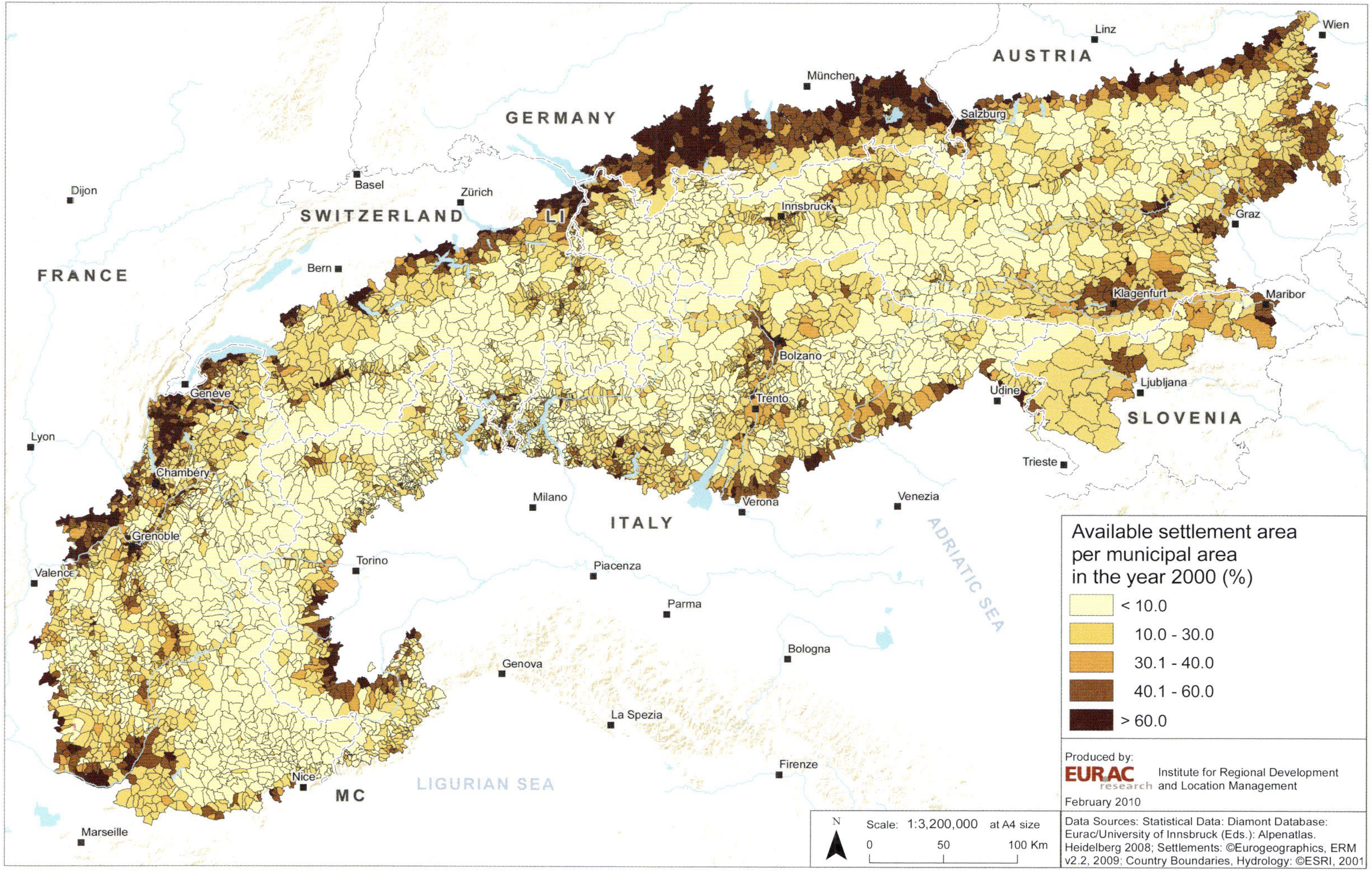
AUSTRIA
GERMANY
SWITZERLAND
FRANCE
ITALY
SLOVENIA
LI
MC
ADRIATIC SEA
LIGURIAN SEA
Wien
Linz
München
Salzburg
Innsbruck
Graz
Maribor
Klagenfurt
Ljubljana
Udine
Trieste
Bolzano
Trento
Verona
Venezia
Basel
Zürich
Bern
Dijon
Genève
Lyon
Chambéry
Grenoble
Valence
Torino
Milano
Piacenza
Parma
Bologna
Genova
La Spezia
Firenze
Nice
Marseille
Available settlement area per municipal area in the year 2000 (%)
< 10.0
10.0 - 30.0
30.1 - 40.0
40.1 - 60.0
> 60.0
Produced by:
EURAC research
Institute for Regional Development and Location Management
February 2010
Data Sources: Statistical Data: Diamont Database: Eurac/University of Innsbruck (Eds.): Alpenatlas. Heidelberg 2008; Settlements: ©Eurogeographics, ERM v2.2, 2009; Country Boundaries, Hydrology: ©ESRI, 2001
N
Scale: 1:3,200,000 at A4 size
0
50
100 Km

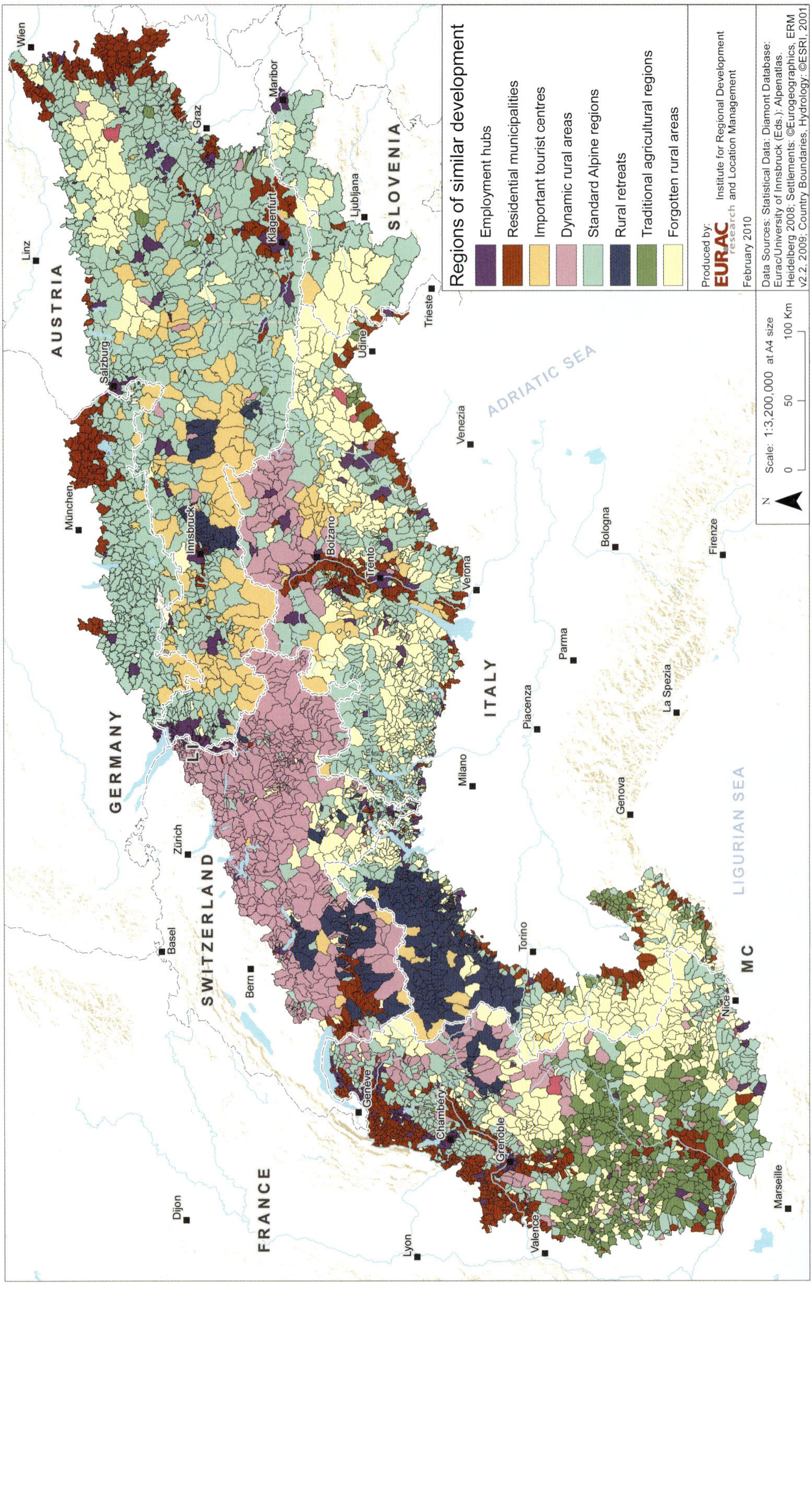
Regions of similar development
Employment hubs
Residential municipalities
Important tourist centres
Dynamic rural areas
Standard Alpine regions
Rural retreats
Traditional agricultural regions
Forgotten rural areas
Produced by:
EURAC research
Institute for Regional Development and Location Management
February 2010
Data Sources: Statistical Data: Diamont Database: Eurac/University of Innsbruck (Eds.): Alpenatlas. Heidelberg 2008; Settlements: ©Eurogeographics, ERM v2.2, 2009; Country Boundaries, Hydrology: ©ESRI, 2001
Scale: 1:3,200,000 at A4 size
0 50 100 Km
N
AUSTRIA
GERMANY
SWITZERLAND
FRANCE
ITALY
SLOVENIA
LI
MC
ADRIATIC SEA
LIGURIAN SEA
Wien
Linz
Graz
Maribor
Ljubljana
Klagenfurt
Trieste
Udine
Salzburg
München
Venezia
Innsbruck
Bolzano
Trento
Verona
Bologna
Firenze
Parma
La Spezia
Piacenza
Milano
Zürich
Genova
Basel
Torino
Bern
Nice
Genève
Chambéry
Grenoble
Dijon
Marseille
Lyon
Valence

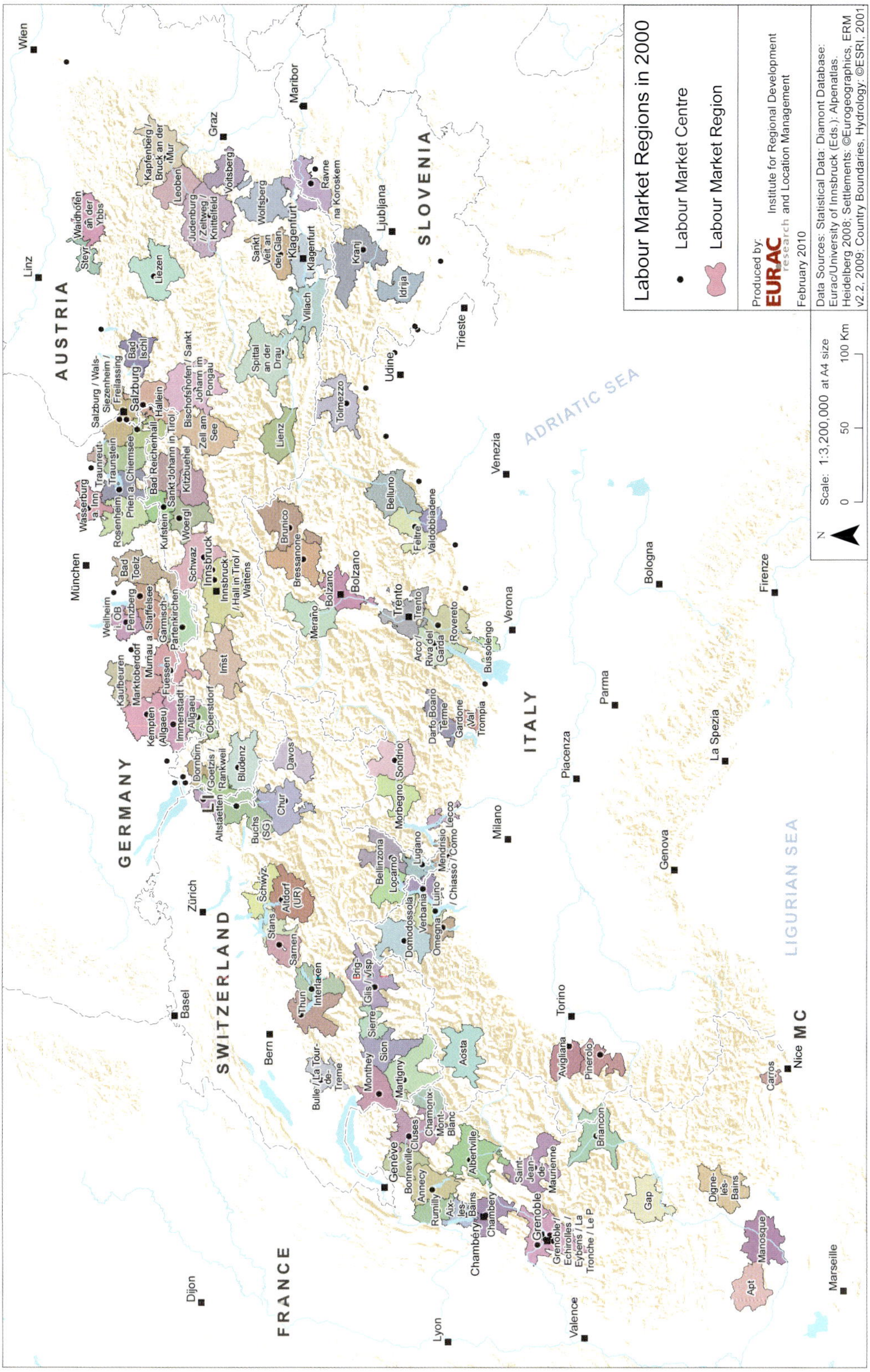
Labour Market Regions in 2000
Labour Market Centre
Labour Market Region
Produced by:
EURAC research
Institute for Regional Development and Location Management
February 2010
Data Sources: Statistical Data: Diamont Database: Eurac/University of Innsbruck (Eds.): Alpenatlas. Heidelberg 2008; Settlements: ©Eurogeographics, ERM v2.2, 2009; Country Boundaries, Hydrology: ©ESRI, 2001
Scale: 1:3,200,000 at A4 size
0 50 100 Km
N
AUSTRIA
GERMANY
SWITZERLAND
FRANCE
ITALY
SLOVENIA
MC
ADRIATIC SEA
LIGURIAN SEA

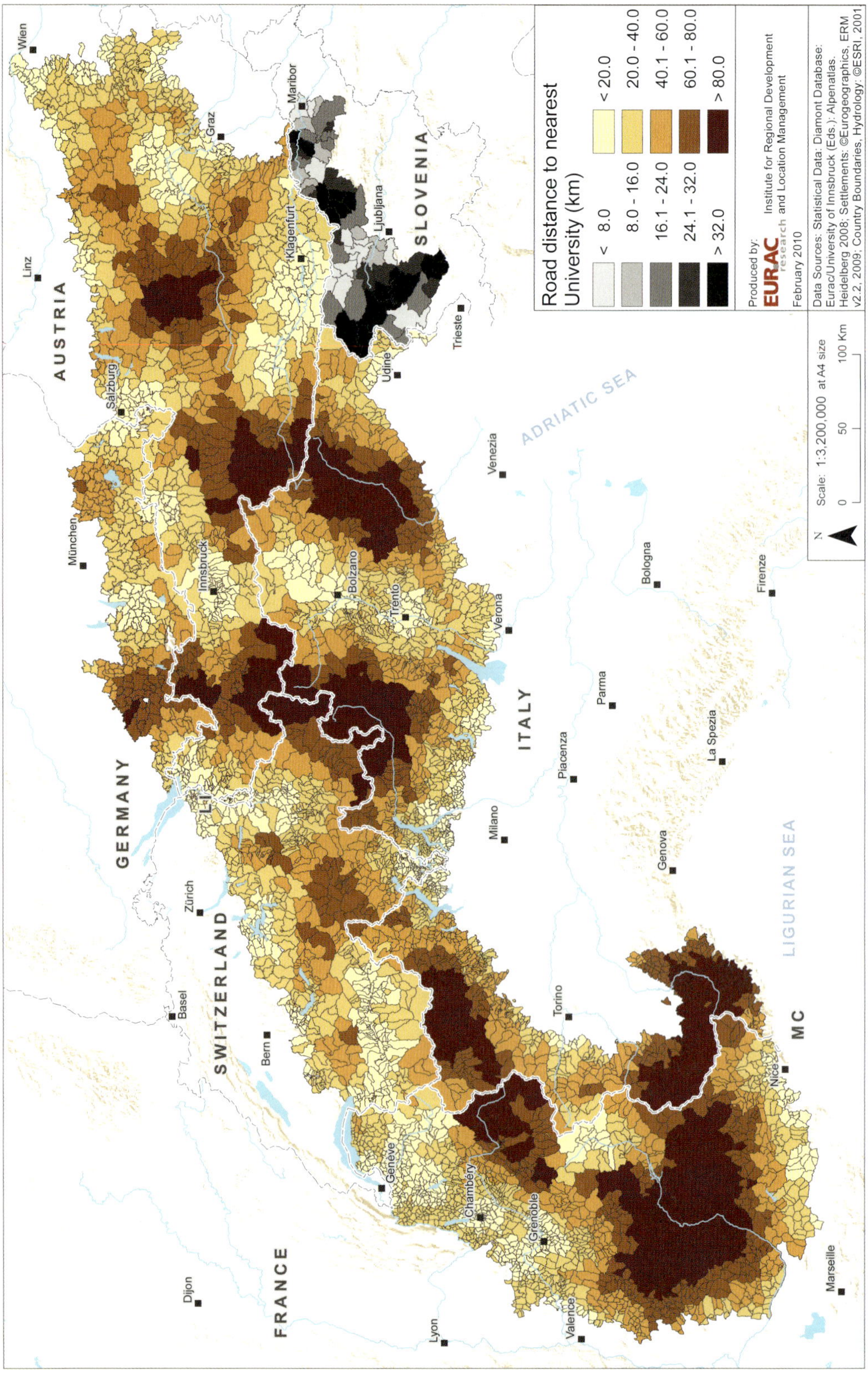
Road distance to nearest University (km)
< 8.0
8.0 - 16.0
16.1 - 24.0
24.1 - 32.0
> 32.0
< 20.0
20.0 - 40.0
40.1 - 60.0
60.1 - 80.0
> 80.0
Produced by:
EURAC research
Institute for Regional Development and Location Management
February 2010
Data Sources: Statistical Data: Diamont Database: Eurac/University of Innsbruck (Eds.): Alpenatlas. Heidelberg 2008; Settlements: ©Eurogeographics, ERM v2.2, 2009; Country Boundaries, Hydrology: ©ESRI, 2001
Scale: 1:3,200,000 at A4 size
0 50 100 Km
N
AUSTRIA
GERMANY
SWITZERLAND
FRANCE
ITALY
SLOVENIA
LI
MC
ADRIATIC SEA
LIGURIAN SEA
Wien
Linz
Graz
Maribor
Klagenfurt
Ljubljana
Trieste
Udine
Salzburg
München
Innsbruck
Bolzano
Trento
Venezia
Verona
Bologna
Firenze
Parma
La Spezia
Piacenza
Milano
Genova
Zürich
Basel
Bern
Torino
Nice
Geneve
Chambéry
Grenoble
Valence
Lyon
Dijon
Marseille

Herausgegeben von / A cura di / Edited by

Birkhäuser
kunst Meran Merano arte

Peter Ebner

Mehr Baukultur
Gedanken zum Wohnungsbau des 21. Jahrhunderts

Più cultura edilizia
Riflessioni sull'edilizia abitativa del XXI secolo

→ 260

More Building Culture
Thoughts on Residential Construction in the 21st Century

→ 262

Die letzten Jahrzehnte der Wohnbaugeschichte vor Augen, darf man getrost fragen, ob jenseits der Sättigung des Hungers nach Wohnraum die kulturelle Bedeutung des Wohnbaus je ernsthaft erwogen wurde. Man muss nur die landauf, landab gebauten Trostlosigkeiten betrachten, um zu erkennen, dass die Wohnungswirtschaft im Windschatten der versagten Diskussion über die kulturelle Aufgabe des Wohnbaus ganz wunderbar Gewinne erzielt hat. So blieb die Forderung nach Baukultur auf Minderheiten beschränkt, die die Wohnungswirtschaft als ein geschlossenes System nicht wirklich herausfordern konnten. Innovation legte man im Fach „Experimentelle Tendenzen" ab. Allmählich muss dieses „System Wohnungswirtschaft" aber zur Kenntnis nehmen, dass es so nicht weitergeht. Lange, allzu lange hat man die Vorzeichen missachtet oder falsch interpretiert. Der gesellschaftliche und ökonomische Wandel wurde in den Köpfen der Wohnbauer praktisch nicht reflektiert. Die Folge war seit den 1990er Jahren, dass die etablierten Wohnbauträger, insbesondere in Städten mit mangelnder Attraktivität als auch in ländlichen Regionen mit negativem Bevölkerungswachstum, enorm unter Druck gerieten und ihre Produkte nicht mehr verkaufen konnten. Im Kern geht es in der Qualitätsfrage aber um weit größere Probleme. Mit ein paar Wohngruppen oder einigen Wohnbauwettbewerben werden kaum die gesellschaftsfähigen Konzepte für die Zukunft geschaffen werden. Der gesellschaftliche Wandel schreitet weiter rasant voran. Die klassische Familie ist nicht, wie manche glauben, gefährdet, sie hat sich längst aufgelöst. Innovation statt formalem Ästhetizismus

Weil der Wohnbau per se wenig aufs Äußerliche zielt, sondern vielmehr die Hülle fürs Private ist, offenbart sich hier auch ein Widerspruch, der immer wieder zur Reibungsfläche, zum Dilemma für den Architekten wird, der sich mit dem Wohnbau auseinandersetzt. Es entstanden in den vergangenen Jahren architektonisch ambitionierte und dennoch problematische Wohnanlagen, von dynamischen Baukörpern mit unbrauchbaren Wohnungsgrundrissen bis zur großen Masse von anonymen Wohnbauten, die von anonymen Büros für anonyme Bewohner und Bauträger geplant wurden. Sie können und dürfen aus einer kritischen Debatte nicht einfach ausgeklammert werden. An der Schwelle zu einem neuen Verständnis müssen wir Experiment und Erneuerung mit Tradition und Bewährtem verbinden. In der Vergangenheit hat man häufig den Fehler begangen, einen hochinnovativen Überbau auf einen strukturkonservativen Unterbau zu setzten, wobei beide sich letztlich nicht berührten. Wollen wir Innovationen erreichen, so müssen wir kontrollierte Prozesse installieren, die nicht auf dem Rücken der Bewohner ausgetragen werden. Nach den Grundgedanken der Charta von Athen entworfen, scheiterten hier nicht nur die Architekten, sondern auch die ideologischen Verheißungen eines eindimensionalen Zukunftsglaubens: „Die unreflektierte Präsenz städtebaulicher Mittel, die das instrumentell kaum neu unterfütterte Bekenntnis zur Stadt von Beginn an aushöhlten, der Versuch, mit einem alten Vokabular eine neue Sprache zu sprechen – dies ist der Konflikt, an dem Projekte schließlich scheiterten." Zitat nach: Christian Hartard, Neuperlach. Utopie des Urbanen. Leitbilder und Stadtbilder eines Experimentes der 1960er Jahre.

Die Rolle des Architekten

Die zwiespältige Rolle, in der wir hier stecken, lässt sich nicht einfach auflösen. Indem man den Architekten die Kompetenz zu- und sie gleichzeitig allen anderen abspricht, lässt sich diese Zwiespältigkeit auch nicht doktrinär aus der Welt schaffen. Der expertokratische Ansatz ist, wie gesagt, nicht nur einmal gescheitert. Umgekehrt wäre nichts 'weniger zielführend als die von manchen propagierte Vorstellung des Architekten als eines Moderatoren:

„Der Planer ist Moderator, er hält sich mit seiner Fachmeinung zurück, im weitergehenden Ansatz dokumentiert er sogar Meinungs- und fachliche Interesselosigkeit am Planungsfall."[1]

Diese Sichtweise dokumentiert die Probleme im Wohnungsbau, bei denen es darum geht, gemeinsam mit den Bauherren eine Lösung auszuhandeln. Wer sich auf eine Rolle, wie Herr Uhlig sie beschreibt, einlässt, ist selbst Schuld und sollte besser seinen Beruf wechseln. Der Architekt als teilnehmender Beobachter ist eine groteske Vorstellung des Soziologentums. Bauen ist ein zu verantwortungsvoller Vorgang, als dass man es „fachlicher Interesselosigkeit" anheimstellen dürfte. Ganz im Gegenteil, wir brauchen Architekten, die Verantwortung für das Wesen des Hauses, die Gestalt der Stadt übernehmen und urbane Identitäten stiften.

Seine umfassende, nicht nur seine ästhetische Kompetenz muss der Architekt dabei stets aufs Neue rechtfertigen und mit seiner ethischen Position unter Beweis stellen. Eine neue Ethik in der Architektur muss sich in zwei Richtungen erstrecken: zum einen in eine im weiteren Sinn umweltbezogene. Diese umfasst sowohl ein ressourcenschonendes Bauen, das wir mit den Schlagwörtern „ökologisches" und „nachhaltiges" Bauen zusammenfassen, als auch einen integrativen Wohnbau, der die sozialen, ethnischen und kulturellen Differenzen berücksichtigt. Die andere Seite einer neuen Architekturethik fordert vom Architekten gleichzeitig ein verstärktes politisches Bewusstsein, das in den vergangenen Jahrzehnten postmodernen „Anything-goes"-Denkens mehr oder weniger verloren ging: Was heißt eigentlich Urbanität in ländlichen Regionen? Darf man den Begriff „Urbanität" in diesem Kontext überhaupt erwähnen?

Checklist

Für eine innovative Entwicklung im Wohnbau, die nicht erneut zu abgehoben Strategien und zur bloßen Worthülse verkommt, müssen wir jene Punkte präziser als bisher definieren, an denen Innovation einfließen kann. Das System Wohnungswirtschaft ist mitunter so eng gestrickt, dass die zarten Pflänzchen, die wir über Wettbewerbe in die Wohnungswirtschaft hineintragen, verdorren, noch bevor sie dort Wurzeln schlagen konnten. Der Wohnungsbau, insbesondere der geförderte, unterliegt derart vielen Vorschriften, Gesetzen, Normen und Richtlinien, dass es schlechterdings unmöglich ist, die individuelle Leistung zu suchen.

Einige der wichtigsten Argumente dafür, die Diskussion über die Inhalte im Wohnbau zu vertiefen, möchte ich aufzählen:

1 der demografische Wandel unserer westlichen Zivilisation, insbesondere deren (Über-)Alterung,
2 die veränderte ethnische Zusammensetzung unserer Gesellschaft,
3 das Ende des traditionellen Familienbegriffs und die veränderten Geschlechterrollen,
4 die Neudefinition des Begriffs „Arbeit",
5 die ökologischen Herausforderungen (z.B. Energieeffizienz, Nachhaltigkeit usw.),
6 die Innovationen auf dem Materialsektor,
7 die industrielle Produktion und die Optimierungen im Prozess des Planens und Bauens,

8 das Wissen, dass ein Wohnbau zu einem späteren Zeitpunkt saniert werden muss, und darüber, wie man unnütze Kosten in der Zukunft vermeidet,
9 die Vergrößerung der Vielfalt der Wohnungsangebote

Nach dieser sicher nicht erschöpfenden Auflistung von Herausforderungen dürfte klar sein, dass wir einen ungeheueren Nachholbedarf haben. Es handelt sich um ein Bündel von Problemen, die wir meist nur in bestimmten Aspekten behandeln, etwa in einem Wettbewerb zum Thema „Nachhaltiges Bauen", einem Förderprogramm für integratives oder behindertengerechtes Wohnen oder etwas Ähnlichem.

Wenn wir im Wohnbau einen innovativen Schub leisten wollen, werden wir mehr als nur ein paar Teilaspekte behandeln müssen und wieder zu einer Synthese finden, indem wir als angewandte Wohnbauspezialisten Typologien entwickeln, die den demografischen Wandel in der Wohnbauarchitektur berücksichtigen und gleichzeitig die gewandelte ethnische Zusammensetzung der Gesellschaft beachten. Die Wohnbauunternehmen müssen ihre Projekte prüfen und fragen, ob sie Lösungen offerieren: Wo finde ich Partner für solche Projekte? In der Politik, der Verwaltung, bei informellen Gruppen? Und wie kann ich meine Wirtschaftskompetenz, mein juristisches Fachwissen einbringen, um auf dem geänderten Markt langfristig bestehen zu können?

Ein marktorientierter Wohnbauträger, ein engagierter Architekt wird diese Punkte heranziehen, um seine Sichtweisen zu erweitern, und wie in einer Checklist abhaken. Er wird dann sehr rasch feststellen, wo er steht, in welchen Bereichen seine neu entwickelten Projekte als innovativ gelten können und ob sie eine Synthese dieser neuen Herausforderungen bilden. Er wird dadurch Argumente für ein gezieltes Marketing erhalten und in der Politik Unterstützer für seine Programme finden.

Ich habe bei der oben angeführten Liste bewusst keine Unterscheidung zwischen ökonomischen, sozialen, technischen oder soziologischen Aspekten gemacht. Wohnen berührt alle diese Aspekte, und der Wohnbau ist daher auch die umfassendste Aufgabe in der Architektur. So schön es ist, ein Museum für eine große Kunstsammlung zu planen und zu bauen, nie wird der Architekt dabei die Fragen und Probleme einer Gemeinschaft so beantworten müssen, wie das beim Wohnbau der Fall ist. Der Wohnbau stellt sich nur dann als „simples" Bauträgergeschäft dar, wenn wir willentlich alle wesentlichen Fragen ausblenden und so tun, als ob das Wohnen nicht die Menschen prägte.

1 Günther Uhlig, Die neuen Baugruppen – privater Wohnungsbau als sozialer Stadtbau, Seite 104

→ Più cultura edilizia

Se osserviamo la storia dell'edilizia abitativa degli ultimi decenni, è legittimo chiedersi se, al di là della soddisfazione del bisogno di spazi abitativi, si sia mai seriamente pensato alla responsabilità culturale di questo genere di costruzioni. È sufficiente considerare la dilagante desolazione di gran parte dell'edilizia corrente per capire che, all'ombra della fallita discussione sull'istanza culturale dell'architettura abitativa, la speculazione edilizia ha fatto praticamente piazza pulita. La sete di cultura edilizia è stata soddisfatta solo in minima parte, senza arrivare a sferrare un vero attacco al sistema chiuso del mercato edilizio, relegando gli impulsi innovativi nel novero delle "tendenze sperimentali". Un po' alla volta, il "mercato dell'edilizia abitativa" ha dovuto però prendere atto che questa situazione è senza vie d'uscita. Troppo a lungo si sono trascurati o male interpretati i sintomi. I mutamenti della società e dell'economia sono passati praticamente inosservati per chi si occupa di abitazione. Dagli anni novanta, gli imprenditori edili affermati sono stati messi alle strette, soprattutto nelle città meno attrattive e nelle regioni rurali con tasso di crescita negativo, senza più sbocco di mercato per i loro prodotti. Forse anche per problemi di ben altro respiro, più che per domanda di qualità: un paio di cooperative o di concorsi per edilizia abitativa non bastano, da soli, a gettare le basi concettuali dello sviluppo della società del futuro. E la società stessa si è, nel frattempo, trasformata a passi da gigante, con la famiglia in senso classico che non è, come molti credono, in pericolo, ma si è semplicemente dissolta. Innovazione invece di estetismo formale.

Poiché l'edilizia abitativa rifiuta di per sé l'esteriorità, dovendo piuttosto offrire un contenitore per la sfera privata, essa manifesta una continua contraddizione, per l'architetto impegnato in quest'ambito, fonte di tensioni e scelte difficili. Negli ultimi anni sono infatti sorti complessi residenziali dall'architettura ambiziosa ma funzionalmente problematici, con edifici dalle volumetrie dinamiche ma dalle planimetrie inutilizzabili, fino alla gran quantità di edifici anonimi, progettati da studi anonimi per altrettanto anonimi fruitori ed imprenditori. Essi non possono, né devono essere ignorati nella discussione. Per riaprire il confronto, si deve ricucire lo strappo tra atteggiamenti sperimentali ed innovativi con la tradizione e la consuetudine. Spesso, in passato, si è compiuto l'errore di sovrapporre strutture altamente innovative su impianti strutturalmente conservativi, senza punti di contatto. Per produrre innovazione, dobbiamo innescare processi controllati, non realizzati sulle spalle dei fruitori dell'abitazione. I progetti originati dai principi della Carta di Atene hanno non solo sancito il fallimento degli architetti, ma anche della promessa ideologica di un futuro monodimensionale:

"L'utilizzo sconsiderato di metodologie urbanistiche tali da svuotare dall'inizio la nuova vocazione urbana, ancor priva d'ausili strumentali, la ricerca d'espressioni linguistiche nuove con un vocabolario obsoleto – da questi rischi, di mescere vecchio vino in fiaschi nuovi, ci dobbiamo sempre guardare, anche noi, ora che si preconizzano nuove forme di urbanità, un ritorno alla città classica e la rivitalizzazione delle aree rurali, per la cui attuazione si fa appello ad essere prudenti, senza atteggiarci a portatori di verità superiori, come forse fecero i nostri predecessori."

Il ruolo dell'architetto

L'ambiguità del ruolo che svolgiamo non facilita certo le cose. Investire l'architetto di competenze, togliendole a tutti gli altri, non permette però di risolverla anche solo dal punto di vista teorico. L'atteggiamento "espertocratico", come si sa, ha già fallito più volte. Nulla, però, sarebbe più sbagliato della figura promossa da qualcuno dell'architetto-moderatore:

"Il progettista è un moderatore, si esime dall'esprimere opinioni personali nel campo di competenza specifico e, approfondendo il suo atteggiamento, esibisce addirittura mancanza di opinioni e disinteresse specifico alla problematica di progetto."[1]

Questa prospettiva non fa che confermare i problemi dell'edilizia abitativa, che richiede soluzioni ai problemi in stretta collaborazione con i committenti. Chi si lascia andare al ruolo descritto dal signor Uhlig, è lui stesso artefice della sua sconfitta e meglio farebbe a cambiare mestiere. L'architetto come partecipante in veste d'osservatore è esempio grottesco d'ideologia sociologica. Il processo del costruire richiede responsabilità troppo grandi, per relegare l'architetto ad un campo di mero "disinteresse tecnico". Al contrario, urgono architetti che si assumano la responsabilità dell'essenza dell'abitare e si occupino della figura della città, dando corpo a identità urbana.

L'architetto deve continuamente mettere alla prova la sua vasta competenza, non solo estetica, confrontandola con il suo atteggiamento etico. Un'etica nuova in architettura deve guardare in due direzioni: esercitare, da un verso, una sensibilità ambientale in senso lato – costruendo con rispetto verso le risorse naturali, come postulato dallo slogan ecologista della sostenibilità, e pensando ad un'edilizia capace di integrare, nel rispetto delle disparità sociali, etniche e culturali. D'altro canto una nuova etica architettonica richiede agli architetti maggiore consapevolezza politica, pressoché perduta gli ultimi decenni di postmoderna mentalità *anything-goes:* cosa significa urbanità nelle regioni rurali? Si può utilizzare il concetto di urbanità in tale contesto?

Lista di controllo

Per uno sviluppo innovativo dell'architettura abitativa, senza perdersi nuovamente in vane strategie e in vuote parole, dobbiamo definire più precisamente gli obbiettivi dell'innovazione. La complessità e l'articolazione del sistema economico dell'edilizia abitativa corrono il rischio di far appassire i delicati germogli sbocciati dai concorsi banditi nell'ambito dell'edilizia residenziale, prima ancora che portino frutto. L'edilizia residenziale, in particolare quella agevolata, è soggetta ad una tale quantità di prescrizioni, leggi, normative e disposizioni da rendere semplicemente impossibili contributi individuali.

Vorrei elencare solo alcuni tra i temi principali da approfondire nella discussione sull'abitare:

1 il mutamento demografico della nostra civiltà occidentale, in particolare il suo (iper)invecchiamento,
2 le trasformazioni in atto nella composizione etnica della nostra società,
3 il tramonto del concetto tradizionale di famiglia e il mutato ruolo dei due sessi,
4 la ridefinizione del concetto di lavoro,
5 le sfide ecologiche (efficienza energetica, sostenibilità, ecc.),
6 l'innovazione nel campo dei materiali edili,
7 la produzione industriale e l'ottimizzazione del processo progettuale e costruttivo,
8 la consapevolezza che un edificio d'abitazione prima o poi debba essere risanato e l'eliminazione quindi di futuri costi inutili,
9 l'incremento della varietà di offerta abitativa

Da questa lista di sfide, sicuramente incompleta, risulta evidente la vastità dell'impresa che ci aspetta. Sono problematiche che noi affrontiamo solo in aspetti specifici. Ogni tanto c'è un concorso dal tema "architettura sostenibile", o un programma d'incentivi per l'abitazione integrata, a misura dei diversamente abili o cose simili. Se però vogliamo dare una spinta all'edilizia residenziale, non potremo continuare a limitarci a considerare solo aspetti particolari, dovremo cercare una sintesi, nel nostro specifico campo di competenza, l'architettura, sviluppare tipologie che tengano conto delle trasformazioni demografiche in atto e sappiano interpretare la modificazione avvenuta della composizione etnica della società.

Gli investitori immobiliari devono analizzare i progetti e porsi quesiti sulle soluzioni offerte: Dove trovare i partner per realizzare i progetti? Nella politica, ad esempio, nell'amministrazione, in gruppi informali? Come investire le nostre competenze economiche e conoscenze giuridiche, per resistere più a lungo in un mercato che cambia?

Un committente sensibile agli orientamenti di mercato, un architetto impegnato saprà tener conto di questi spunti per ampliare le sue prospettive, depennandoli uno alla volta dall'elenco. Ben presto potrà verificare la sua posizione, lo sviluppo innovativo dei suoi nuovi progetti e capire se essi rappresentino la sintesi delle nuove sfide. Acquisirà conoscenze per un marketing più incisivo, trovando nella politica promotori per i suoi programmi.

In tale elenco non ho voluto fare distinzioni tra aspetti economici, sociali, tecnici o sociologici. Abitare tocca infatti tutti questi aspetti e la progettazione dell'abitazione rappresenta il compito architettonico più arduo. Per quanto bello possa essere progettare e costruire un museo per una ricca collezione d'arte, mai tale compito dovrà affrontare problemi e risolvere quesiti di una collettività quanto l'edilizia abitativa. Questo tema progettuale potrà restare "semplice" incombenza di imprenditori immobiliari solo se vogliamo sottrarci alle richieste fondamentali, come se l'abitare non formasse l'uomo.

1 Günther Uhlig, Die neuen Baugruppen – privater Wohnungsbau als sozialer Stadtbau, pag. 104

Looking back at recent decades of residential construction, one might well ask whether, beyond merely satisfying the hunger for living space, the cultural significance of housing has been given any serious consideration at all. The kinds of exercises in drabness we see all around us are clear testament to the fact that the construction industry has profited enormously from the general absence of discussion of the cultural role of housing. The demand for a building culture worthy of the name has remained restricted to minorities that have been unable to seriously challenge the closed system of the residential construction industry. Innovation is pigeon-holed as "experimental tendencies." Surely, the "housing industry system" must gradually realize that things cannot continue like this. The signs have long been ignored or incorrectly interpreted. The process of societal and economic change has not been reflected, in practical terms, in the outlook of housing builders. Since the 1990s, one consequence of this disconnect has been that established residential property developers find themselves under enormous financial pressure, because they are unable to sell their products anymore, particularly in urban centers that offer little in terms of attractiveness and in rural regions with negative population growth. In fact, the issue of quality involves far bigger problems. A few housing groups or architectural competitions are hardly an adequate basis for generating viable concepts for the future. The society is changing rapidly. The classical family is not, as some believe, under threat; it has already dissolved. It is not formal aestheticism that is required, but innovation.

Housing construction places less emphasis on external appearance than on creating a shell for the private sphere, and this leads to a contradiction that faces many architects who deal with residential design. The housing estates built in the past years are architecturally ambitious, yet problematic. They range from dynamic structures with unusable residential floor plans to anonymous residential buildings planned by anonymous offices for anonymous inhabitants and clients. Such developments should be open to critical debate. On the threshold of a new understanding, we need to combine experimentation and renewal with traditional elements that have stood the test of time. In the past, a frequent mistake has been to build a highly innovative superstructure on a structurally conservative base, with no interaction between the two. If we are really intent on innovation, we need to install con-trolled processes, but not at the expense of residents. Based on the fundamental ideas of the Athens Charter, the failure to establish such processes is not only due to the shortcomings of architects, but also to the ideological promises of a one-dimensional vision of the future.

The Role of the Architect

The ambivalence of the role we find ourselves in here cannot easily be resolved. Attributing competence only to the architect and denying it to everyone else in a doctrinaire manner will not help us overcome this ambivalence. The "expertocratic" approach has failed more than once. On the other hand, nothing could be less productive than the occasionally propagated concept of the architect as a moderator: "The planner is a moderator. He is reserved in giving his expert opinion; his wider approach may even be characterized by a lack of opinion and disinterested expertise regarding the planning case."[1] This opinion points up the problems inherent in negotiating architectural solutions with clients. Anyone who adopts the role suggested here by Uhlig would be well advised to change their profession. The architect as participant-observer is a grotesque concept derived from sociological discourse. Building involves too much responsibility to display nothing but "disinterested expertise." On the contrary, we need architects who are ready to assume responsibility for the essence of a building, for designing the urban landscape and generating identity.

In this process, the architect has to vindicate not only his aesthetic, but also his all-round competence, along with his ethical position. New ethics in architecture must extend in two directions. On the one hand, they must be centered on the environment in a broad sense. That involves not only an economical way of dealing with resources—which is what we mean when we use the buzzwords "ecological" and "sustainable building"—but also an integrative approach to building that takes social, ethnic, and cultural differences into account. The new architectural ethics also demand heightened political awareness on the part of architects, which has more or less been lacking in recent decades, which were characterized by a post-modern attitude of "anything goes." What does "urban character" mean in rural regions? Can we even apply the concept of an urban character in this context?

Checklist

In the field of housing construction, achieving innovative development that does not degenerate again into a series of detached strategies and empty phrases requires that we precisely define the points at which innovation can be incorporated. The system of the residential construction industry has become so tight-knit that the delicate shoots we introduce to it through architectural competitions wither before they can take root. Housing construction, particularly in its subsidized form, is subject to so many regulations, laws, norms, and guidelines that it is virtually impossible to strive for individual achievement.

At this point, I would like to list some of the most important themes that should be integrated into the housing construction discussion:

1. Demographic changes taking place in Western civilization, particularly the phenomenon of (over-)aging
2. Changes to the ethnic composition of our society
3. The end of the traditional concept of the family, and new gender roles
4. The redefinition of the concept of work
5. Ecological challenges (e. g. energy efficiency, sustainability, etc.)
6. Innovations in the materials sector
7. Industrial production and optimization in the planning and construction process
8. The knowledge that a residential building will require renovation at a later point in time and an awareness of how unnecessary costs can be avoided
9. Increasing the range of residential possibilities

Although certainly not exhaustive, this list of challenges shows that we have a lot of catching up to do. We are dealing with a bundle of problems that we currently tend to approach only selectively, for example, in the context of a competition for "sustainable building" or a support program for integrative or disability-adapted housing.

To give residential construction an innovative impulse, we have to deal with more than a few partial aspects and find a synthesis which enables us as specialists in applied residential construction to develop typologies that take demographic changes relevant to residential architecture and the changing ethnic composition of our societies into account. Housing firms need to examine their projects and ask if they offer genuine solutions: where can I find partners for such projects—in the political arena, the administrative field, or among informal groups? And how can I integrate my economic competence and specialized juridical knowledge in such a way as to ensure my ability to operative in a changed market in the long term?

Any market-oriented building developer and committed architect will take these points into account and tick them off as they go along, in order to broaden their outlook. That will quickly reveal where they stand, in which areas their newly developed projects can be regarded as innovative, and whether these projects have the capacity to synthesize these new challenges. On this basis, arguments can be generated for targeted marketing and for convincing potential supporters in the political sphere.

In the above list, I have consciously not made a distinction between economic, social, technological, and sociological aspects. Residential building touches upon all these aspects, and for this reason, residential design and construction is the most comprehensive architectural task there is. As pleasant as it is for an architect to plan and build a museum for a large art collection, he will never have to deal with the range of issues and problems he would be faced with in the housing business. Building houses for clients only looks easy if we deliberately ignore all essential questions and act as though the residential experience would not shape people.

1 Günther Uhlig, Die neuen Baugruppen – privater Wohnungsbau als sozialer Stadtbau, p. 104

Peter Ebner, Univ. Prof. Architekt

1968	geboren in Hallwang/Salzburg, Österreich Schreinerlehre Höhere Technische Bundeslehranstalt – Maschinenbau, Salzburg Architekturstudium an der TU Graz, Abschluss D.I. Gaststudium an der University of California, Los Angeles Berufsbegleitendes Studium an der Wirtschaftsuniversität Linz, Abschluss MAS
1995	Projektarchitekt bei Mark Mack, Los Angeles
seit 1998	Atelier mit Univ. Prof. Franziska Ullmann in Wien
1998-2003	Vorsitzender der Architektenvereinigung Initiative Architektur, Salzburg
2003-2009	Univ. Prof. an der TU München, Stiftungslehrstuhl für Wohnungsbau und Wohnungswirtschaft
2005	Gastprofessur an der Architekturfakultät Ljubljana, Ljubljana
2006	Gastprofessur an der Harvard University Graduate School of Design, Boston
seit 2009	Director FutureLab by 3M an der UCLA München/Los Angeles
seit 2003	Atelier in München
seit 2004	Atelier mit Prof. Javier Sanchez in Mexico City
seit 2007	Atelier mit Prof. Michael Eichner in Moskau
seit 2008	Atelier mit Prof. Michael Schwarz in Dubai

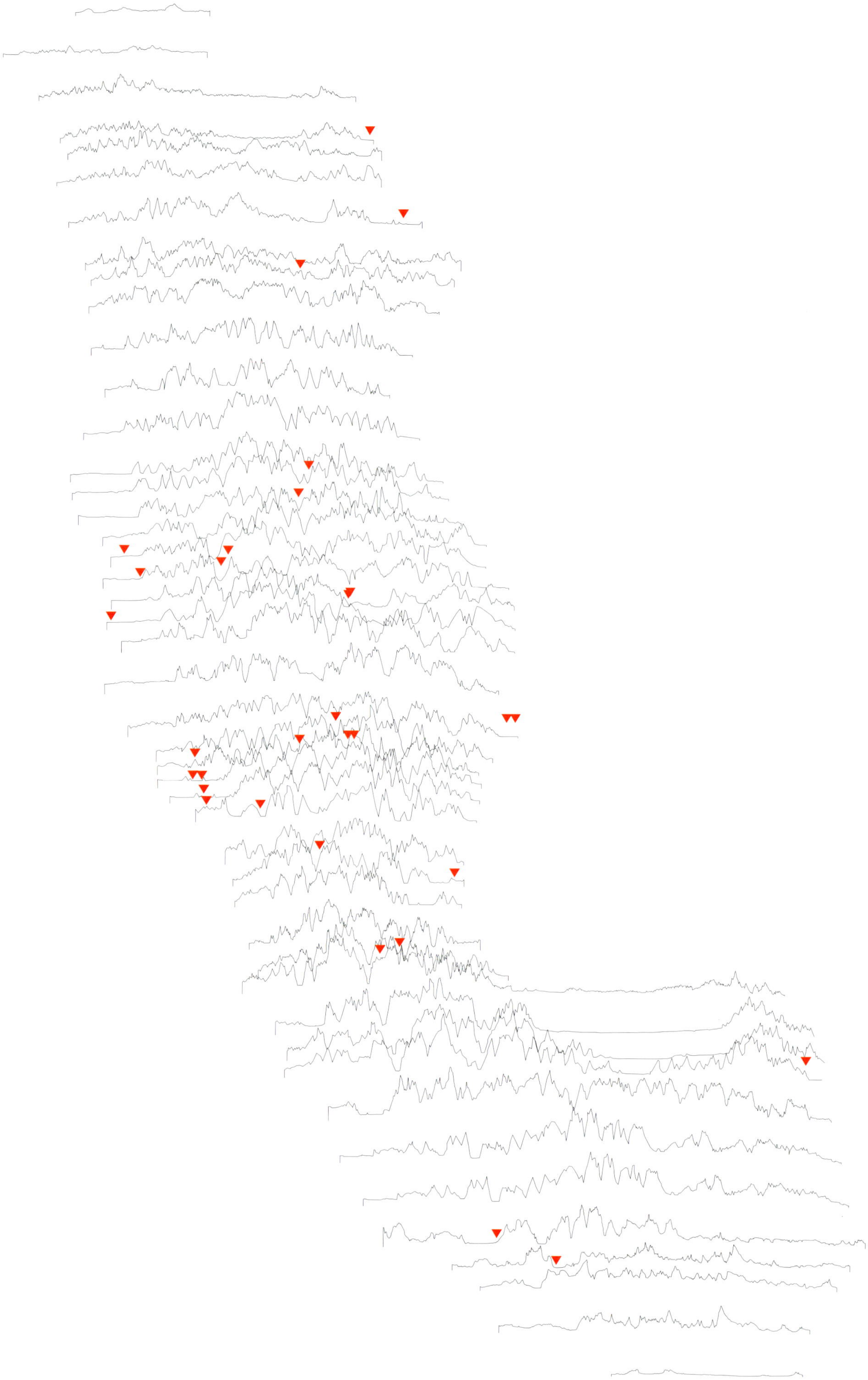

Eva Herrmann, Markus Kuntscher

Wohn Raum Alpen

Abitare le Alpi

→ 268

Living in the Alps

→ 270

Das Interesse an Europas höchstem Gebirge ist ungebrochen. Sei es die romantische Vorstellung der Stadtbewohner von der landwirtschaftlichen Arbeit vor idyllischer Bergkulisse oder die durchgehende Après-Ski-Party in den einschlägigen Wintersporthochburgen – der Mythos Alpen floriert. Aber was steckt hinter dieser schwärmerischen Vorstellung einer alpinen „Identität“ mit traditionellen Bräuchen und Riten, vom Leben als Naturbursche und dem Schutzpatron der alpinen Landschaft? Nicht alle Alpenbewohner leben im Heidiland und verdingen sich als Skilehrer. Was ist mit der restlichen Bevölkerung? Wie lebt diese, wie nimmt sie ihre Landschaften und Lebensräume wahr?

Diese Fragen stehen im Mittelpunkt der gleichnamigen Ausstellung, die im Mai 2010 bei kunst Meran eröffnet wird. Wohnraum – ein Thema, bei dem jeder Besucher selbst Experte ist, Rezipient und Kommunikator zugleich. Dabei interessieren uns weniger die spektakulären Einfamilienhäuser oder das temporäre Wohnen in Tourismuszentren, sondern vielmehr die unterschiedlichen nachhaltigen Siedlungsentwicklungen in der Gesamtheit des Alpenraumes[1] mit seinen länderspezifischen Ansätzen und den Bezügen zum alpinen Kontext.

Dabei war es uns wichtig, eine möglichst große Bandbreite des Wohnens anhand von Gebäuden, die im Verlauf der letzten zehn Jahre im Alpenraum errichtet wurden, konkret und beispielhaft darzustellen. Die ausgewählten Projekte spiegeln unterschiedliche Themen- und Fragestellungen hinsichtlich des Wohnraums in den Alpenregionen wider: So verdeutlicht etwa der Wiederaufbau des ehemals zerstörten Schweizer Bergdorfes Gondo den Umgang mit den äußeren Gegebenheiten wie der extremen topografischen Lage und dem zum Teil äußerst knappen Siedlungsraum. Sie umfassen auch das Thema der demografischen Entwicklung der Gesellschaft, vom Wohnraum für den Urlaub auf Lebzeit für Senioren bis hin zum betreuten Wohnen von Demenzkranken, deren bauliche Umgebung Teil der Therapie wird. Einerseits beobachten wir, wie luxuriöse Zweitwohnsitze in gewachsener romantischer Umgebung, wie Fluchtburgen aus dem Alltag der hektischen Großstädte wie Pilze aus dem Boden schießen, andererseits gibt es auch Lösungsansätze für Low-Budget-Bebauungen für Migranten, denen trotz des Verlusts ihrer ursprünglichen Heimat mit einem lebenswerten Wohnraum der Start in ein neues Umfeld ermöglicht werden soll.

Der Alpenraum

Auf 190.000 km² Fläche zwischen Nord- und Südeuropa verteilen sich auf extrem knappem, durch die Topografie vorgegebenen Siedlungsraum 14 Millionen Menschen auf acht Länder, 58 politische Einheiten[2], 143 Städte in 6.000 Gemeinden. Die größten zusammenhängenden Naturschutzgebiete Mitteleuropas befinden sich in den Alpen; 60 Millionen Touristen besuchen jährlich ca. 600 Tourismuszentren, 200.000 Tonnen Güter werden jährlich über die Alpen transportiert.

Die Zukunft des Lebensraumes in den Alpen ist ökonomisch, ökologisch und sozial eng verknüpft mit dem Gesamtkontext der acht Alpenländer. Vielfältigkeit durch lokale und regionale naturräumliche und kulturelle Unterschiede ist ihr wichtigstes Kennzeichen. Die Alpenlandschaften prägen einen Großteil der Territorien der betreffenden Länder, sie sind auch ein Teil der Identität dieser Alpenländer. Infolge der veränderten wirtschaftlichen und gesellschaftlichen Rahmenbedingungen verschiebt sich die Grundlage der Wertschöpfung immer stärker von der direkten Nutzung der natürlichen Ressourcen durch Land- und Forstwirtschaft hin zu Formen indirekter Inwertsetzung. Heterogene Trends wie die Kapitalkonzentration im Tourismus, die Entwicklung hin zum Pendlerwohnraum Alpen, die Abwanderung und der Umgang mit alpinen Brachen in Kombination mit der Bewahrung von Landschaftsraum für Freizeit und Erholung, zum Erhalt von Kulturlandschaften und dem Kulturerbe und zum Schutz vor Naturgewalten fordern von der ansässigen Bevölkerung eine große Anpassungsfähigkeit und Innovationskraft.

Als Grundlage für das Untersuchungsgebiet dienen die in der Alpenkonvention[3] festgelegten Grenzen, die sich durch ca. 70 Gebirgsgruppen und 80 Talschaften in mehr oder weniger hochalpinen Lagen ergeben. Für unsere Recherche war dabei weniger das Alpenvorland mit seinen großen Metropolen, die von globalen Faktoren beeinflusst sind, von Interesse, als vielmehr die Projekte, die für eine Entwicklung von innovativen Siedlungs- und Wohnkonzeptionen im Spannungsfeld zwischen Landschaftsraum und Agglomeration stehen – eingebunden in die jeweils spezifischen regionalen Gegebenheiten des Alpenraums.

Der Siedlungsraum

Die fortschreitende Urbanisierung ist eines der Hauptthemen alpiner Entwicklungsprozesse. Waren die Alpen zu Beginn der Industrialisierung ein primär ländlich geprägter Raum mit einigen urbanen Zentren, brachten der Verlust einer tragfähigen Wirtschaftsbasis und die Konzentration von Monostrukturen ein extremes Ungleichgewicht durch Verstädterung und Entsiedelung. Bereits 27 % der Alpenbevölkerung leben heute in urbanen Siedlungsflächen mit 5.000 bis 100.000 Einwohnern. Günstige Tallagen verzeichnen eine ausgeprägte Verstädterung. Klein- und Mittelstädte, die im außeralpinen Raum eher in die Kategorie „ländlicher Raum“ eingestuft würden, erfüllen schon heute wichtige städtische Funktionen. Die hohe Mobilität und der intensive Austausch haben die Lebensweise in den alpinen Agglomerationen derjenigen in den urbanen außeralpinen Räume angenähert. Dem gegenüber steht die weniger dichte Besiedelung in peripheren Gebieten bzw. an ungünstigen Ortslagen, deren Schrumpfungsprozess ebenfalls zum Wandel der traditionellen Siedlungsstruktur und damit der Identität führt. Diese Veränderung birgt neues Konfliktpotenzial. So setzt die topografische Lage der Siedlungspolitik natürliche Grenzen – knapper Baugrund, steigende Grundstückspreise und in die Länge gezogene urbane Strukturen sind die Folge. Der Ausbau der Verkehrswege und damit die funktionale Anbindung an außeralpine Zentren fördern die Vervorstädterung und die Entstehung von Pendlerwohnregionen. Andere Kulturen und Wertvorstellungen bergen Konflikte und schüren die Angst vor dem Verlust an Authentizität. Dabei ist es unerheblich, ob es sich beim Zuzug um saisonale Arbeitskräfte oder hoch qualifizierte Unternehmer oder Investoren handelt. Die demografische Verteilung gerät in ein Ungleichgewicht – unbezahlbarer Grund und ein eingeschränktes Jobangebot führen zu Abwanderungstendenzen junger Familien.

Dass diese Themen schon seit Längerem Bestandteil des interdisziplinären Gedankenaustausches sind, haben wir im Zuge unserer Teilnahme an der CIPRA Jahresfachtagung 2009 mit dem Thema „Wachstum auf Teufel komm raus?“[4] erfahren. So werden die Alpen als Profiteure und Opfer des Wachstums zugleich gesehen. Eine Wirtschafts- und Regionalpolitik, die auf dem steigenden

Verbrauch von natürlichen Ressourcen basiert und die weitere Zerstörung der Landschaft in Kauf nimmt, ist kein Beitrag zur Lösung der Zukunftsfrage, sondern Teil des Problems.[5] Auch in der Raumplanung ist ein Umdenken erforderlich: weg von der Koordination und Verwaltung dauernd wachsender Raumansprüche unterschiedlicher Interessengruppen, hin zu einem sinnvollen Umgang mit den immer knapper werdenden Lebens- und Wirtschaftsräumen in den Alpen in Form von konsequenter Verdichtung der Siedlungsstrukturen, klarer Trennung von Bau- und Nicht-Baugebieten und eines Stopps bei Neuerschließungen durch den Tourismus in der offenen Landschaft.[6]

Die Wohnquartiere und die Wohngebäude

Die Bauwirtschaft ist einer der prosperierenden Wirtschaftszweige im Alpenraum. Ihren Höhepunkt hatte sie in der Zeit nach dem Zweiten Weltkrieg, in der mit dem aufkommenden Wohlstand viele bestehende Gebäude im Zuge von Ortsbildverschönerungen und Tourismusansiedlungen abgerissen und neu errichtet wurden. Der Flächenbedarf einer Gemeinde wird vom sozioökonomischen und technologischen Wandel angetrieben, intensiviert durch individuelle Vorlieben, Regionalpolitik, Gemeindehaushalte, Fördermittel und Fremdfinanzierungen. Immer noch werden Erweiterungsflächen des Siedlungsraumes auf Kosten der umliegenden, scheinbar nutzlosen landwirtschaftlichen Flächen ausgewiesen: Neuerschließung von Bauland statt Reaktivierung von innerstädtischen Brachflächen und der Instandsetzung von bestehenden Siedlungsstrukturen. Auf den ersten Blick ein Instrumentarium zur kurzfristigen Bedarfsdeckung – oder steckt dahinter ein übergreifendes regionales Entwicklungskonzept mit planungsrelevanten Strukturen?

Im Rahmen unseres kuratorischen Auftrages sind wir Anfang 2009 mit vielen offenen Fragen gestartet, die auf den unterschiedlichen Exkursionen durch örtlich ansässige Fachpersonen sehr engagiert und durch die betrachteten Wohnsiedlungen und Wohnbauten auch konkret beantwortet wurden.

Von der Neuerschließung auf der grünen Wiese bis zur Nachverdichtung im gewachsenen Ortskern und der Instandsetzung der bestehenden Strukturen. Über soziodemografische Bezüge in Form von Wohnraum für den jungen Teil der Bevölkerung, Wohnheime, Familienwohnen, Wohnen im Alter und integriertes Wohnen bis hin zum Umgang mit dem Wohnraum – in unterschiedlichen Ländern mit unterschiedlichen Sprachen, Sitten und Kulturen.

Die Auswahl der dargestellten Projekte entstand in einem langen Rechercheprozess mithilfe der einschlägigen Architekturplattformen und Magazine sowie bei Exkursionen und Tagungen und durch die direkte Kontaktaufnahme mit über 500 Architekturbüros im gesamten Alpenraum, während dessen wir über 200 geeignete Projekte gefunden wurden, die den festgelegten Kriterien (mind. fünf Wohneinheiten, Fertigstellung nach 2000) entsprachen. Ein Gremium von 16 Experten aus dem Bereich Architektur und Landschaft hat aus der Vielzahl der eingegangenen Projekte eine Vorauswahl getroffen, deren Essenz die hier ausführlich dokumentierten 37 Projekte sind. Das Resultat erhebt keinen Anspruch auf Vollständigkeit, sondern ist als eher als Momentaufnahme des aktuellen Status quo zu interpretieren.

Entsprechend ist die Ausstellung konzipiert – nicht die menschenleere, unbewohnte Architektur steht im Mittelpunkt, sondern vielmehr die erkennbare Belebung durch ihre Bewohner. Bewusst hat man sich bei der Dokumentation für einen Fotografen entschieden, der die erzählerische, eher subjektive Beschreibung von Lebensräumen beherrscht und dem Betrachter das Gefühl vermittelt, in diesen Bildern einen flüchtigen Moment mitzuerleben. Das Höhenprofil mit seinen fieberkurvenähnlichen Ausschlägen ist als Assoziation mit dem alpinen Raum fest verbunden und bildet den Dreh- und Angelpunkt der Ausstellungsgestaltung. Bekannte Muster werden durchbrochen, indem die Beiträge nicht nach Ländern, sondern gemäß ihrer Höhenstaffelung sortiert sind. Die Wanderschaft der dargestellten Projekte wird zum konzeptionellen Thema; die Landschaft, der Siedlungsraum, der Alpenraum als Gesamtschau – ein individuelles Erlebnis in der Rezeption und vielleicht die Chance, diesen so reichhaltigen und kulturell vielfältigen Alpenraum im spannenden Diskurs über die (Wohn-)Unterschiede zwischen den Alpenstaaten über das touristische Erleben hinaus kennenzulernen. Dabei erhalten die Worte von Loredana Ponticelli im Rahmen ihres Essays „Wehlsch Pirg“ (→ 382) ein besonderes Gewicht und eine übergeordnete Bedeutung: „Was es wirklich bedeutet, in den Alpen zu leben, weiß nur, wer dort wohnt“.

1 Nach Definition der Alpenkonvention (s. Fußnote 3) sind die acht Alpenstaaten Deutschland, Frankreich, Italien, Liechtenstein, Monaco, Österreich, die Schweiz und Slowenien.
2 vgl. Werner Bätzing, Kleines Alpenlexikon, München 1997
3 Die Alpenkonvention ist ein völkerrechtlicher Vertrag von 1991 zwischen den acht Alpenländern und der Europäischen Union, dessen Ziel die Erhaltung und der Schutz der Alpen durch eine sektorübergreifende, ganzheitliche und nachhaltige Politik ist.
4 Zehn Thesen und Forderungen, CIPRA Jahresfachtagung 2009, Gamprin (Liechtenstein), 19. September 2009
5 vgl. These 1. Gegen den Wachstumszwang
6 vgl. These 3. Aktive Raumordnungspolitik statt Raumverwaltung

L'attrazione verso la maggior catena montuosa d'Europa si mantiene costante. Che si tratti della romantica illusione, inseguita dagli abitanti della città, di un idillico lavoro agreste sullo sfondo dei monti, oppure degli incessanti party dopo sci nelle roccaforti d'alta quota dello sport invernale, il mito delle Alpi continua a prosperare. Ma cosa si nasconde dietro questo ambito ideale di una "identità" alpina con usi e costumi tradizionali, con una vita genuina secondo natura, col santo patrono del paesaggio alpino? Non tutti gli abitanti delle Alpi vivono come nel paese di Heidi o si propongono come maestri di sci. Cosa ne è del resto della popolazione? Come vive, come percepisce i propri paesaggi e i propri spazi di vita quotidiana?

Sono queste le questioni al centro dell'omonima mostra, aperta dal maggio 2010, presso Merano/arte. Spazio abitativo, un tema del quale ogni visitatore ha esperienza essendo spettatore ed attore allo stesso tempo.

In questo senso c'interessano meno le spettacolari dimore unifamiliari o i fugaci soggiorni nei centri turistici, quanto piuttosto l'evoluzione permanente degli insediamenti nell'insieme dell'universo alpino,[1] con i loro specifici approcci e i riferimenti al contesto montano.

Da qui l'importanza attribuita alla concreta documentazione dell'abitare attraverso esempi del più ampio spettro possibile, presentando edifici realizzati in ambiente alpino nel corso degli ultimi dieci anni.

Negli esempi selezionati si riflettono differenti temi ed interrogativi connessi alla dimensione abitativa nelle regioni alpine: si chiarisce ad esempio la vicenda della ricostruzione di Gondo, paese montano svizzero alluvionato, nell'interazione con le reali situazioni d'intorno, come le estreme condizioni topografiche e la relativa esiguità dello spazio disponibile. O ancora il tema dello sviluppo demografico della società, passando dal soggiorno vacanziero alla vita quotidiana, fino all'abitare assistito per i malati di demenza, per i quali la dimensione costruita si traduce in strategia terapeutica.

Così, se da una parte vediamo spuntare come funghi le seconde case di lusso in artificiose ambientazioni romantiche e le cittadelle rifugio contro la frenesia della vita metropolitana, dall'altra invece esistono anche soluzioni propositive per insediamenti a basso costo destinati agli immigrati, ai quali, persa la terra d'origine, va data l'occasione di ricominciare in un nuovo ambiente abitativo vivibile.

Il territorio alpino

Su un'estensione di 190.000 km² a cavallo tra Nord e Sud d'Europa, in spazi d'insediamento estremamente delimitati dalle condizioni topografiche, si distribuiscono 14 milioni di persone, in otto nazioni, 58 entità politiche territoriali,[2] 143 città e 6.000 comuni. Le Alpi ospitano le maggiori riserve naturali contigue del Centro Europa, 60 milioni di visitatori frequentano ca. 600 centri turistici, e attraverso questo territorio vengono trasportate annualmente 200.000 tonnellate di merci.

Il futuro *dell'habitat* alpino è strettamente legato al contesto economico, ecologico e sociale globale delle otto nazioni d'appartenenza. La ricca biodiversità e la molteplicità di culture locali e regionali ne sono la cifra più importante. I paesaggi alpini dominano buona parte dei territori dei paesi coinvolti, costituendo anche parte della loro identità. Spinto dalle mutate condizioni economiche e sociali, il fondamento del sistema produttivo va spostandosi sempre più dallo sfruttamento diretto delle risorse naturali dell'economia agraria e forestale verso forme di valorizzazione indiretta.

Sono tendenze eterogenee, come la concentrazione di capitale nel turismo, il fenomeno del pendolarismo residenziale in ambito alpino, l'esodo di abitanti e l'abbandono di alcune regioni montane in combinazione con la tutela del paesaggio per il tempo libero e la rigenerazione dei visitatori, passando per conservazione di paesaggi e delle eredità culturali e alla prevenzione dei disastri naturali, fenomeni che richiedono grande capacità di adattamento e sforzo innovativo da parte della popolazione residente.

Per delimitare il nostro campo di ricerca ci siamo riferiti ai confini stabiliti dalla Convenzione delle Alpi,[3] che delimitano, più o meno in alta quota, ca. 70 gruppi montuosi e 80 vallate alpine. Peraltro la fascia prealpina, con i grandi centri metropolitani influenzati da fattori globali, è risultata meno interessante ai fini della nostra indagine, rispetto a progetti più legati alle particolari condizioni locali dei rispettivi contesti alpini ed orientati allo sviluppo di innovative concezioni di insediamento e formule abitative in tensione tra paesaggio e densificazione.

L'ambiente insediativo

L'incalzante urbanizzazione è uno dei nodi principali nel processo di sviluppo alpino. Se agli albori dell'era industriale le Alpi erano ancora un ambiente prettamente rurale con pochi centri urbani, la perdita del sistema produttivo portante e l'affermazione di strutture monofunzionali hanno portato un estremo squilibrio, con inurbamenti ed esodi. Oggi già il 27 % della popolazione alpina vive in aree urbanizzate da 5.000 fino a 10.000 abitanti.

Le situazioni privilegiate di fondo valle registrano un forte inurbamento. Piccole e medie cittadine che al di fuori della dimensione alpina sarebbero declassate alla categoria di "ambiti rurali", svolgono invece già oggi importanti funzioni urbane. L'alta mobilità e l'intenso interscambio hanno avvicinato la qualità di vita degli agglomerati alpini a quella delle zone urbane extra alpine. Per contro si nota la rarefazione della presenza umana nelle zone marginali e nelle località disagiate, in cui i processi di contrazione comportano ugualmente un'alterazione delle tradizionali strutture d'insediamento e dunque dell'identità.

Questo stravolgimento accumula nuovo potenziale di conflittualità. La situazione topografica impone alla politica urbanistica oggettive restrizioni fisiche: scarsità dei terreni, valori fondiari in crescita determinano strutture urbane sproporzionate in lunghezza. Il potenziamento delle infrastrutture viarie e il conseguente collegamento funzionale con centri extra alpini, favoriscono la suburbanità e la formazione di regioni di pendolarismo residenziale. In culture e sistemi di valori altri si celano conflitti che suscitano apprensione per la perdita d'autenticità. Tanto da rendere irrilevante che si tratti dell'afflusso di bassa forza del lavoro stagionale oppure di tecnici altamente qualificati o ancora di danarosi investitori. La distribuzione demografica si sbilancia, terreni impagabili e un asfittico mercato del lavoro alimentano le tentazioni migratorie delle giovani famiglie.

Che queste tematiche siano già da tempo parte integrante del dibattito interdisciplinare lo abbiamo sperimentato nel corso della nostra partecipazione all'edizione 2009 dell'annuario convegno del CIPRA, intitolato "Crescere a ogni costo?". [4] Le Alpi divengono al tempo stesso vittime e carnefici del fenomeno di crescita. Una politica economica regionale fondata sul crescente consumo di risorse naturali, dando per scontata l'ulteriore devastazione del paesaggio, non porta alcun contributo alla domanda di futuro, al contrario, è parte del problema.[5]

Anche in urbanistica è necessario un ripensamento: dobbiamo abbandonare programmazioni e gestioni funzionali rivolte alle continue e crescenti mire espansionistiche di singoli gruppi d'interesse, per avvicinarci ad un rapporto sensato con il sempre più esiguo ambiente vitale ed economico delle Alpi, perseguendo forme di coerente densificazione delle strutture insediative ed instaurando finalmente una netta separazione tra zone fabbricabili e non e, per finire, blocchiamo nuovi impianti turistici nel paesaggio.[6]

Insiemi ed edifici abitativi

L'edilizia è uno dei più prosperi settori economici alpini. L'apice si è raggiunto nel secondo dopoguerra, quando grazie al crescente benessere, nel fervore d'abbellimento delle località, specialmente in quelle turistiche, molti edifici preesistenti sono stati sostituiti da nuove costruzioni.

Il fabbisogno di suolo di un comune è soggetto al progresso socioeconomico e tecnologico, incrementato da attitudini individuali, politica regionale, manutenzione del bene pubblico, strumenti di agevolazione, e finanziamenti esteri.

Ancora oggi nuove aree d'ampliamento dei nuclei abitati vengono individuate a spese delle superfici agricole apparentemente inutilizzate dell'intorno: nuove espansioni di aree fabbricabili al posto della riattivazione di prativi e coltivazioni intraurbane e della risistemazione di strutture antropiche esistenti.

A prima vista un utilitaristico meccanismo di copertura a breve termine dei bisogni – oppure vi si nasconde forse un invasivo disegno di sviluppo regionale con strutture di rilevanza urbanistica?

Nell'ambito del nostro onere di curatori siamo partiti all'inizio del 2009 con molte questioni aperte, ad alcune delle quali si è potuta dare anche concreta risposta, nel corso di diverse ricognizioni, attraverso l'appassionato contributo degli esperti del posto e l'esame diretto di edifici e insediamenti.

Si va dai nuovi interventi in terreno vergine fino alla ridensificazione di nuclei già consolidati e al riadattamento di strutture esistenti, passando per questioni di natura socioeconomica in rapporto al bisogno di residenze per la parte più giovane della popolazione, convitti, case famiglia, convivenza nella terza età e residenze integrate, per arrivare al rapporto con l'ambiente abitato – in paesi diversi, con diverse lingue, costumi e culture.

La scelta dei progetti esposti è maturata in un lungo processo di ricerca, con l'aiuto delle piattaforme d'architettura di riferimento, pubblicazioni, sopralluoghi e convegni ma anche attraverso il diretto contatto con oltre 500 studi d'architettura dell'intero arco alpino, che ha portato alla selezione di oltre 200 progetti di pregio rispondenti ai criteri stabiliti (almeno cinque unità abitative realizzate dopo l'anno 2000).

Una commissione di 16 esperti in campo architettonico e paesaggistico ha vagliato la mole dei progetti presentati operando una preselezione, della quale i 37 progetti qui esaustivamente documentati rappresentano l'eccellenza.

Lungi dall'aspirare alla completezza, il risultato va inteso piuttosto come un'istantanea dello stato attuale.

La mostra è concepita di conseguenza: il baricentro non vuole essere l'architettura vuota e disabitata ma semmai proprio la leggibile vitalità che v'infondono gli abitanti. Per l'illustrazione ci si è consapevolmente rivolti ad un fotografo in grado di restituire una descrizione narrativa se non addirittura soggettiva degli spazi di vita ripresi, trasmettendo all'osservatore l'emozione condivisa dell'attimo fuggente rappresentato in queste immagini.

Il profilo delle creste montane con i loro picchi simili a diagrammi, rende un'immediata associazione visiva con la dimensione alpina e viene riproposto come fulcro compositivo su cui s'impernia l'allestimento espositivo. Infrangendo modelli comunicativi collaudati, i contributi non sono ordinati per nazione d'appartenenza ma per quota d'altitudine. L'itinerario che ripercorre i progetti esposti si rende esso stesso tema concettuale, il paesaggio, gli insediamenti, lo spazio delle Alpi come scenario complessivo – un'esperienza individuale di ascolto e forse occasione di avvicinamento a questo fecondo ambiente alpino culturalmente tanto variegato, in un coinvolgente discorso sulle peculiarità (dell'abitare) delle diverse nazioni al di là della pratica turistica.

In quest'ottica acquistano un particolare peso e un significato primario le parole di Loredana Ponticelli nel saggio Wehlsch Pirg: (← 37) "cosa significhi realmente vivere nelle Alpi, lo sanno solo coloro che le abitano".

1 Secondo la definizione della Convenzione delle Alpi (vedi nota 3) le otto nazioni alpine sono Austria, Francia, Germania, Italia, Liechtenstein, Monaco, Slovenia e Svizzera.
2 cfr. Werner Bätzing, Kleines Alpenlexikon, Monaco di Baviera 1997
3 La Convenzione delle Alpi del 1991 è un accordo internazionale tra gli otto paesi alpini e la Comunità Europea, finalizzato allo sviluppo sostenibile e alla tutela delle Alpi attraverso politiche unitarie e multidiscilinari.
4 Tesi e richieste, Convegno annuale CIPRA 2009, Gamprin (Liechtenstein), 19 settembre 2009
5 cfr. Tesi 1. Contro l'obbligo di crescita
6 cfr. Tesi 3. Politica attiva dell'assetto territoriale versus gestione del territorio

The public interest in Europe's highest mountain range remains undiminished. Perhaps city dwellers have a romantic idea of farm work against the backdrop of an idyllic mountain scenery, or it might be the non-stop après-ski party in the winter sports locations that keeps the myth of the Alps alive. But what happens behind the scenes of this starry-eyed notion of an Alpine "identity" with authentic customs and traditional rites, rugged mountaineers, and the patron saints of Alpine landscapes? Surely, not every Alpine resident lives in "Heidi Land" and works as a ski instructor. What about the rest of the population? How do they live, and how do they perceive their landscapes and living environments?

These questions are at the core of the exhibition that will open in May 2010 at Merano arte. When it comes to living space, every visitor is an expert, a recipient, and a communicator at the same time. The exhibition, however, is not focused on spectacular single-family houses or vacation apartments in tourist destinations, but on various sustainable settlement developments in the context of the Alpine region,[1] with its state-specific approaches and references to the Alpine surrounding.

In this context, it was important for us to capture a wide range of residential buildings that have been constructed in the Alpine region over the past ten years, tangibly and in an exemplary form. The exhibited projects reflect various topics and problems concerning living space in the Alpine region. The reconstruction of the destroyed Swiss mountain village of Gondo, for instance, shows how people have dealt with the given circumstances, the extreme topographic location, and the very scarce settlement area available. Other points of focus lie in the demographic development of society, from comfortable vacations that last until the end of one's days to supportive housing for dementia patients, whose residence becomes part of their therapy. On the one hand, luxurious second homes mushroom in natural romantic surroundings, and on the other hand, there are low-budget buildings for immigrants who are given the chance to gain a foothold in a new country.

The Alpine Region

Over an area of 190,000 sq km between Northern and Southern Europe, fourteen million people are spread across an extremely small settlement area that is predetermined by its topography, stretches across eight countries, and comprises fifty-eight political units[2] as well as 143 cities in 6,000 municipalities. The Alps have the largest continuous nature reserve areas in Central Europe. Every year, there are sixty million visitors to roughly 600 tourist destinations, and 200,000 tons of goods are transported across the Alps.

The future of the living environment in the Alps is economically, ecologically, and socially linked to the overall situation within the eight Alpine countries. The diversity of its natural landscapes and cultures on account of local and regional differences is its most important hallmark. The Alpine landscapes influence most of the territories in the Alpine countries and partly constitute their identity. Due to the changing economic and social conditions, the basis for creating value is gradually shifting from the direct use of natural resources through agriculture and forestry to indirect forms of capitalizing these resources. Different trends, such as the concentration of capital in tourism, the Alps becoming a home base for commuters, the exodus of many Alpine residents, and ways of dealing with derelict Alpine sites while preserving landscapes for leisure and recreation, for cultural purposes, and for protection against the forces of nature, demand a tremendous amount of adaptability and innovative energy from the local population.

The boundaries specified in the Alpine Convention,[3] which cross approximately seventy mountain groups and eighty valleys in more or less high altitudes, outline our area of investigation. The exhibition is not focused on the foothills of the Alps with their large metropolitan cities influenced by global factors, but rather on innovative settlement and residential concepts that link open landscapes to agglomerations and are integrated into the specific circumstances of the Alpine region.

The Settlement Area

Progressive urbanization is one of the main topics in the context of Alpine development. During the early years of industrialization, the Alps were primarily a rural area with few urban centers. Back then, the lack of a sound economic basis and monostructures led to an extreme imbalance caused by urbanization and depopulation. Today, twenty-seven percent of the Alpine population already lives in urban settlements of 5,000 to 100,000 inhabitants. Beautiful valleys are becoming urbanized. Small and medium-sized towns already fulfill important urban functions, although they would likely be classified as "rural areas" if they were located in non-Alpine regions. On account of mobility and communication, the way of life in Alpine agglomerations has become similar to that in urban, non-Alpine regions. On the other hand, peripheral areas or unfavorable locations are less densely populated; their decline in population is also transforming the traditional settlement pattern and, with it, the local identity. These changes create new potential for conflict. But the topographic situation sets natural limits on settlement policies—scarce building sites, rising real estate prices, and elongated urban formations are the consequence. The expansion of the transport infrastructure that forms connections to non-Alpine centers encourages suburbanization and the development of commuter household regions. Foreign cultures and values, imported by seasonal workers as well as highly-qualified businesspeople or investors, harbor conflicts and stir anxiety about the loss of authenticity. The demographic distribution is becoming imbalanced—unaffordable property and limited job opportunities lead to the emigration of young families.

These issues have long been discussed in the framework of an interdisciplinary exchange of ideas, as we learned through our attendance of the 2009 CIPRA annual conference with the topic "Growth at all Costs?"[4] The Alps are seen as a beneficiary and victim of growth at once. Economic and regional policies that are based on the increasing consumption of natural resources and accept further destruction of the landscape do not help to solve the issues concerning our future, but are part of the problem.[5] Land-use planning must also distance itself from coordinating and managing the increasing space requirements of various interest groups, and turn to a sensible treatment of the increasingly scarce habitats and economic areas in the Alps through the consistent densification of settlement patterns, clear delineations between construction and non-construction areas, and a moratorium on new tourism developments in vacant landscapes.[6]

The Neighborhoods and Residential Buildings

The building industry is prospering in the Alpine region. It experienced its greatest upsurge after the Second World War, when many existing buildings were demolished and new ones built in the framework of townscape improvement projects and the establishment of tourism that came with rising prosperity. The land requirements of a community are driven by socio-economic and technological transformation and intensified by individual preferences, regional policies, municipal budgets, subsidies, and external financing. Even now, expansion of settlement areas is being planned at the expense of the surrounding, seemingly useless agricultural areas, and infrastructure is being provided to establish new building land instead of reactivating derelict inner-city sites and repairing existing settlement patterns. At first glance, this policy seems to respond to immediate needs—but perhaps it is based on a comprehensive regional development concept, after all.

As part of our curatorial mission, we raised many questions in early 2009 and gradually found answers on our various excursions—with the help of local experts and, to some extent, by visiting a multitude of development projects that included housing facilities, residential buildings, new infrastructure in the open countryside, the redensification of fully-developed town centers, the repair of existing systems, and social living arrangements in the form of dormitories, family apartments, senior-citizen housing, and other integrated living projects. The ways of dealing with living space differ depending on the countries, languages, customs, and cultures.

Selecting the exhibited projects required a lengthy research process. With the help of relevant architecture platforms and magazines, excursions, conferences, and direct contact with more than 500 architecture offices across the entire Alpine region, we identified over 200 suitable projects that met the specified criteria (minimum of five dwelling units, completed after 2000). From the vast number of submitted projects, a panel of sixteen experts from the fields of architecture and landscape selected the thirty-seven that are documented here in detail. The result makes no claim to completeness, but is rather meant to be a snapshot of the status quo.

And that is how the exhibition shall be experienced: as a renunciation of deserted, vacant architecture with unintelligible explanations and a revival of buildings by their inhabitants. For the documentation, we consciously commissioned a photographer who illustrates living space in a narrative, rather subjective way, enabling the viewer to enter into the world of his photographs for a brief moment. The image of a height profile with temperature curves has always been associated with the Alpine region; this is pivotal to the exhibition structure. Traditional patterns are broken, because the contributions are arranged not by country, but by altitude. The exhibited projects lead us across landscapes, settlement areas, and the Alpine region as a whole. That makes the exhibition a unique experience for visitors and might give them a chance to get to know the intricate and culturally diverse Alpine region in the framework of an exciting discourse concerning the differences between the styles of living in the various Alpine states, out of sight of the tourist. With all this, the words of Loredana Ponticelli in her essay *Wehlsch Pirg* (→ 383) are given particular weight and overriding importance: “Only those who live in the Alps know what that truly means.”

1 According to the definition used by the Alpine Convention (see footnote 3), the eight Alpine states are: Germany, France, Italy, Liechtenstein, Monaco, Austria, Switzerland, and Slovenia.
2 Cf. Werner Bätzing, *Kleines Alpenlexikon*, Munich 1997.
3 The Alpine Convention of 1991 is a treaty under international law between the eight Alpine countries and the European Union. Its purpose is to preserve and protect the Alps through cross-sector, integrated, and sustainable policies.
4 *Zehn Thesen und Forderungen* [Ten Theses and Demands], 2009 CIPRA annual conference, Gamprin (Liechtenstein), September 19, 2009.
5 Cf. thesis 1: *Against Continuous Growth*.
6 Cf. thesis 3: *Active Regional Land-use Planning Policy Instead of Space Management*.

Eva Herrmann, Dipl. Ing. Architektin / freie Redakteurin

1975	geboren in Gießen / Deutschland
1995-2001	Studium der Architektur an der FH Darmstadt/TU Graz, Diplom
2001-2008	Mitarbeit bei Allmann Sattler Wappner Architekten GmbH
2007-2009	Wissenschaftliche Assistentin an der Technischen Universität München, Städtebauliches Institut für Entwerfen, Stadt-, Regional- und Freiraumplanung, Lehrstuhl für Wohnungsbau und Wohnungswirtschaft
seit 2005	selbstständige Tätigkeit mit einem Büro für Architekturkommunikation

Markus Kuntscher, Dipl. Ing. Architekt und Stadtplaner BDA

1969	geboren in Miltenberg am Main / Deutschland
1990-1992	Studium Architektur und Stadtplanung, Universität Hannover, Vordiplom
1992-1997	Studium Architektur und Stadtplanung, Universität Stuttgart, Diplom
Tätigkeiten als Architekt und Stadtplaner	
1998-1999	verantwortlicher Projektarchitekt bei Johannes Manderscheid, Architekt BDA
1999-2004	verantwortlicher Projektarchitekt bei Allmann Sattler Wappner Architekten GmbH
seit 2005	selbständige Tätigkeit als freischaffender Architekt und Stadtplaner BDA mit eigenem Büro in München
Tätigkeiten in Forschung und Lehre	
2004	Gastkritik, Universität Stuttgart, Institut für Innenraumgestaltung und Entwerfen
2004-2009	Wissenschaftlicher Assistent an der Technischen Universität München, Städtebauliches Institut für Entwerfen, Stadt-, Regional- und Freiraumplanung, Lehrstuhl für Wohnungsbau und Wohnungswirtschaft
2009/2010	Gastkritik, Universität Stuttgart, Institut für Raumkonzeptionen und Grundlagen des Entwerfens
2010	Lehrauftrag, Hochschule Biberach, Masterstudiengang, Entwurfsstudio

1

2

3

1 Erstes Baulos der Bozner Gartenstadt, Stadtarchiv Bozen – Öffentliches Bauwesen
Primo lotto della città giardino a Bolzano, Archivio Storico Città di Bolzano, Fondo lavori Pubblici
First building lot in the Garden City of Bolzano, Municipal archives of Bolzano – Civil and structural engineering department
2 Siegesplatz, Architekten: Marcello Piacentini e P. Rossi Dè Paoli 1935-1937
Piazza della Vittoria, Marcello Piacentini e P. Rossi Dè Paoli 1935-1937
Siegesplatz, architects: Marcello Piacentini e P. Rossi Dè Paoli 1935–1937
Foto Ludwig Thalheimer
3 Parzelleneinteilung der Gotik der Bozner Lauben
I lotti gotici del centro storico, via Portici
Lot arrangement of the Gothic-style porticos in Bolzano
Foto Carlo Azzolini

Luigi Scolari

Eine besondere Identität: Die Entwicklung der Raumplanung in Südtirol

Un caso particolare: l'identità dell'urbanistica in Alto Adige

→ 277

The Special Characteristics of Development Planning in the Alto Adige

→ 282

Südtirol stellt durch seine geografische Lage, seine wirtschaftlichen Ressourcen und seine politische Entwicklung auch für Italien eine spezielle Provinz dar. Man muss diese Merkmale analysieren, um die Siedlungsstrukturen, die Reglementierungen bezüglich des Territoriums und die Wohnvorstellungen verstehen zu können.

Eine erste Besonderheit ist die Unterteilung der Bevölkerung je nach Muttersprache: in Deutsche, Italiener und Ladiner. Begebenheiten unter dem faschistischen Regime haben die Bevölkerung stark geprägt und ein Gefühl der Identität erzeugt, das ansonsten in Zeiten der Globalisierung nicht mehr so ausgeprägt wäre.

Die Identifizierung mit dem Land, der Heimat, dem Ort, aus dem man stammt, in dem man wohnt und mit dem man verwurzelt ist, wird schon durch den Namen selbst ausgedrückt. Bereits die Napoleonische Besetzung hat die Bezeichnung „Haute Adige" eingeführt, die seit dem Ersten Weltkrieg im Italienischen für das südliche Tirol übernommen wurde. Mussolini schrieb die italienischen Ortsnamen vor, befahl die Italienisierung der Bevölkerung, verbot den Gebrauch der deutschen und der ladinischen Sprache und förderte die massive Einwanderung italienischer Bevölkerung aus den armen Gebieten Italiens.

In den Nachkriegsjahren hat die italienische Regierung neue Wohnbauprogramme unterstützt. Man wollte weitere 5.000 Wohnungen für zugewanderte Italiener bauen, was aber den Protest von 35.000 Südtirolern entfachte, die unter dem Motto „Los von Trient" eine größere Autonomie für ihre Region forderten. Diese Begebenheiten hatten deutliche Auswirkungen auch auf die urbanistische Gesetzgebung.

Ebenso spielte die Architektur eine Rolle. Der Druck des Regimes äußerte sich in der Peripherie durch verstreut liegende Militärposten und Kasernen, während das Zentrum durch große städtebauliche Eingriffe in der Landeshauptstadt Bozen gestärkt wurde.

Unter dem Faschismus wurde in Südtirol das erste Wohnbauprogramm gestartet. Mussolini hatte das Projekt einer neuen Stadt mit 100.000 Einwohnern vor Augen, die einerseits auf Schwerindustrie und andererseits auf einem gigantischen Verwaltungsapparat fußen sollte, der auch heute noch die Landeshauptstadt kennzeichnet. Es wurde die Produktionszone mit einer angrenzenden Gartenstadt *Abb. 1* für die Arbeiter und deren Familien erbaut. Gleichzeitig entstanden die mit Marmor verkleideten Paläste *Abb. 2* mit Büros und Wohnungen der Funktionäre.

Die Architektur symbolisierte Verstädterung und Zivilisation und wurde für Propagandazwecke und zur Vereinnahmung des Landes verwendet. **Mit seinen Bauwerken setzte der Faschismus die italienische städtische Kultur der deutschen ländlich-bäuerlichen Kultur gegenüber: den Palast, das Kondominium gegen das bäuerliche Einfamilienhaus, den Hof.** Somit wurden die Grundlagen einer zweiteiligen Wertevorstellung geschaffen, nach der auch heute noch die Bevölkerung architektonische Typologien sowie Art und Qualität des Wohnens beurteilt. Die Urbanisierung, die unter dem Faschismus erfolgte, beeinflusste jedoch nicht die ländlichen Gegenden oder die Berggebiete.

Die Besetzung der Provinz Bozen endete mit der militärischen Niederlage des Regimes; die Urbanisierung wurde jedoch bereits früher gestoppt, da sie an die natürlichen Grenzen des Territoriums gestoßen war. Bis zur ersten Hälfte des 20. Jahrhunderts wurden Siedlungstypologien mehr durch die Natur als durch Planungsinstrumente definiert.

Die Provinz Bozen umfasst eine Fläche von 740.000 ha, von denen 60 % oberhalb von 1.600 m Höhe liegen und folglich als Siedlungsgebiet ungeeignet sind. Das Dauersiedlungsgebiet entspricht 6,57 %[1] der Landesfläche. Die geomorphologische Struktur ist durch steil abfallende Hänge und beengte Flächen in den Talsohlen gekennzeichnet. Diese Ziffern erklären, weshalb Grund und Boden als eine sehr begrenzte Ressource betrachtet wird.

Eine der Prioritäten der Raumordnung sollte die eingeschränkte Beanspruchung territorialer Ressourcen sein, in Form von Bautypologien und städtebaulichen Rahmensetzungen, die den sparsamen Umgang mit Grund und Boden garantieren. Den extensiven Modellen mit geringer Baudichte sollten Modelle mit größerer Baudichte vorgezogen werden, das Mehrfamilienhaus dem Einfamilienhaus. Diese neuen Modelle finden jedoch noch keinen großen Anklang.

Das erste in dieser Form nicht wiederholbare Beispiel einer kompakten städtischen Siedlung mit hoher Baudichte (bis zu 5 m^3/m^2) ist der gotische Kern der Altstadt Bozens. *Abb. 3* Zweitgenössische Beispiele von verdichtetem Bauen bewegen sich um die 3,5 m^3/m^2, ein Höchstwert, der in den neuen Erweiterungszonen Firmian und Casanova *Abb. 4* umgesetzt wurde.

Auf dem Land herrscht ein gegensätzliches Modell: In den Tälern und noch häufiger an den Berghängen finden wir noch die ursprünglichen Siedlungsstrukturen: isolierte kleine Wohnsiedlungen, die auf den bearbeiteten landwirtschaftlichen Flächen entstanden sind.

Noch verstreuter liegen die Paarhöfe *Abb. 5*, die aus Wohn- und Wirtschaftsgebäuden bestehen. Früher waren diese Einheiten Selbstversorgermodelle, deren Wirtschaft auf Ackerbau und Forstwirtschaft fußte, die von den Familien bearbeitet wurden und in denen mehrere Generationen wohnten. Diese Siedlungsstrukturen hatten unter Maria Theresia von Österreich den Rechtsstatus des „geschlossenen Hofes" erhalten, der die Aufteilung des Besitzes verhindern sollte.[2] Die Zersiedelung der Landschaft durch kleine Hofgruppen ist somit eine historische Tatsache.

Dorfzentren *Abb. 6* mit Kirche, Posthotel und dem Wirtshaus hatten eine besondere Aufgabe: Sie waren und sind immer noch ein Treffpunkt für die verstreut lebenden Menschen. Diese Siedlungsform hat das soziale Gefüge und die Kultur der lokalen Bevölkerung geprägt.

Betrachtet man das Modell des frei stehenden Hauses mit Grund bzw. Garten, wird generell der Besitz eines Einfamilienhauses angestrebt, jedoch gerechtfertigt durch den Begriff „Identität". Das gemeinschaftliche Wohnen, das Kondominium *Abb. 7+8*, die Mietwohnung hingegen werden als Benachteiligung, als „städtischer Zwang" empfunden.

Die Architektur des Bauernhofes ist Zeuge des Südtiroler Kulturgutes und symbolisiert das Ideal des Wohnens.

Diese Urform wurde auf vielfältige Art missbraucht und künstlich für die unterschiedlichsten Typologien verwendet: für Hotels, Gewerbebauten und Reihenhäuser. Das Scheitern dieser fantasielosen Interpretationen zeigt die Unfähigkeit, traditionelle Modelle, an die man sich in der Verwirrung der Moderne geklammert hatte, neu zu gestalten. Diese Orientierungslosigkeit in der Moderne wurde besonders durch die Verstädterung erzeugt.

Die ursprüngliche Landschaft hat sich völlig gewandelt, die Umwelt verändert sich unwiderruflich. *Abb. 9–12*

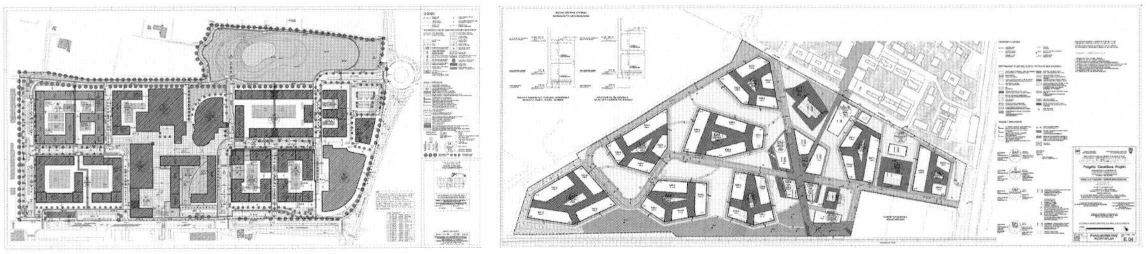

4

5 6

4 Erweiterungszone Reschen, archh. S. Bassetti, S. Franchini, O. Barth, 1999 / Erweiterungszone Kaiserau, Team Arch. F. van Dongen, 2003
Piano di attuazione quartiere Firmian, archh. S. Bassetti, S. Franchini, O. Barth, 1999 / piano di attuazione quartiere Casanova, Team Arch. F. van Dongen, 2003
Reschen expansion zone, architects: S. Bassetti, S. Franchini, O. Barth, 1999 / Kaiserau expansion zone, team of architects: F. van Dongen, 2003
5 Bauernhof auf dem Ritten
Maso di montagna sul Renon
Farm on Mount Ritten
Foto Wolfgang Piller
6 Graun im Vinschgau, der Dorfkern, Foto Leo Bährendt, unbekanntes Datum. Audiovisuelle Medien, Abteilung Deutsche Kultur der Provinz Bozen
Centro del paese di Curon Venosta, Ufficio Audiovisivi, Ripartizione Cultura tedesca della Provincia di Bolzano, Foto Leo Bährendt, data sconosciuta
Graun im Vinschgau, village center, photo: Leo Bährendt, date unknown, office for audio-visual media, Province of Bolzano, department of German culture

Die kleinen Zentren der Dörfer werden von den neuen Wohnbau-Erweiterungszonen, den Gewerbezonen und den Zonen für öffentliche Einrichtungen eingeengt, die für sich streng monofunktional strukturiert sind. Diese Veränderung geschieht zu schnell, um ohne Folgen von einer bäuerlichen Kultur aufgenommen zu werden, die über Jahrhunderte gleich geblieben ist. Es verändern sich die sozialen Strukturen, die Mobilität und die Familienstrukturen. Hinzu kommen neue Migrationsphänomene, und es entsteht ein neues Wirtschaftssystem. All diese Faktoren verändern die herkömmlichen Ordnungen komplett.

Der Landesentwicklungs- und Raumordnungsplan (LEROP) berücksichtigt diese Veränderungen und ist ein politisches Grundsatzdokument, das in Grundzügen die Ziele für eine geordnete wirtschaftliche, kulturelle und soziale Entwicklung des Landes vorgibt. Es legt die grundsätzlichen Richtlinien für die Verwaltungstätigkeit fest: Schutz der bäuerlichen Landschaft und der landwirtschaftlichen Produktivität, Ausgleich der Einkommensunterschiede zwischen unterschiedlichen Wirtschaftssparten und ethnischen Gruppen. Ein Dezentralisierungsprogramm sieht die Verteilung von öffentlichen Einrichtungen auf ein hierarchisches System der Zentren vor, das öffentliche Dienstleistungen im gesamten Landesgebiet ermöglichen soll.

Die städtebaulichen Normen beschränken sich nicht nur auf die Definition der Pläne, die die Planung des Territoriums laut quantitativen Standards, Vorschriften und Genehmigungsverfahren vorschreiben. **Das Südtiroler Raumordnungsgesetz ist ein juridisches Regelwerk, das die Kultur und Identität der Orte bewahren will. Aus dem Text geht klar der politische Wille hervor, die lokale Wirtschaft zu unterstützen, die Abwanderung aus den Berggebieten in die Städte zu verhindern, den Ausverkauf der Heimat zu erschweren und die Zuwanderung zu beschränken.**

Strategische Schwerpunkte des Raumordnungsgesetzes betreffen die Bautätigkeit im landwirtschaftlichen Grün und in den Gewerbegebieten, den Zonen mit Fremdenverkehrsfunktion sowie im Bereich des sozialen Wohnungsbaus. Grundsatzüberlegung der Politik ist, durch Unterstützungen der lokalen Wirtschaft und durch Wohnbauförderungen die Abwanderung vom Lande zu verhindern.

Wohnbauerweiterungszonen unterstehen zum größten Teil den Regeln für den sozialen Wohnbau. Diese garantieren angemessene Wohnungsgrößen und ermöglichen durch adäquate Fördermöglichkeiten den Wohnungskauf. Eine Einladung an die kommenden Generationen, auf dem Land zu bleiben.

Während die Abwanderung aus Berggebieten oder landwirtschaftlichen Randgebieten durch diese Maßnahmen verhindert werden soll, bewirken andererseits die Arbeitsangebote der Städte eine größere Mobilität. Das Bemühen, jede kleine Siedlung durch bequeme Straßen zu erschließen, den Verkehr flüssiger zu gestalten, den Touristenstrom noch zu verstärken, hat ein riesiges öffentliches Straßenbauprogramm gerechtfertigt. Dieses folgt dem Boom der öffentlichen Bauten, der Schulbauten, Bauten für Kultur und Sport in allen Gemeinden entstehen ließ, die wiederum durch gemeinsame Aktivitäten ein Zusammengehörigkeitsgefühl entstehen ließen.

Diese Siedlungspolitik wurde durch öffentliche Förderungen begleitet. Die großen finanziellen Möglichkeiten der Landesregierung beruhen auf der Tatsache, dass die meisten Steuereinkünfte im Land bleiben und hier direkt reinvestiert werden können.[3]

Die wirkungsvolle Arbeit der Landesverwaltung fußt auf zwei Faktoren: Aufgrund autonomer Kompetenzen hat sie die Möglichkeit, politische Programme durchzusetzen, und ihre Arbeit ist heute das kohärente Ergebnis aus 50 Jahren uneingeschränkter Regierungstätigkeit.

Dem Land obliegt es, Gesetze zu erlassen: insbesonders in den Bereichen Raumplanung, Bauleitpläne, Landschaftsschutz, geförderter Wohnbau. Es verteilt öffentliche Gelder, einschließlich Förderungen für den Bau von Volkswohnhäusern und für Tätigkeiten, die externe Körperschaften im Land mit öffentlichen Geldern ausführen.

Der ethnische Proporz[4] ist jene spezielle Rechtsgrundlage, die den Zugang zu öffentlichen Stellen sowie den Genuss besonderer Rechte regelt (wie z.B. die Zuweisung von Sozialwohnungen), in der Bemühung, eine ausgewogene Behandlung der drei verschiedenen Volksgruppen zu garantieren: Die Verteilung ist im Verhältnis der Stärke der jeweiligen Volksgruppe. vorgesehen. Bei der letzten Volkszählung im Jahr 2001 ergab sich laut Volksgruppenzugehörigkeitserklärung ein Verhältnis von 64 % Deutschen zu 24,5 % Italienern und 4 % Ladinern.[5]

Die städtebaulichen Rahmenbedingungen basieren auf einer Ansammlung von Gesetzestexten, die sich im Laufe der Zeit im Sinne der politischen Richtlinien des Landes zusammengefügt haben.

Das Wohnbaureformgesetz von 1972 kann als Ausgangspunkt der urbanistischen Gesetzgebung Südtirols betrachtet werden. Hier wurden zum ersten Mal restriktive Normen zur Baudichte, zur Ausweisung der Eingriffe und zur Bestimmung des Wohnungsbedarfes eingeführt. Dabei wird die Einführung eines Durchführungsplanes für jede neue Erweiterungszone vorgeschrieben: Eine Baumassenplanung bestimmt die Zweckbestimmungen und die urbanistischen Standards. Auf dieses Gesetz ist das Prinzip der Unterteilung zwischen gefördertem sozialen Wohnbau und Wohnbau auf dem freien Markt zurückzuführen.

Dieses sind die ersten vagen Schritte in Richtung restriktiverer Regelungen für die urbanistische Planung in Südtirol.

1992 wurde das Gesetz zum Schutz der bestehenden Wohnbausubstanz und der Tourismuseinrichtungen erlassen[6], das auf der einen Seite die Umwandlung von Hotels in Zweitwohnungen verhindern sollte, auf der anderen jedoch qualitative Erweiterungen erlaubte.

1995 wurde der LEROP genehmigt, an den sich das Raumordnungsgesetz anlehnt. Der Gesetzestext[7] geht auf das Jahr 1997 zurück, wurde aber bis 2008 immer wieder abgeändert. Diese stetigen Änderungen, Einfügungen und Ausnahmeregelungen haben die Kohärenz und die klare Lesbarkeit des ursprünglichen Gesetzes geschwächt. Geförderter Wohnbau bedeutet Volkswohnbau. Das Institut für geförderten Wohnbau (WOBI)[8] ist eine unabhängige Körperschaft, welche – vom Land finanziert – ausschließlich Mietwohnungen *Abb. 13* erstellt.

Alle Wohnbauerweiterungszonen *Abb. 14* sind in Proportion in Zonen für geförderten und freien Wohnbau aufgeteilt[9]: vom letzteren müssen 60 % konventioniert werden und dürfen nicht für Luxuswohnungen verwendet werden. Es werden auch Größenordnungen vorgeschrieben, z.B. die Hälfte der Wohnungen muss größer als 65 m² sein.

Um in den Genuss einer „konventionierten Wohnung“ zu kommen, muss der Käufer der Wohnung Provinzansässiger sein oder seit mindestens fünf Jahren in der Provinz arbeiten. Die Wohnung kann vermietet werden, aber zu einem vom Land festgesetzten Mietzins. Die unbefristete Bindung der Wohnung kann nur durch komplizierte Genehmigungsverfahren aufgelöst werden.[10] Alle diese Maßnahmen schränken den Markt der Zweitwohnungen ein. Letztlich stehen nur ca. 16 % der für den Wohnbau ausgewiesenen Flächen dem freien Markt ohne Einschränkung zur Verfügung, die restlichen 84 % sind für die ansässige Bevölkerung vorgesehen.

Die Dimensionierung der Erweiterungszonen, wie sie im Bauleitplan vorgesehen sind, müsste proportional zum erwarteten Bedarf sein.[11] Einige Betrachtungen zeigen jedoch große Widersprüche zwischen Bedarf, Dimensionierung der Zonen, dem gebauten Volumen und dem Wachstum der Bevölkerung. „Seit 1972 sind Erweitungszonen für mehr als 16 Millionen Kubikmeter bereitgestellt worden, in denen 160.000 Personen unterkommen könnten, während zwischen 1971 und 1991 die Bevölkerung in Südtirol nur um 27.000 Personen gewachsen ist.“[12] Dabei geht die Tendenz zu immer größeren Wohnungen für immer kleinere Familien zu Lasten des sparsamen Umgangs mit Grund und Boden.

Die neuen Wohnzonen wachsen, ohne dass es gelingt, sie in ein urbanes Gefüge einzugliedern. Bis zu 15 % des Volumens für geförderten Wohnbau dürfen dem tertiären Sektor gewidmet sein. Die Umsetzung der Bauleitpläne obliegt den Gemeinden und mit Zustimmung des Landes könnte eine gemischte Nutzung der Wohnbauerweiterungszonen vorgesehen werden.

Dies geschieht sehr selten: Das Wohnbauinstitut hat die Aufgabe, Mietwohnungen zu erstellen; die Genossenschaften werden gebildet, um den Wohnungsbedarf zu befriedigen. Somit erhalten die Erweiterungszonen meistens nur eine Funktion: Es fehlen Nahversorgungseinrichtungen, Werkstätten, Beherbergungsbetriebe und öffentliche Einrichtungen. Schlafsiedlungen entstehen, die auch schon in kleinen Dörfern „Peripherien“ bilden. Außer in seltenen Fällen verhindert die geringe Aufmerksamkeit auf das Verhältnis zwischen öffentlichem und privatem Raum, auf halböffentliche und öffentliche Verbindungswege, das Entstehen eines urbanen Raumes, der vergleichbar wäre mit dem ursprünglichen Dorfraum. Diese Probleme, die soziale Unzufriedenheit erzeugen, verspürt man auch in den Städten.

Die Planer unterstreichen meistens noch diese Abgrenzung der neuen Zonen von den bestehenden Zentren: Jede wird unterschiedlich gestaltet, es gibt weder Vernetzungen noch formale, typologische oder baumassenbezogene Kohärenzen. Die Dörfer wachsen nicht mehr als Einheit, sie dehnen sich wie Flickenteppiche aus, die Grenzen zwischen den einzelnen Zonen sind.

In den Erweiterungszonen arbeiten drei Akteure: das Wohnbauinstitut, die Genossenschaften und die Privatpersonen. Die Baudichte in den Dörfern erlaubt normalerweise vierstöckige Gebäude, in denen das oberste das Dachgeschoss ist.

Das Wohnbauinstitut erstellt heute in den Dörfern kompakte Bauten *Abb. 15*, die in mehrere Baukörper gegliedert sind und in denen zwischen vier und 30 Wohnungen untergebracht sind. Die Planer müssen sich an genaue Vorschriften zu den Wohnungsgrößen halten. Die Vorschrift, die Flächen für die Erschließung auf ein Minimum zu reduzieren, hat indirekt die Typologien beeinflusst.

Der private Bauträger baut, wo immer es möglich ist, frei stehende Einfamilienhäuser oder Reihenhäuser, deren Immobilieneinheiten aus Ein- oder Zweifamilienhäuser bestehen, die aneinandergebaut werden. Für die formelle Gestaltung dieser Wohntypologie lehnt man sich meistens an bestehenden Bauten an: Dächer mit zwei Schrägen, Holzbalkone, weiß verputze Mauern und eine Kleinstausgabe von Garten. Bei genauerem Hinsehen erscheinen diese Reihenhäuser als eine einzige Gebäudezeile *Abb. 16*, bei der nur die unterschiedlich angesetzten Dächer die einzelnen Einheiten andeuten. Die privaten Bauherren beauftragen jeweils ihre eigenen Planer und Baufirmen – ein System, das unter sämtlichen Gesichtspunkten (konstruktiv, energetisch, verwaltungstechnisch) unwirtschaftlich ist.

Die Baugenossenschaften hingegen können ähnliche Objekte kostengünstiger realisieren, da hier alles aus einer Hand entsteht. Bei der Ausweisung der einzelnen Baulose werden zuerst die Genossenschaften berücksichtigt, erst dann die privaten Bauherren. Es besteht jedoch noch keine Vorschrift, die das Bauen in kompakten Baukörpern mit mehreren Wohnungen fördert. Kompakte Hof- oder Reihenhaustypologien wären platz- und energiesparend und brächten auch den Vorteil flexiblerer Wohnungseinteilungen mit sich: Wohnraum, der sich flexibel an familiäre Veränderungen anpassen lassen könnte.

Die finanziellen Förderungen, die das Lande für den Wohnbau bereitstellt[13], kennen diese Differenzierung nicht. Der Private wird wie die Genossenschaft gefördert, das Einzelhaus wie das Reihenhaus. Es wird weder die Genossenschaft prämiert, die kompakte Baukörper erstellt, noch der Private, der gewillt wäre, sich eine Wohnung im kompakten Wohnbau zu suchen und deshalb auf ein Einfamilienhaus verzichtet. Hier könnte eine Novellierung der Gesetze mehr zum Energie- und Raumsparen beitragen und gleichzeitig den Grundsätzen des Raumordnungsgesetzes zum Thema Energieeinsparung Rechnung tragen.

Die energetische Zertifizierung der Bauten (siehe Klimahaus) hat bereits neue Konstruktionskriterien eingeführt: Das Raumordnungsgesetz sieht in seinen letzten Zusätzen Förderungen und Kubaturprämien sowohl für den Bestand als auch für Neubauten vor. Leider führt es aber keine besonderen Unterstützungen für Wohnanlagen ein: Die zusätzliche Kubatur, die für eine energetische Verbesserung der Gebäudehülle gewährt wird, ist im selben Ausmaß (200 m³) für Einfamilienhäuser vorgesehen wie für Wohnanlagen. Während aber für ein Einfamilienhaus aus diesem Volumen ca. 4 Zimmer gebaut werden können, bedeutet der Eingriff für die Wohnanlage Zustimmungsverfahren und Problematiken bei der Verteilung und Verwendung der zusätzlichen gemeinschaftlichen Flächen.

Dieses Reglement bevorzugt den Einfamilienhausbau, statt die großen Kubaturen, die nun weiterhin große Energieverluste aufweisen, zu unterstützen und denen einen Vorteil einzuräumen.

Man könnte behaupten, dass das urbane Wohnmodell des Mehrfamilienhauses nicht der kulturellen Identität des Landes entspricht, auch wenn es den Prinzipien der Raumordnungspolitik gerecht wird. Dies macht deutlich, wie Zentrum und Peripherie, Stadt und Land, urbane und ländliche Räume empfunden werden.

Die städtebaulichen Erweiterungen der letzten 20 Jahre haben in einem solchen Ausmaß stattgefunden, dass die Zentren förmlich von den Peripherien geschluckt wurden. Die ersten Erweiterungen der Dörfer sind bereits Geschichte; es sind viele andere gefolgt, die die Postkartenansichten völlig ruiniert haben.

Kämpferischen Architekten ist es gelungen, konservative Baukommissionen zu überwinden und mit ihrer Arbeit für eine moderne, zeitgenössische Architektur zu sensibilisieren. Öffentliche Bauten, von Natur aus Ausdruck von Urbanität, unterstützten auf institutioneller Ebene diese Architektursprache. Die kollektive Vorstellung hat ihren Horizont über den ursprünglichen Archetyp hinaus verlagert.

Sowohl das Wohnbauinstitut als auch private Bauträger finden inzwischen, aus Mangel an geeigneten Baugründen, den Mehrfamilienbau *Abb. 17* wirtschaftlich interessant.

Das Raumordnungsgesetz und die energetische Zertifizierung proklamieren Kriterien, die in der kompakten Bauweise die einzig zukunftsträchtige Möglichkeit sehen.

Unter dem Aspekt, dass die Verdichtung, die Mehrgeschossbauten, die gemeinschaftliche Nutzung von Flächen ein angemessener Preis sind, können wir unsere Landschaft vor einer ungehemmten Verbauung schützen. Diese politische Entscheidung erfordert jedoch eine genaue Kontrolle des Bedarfes, zusammen mit Unterstützungen für die Umnutzung und Wiedergewinnung, Sanierung des Bestandes und der Reaktivierung von freistehenden Wohnungen, um Spekulationen von vornherein zu verhindern.

Das Bild unserer Landschaft wird sich stetig verändern, aber Verdichtung wird das kleinere Übel sein, wenn sie mittels einer Architektursprache erfolgt, die sensibel auf den Kontext und die Bedürfnisse der Einwohner reagiert und eine gewisse Qualität privater, halböffentlicher und öffentlicher Verbindungen garantiert. Es ist zu hoffen, dass neue urbanistische Gesetze einen Wohnbau entstehen lassen, der auf ein reiches Angebot an öffentlichen Diensten fußt und in Zonen gemischter Nutzung integriert ist.

Das gemeinsame Wohnen wird dann ein positives soziales Erlebnis, wenn es gelingt, dem Zusammenleben und dem Bürgersinn einen neuen Wert zu geben. Das habe ich persönlich wahrgenommen, als ich die fröhlichen Gesichter der Kinder, Eltern und älteren Menschen sah, die den Innenhof eines Sozialwohnbaues im Viertel Firmian in Bozen bevölkerten. *Abb. 18*

1 Heft Nr. 141 aus der ASTAT-Serie des Landesinstitutes für Statistik, Seite 63 und 70. Unter „Dauersiedlungsgebieten" versteht man Gebiete, die potenziell für die dauerhafte Nutzung bestimmt sind, d.h. besiedelbare oder ganzjährig nutzbare Gebiete.

2 Wichtigster Punkt war die Erbfolge: Der geschlossene Hof wurde ungeteilt dem Erstgeborenen vererbt, die jüngeren Geschwister konnten zwischen Auszahlung und einem Leben als Knecht oder Magd auf dem Hof wählen.

3 Dekret des Präsidenten der Republik, Nr. 670 vom 31. August 1972 – Genehmigung des vereinheitlichten Textes der Verfassungsgesetze, die das Sonderstatut für Trentino-Südtirol betreffen, Abschn. VI, Finanzen der Region und Provinz, Abs. 75

4 Dekret Nr. 670 des Präsidenten der Republik vom 31. August 1972 – Genehmigung des vereinheitlichten Textes der Verfassungsgesetze, die das Sonderstatut für Trentino-Südtirol betreffen, Abschn. VIII, Stellenpläne der Bediensteten von Staatsämtern in der Provinz Bozen, Art. 89

5 Statistisches Jahrbuch der Provinz Bozen, Ed. 2009, Kap. 3, S. 120

6 Landesgesetz Nr. 21 vom 23. Juni 1992

7 Landesgesetz Nr. 13 vom 11. August 1997

8 Landesgesetz. Nr. 13 vom 17. Dezember 1998, Wohnbauförderungsgesetz, Abschnitt 3, Institut für den sozialen Wohnbau, 11 Natur und Aufgaben (1). Das Institut für den sozialen Wohnbau des Landes Südtirol, in der Folge „Wohnbauinstitut" genannt, ist eine Körperschaft öffentlichen Rechts und hat die Funktionen einer Hilfskörperschaft des Landes mit verwaltungsmäßiger, vermögensrechtlicher und buchhalterischer Selbständigkeit.

9 Alle Wohnbauerweiterungszonen sind zu 60 oder 55 % der für den geförderten Wohnbau (WOBI) bestimmten Fläche als Mietwohnungen vorgesehen und zu 40 oder 45 % als privater Wohnbau. Von diesen letzten müssen 60 % konventioniert werden. Abgesehen von anderen Möglichkeiten der Aufteilung stellt man fest, dass nur ca. 16 % der Wohnbauzonen dem freien Markt zur Verfügung stehen.

7

8

7 Mehrfamilienhaus in Bozen, Arch. A. Ronca, 1953, Marconistraße
Condominio a Bolzano, Arch. A. Ronca, 1953- 1954, via Marconi
Multi-family residence in Bolzano, architect: A. Ronca,1953, Via Marconi
Foto Ludwig Thalheimer
8 Mehrfamilienhaus in Bozen, Arch. A. Ronca, Südtiroler Straße
Condominio a Bolzano, Arch. A. Ronca, via Alto Adige
Multi-family residence in Bolzano, architect: A. Ronca, Via Alto Adige
Foto Ludwig Thalheimer

10 Landesgesetz Nr. 3 vom 2. Juli 2007 Art. 79 bis, Aufhebung der Bindung. Man benötigt die Verordnung, die vom Gemeinderat mit Zweidrittelmehrheit beschlossen wird und von der Landesregierung genehmigt wird. Des weiteren sind 90% der Baukosten der Wohneinheit zu bezahlen. Sollten der Eigentümer oder die Eigentümer einer Genossenschaft öffentliche Beiträge zum Bau oder zur Wiedergewinnung erhalten haben, die eine hypothekarische Belastung mit sich brachten, wird die Prozedur kompliziert und kostspielig.
11 Landesgesetz Nr. 13 vom 11. August 1997 Art. 35 (1). In den Bauleitplänen müssen die Erweiterungszonen nach dem Wohnbaubedarf bemessen werden, der für ein Jahrzehnt auf Grundlage der Entwicklung der ansässigen Bevölkerung und unter Einhaltung der Richtlinien des Landesentwicklungs- und Raumordnungsplanes vorausberechnet wird.
12 Dorf und Stadt, Wohnbauerweiterungen in Südtirol nach 1970, Peter Costantini, Ed. Raetia 1997. Der LEROP von 1995 erachtet eine Größe von 100 m² Wohnfläche pro Einwohner als angemessen, wie schon die „legge ponte" von 1967. Berechnet man aber bei einer Dreizimmerwohnung von 80 m² die die Vorgaben der Wohnbauförderung für eine dreiköpfige Familie vorsieht, eine virtuelle Raumhöhe von 4,5 m, wie von dem Landesgesetz vorgesehen, erhält man 120 m³ mehr an Raum, umgerechnet ein Zimmer / eine Person mehr. Diese Regelung führt zur Überdimensionierung von Wohnungen.
13 Landesgesetz Nr. 13 vom 17. Dezember 1998, Konventionierter Wohnbau

→ **Un caso particolare: l'identità dell'urbanistica in Alto Adige**

L'Alto Adige rappresenta per la sua posizione geografica, le sue risorse economiche e la sua storia politica, anche per l'Italia, una provincia speciale. È necessario approfondire queste particolarità per comprendere la struttura insediativa, la regolamentazione del territorio ed i modi di concepire l'abitare.

La prima particolarità è la distinzione trilingue della popolazione, di madrelingua tedesca, italiana e ladina.

Gli eventi legati alla dominazione del regime fascista hanno segnato profondamente la popolazione e rafforzato un senso di identità che in tempi di globalizzazione non avrebbe ancora questo peso.

L'identificazione con il territorio, la *Heimat,* il luogo di appartenenza, dove si abita e si ha radici, è sentito con forza attraverso il nome autoctono. Già l'occupazione napoleonica introdusse la denominazione *Haute Adige,* adottata in italiano per la zona meridionale del Tirolo, *Sudtirol,* sin dalla prima guerra mondiale.

Mussolini impose ai luoghi la toponomastica italiana, l'italianizzazione forzata della popolazione, vietò l'uso della lingua tedesca e ladina, e promosse l'immigrazione di masse di italiani dalle regioni più povere della nazione.

Anche nel dopoguerra il governo italiano sostenne nuovi programmi di edilizia abitativa. Fu l'intenzione di costruire altri 5.000 alloggi per gli italiani che provocò la protesta di 35.000 sudtirolesi, affermando all'insegna del motto *Los von Trient* la richiesta di una maggiore autonomia dell'Alto Adige.

Non si può dimenticare questi eventi, i loro effetti si leggono chiaramente nella legislazione urbanistica.

Anche l'architettura fece la sua parte. La morsa del regime sul territorio fu segnata dal controllo della periferia con i presidi militari diffusi, le caserme, e dal potenziamento del suo centro con un'opera di intensa urbanizzazione della città capoluogo, Bolzano.

Il fascismo attuò in Alto Adige il primo programma di edilizia abitativa.

Mussolini prevedeva il progetto di una nuova città per 100.000 abitanti, il cui motore fu l'introduzione dell'industria pesante ed un altrettanto pesante apparato burocratico che a tutt'oggi sancisce il ruolo amministrativo del capoluogo. Fu eretta la zona produttiva, servita da una città giardino *fig. 1* per gli operai e le loro famiglie, e costruiti i marmorei palazzi *fig. 2* per uffici e le residenze dei funzionari.

L'architettura assunse il valore simbolico d'urbanesimo e civilizzazione. Fu usata quale strumento di propaganda e occupazione del territorio. **Con le sue opere, il fascismo contrappose la cultura urbana italiana alla cultura rurale autoctona: la città al paese, e quindi il palazzo, l'abitazione condominiale alla casa unifamiliare contadina, il maso.** Consolidò le basi di un'opposizione di valori che è ancora molto diffusa, e che la popolazione applica nei giudizi sulle tipologie architettoniche e sui modi e la qualità dell'abitare.

I segni dell'urbanizzazione dell'era fascista non coinvolsero gli insediamenti montani e rurali.

L'occupazione della provincia si concluse con la sconfitta militare del regime, ma l'urbanizzazione si arrestò ancor prima contro gli ostacoli naturali del territorio. Sino alla prima metà del Novecento fu più la natura che gli strumenti di pianificazione a determinare la tipologia degli insediamenti.

La provincia di Bolzano occupa 740.000 ettari, il 60 % dei quali si trova ad una quota superiore ai 1.600 m di altitudine ed è praticamente inadatta agli insediamenti. Il territorio insediativo corrisponde al 6,57 %[1] della superficie provinciale. La struttura geomorfologica è caratterizzata da forti inclinazioni dei declivi e da una superficie di fondovalle ridotta. Queste cifre chiariscono perché il suolo viene stimato una risorsa limitata.

La riduzione del consumo di suolo è una delle priorità della pianificazione. Gli strumenti per garantire il risparmio di suolo sono i regolamenti urbanistici e la scelta delle tipologie edilizie più adatte a questo scopo. Ai modelli estensivi a bassa densità si dovrebbero privilegiare quelli intensivi a densità maggiore. La casa collettiva a quella unifamiliare. Questi nuovi modelli sono accettati con difficoltà.

Il primo e irripetibile esempio di insediamento urbano compatto ad alta densità (sino a 5 m^3/m^2) è il nucleo gotico della città storica di Bolzano. *fig. 3* Le esperienze di densificazione contemporanee si attestano su 3,5 m^3/m^2, limite massimo raggiunto nelle nuove zone di espansione Firmian e Casanova *fig. 4* a Bolzano.

Sul territorio vige il modello opposto. Nelle vallate e più spesso sui pendii persistono le strutture insediative originarie, i nuclei abitativi isolati sorti sulla proprietà agraria.

Nella tipologia più diffusa sono *ensemble* architettonici composti dall'edificio residenziale, e dal fabbricato agricolo. *fig. 5*

Un tempo erano unità autosufficienti basate sull'economia agricolo forestale a conduzione famigliare ed ospitavano più generazioni.

Queste strutture insediative furono regolamentate da Maria Teresia d'Austria secondo l'istituto giuridico, del maso chiuso, *geschlossener Hof*, volto a preservare anzitutto l'indivisibilità della proprietà agricola[2].

Gruppi di masi costituivano piccole comunità diffuse, lo sprawl delle strutture insediative è un dato storico.

I centri di paese *fig. 6* con la chiesa, l'albergo postale, l'osteria svolgevano una funzione ben precisa, erano e sono opportunità d'incontro e socializzazione per la comunità diffusa.

In relazione a questo sistema insediativo si è consolidata l'organizzazione sociale e la cultura della popolazione locale.

Il riferimento al modello dell'edificio isolato con terreno/giardino, alla casa unifamiliare di proprietà è un'ambizione diffusa, ma qui ha una giustificazione identitaria. Per contro la residenza collettiva, il condominio *fig. 7+8*, l'appartamento a canone d'affitto rappresentano una costrizione urbana, una condizione svantaggiata.

L'architettura del maso è testimone del patrimonio della cultura materiale sudtirolese, è il simbolo del suo retaggio e rappresenta un ideale abitativo.

Questo archetipo è stato oggetto d'abusi d'ogni genere. Impiegato artificiosamente per qualsiasi tipologia edilizia e destinazione d'uso: dall'albergo, all'edificio produttivo, alla villetta a schiera. Il fallimento di queste interpretazioni nefaste è testimonianza dell'impossibilità di rielaborare certi modelli della tradizione a cui ci si aggrappa nello smarrimento della modernità. Lo spaesamento nel moderno è generato dal suo effetto più evidente, l'urbanizzazione.

Il paesaggio della memoria è stravolto, l'ambiente si trasforma senza possibilità di ritorno. *fig. 9-12*

Accerchiando i piccoli centri di paese, crescono le nuove zone d'espansione residenziale, le zone produttive, le zone per servizi d'interesse pubblico, tutte rigidamente monofunzionali. Questa trasformazione si compie troppo velocemente per essere recepita senza conseguenze da una cultura contadina rimasta immutata per secoli. Cambiano la struttura sociale – la mobilità e la trasformazione dei nuclei famigliari – intervengono nuovi fenomeni migratori e si definisce un nuovo sistema economico che stravolgono gli assetti storici consolidati.

Di questi mutamenti tiene conto il LEROP. Il piano provinciale di sviluppo e coordinamento territoriale è il documento di indirizzo politico dato alla programmazione culturale, sociale ed economica della provincia. Esso determina i principi della gestione del territorio: conservazione paesaggio agrario e produttività agricola, riequilibrio delle differenze di reddito per settori economici e per gruppi etnici. Prevede un decentramento programmatico, la ridistribuzione dei servizi su tutto il territorio per località centrali, ed un sistema gerarchico di centri urbani con cui garantire i servizi a tutto il territorio.

Parte integrante del LEROP, la normativa urbanistica non si risolve nella definizione dei piani che regolano la "progettazione" del territorio secondo standard quantitativi, prescrizioni e procedure autorizzative.

La legislazione urbanistica sudtirolese è uno degli ordinamenti giuridici volti a consolidare la cultura e l'identità del luogo. Dal suo testo si evince chiaramente la volontà politica di sostenere l'economia locale, di evitare lo spopolamento della montagna e la migrazione verso i centri urbani, di ostacolare l'alienazione delle proprietà (*Ausverkauf der Heimat*) e limitare l'immigrazione.

Le aree strategiche d'intervento della legge urbanistica sono la regolamentazione dell'edificazione nel verde agricolo, nelle zone

9

10

11

12

9 Kompatsch bei Naturns
Compaccio presso Naturno
Kompatsch near Naturns
Foto H. Wenter, 1954
10 Kompatsch bei Naturns, aktuelle Situation
Compaccio presso Naturno, stato attuale
Kompatsch near Naturns, current situation
Foto C. Wanker
11 Kurzras, ursprüngliche Siedlung
Maso Corto, l'insediamento originario
Kurzras, original settlement
Foto Leo Bährendt
nicht datiert, Audiovisuelle Medien, Abteilung Deutsche Kultur der Provinz Bozen
data sconosciuta, Ufficio Audiovisivi, Ripartizione Cultura tedesca della Provincia di Bolzano
undated, office for audio-visual media, Province of Bolzano, department of German culture
12 Kurzras, heutiger Stand
Maso Corto, lstato attuale
Kurzras, current situation
Foto Ludwig Thalheimer

produttive – nel cui ambito rientrano anche gli esercizi ricettivi – e la ripartizione dell'edilizia abitativa sociale. Presupposto fondativo della politica locale è che le azioni a sostegno dell'economia locale e le agevolazioni all'edilizia abitativa impediscono lo spopolamento del territorio.

Le zone d'espansione residenziale sono assoggettate al regime di edilizia sociale. Esso garantisce un equo dimensionamento delle abitazioni, mentre l'accesso alla residenza è sostenuto da un generoso sovvenzionamento. Queste condizioni sono un invito alle nuove generazioni a crescere e non lasciare il paese.

Se l'esodo dalla montagna e dalla periferia agricola viene contrastato con queste opportunità, d'altra parte le offerte di lavoro dei centri urbani maggiori provocano comunque fenomeni di pendolarismo. La volontà di collegare comodamente ogni singolo insediamento al resto della comunità, di snellire il traffico, di incrementare il flusso turistico ha giustificato un gigantesco programma d'opere pubbliche per le infrastrutture della mobilità.

Esso segue al boom dell'edilizia pubblica, che ha realizzato infrastrutture scolastiche, per la cultura, e lo sport diffuse su tutto il territorio ed al servizio d'ogni comune. Le case della cultura, le case per la musica i centri polifunzionali sono opere pubbliche che consolidano intorno ad attività collettive condivise il senso della comunità di paese.

Questa strategia insediativa è stata accompagnata da ingenti sovvenzioni economiche. La grande capacità finanziaria dell'amministrazione provinciale è resa possibile perché quasi tutto il gettito delle imposte ed entrate tributarie[3] rimangono sul territorio e possono essere direttamente reinvestiti. L'efficacia dell'amministrazione provinciale è dovuta a due fattori: essa può attuare i suoi programmi politici in virtù delle sue autonome competenze ed il suo operato è il frutto coerente di una continuità di governo che dura da ormai da mezzo secolo.

La Provincia ha piena potestà a legiferare, tra le altre, in materia d'urbanistica e piani regolatori, tutela del paesaggio, edilizia sovvenzionata, totalmente o parzialmente, da finanziamenti a carattere pubblico, comprese le agevolazioni per la costruzione di case popolari e le attività che enti a carattere extraprovinciale esercitano nelle province con finanziamenti pubblici.

La proporzionale etnica[4], *Ethnischer Proporz,* è lo speciale regime giuridico che disciplina l'ammissione ai pubblici impieghi e al godimento di determinati diritti, in particolare l'assegnazione d'alloggi popolari, in modo da garantire un'equilibrata allocazione fra i tre gruppi linguistici. La disponibilità è riservata in rapporto alla consistenza dei gruppi stessi. Al 2001, data dell'ultimo censimento per dichiarazione d'appartenenza linguistica risultava una composizione percentuale del 24,5 % per il gruppo italiano, 64 % per quello tedesco, 4 % per quello ladino[5].

Il corpus della legislazione urbanistica è un aggregato di testi normativi che con il tempo si è composto sulla linea d'indirizzo politico data a questa terra.

La legge di riforma dell'edilizia abitativa del 1972 può definirsi la capostipite della legge urbanistica altoatesina. Essa ha introdotto, per prima, norme più restrittive riguardo alla densità edilizia, alla localizzazione degli interventi ed al dimensionamento del fabbisogno residenziale. Essa prescrive l'adozione del piano d'attuazione per tutte le nuove zone di espansione. Si tratta di un progetto

13

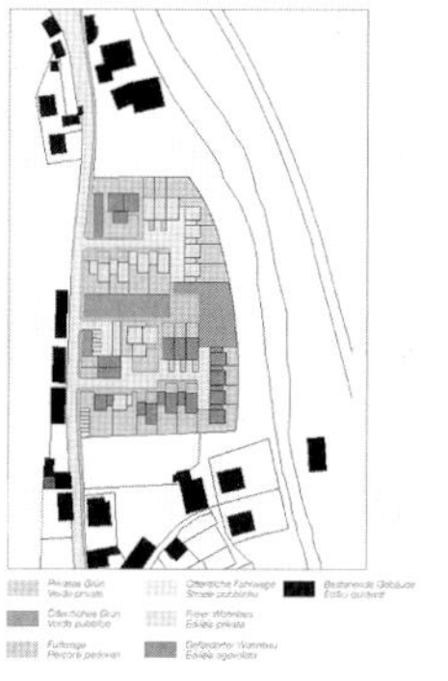

14

15

16

13 Wohnanlage für 110 Wohnungen in Sinich bei Meran, Arch. Z. Abram und Arch. H. Schnabl im Auftrag des Wohnbauinstituts, 1979
Complesso per 110 appartamenti a Sinigo presso Merano, Archh. Z. Abram e H. Schnabl, committente IPES, 1979
Residential complex of 110 units in Sinich near Merano, Architects: Z. Abram and H. Schnabl, on behalf of Institut für den Sozialen Wohnbau des Landes Südtirol, 1979
14 Aufteilung zwischen dem freien und geförderten Wohnbau in der Erweiterungszone in Sarnthein, Arch. Klaus Kompatscher,
aus: Dorf und Stadt: Wohngebiete in Südtirol nach 1970, Edition Raetia, Bozen 1997, S. 80
Ripartizione edilizia privata e agevolata nella zona di espansione di Sarentino, Arch. Klaus Kompatscher da: Paese e città: Espansioni residenziali in Alto Adige dopo il 1970, Edition Raetia, Bolzano 1997, pag. 80
Distribution among free-market and subsidized housing in the expansion zone in Sarnthein, architect: Klaus Kompatscher from: Dorf und Stadt: Wohngebiete in Südtirol nach 1970, Edition Raetia, Bolzano 1997, p. 80
15 Wohnanlage für 24 Wohnungen in Bruneck, Arch. D. Aichner und Arch. W. Seidl, im Auftrag des Wohnbauinstituts, 2001
Complesso per 24 appartamenti a Brunico, Archh. D. Aichner e W. Seidl, committente IPES, 2001
Residential complex of 24 units in Bruneck, Architects: D. Aichner and W. Seidl, on behalf of Institut für den Sozialen Wohnbau des Landes Südtirol, 2001
Foto aichner_seidl Architekten/Architetti
16 Reihenhausanlge in Latzfons
Blocco di edifici in linea a Latzfons
Row-house settlement in Latzfons
Foto Ludwig Thalheimer

di definizione planivolumetrica dell'area, che ne specifica le destinazioni d'uso e i dati quantitativi, ovvero gli standard urbanistici. A lei si deve il principio di ripartizione tra edilizia sociale agevolata e quella gestita dal libero mercato. Sono i primi incerti passi verso una più restrittiva regolamentazione ed una precisa programmazione del territorio. Al 1992[6] risale la legge a salvaguardia del patrimonio abitativo e della ricettività turistica che limita la trasformazione degli esercizi ricettivi in seconde case e appartamenti per vacanze, ma dall'altra consente gli ampliamenti qualitativi.

Nel 1995 viene approvato il LEROP a cui si aggancia la legge urbanistica. Il secondo testo unico della legge urbanistica provinciale risale al 1997[7], ma è stato più volte modificato sino al 2008.

Le continue modifiche, integrazioni, deroghe hanno indebolito la coerenza e leggibilità originarie.

Una peculiarità della politica a difesa della popolazione locale, che si vuole radicata al suo territorio, è il regime agevolato/convenzionato dell'edilizia abitativa e la sua distribuzione percentuale all'interno delle zone da edificare.

L'edilizia abitativa agevolata è quella popolare. L'Istituito per edilizia sociale (IPES)[8], un ente indipendente finanziato dalla Provincia, costruisce unità abitative in esclusivo regime di locazione. *fig. 13*

Tutte le zone d'espansione residenziale sono ripartite[9] in una percentuale dell'area da destinarsi all'edilizia abitativa agevolata e in una percentuale per l'edilizia abitativa in regime di libero mercato *fig. 14*. Di quest'ultima il 60% deve essere convenzionato ed avere carattere d'abitazione non di lusso. Sono indicati anche dati dimensionali, e metà di questi alloggi deve avere una superficie non inferiore ai 65 m².

Edilizia convenzionata è quella in regime di proprietà, ma con il vincolo che sia occupata da un residente in provincia o che lavori in provincia da almeno cinque anni. L'unità abitativa può essere successivamente locata, ma ad un canone stabilito dalla Provincia. Il vincolo non ha scadenza e può essere annullato solo in seguito ad una complessa procedura autorizzativa[10]. Tutti questi provvedimenti limitano il mercato delle seconde case. In definitiva solo circa il 16% delle aree a destinazione residenziale rimangono libere da vincoli e disponibili sul mercato immobiliare, il restante 84% è destinato a residenti.

Il dimensionamento delle zone d'espansione, come definito dal PUC, dovrebbe essere proporzionale al fabbisogno residenziale[11]. Alcune valutazioni evidenziano però una grave incongruenza nella relazione tra il fabbisogno abitativo, il dimensionamento delle zone d'espansione, il volume edificato e la crescita della popolazione. "Dal 1972 sono state predisposte zone d'espansione per un volume superiore a 16 milioni di metri cubi, in grado di soddisfare il fabbisogno di 160.000 persone. Ma tra il 1971 ed il 1991 la popolazione del Sudtirolo è cresciuta di non più di 27.000 persone!"[12]

Si tende a costruire abitazioni sempre più grandi per nuclei familiari sempre più piccoli. In questo modo si disattende l'obbiettivo del risparmio di suolo.

Le nuove zone residenziali si espandono senza riuscire a creare un tessuto urbano connesso. La normativa prevede che al massimo il 15% della cubatura dell'edilizia abitativa agevolata sia destinato ad uso terziario.

È il piano urbanistico comunale, quindi il comune con l'approvazione della Provincia, che può prevedere un uso misto per le zone d'espansione residenziali. Questo avviene raramente. L'Istituto per l'Edilizia Sociale ha il compito di realizzare solo alloggi in affitto, le cooperative nascono per soddisfare il fabbisogno abitativo e pertanto le zone d'espansione residenziale assumono destinazione monofunzionale. Mancano i servizi di vicinato, botteghe, esercizi ricettivi e servizi pubblici. Nascono quartieri dormitorio che creano periferia anche nella piccola dimensione di paese. A parte casi particolari, la scarsa attenzione alla relazione tra gli spazi aperti di pertinenza privata, gli spazi semipubblici di collegamento e quelli pubblici impedisce che si generi un tessuto urbano con le qualità paragonabili a quello del nucleo originario del paese. Sono problematiche sentite anche in città e che producono disagio sociale.

I progettisti contribuiscono a rendere evidente lo scollamento tra il centro urbano originario e le sue successive espansioni. Progettano aree dissimili l'una dall'altra, prive di legame e coerenza sia tipologica che formale e orientamenti divergenti delle volumetrie. Il paese si espande privo di continuità, a macchia di leopardo e il confine tra una zona e l'altra è palpabile.

Nelle zone d'espansione residenziale costruiscono tre attori: l'IPES, la cooperativa ed il privato. La densità edilizia nei paesi generalmente consente l'edificazione sino a quattro piani di costruzione, di cui l'ultimo sottotetto. L'IPES realizza oggi edifici compatti *fig. 15* che nei paesi hanno da un minimo di 4 sino a circa 30 appartamenti, a due o più corpi edilizi. Fornisce precise indicazioni dimensionali per le piante ai progettisti.

L'indicazione di ridurre al massimo gli spazi di distribuzione ha influito indirettamente sulle tipologie edilizie.

La committenza privata, dove è consentito, preferisce realizzare case singole, dove invece le aree sono piccole il piano d'attuazione prevede spesso la tipologia della casa a schiera. Le unità immobiliari sono preferibilmente uni o bifamiliari, gli edifici affiancati. Anche per questo tipo insediativo il modello formale prevalente è quello della casa delle origini, con la copertura a due spioventi, balconate in legno, intonaco bianco ed una parvenza di giardino. A ben guardare la tipologia a schiera è riconducibile ad un unico edificio dove le unità si distinguono solo per singoli tetti a falda. *fig. 16* Se la committenza è singola, ogni unità è affidata ad un progettista e ad un'impresa. Il sistema è antieconomico sotto tutti gli aspetti, costruttivi, energetici, amministrativi, gestionali.

La cooperativa edilizia invece costruisce volumi di pari dimensioni con costi inferiori, perché agisce sotto un'unica regia. Il sistema d'assegnazione dei lotti edificabili favorisce prima la cooperativa edilizia e poi il singolo. Ma non esiste un criterio che promuova l'edificazione di blocchi edilizi compatti che ospitano più alloggi sotto lo stesso tetto. Tipologie compatte, a corte o a stecca presenterebbero il vantaggio del risparmio di suolo e quello energetico. E indurrebbero ad un taglio di alloggi differenziato, più flessibile e adattabile alle esigenze generazionali e della diversa composizione dei nuclei familiari.

Il sistema di finanziamento provinciale d'erogazione dei contributi pubblici alla costruzione[13] non tiene conto di questi aspetti. Il singolo viene agevolato come la cooperativa. La casa unifamiliare come quella a schiera. Il sistema tipologico non rientra nella logica del finanziamento. Non è prevista un'agevolazione maggiore per la cooperativa che s'impegna a costruire un corpo edilizio compatto, né per il singolo che acquista un appartamento in questo tipo edilizio, piuttosto che costruire in proprio. La legge potrebbe tenere in considerazione questi aspetti per corrispondere meglio ai due principi del risparmio di suolo ed energetico. Sarebbe una modifica coerente con quanto prevede la legge urbanistica in materia di risparmio energetico.

La certificazione energetica degli edifici (CasaClima) ha introdotto nuovi criteri costruttivi. La legge urbanistica è stata aggiornata ed ha introdotto agevolazioni, premi di cubatura, che interessano sia le nuove costruzioni che quelle esistenti.

Purtroppo essa non introduce azioni efficaci a favorire la casa collettiva. L'incremento di cubatura, concesso per l'applicazione dell'isolamento termico all'involucro edilizio, premia indifferentemente la casa unifamiliare e quella con più alloggi. La riqualificazione energetica dell'esistente risulta più interessante per la casa unifamiliare che si può ampliare di 200 m³, quasi 4 stanze, con un immediato riscontro economico. Il condominio deve autorizzare l'intervento di manutenzione con la maggioranza dei condomini, riceve lo stesso premio di cubatura, e ha difficoltà a dare una destinazione d'uso all'ampliamento, a localizzarlo – sul tetto – e a condividerne l'uso.

Gli effetti della legge sono ininfluenti sulle grandi cubature, che generano il maggior spreco di risorse energetiche, e avvantaggia le case unifamiliari. La casa collettiva non viene in alcun modo favorita.

Si potrebbe affermare che la "casa collettiva", un modello più urbano di intendere l'abitare, anche se risponde a due principi della politica urbanistica, non corrisponde all'identità culturale di questa terra. In parte ciò corrisponde al vero e mette a nudo il modo di intendere centro e periferia, città e paese, dimensione urbana e rurale.

D'altra parte lo sviluppo urbano degli ultimi venti anni è stato di tale dimensione, che i margini di questa distinzione sono sempre più confusi. Gli ampliamenti dei paesi sono ormai storicizzati, e ne sono succeduti altri che ne hanno compromesso l'immagine da cartolina.

Architetti combattivi hanno avuto successo su commissioni edilizie conservatrici, e promosso con le loro opere un'ardua campagna di sensibilizzazione verso l'architettura moderna e contemporanea. Le opere di edilizia pubblica hanno dato un sostegno istituzionale ad un'architettura che per sua natura è portatrice di un messaggio urbano. L'immaginario collettivo ha ampliato i suoi orizzonti oltre l'archetipo autoctono delle origini.

Sia IPES che privati investitori, costretti dalla penuria di suoli edificabili, trovano più economicamente sostenibile la tipologia della casa collettiva. *fig. 17*

La normativa urbanistica, la certificazione energetica prevedono criteri che fanno del principio di edificazione compatta l'unico con un futuro possibile.

Se si accetta che la densificazione, la realizzazione di edifici collettivi pluripiano, la condivisione degli spazi abitativi, sono il prezzo da pagare, avremo salvaguardato il nostro territorio da un'espansione edilizia incontrollata. Una tale scelta di politica edilizia necessita uno stretto controllo del fabbisogno abitativo, accompagnato da politiche del riuso, recupero del patrimonio immobiliare esistente e dell'occupazione di quello sfitto, per evitare tendenze speculative.

L'immagine del nostro paesaggio è destinata a mutare, ma la densificazione sarà il male minore se realizzata con un'architettura sensibile al contesto, attenta ai bisogni dei suoi abitanti e in grado di garantire la qualità delle relazioni tra spazi privati, semipubblici e pubblici. L'obiettivo devrà essere un'edilizia abitativa dotata di una ricca offerta di servizi, inserita in zone a destinazione mista, previste da auspicabili nuovi indirizzi della legge urbanistica e dell'edilizia abitativa.

L'abitazione collettiva diviene un esperimento sociale positivo, se riesce ad educare ad un nuovo modo di convivenza e di senso civico. È quello che ho verificato personalmente osservando i volti allegri di bambini, ragazzi, anziani e genitori – un intero arco generazionale – che frequentavano una corte/giardino dei palazzi di edilizia abitativa sociale al quartiere Firmian di Bolzano. *fig. 18*

1 Quaderno n. 141 collana ASTAT edita dall'Istituto provinciale di statistica pag. 63 e 70. Per territorio insediativo si intendono le aree che potenzialmente sono adatte all'utilizzo continuativo, quindi abitabili e gestibili nell'arco di tutto l'anno.

2 L'aspetto fondamentale riguardava anzitutto il diritto ereditario. Il maso chiuso veniva ereditato indiviso dal primogenito maschio, i figli minori potevano scegliere tra un indennizzo, o continuare a vivere assieme al fratello maggiore, come servi agricoli.

3 Decreto del Presidente della Repubblica n. 670 del 31 agosto 1972, 1) Approvazione del testo unico delle leggi costituzionali concernenti lo statuto speciale per il Trentino-Alto Adige 1972 – TITOLO VI – Finanza della Regione e delle Province – Comma 75

4 Decreto del Presidente della Repubblica n. 670 del 31 agosto 1972, n. 670 1) - Approvazione del testo unico delle leggi costituzionali concernenti lo statuto speciale per il Trentino-Alto Adige 1972 – TITOLO VIII – Ruoli del personale di uffici statali in provincia di Bolzano – Art. 89

5 Annuario statistico della Provincia di Bolzano, ediz. 2009, Capitolo 3 pag. 120

6 Legge Provinciale n. 21 del 23 giugno 1992,

7 Legge Provinciale n. 13 del 11 agosto 1997

8 Legge Provinciale n. 13 del 17 dicembre 1998 – Ordinamento dell'edilizia abitativa agevolata CAPO 3 – Istituto per l'edilizia sociale
11. (Natura e funzioni) – (1) L'Istituto per edilizia sociale della Provincia autonoma di Bolzano, di seguito denominato "IPES", è un ente didiritto pubblico e ha le funzioni di ente ausiliario della Provincia con personalità di diritto pubblico e con autonomia
amministrativa, patrimoniale e contabile.

9 Tutte le zone di espansione residenziale sono ripartite in una percentuale pari a 60 o 55 % dell'area da destinarsi all'edilizia abitativa agevolata (IPES) a canone di locazione, e in una percentuale pari a 40 o 45 % all'edilizia abitativa in regime di proprietà. Di quest'ultima il 60 % deve essere convenzionato. Prescindendo da ulteriori possibilità di ripartizione, si evince che solo circa il 16 % delle aree a destinazione residenziale rimangono libere per il mercato

10 Legge Provinciale n. 3 del 2 luglio 2007 Art. 79 bis Cancellazione del vincolo - Si necessita la stesura di un apposito regolamento autorizzato dalla maggioranza del consiglio comunale, approvato dalla giunta provinciale e dietro il pagamento di un importo pari al 90 % del costo di costruzione dell'unità immobiliare. Se inoltre il singolo proprietario, o i proprietari consociati in cooperativa, ha goduto per la costruzione o ristrutturazione di un finanziamento (agevolazione) provinciale con relativa automatica apposizione di vincolo ipotecario la procedura si complica e diventa più onerosa.

11 Legge Provinciale n. 13 dell'11 agosto 1997 e successive modifiche - Art. 35 (Dimensione delle zone di espansione)
(1) Nei piani urbanistici le zone di espansione sono dimensionate secondo il fabbisogno residenziale determinato, in considerazione dello sviluppo della popolazione residente risultante dal calcolo per un decennio, in base alle determinazioni del piano provinciale di sviluppo e coordinamento territoriale e agli obiettivi di sviluppo comunali.

12 Paese e città, espansioni residenziali in Alto Adige dopo il 1970, Peter Costantini, ed. Raetia 1997:
Il LEROP del 1995 stima equo un dimensionamento abitativo pari a 100 m³ per abitante, come già la legge "ponte" del '67. Ma applicando alla superficie di 80 m² destinata dall'ufficio tecnico edilizia agevolata ad una famiglia di tre persone cui spetta un'abitazione di tre vani l'altezza virtuale di 4,5 m, come definita dalla legge provinciale, si ottiene un dimensionamento maggiore pari a 120 m³ (una stanza in più per abitante). Questa regolamentazione influenza anche la dimensione delle abitazioni per eccesso. Come si era scritto e come è diffusamente riconosciuto, la edilizia popolare in Alto Adige, pur vincolante

13 Legge Provinciale n. 13 del 17 dicembre 1998 – Ordinamento dell'edilizia abitativa agevolata

→ **The Special Characteristics of Development Planning in the Alto Adige**

With regard to its geographical position, its economic resources, and its political history, the Alto Adige is a special province, even within Italy. One must delve into its peculiarities in order to understand its settlement pattern, its territorial regulations, and its approach to housing.

The first of these particularities is the trilingual population, made up of Germans, Italians, and Ladins. Past events connected with the fascist regime shaped the people and augmented a sense of identity that still remains, even in our era of globalization.

Even the name "Alto Adige" implies identification with the territory, the homeland, the place where one belongs, lives, and has one's roots. It was introduced by the Napoleonic government as "Haute Adige," which was then Italianized during the First World War. Mussolini enforced Italian names for places and people, forbade the use of the German or Ladin language, and promoted the mass immigration of people from Italy's poorest regions.

After the war, the Italian government continued to support new housing and building schemes, with the intention of creating an additional 5,000 dwellings for Italians. That aroused the protest of 35,000 South Tyroleans who demanded greater autonomy for the Alto Adige under the motto *Los von Trient [Separation from Trento]*. Such events cannot be forgotten; their effect is plain to see in today's town-planning legislation.

Architecture also played a part. The fascist regime left its mark on the territory by controlling the outlying areas with military potential and strengthening the center by intense urbanization of the main town, Bolzano.

The fascists initiated the first residential building program in the Alto Adige. Mussolini planned on building a new town with 100,000 inhabitants, driven by heavy industry and no less heavy bureaucracy, with Bolzano as the administrative center. A manufacturing area was established, served by a garden city *fig. 1* for workers and their families, and marble-clad office *fig. 2* and residential buildings were erected for civil servants.

The architecture symbolized civilization and urbanism. It was used as a means of propaganda, a way of occupying the land. **The fascists replaced the native rural culture by Italian urban culture: town versus village, and large apartment houses versus single-family farmhouses, or *masi*.** That led to a contrast of values that is still widespread when it comes to judging architectural styles and the patterns and quality of housing.

The urbanization during the fascist era did not affect the mountain or rural settlements, however. The occupation of the province ended when the regime was toppled, but by then the terrain itself had already brought the urbanization process to a halt. Until the first half of the twentieth century, nature rather than planners dictated the housing and living styles.

The Province of Bolzano covers 740,000 hectares, with 60% of the area above 1,600 m and unsuitable for building. The developable surface (territorio insediativo) of the province amounts to 6.5%.[1] The land is steeply sloping, with limited valley floors. That explains why building land is scarce.

Reducing the consumption of land through town-planning regulations and appropriate housing styles is one of the planning priorities. Low-density, sprawling models should give place to higher-

17

18

17 Wohnanlage für 16 Wohnungen in Bruneck, Arch. Bruno Rubner im Auftrag der Wohngemeinschaft G3D, Projekt 2002
Complesso di 16 appartamenti a Brunico, Architetto Bruno Rubner, committente Wohngemeinschaft G3D, progetto 2002
Residential complex for 16 units in Bruneck, architect: Bruno Rubner, on behalf of the residential community G3D, project 2002
Foto Robert Fleischhanderl
18 Wohnanlage mit Innenhof für 236 Wohnungen in Bozen Firmian
Blocco a corte per 236 appartamenti al quartiere Firmian Bolzano,
Residential complex with inner courtyard, for 236 units in Bolzano Firmian
Archh. W. Piller, W.Pardeller, J.Putzer, M.Scherer, G. Donato, E. Cappuccio, T. Macchi Cassia, M.C. Saltuari, R. Springhetti
Foto Jörg Hofer

density architecture, single-family dwellings to communal houses. But there is resistance to such new models.

A prime (yet unrepeatable) example of compact high-density housing (up to 5 m³/m²) is the Gothic nucleus of Bolzano's old town. *fig. 3* Modern densification experiments in Bolzano's new expansion areas, Firmian and Casanova, *fig. 4* achieve a maximum of roughly 3.5 m³/m².

The surrounding valleys and mountain slopes, where the original housing structures remain, exhibit the opposite extreme: detached houses built on private agricultural land. Most common are mixtures between residential and farm outbuildings: *fig. 5* formerly self-sufficient units that serve the purpose of family-run forestry and agriculture and house several generations. Under Maria Theresia of Austria, they were referred to as enclosed *masi* [estates], mainly designed to prevent agricultural properties from being divided.[2] Groups of *masi* formed small, scattered communities: housing sprawl dates far back in history.

The villages are centered round a church, *fig. 6* and the posting hotel and inn continue to be social meeting places for far-flung communities. The local population is socially and culturally organized on the basis of this village pattern. Detached houses with their own land or garden and single-family properties are common status symbols, but also affirm identity. By contrast, communal residences, condominiums, *fig. 7+8* and rented apartments are an urban necessity, a cramped condition.

The *maso* stems from the South Tyrolean architectural culture. It is a heritage symbol and a housing ideal. This archetype has suffered all kinds of abuse. It has been artificially employed for hotels, manufacturing buildings, and terraced housing. The woeful failure of such reproductions goes to prove that certain traditional models cannot be rehashed. People cling to them in dismay at modern architecture: modernity proves off-putting because of its most evident effect-urbanization. **The landscape of memory is being ruined, the environment transformed beyond return.** *fig. 9-12*

New mono-functional residential and manufacturing estates as well as public utility areas are springing up around the small villages. The transformation is taking place too fast for it to be readily accepted by a farming people unchanged for centuries. The new social and family structures, migration phenomena, and economic system have upset the consolidated patterns of history.

LEROP takes stock of such changes. This provincial plan for territorial development and coordination is the political planning blueprint for the province's culture, society, and economy. It sets out the principles under which to manage the territory: conservation of the agricultural landscape and balancing of income differences between economic sectors and ethnic groups. It provides for planned decentralization, redistribution of services to local centers across the territory, and a hierarchy of urban centers, ensuring that services are accessible to the whole periphery.

Town-planning regulations are an integral part of LEROP. They go beyond plans to "design" the territory by quantitative standards, specific bans, and authorization procedures. **South Tyrolean town-planning legislation aims to consolidate the local culture and identity. It expresses the clear political intention to support the local economy, prevent the depopulation of the mountains as well as emigration to urban centers, combat the sell-off of the homeland, and set limits on immigration.**

Strategic action priorities in town-planning law are the regulation of building projects on agricultural land and manufacturing estates (including hotels and catering businesses), as well as the admixture of social residential buildings. Local politicians are convinced that schemes to support the regional economy and assist building will prevent the depopulation of the outlying territory.

Areas for residential expansion fall under the public housing scheme, which aims to ensure that houses are justly proportioned, while access to homes is generously funded. The young generation is invited to grow without abandoning village life.

While the exodus from the mountains and the agricultural hinterland is curbed by such opportunities, the demand for labor in the bigger towns inevitably means commuting. The policy of connecting every habitation to the rest of the community, lightening the traffic load, and boosting tourism has involved enormous efforts on the part of public works to ensure that the required infrastructure is in place. This follows on the heels of a public building boom to provide school, culture, and sports facilities for every municipality throughout the territory. Multi-purpose centers and music or culture facilities are intended to encourage activities in general and create a sense of local community.

This settlement policy has been funded by the provincial government. That, in turn, was made possible primarily through the fact that most tax revenues[3] are retained within the province and reinvested. The provincial administration is so efficient because it can tailor its political programs to its own independent means, and the fact that the same party has governed for over half a century has made it possible to sustain long-term operations.

The areas in which the province has full legislative powers include town planning, planning permissions, protecting the environment, and construction financing with total or partial public funds, including the facilitation of public housing schemes and programs of extra-provincial corporations that require public funding.

The proporzionale etnica / *Ethnischer Proporz*[4] is a special law that governs access to public jobs and the assignment of rights, especially with regard to public housing. It seeks to ensure a balanced allocation among the linguistic groups, according to their size. In the last census of linguistic affiliation, the breakdown was 24.5% for the Italian, 64% for the German, and 4% for the Ladin group.[5] The legislative town-planning corporation documents adjustments to regulations over time, in line with the political mandate of the province.

The legge di riforma dell'edilizia abitativa (housing reform bill) from 1972 is exemplary for the Alto Adige planning legislation. For the first time, it brought in restrictions on building density, the choice of building sites, and the extent of housing needs. It called for an implementation plan for all new expansion areas to regulate local building volumes and surface areas and to specify users and town-planning standards. The bill ensured that there was a proportion between public social building activities and free-market enterprise. It was the first hesitant step towards more restrictive regulations and detailed plans for the territory. 1992 saw the passing of a law to safeguard the housing heritage and tourist accommodations,[6] limiting the transformation of such accommodation into second homes and holiday apartments while still allowing quality improvements.

In 1995, LEROP was approved, and town-planning legislation was included in its framework. The second unified provincial town-planning law dates from 1997,[7] with various modifications down to 2008. Continuous changes, additions, and repeals have clouded and detracted from its original concept.

One peculiarity of the policy of defending the local population and anchoring it in its territory is the system of conventions and facilitations regarding residential building and its present distribution within the development areas.

Public housing means popular housing. The Istituto per l'edilizia sociale della Provincia autonoma di Bolzano-IPES[8] (public housing institute) is an independent organization financed by the province to build housing units exclusively for rent. *fig. 13* All housing expansion zones *fig. 14* are divided[9] into assisted and free-market residential building percentages. Sixty percent of the latter requires special approval (*convenzionato*) and must not be luxury accommodation. Dimensions are also prescribed, and half of such dwellings must have a surface area of at least 65 m².

Edilizia abitativa agevolata (dedicated residential building) refers to apartments that can only be purchased by a resident of the province or someone who has worked in the province for at least five years. It can be rented out, but only at a rate established by the province. These restrictions can only be removed through a complex authorization process.[10] The properties must not be sold to non-locals, which limits the second-home market. All in all, only some 16% of residential plots are free from restrictions and available on the property market; the remaining 84% go to locals.

According to the town-planning specifications (PUC), the size of expansion areas should correspond to the residential need.[11] However, there have been serious discrepancies between the housing need, the size of expansion areas, the overall building volume, and the growth of the population. "Since 1972, more than sixteen million m³ of expansion zones have been allocated. That is enough to house 160,000 people. But from 1971 to 1991, the South Tyrolean population grew by no more that 27,000!"[12] The tendency is to build larger and larger houses for ever smaller families. That way, land cannot be saved.

The new residential areas are expanding without creating a connected urban fabric. Regulations require that no more than 15% of residential volumes be allocated to the service sector. The municipal town-planning scheme—i.e. the town council with the approval of the province—can enable mixed use of residential expansion zones, but that rarely happens. The IPES is responsible for creating rental accommodation. But cooperatives are established to meet the housing need, so residential expansion zones end up being mono-functional. There is a lack of neighborhood services, shops, catering businesses, hotels, and public utilities. Dormitory suburbs mushroom, even within the small dimensions of a former village. With some exceptions *fig. 5*, failure to maintain a balance between private open areas, semi-public gathering spaces, and public areas prevents the growth of an urban fabric that could replace the original village structures. That also applies to the towns and results in social stress.

Architects are only widening the gap between original town centers and newer buildings. The areas they design are quite different; they lack a coherent form or building style, and the shapes of the buildings are random. The villages grow, patchy and without continuity, and the boundaries between the individual areas are obvious.

Three groups are involved with residential expansion areas: the IPES, cooperatives, and private firms. In the old villages, buildings were up to four stories high, including a penthouse. Nowadays, however, the IPES plans compact buildings *fig. 15* with four to about thirty apartments and two or more wings and issues size specifications. The requirement to reduce spatial expansion as much as possible indirectly affects the architecture of buildings: outside galleries are "out," internal staircases are "in."

Privately commissioned houses, where allowed, are mainly free-standing, although terraced houses are often prescribed on small plots. Most of them contain one- or two-family units in adjacent buildings. Again, the architecture is generally traditional, with a pitched roof, wooden balconies, a white render finish, and a perfunctory garden. Terraced buildings are usually a single construction with units that are only distinguishable by their individual roof pitches. *fig. 16* If they are owned by individual clients, each of them engages his own architect and builder, which is uneconomical in all respects: in terms of the builders, energy, administration, and management.

By contrast, building cooperatives erect similar-sized units at lower cost under a single administration. *fig. 17* Plots are more readily granted to building cooperatives than to individual owners, but there is no policy to promote compact housing blocks with various dwellings under the same roof. Compact designs, centered round a courtyard or arranged in rows, would save land and energy. They would also harmonize accommodation styles and offer more flexibility and adaptability to various generational needs and different family sizes.

The province grants public construction funds[13] without taking such considerations into account. Individuals are treated the same way as cooperatives, single-family dwellings the same way as terraced houses. The type of building is irrelevant when it comes to financing. It makes no difference whether a cooperative builds a compact volume or whether an individual buys a flat in it, rather than building for himself. By taking such matters into account, the province could save land and energy and thus comply with the town-planning law on energy saving.

Energy certifications for buildings (CasaClima) have introduced a number of new building criteria. The town-planning law has been updated, offering facilitations and rewards by building volume for new and existing constructions alike. Unfortunately, it creates no effective incentives for communal housing. A higher number of cubic meters is granted if thermal insulation is applied to the building shell, no matter whether a detached single-family house or a block of apartments is concerned. An energy-saving upgrade is even more interesting for an existing single-family house, because it can add 200 m^3—nearly four rooms. The owner of an existing apartment would have to obtain the approval of the other owners in the building to implement such an energy-saving measure. He would be granted the same concession on cubic meters, but would have difficulties in finding a place to add them (presumably on the roof), sharing them, and finding a common purpose for them. The law has virtually no effect for houses with large building volumes, which waste more energy, while it benefits single-family dwellings. Communal dwelling schemes get nothing out of it.

Perhaps communal dwelling schemes, with their more urban living criteria, fulfill two principles of town-planning policy, but do not suit the cultural identity of this land. That is partly true and points to the way we conceive of center and periphery, town and village, urban and rural dimensions. On the other hand, urban developments have spread so fast over the past twenty years that the edges of this distinction have become somewhat blurred. Village enlargement is now a historical fact, and other factors have also spoiled the picture postcard image. Bold architects have prevailed against conservative building commissions, and through their works, they have made the public sensitive to modern and contemporary architecture. Public building authorities have lent institutional support to an architectural style that intrinsically conveys an urban message. The collective repertoire of images has been broadened beyond the archetypes of bygone times.

A shortage of building land has convinced both the IPES and private investors that communal housing is more economically viable. Town-planning norms and energy certifications are making compact building designs the only option for the future. We must accept that densification, communal multi-story buildings, and shared housing spaces are the price we have to pay for safeguarding our territory from rampant building expansion. That calls for strict checks on housing need, a revival and re-utilization of the existing building heritage, and the occupation of empty dwellings to avoid speculation.

Our landscape is destined to change, but densification is the lesser evil, provided that architects respond to the context sensitively, bearing in mind the inhabitants' needs and balancing the quality of private, semi-public, and public spaces. We pin our hopes on new town-planning and residential building laws designed to promote mixed-user housing that offers generous services.

The communal dwelling will become a positive social experiment if it educates people to live together in a new civic spirit. That is what I have witnessed with my own eyes when I saw the happy faces of toddlers, children, parents, and pensioners—the entire span of generations—thronging the courtyard or garden *fig. 18* of social accommodation units in Bolzano's Firmian district.

1 Quaderno n.141 collana ASTAT, published by Istituto provinciale di statistica, pp. 63 and 70. "Permanent settlement areas" are areas that are potentially earmarked for permanent use, i.e. they are amenable to settlement or to year-round use.
2 The main point was the right of inheritance. An enclosed *maso* would be inherited intact by the firstborn male child. Younger children could choose between an indemnity and life as agricultural hirelings in their eldest brother's house.
3 Decreto del Presidente della Repubblica n. 670 del 31 agosto 1972, 1) Approvazione del testo unico delle leggi costituzionali concernenti lo statuto speciale per il Trentino-Alto Adige 1972—TITOLO VI—Finanza della Regione e delle Province—Comma 75 (Approval of the unified text of constitutional laws concerning the special statute for Trento-Alto Adige).
4 Decreto Presidente della Repubblica 31 agosto 1972, n. 670-1)—Approvazione del testo unico delle leggi costituzionali concernenti lo statuto speciale per il Trentino-Alto Adige 1972—TITOLO VIII—Ruoli del personale di uffici statali in provincia di Bolzano—Art. 89 (Approval of the unified text of constitutional laws concerning the special statute for Trento-Alto Adige 1972—Roles of state office personnel in the Province of Bolzano).
5 Annuario statistico della Provincia di Bolzano, 2009 edition, chapter 3, p. 120.
6 Legge provinciale n° 21 from June 23, 1992.
7 Legge provinciale n° 13 from August 11, 1997.
8 Legge provinciale n° 13 from December 17, 1998—Ordinamento dell'edilizia abitativa agevolata CAPO 3—Istituto per l'edilizia sociale (Dedicated residential building regulations—Public housing institute—Nature and tasks—The public housing institute of South Tyrol, hereinafter referred to as "residential building institute," is a statutory corporation. It serves as a provincial auxiliary corporation that is independent with regard to its administration, property law, and accounting).
9 60 or 55 % of all residential expansion zones are reserved for dedicated residential building (IPES) and rented accommodation, whereas 40 or 45 % are for privately owned accommodation. 60 % of the latter require special approval. Ignoring other possible categories, only 16 % of these residential areas remain on the free market.
10 Legge provinciale n° 3 from July 2, 2007, Art. 79 Cancellazione del vincolo (cancellation conditions). A special approval granted by a majority of the municipal council and the provincial council is needed. A sum equivalent to 90 % of the building cost of the property must be paid. If the individual owner or the owner of the cooperative has received provincial funding or facilities for building/restoring the property involving a mortgage bond, the procedure is even more complicated and costly.
11 Legge provinciale n° 13 from August 11, 1997 and subsequent modifications—Art. 35—Dimensione delle zone di espansione—(size of expansion zone). (1) In urban planning, expansion zone sizes are geared to the residential need according to the resident population patterns developed over a decade. They are also subject to the provincial development and territorial coordination plan, as well as to municipal development targets.
12 *Paese e città, espansioni residenziali in Alto Adige dopo il 1970, Peter Costantini, ed. Raetia, Bolzano 1997*, page 30. Following the Legge Ponte law from 1967, the 1995 LEROP considers 100 m^3 per inhabitant a fair amount of living space. But if one takes the 80 m^2 allotted to a family of three persons by the public housing office and assumes that their three-room unit stipulated by provincial law is 4.5 m high, one gets a size increase of 120 m^2 (one room more per inhabitant). Such regulations tend to bump up the size of houses.
13 Legge provinciale n° 13 from December 17, 1998—Ordinamento dell'edilizia abitativa agevolata.

Luigi Scolari architetto e pianificatore

1968	nato a Verona, Italia
1989	Diploma alla Scuola Politecnica di design a Milano
1994	Laurea al Politecnico di Milano – Facoltà di Architettura
Dal 1999	Libero professionista a Bolzano
Dal 2000-2006	Caporedattore della rivista turrisbabel edita dall'Ordine degli Architetti, P.P.C. della Provincia di Bolzano
Dal 2005	Presidente della Fondazione dell'Ordine degli Architetti, P.P.C. della Provincia di Bolzano
Dal 2005-2009	Redattore per Eurac-Research della pagina Baukultur sul giornale quotidiano Dolomiten
Dal 2008	Esperto di Urbanistica e Tutela del Paesaggio della Provincia di Bolzano

Curatore di diverse iniziative culturali, convegni, esposizioni e premi di architettura
Progettazione di architettura industriale, architettura di interni, studi urbanistici
Opere pubblicate da Springer Vienna/New York Verlag, Callwey Verlag, Folio Bolzano/Vienna

Paolo Mazzoleni

Wohnen in den Alpen

Abitare nelle Alpi

→ 289

Housing in the Alps

→ 292

Zeitgenössisches Wohnen im Alpenraum

Eigenheiten, kritische Anmerkungen und Ausblick
Beiträge zur Debatte in Italien

Nach fast zwei Jahrzehnten relativen Abseits in der theoretischen und kritischen Debatte ist das Wohnen um die Jahrtausendwende vor allem von europäischen Architekten wieder thematisiert worden. Ende der 1990er Jahre wurde in der internationalen Fachliteratur, in Zeitschriften, Ausstellungen und Wettbewerben das kollektive Wohnen wieder vermehrt aufgegriffen und behandelt. In dieser wiederbelebten Debatte hat die Baukultur der Alpenregionen eine erhebliche Rolle gespielt. Aufgrund komplexer und heterogener Ursachen konnten sich einige lokal beschränkte Entwicklungen, weitab der vorherrschenden medialen Vermittlung, in die laufende Diskussion einbringen und gut positionieren. So ist es mittlerweile natürlich, dass nach dem Ende des Franco-Regimes boomende Spanien und das Holland von Koolhaas und seinen Schülern mit kleineren, jedoch nicht minder kulturträchtigen Orten wie Luzern, Basel, Laibach oder Grenoble zu vergleichen. Gleiches gilt für abgelegene Regionen fern der Großstadt wie Vorarlberg, Graubünden oder Südtirol. Bruneck und Bozen, Dornbirn und Feldkirch, Chur und Vaduz sind nicht mehr ausschließlich Reiseziele für Skiurlauber und Sportfischer, sondern auch für Architekten.

Es ist schwer zu sagen, welchem Umstand die plötzliche Aufmerksamkeit zu verdanken ist. Möglicherweise der Diskussion über globale und lokale Spannungsfelder, die sinnbildlich für das Verhältnis der alten Welt mit der Modernität stehen. Wiederbelebte Formen des kollektiven Wohnens sind schon lange vereint mit den Besonderheiten der Alpenregionen und deren Wohnarchitektur.

Vor dem Hintergrund dieser Themen werde ich versuchen, anhand weniger Merkmale, die das alpine Wohnen ausmachen, einige Themen zu fokussieren und deren interessantesten Aspekte unter besonderer Berücksichtigung der Situation in Italien herauszuarbeiten.

(Car) Porch

Wohnungsbau generiert öffentlichen Raum:
Herausforderungen für diffuse Stadtagglomerate im Alpenraum

Bei eingehender Beschäftigung mit dem Thema „alpines Wohnen" treten auf territorialer Ebene sogleich offensichtlich kritische Punkte hervor. In einer Zeit, in der Makroökologie, Lebensstil und veränderte urbane Lebensumstände wieder zur Verdichtung und zu einer Rückkehr zur Stadt führen, tendieren die alpinen Wohnmodelle zu suburbanen Lösungen, zu geringerer Dichte, und entwickeln sich möglicherweise zu einer Art alpinem Sprawl. Antworten auf diese Herausforderung fehlen jedoch nicht: Die Bedeutung des urbanen Wohnens liegt bekanntlich im daraus entstehenden öffentlich-städtischen Raum, während einige Beispiele aus den Alpen hinsichtlich Mobilität, in der Definition des halböffentlichen Raumes und im Verhältnis zwischen Öffentlichem und Privatem von großem Interesse sind. Der raffinierte Umgang mit der Gestaltung von Freiräumen bei Baumschlager Eberle oder Bevk & Perović zeigt, dass eine akkurate Planung geometrischer und raumbildender Elemente, die die gemeinsamen und öffentlichen Flächen definieren, Freiflächen einer beträchtlichen Qualität hervorbringen kann. Und dies, indem die einem nicht urbanen Umfeld angemessene Anordnung der Baukörper neue Formen urbanen Gefüges entstehen lässt, ohne dabei traditionelle Vorbilder zu perpetuiren. Gleiches gilt für den Lebensentwurf hinter dem ökoradikalen Experiment GuglMugl, dessen letztes Projekt in der Les Palétuviers Serie das Zusammenleben anhand anthropologischer Grundsätze analysiert. Oder auch für den unbeschwerten und reifen, natürlichen Geist der Erben der Vorarlberger Baukünstler: Abgesehen von rein bautechnischen Aspekten lassen die jüngsten Wohnbaueingriffe im Alpenraum eine vermehrt umweltverträgliche und ökologische Architektur erkennen, die nachhaltiges Wohnen und Leben auch in nicht verdichteten Gebieten anzubieten vermag. In dieser Hinsicht unterscheiden sich die Streusiedlungsformen des Alpenraumes wesentlich von den auch in Europa vorhandenen verkommenen Sprawlsituationen. Auf Italien trifft dies noch stärker zu, denn hier gehen die Alpen nahtlos in die Po-Ebene über, eine der am stärksten urbanisierten ländlichen Regionen Europas. Aus dieser Sicht nimmt das Baugeschehen im Alpenraum eine interessante Nebenrolle in der kritischen Auseinandersetzung um das Problem der Verdichtung ein.

Not only Stadtbummel

Die Herausforderung der mixité:
Traditionelle Lebensformen und Funktionsmix

Einen zweiten kritischen Aspekt des alpinen Wohnens, im Vergleich zu den neuesten Entwicklungen in der Planungskultur (aber auch in der Soziologie und im Politgeschehen), stellt die relative Abschirmung gegenüber den Sachzwängen der mixité dar. Größtenteils fehlen bei den meisten Bauten und Anlagen wohnfremde Nutzungen, die hingegen nach den neuesten Erkenntnissen wesentlich für die Entwicklung eines Umfeldes mit sicheren und lebendigen Wohnbedingungen wären. Dieser Mangel wird zumindest teilweise durch die Solidität des in diesen Gegenden vorhandenen Sozialnetzes kompensiert, die sicherlich nicht mit der chaotischen Großstadtperipherie zu vergleichen sind. Im Alpenraum gibt es jedoch auch herausragende Beispiele wie das Centrum.Odorf von Frötscher Lichtenwanger in Innsbruck. Hier wurden mit einem klaren und einheitlichen architektonischen und städtebaulichen Eingriff konventionelle und Sonderwohnformen durch Mehrzwecksaal, Jugendhort, Kindergarten, Altenzentrum und einen Supermarkt ergänzt, das Schreckgespenst öffentlicher Wohnanlagen. Es bleibt zu hoffen, dass solch virtuose Lösungen in Abkehr von der Monofunktionalität eine Vorbildfunktion für weitere Planungen und Projekte übernehmen können. Jetzt und gerade hierzulande, wo das urbanistische und raumplanerische Instrumentarium auf lokaler Ebene im Wandel begriffen ist und zugunsten komplexerer Qualitäts-, Vertrags- und Wertekriterien Abstand von der strengen Zonierung nimmt, scheint dies prioritär.

Village in a building

Die familiäre und nachbarschaftliche Tradition als Matrix neuer Wohnformen

In noch kleinerem Maßstab des Bauens, sozusagen an der Türschwelle, im diffusen und nicht uninteressanten Bereich des Halbprivaten, stößt man auf die qualitativen Werte der alpinen Architektur. In der Architekturtheorie wird seit geraumer Zeit die Bedeutung der Schwellenbereiche zwischen den gemeinsam genutzten und aufgeteilten Flächen thematisiert. Nach der Unité und dem Team X ist hochwertiges Wohnen ohne ausgewählte Formen kollektiver Nutzung nicht mehr vorstellbar. Trotzdem wird diese Erwartungshaltung, abgesehen von einigen radikalen Modellen – Cohousing in Sondersituationen oder etwa Hippiekommunen – oder aber in konsolidierten und bereits archetypischen Fällen wie den Wiener Gemeindebauten, kaum befriedigt. Die kollektiven Wohnmodelle im alpinen Bereich haben darauf am natürlichsten und nachhaltigsten reagiert: Die Fantasie der engagierten Planer visualisiert pfiffig umgesetzte Visionen mit Lifestyle-Gerätschaften wie Mountain Bikes und auffallenden Kinderwägen in Verbindung mit Holzlamellenverkleidungen und samtigem Beton. Auch in Italien, wo die Tendenz zur Privatisierung des öffentlichen Raumes unaufhaltbar zu sein scheint, wo aber gerade in den alpinen Bergregionen die Tradition der familiären Gemeinsamkeit und ein konsolidiertes, auf Zusammenarbeit fußendes Sozialnetz tief verwurzelt sind, konnten Planer konkret umsetzen, was andernorts nur angedacht wird: Das Aufbrechen der Schwellen zwischen den privaten und öffentlichen Übergängen, ohne die selbstgewählten Abgrenzungen abzubrechen und einen Ort der unverbindlichen sozialen Interaktion zu schaffen.

Heavy weather

Nachhaltigkeit: Definition und Ursachen eines herausragenden Standards

Was alpine Wohnbaubeispiele hauptsächlich auf die ersten Seiten der internationalen Fachpresse gebracht hat, war die Pionierleistung in den Bereichen des nachhaltigen Wohnens. Die daraus gewonnene Erfahrung führte zu einem konsolidierten planerischen und bautechnischen Know-How, das den im Alpenraum agierenden Planern, Baufirmen, Gesetzgebern und Zertifizierungsstellen enorme Wettbewerbsvorteile verschafft hat. Es ist nicht genau definierbar, was zu dieser technischen und kulturellen Vorreiterrolle geführt hat. Neben den Vorteilen kommt es auch zu Verwirrungen, wenn Gesetzesrichtlinien und Leistungsanforderungen, die für Südtirol entwickelt wurden, unreflektiert in Regionen mit anderen klimatischen Bedingungen exportiert werden. Im Verhältnis zur relativen Rückständigkeit Italiens während der gesamten 1990er Jahre haben die Alpenregionen und vor allem Südtirol eine zündende Vorreiterrolle gespielt und in der Folge als Zugpferd agiert. Einflüsse der etablierten deutschen Umweltbewegung mögen hier auf das Heranbilden spezifischer akademischer und technischer Kompetenzen gewirkt haben, ebenso die tiefe Verwurzelung der Planer, Bauträger und Nutzer mit dem Territorium und seinen besonderen klimatischen Verhältnissen. Der Großteil der norditalienischen Regionen verfügt heute über eine moderne, wenn nicht gar bahnbrechende Gesetzgebung zum Thema Nachhaltigkeit. Baugewerbe und Planer verfolgen diese Entwicklung mit Interesse; der Wettbewerbsvorteil der Akteure in den Alpenregionen ist immer noch beachtlich.

Facing the mountains

Architektur und Landschaft: Die Modernität als Gegenpol

In den letzten Jahrzehnten hat sich – nicht nur im Wohnbau – eine eigene, interessante Architektursprache in der alpinen Architektur entwickelt. Während in den Metropolen und in der gegenwärtigen Architekturdiskussion ein durch die Moderne aufoktroyierter Trend zur Vereinfachung der architektonischen Syntax hinterfragt wurde, was letztendlich zu mannigfaltigsten Ausformungen – von penibler Historisierung bis zu explosiver Effekthascherei durch Stararchitekten – führte und auch im Städtebau einen entsprechenden Niederschlag fand, ging man in den alpinen Regionen andere Wege. Die Moderne wurde von den daselbst operierenden Architekten in zweifacher Hinsicht überwunden: zum einen durch die Verbundenheit mit und die Beziehung zu den Baumaterialien und deren werkgetreuer Anwendung, was zu einer formal-konstruktiven Einheit der modernen Architektur und Materialien, Details und deren konstruktiver Verbindungen führte. Zum anderen hat der starke Landschaftsbezug auch weiterhin moderne Architekturen, die einen eleganten und ergänzenden Kontrast zur Natur, in die sie eingebettet sind, generieren. Italiens Alpenregionen waren schon immer ein Experimentierfeld der Moderne: Der Rationalismus in Como, die Elektrozentralen von Giovanni Muzio, die Bauten der 1950er Jahre von Albini und Mollino haben sich vorbildhaft und nachhaltig auch auf den neuen Wohnbau ausgewirkt.

Unflat flats

Urbane Typologien im alpinen Kontext: Übergangsmöglichkeiten

Als letztes sei auf ein heikles Problem hingewiesen, von dem die gemeinschaftlichen Wohnformen generell geprägt werden. Kollektive Wohnmodelle haben einen tagtäglichen Kampf gegen einen mächtigen Konkurrenten auszufechten: das frei stehende Einfamilienhaus mit Garten. Wie kann man die neue Generation, die noch mit althergebrachten Wohnmodellen herangewachsen und ihnen verbunden ist, davon überzeugen, in einer Geschosswohnung zu leben? Auch bei den architektonisch-funktional besten Lösungen ist man hierorts fast genötigt, auf andere, anscheinend damit inkompatible Vorbilder zurückzugreifen. So haben neue Typologien, mit Split-Level-Lösungen oder zweigeschossigen Lufträumen und mit Loggien, Balkonen, Frei- und sonstigen Abstellflächen versehen, zum Entstehen hybrider Mischformen im Wohnbau geführt, die nun von den Bergen in die Städte überschwappen, wo man mit den gängigen Wohnformen anscheinend unzufrieden ist. Der Immobilienmarkt in der Po-Ebene ist aus verschiedensten Gründen auf diese neuen Tendenzen nicht vorbereitet. Deshalb bleiben sie in Italien vorläufig wohl noch ein Monopol der Alpengebiete.

Schwierig wird es hingegen, den offensichtlichen kulturellen Erfolg des alpinen Wohnungsbaues im gesamteuropäischen Kontext zu begründen. Vereinfachende Überlegungen wie die vorliegende lassen keine umfassenden oder tiefer gehenden Erörterungen zu. Dies obliegt den Planern und Architekturkritikern, somit der Architektur als solcher schlechthin. Ich hoffe jedoch, dass klar hervorgeht, wie in vielen Ländern, darunter auch Italien, die Vorbilder aus dem Alpenraum den Wohnbau der jüngeren Zeit generell befruchten konnten.

Heavy weather:
Wohnanlage Wolkenstein, Meran,
Architekten: Holz Box Tirol
Heavy weather:
Edificio residenziale Wolkenstein, Merano,
architetti: Holz Box Tirol
Heavy weather:
Residential complex Wolkenstein, Merano,
architects: Holz Box Tirol
Foto Robert Fleischanderl

Il progetto di residenza contemporanea in area alpina

Specificità, criticità e prospettive. Contributi al dibattito italiano

Dopo quasi due decenni di relativa marginalità all'interno del dibattito teorico e critico, alla fine del secolo appena trascorso il tema del progetto di residenza è tornato ad impegnare le energie degli architetti, soprattutto europei. A partire dalla seconda metà degli anni Novanta sono andate accumulandosi numerose riflessioni – numeri monografici di riviste internazionali, pubblicazioni, mostre, concorsi – sul tema della residenza collettiva. In quella che può a tutti gli effetti essere considerata una rinascita, la cultura architettonica delle regioni alpine ha avuto un ruolo fondamentale. Per ragioni complesse ed eterogenee, alcune esperienze locali, defilate dai grandi palcoscenici mediatici dell'architettura, hanno saputo ritagliarsi un ruolo di grande interesse nel dibattito in corso. È quindi diventato normale paragonare alla Spagna del boom postfranchista e all'Olanda di Koolhaas e dei suoi allievi, città di minori dimensioni (anche se di grandi tradizioni culturali) come Lucerna, Basilea, Lubiana o Grenoble e aree lontane dalle metropoli, come il Voralberg, i Grigioni o il Sudtirolo. Brunico e Bolzano, Dornbirn e Feldkirch, Chur e Vaduz, non più patrimonio esclusivo di sciatori e pescatori, sono diventati mete di viaggio per architetti.

Tuttavia è difficile definire con precisione quali cause abbiano portato a questo imprevisto protagonismo, figlio forse anche della tensione globale-locale che caratterizza il tormentato rapporto del Vecchio Mondo con la contemporaneità. Incrociando i temi, ormai consolidati, che segnano la rinascita della residenza collettiva nella cultura architettonica contemporanea, con le caratteristiche dei territori alpini e della loro architettura residenziale, proverò ad isolare alcuni caratteri che definiscono la specificità del progetto di residenza alpino ed evidenziarne gli aspetti di maggior interesse, cercando di mettere a fuoco le peculiarità del caso italiano.

(Car) Porch

Housing come generatore di spazio pubblico: sfida alle contraddizioni della città diffusa alpina

Percorrendo il tema del progetto di residenza in ambito alpino a partire dalla scala territoriale, ci si scontra immediatamente con una delle sue criticità più evidenti. In un momento in cui le necessità macroecologiche, gli stili di vita e le mutate condizioni urbane portano a un ritorno alla densità e alla città, il progetto di residenza nelle Alpi si caratterizza per una forte propensione al suburbano, alla mediadensità, forse, in definitiva, ad una forma alpina di sprawl. Non mancano però risposte interessanti a questa sfida: se è ormai acquisita l'importanza della residenza urbana nel generare i nuovi spazi pubblici della città, risultano allora di grande interesse alcune esperienze alpine sulla mobilità, sulla definizione dello spazio negli ambiti semipubblici, sul rapporto pubblico-privato. Il raffinato disegno degli spazi aperti dei progetti di Baumschlager & Eberle o di Bevk & Perović ha dimostrato come, attraverso la progettazione accurata degli elementi materici e geometrici che definiscono lo spazio aperto comune e pubblico e la collocazione appropriata delle volumetrie anche in ambito non urbano, si possa introdurre una notevole qualità degli spazi pubblici senza inseguire le forme della città tradizionale, proponendo piuttosto nuove declinazioni dell'urbanità. Altrettanto si può dire degli stili di vita che sottendono gli esperimenti ecoradicali a la Guglmugl, ultimo di una serie di progetti – Les Palétuviers – che si basano su un'analisi antropologica del convivere, o il sereno e maturo ecologismo degli eredi dei Voralberger Baukunstler: in molti interventi di residenza realizzati nell'arco alpino negli ultimi anni si nota come le scelte ambientali ed ecologiche dell'architettura prescindano il puro fatto tecnico, contribuendo a un più ampio sforzo verso la sostenibilità dell'abitare e del vivere anche in aree a densità mediobassa. In questo senso l'abitare diffuso alpino differisce sostanzialmente dalle forme più deteriorate di sprawl presenti anche sul suolo europeo. Questa tensione appare ancora più spiccata in Italia, dove le regioni alpine confinano, senza soluzione di continuità, con una delle aree di urbanizzazione diffusa più dense d'Europa: la pianura Padana. In quest'ottica possiamo comprendere come l'esperienza alpina possa contribuire al cruciale dibattito sulla densità in modo laterale ma nondimeno interessante.

Not only Stadtbummel

La sfida della mixité: stili di vita tradizionali e mix funzionale

Un secondo aspetto critico dell'abitare alpino nei confronti dei più recenti sviluppi della cultura del progetto (e anche della sociologia e delle politiche) è la relativa impermeabilità alle istanze della mixité. Nella maggior parte degli interventi sono assenti le funzioni non residenziali, aspetto ritenuto ormai essenziale per generare luoghi dell'abitare sicuri e vivaci. Senza dubbio questo carattere è, almeno in parte, compensato dalla solidità della struttura sociale presente in queste aree, certo non paragonabili alle convulse periferie metropolitane. Anche in ambito alpino esistono però esempi di grandissima qualità: pensiamo all'ormai fondativo Centrum.Odorf di Frötscher & Lichtenwagner a Innsbruck, dove alla residenza tradizionale e speciale (per anziani) vengono accostate numerose e varie funzioni, dalla sala pubblica al centro giovani, dall'asilo al centro anziani fino al supermercato, tradizionale spauracchio delle operazioni di housing pubblico, mantenendo la chiarezza e l'unitarietà dell'intervento architettonico e urbano. È auspicabile che questi casi virtuosi diventino riferimenti per una progettazione (e una programmazione) non monofunzionale; nel nostro Paese questo pare oggi più che mai un obiettivo prioritario e perseguibile, soprattutto in ragione delle evoluzioni che gli strumenti urbanistici e pianificatori stanno subendo in quasi tutti i contesti locali, abbandonando le rigidità della zonizzazione funzionale a favore di più complessi principi qualitativi, valutativi e contrattuali.

Village-in-a-building

La tradizione familiare e di cooperazione come matrice di nuove forme dell'abitare

Scendendo ancora di scala e soffermandoci sulla soglia di casa, nell'ambito ambiguo e affascinante degli spazi semiprivati, incominciamo ad incontrare alcuni degli aspetti che hanno caratterizzato la qualità degli interventi alpini. Sono infatti ormai molti anni che la cultura architettonica teorizza l'importanza degli spazi di transizione, di condivisione e di uso comune negli edifici di residenza. Dall'Unité e dal Team X in poi sembra impossibile immaginare residenza di qualità disgiunta dall'idea di nuove forme di collettività elettiva che ne strutturino gli usi. Eppure, al di fuori delle sperimentazioni più radicali – cohousing per utenze speciali e comuni più o meno hippy – e di alcune tradizioni ormai radicate e quasi archetipiche come la Vienna Rossa, queste aspettative rimangono per lo più disattese. La residenza collettiva alpina ha dato le risposte più naturali e sostenibili a questi temi: l'immaginario dei progettisti più accorti è ormai segnato dai colori sgargianti dei passeggini e delle mountain bike che ammiccano da dietro a rigorosi rivestimenti in assicelle di legno di larice o ai piedi di vellutati muraglioni di cemento armato. Anche in Italia, dove la tendenza alla privatizzazione degli spazi pare fenomeno inarrestabile, nelle aree alpine la tradizione di condivisione famigliare e la solidità della struttura sociale e cooperativa hanno permesso ai progettisti di praticare ciò che altrove è solo teorizzato: dilatare la soglia tra privato e pubblico fino ad accogliere spazi e cose della vita quotidiana, creando discontinuità nei recinti di autoreclusione e offrendo luoghi alla socialità minuta.

Heavy weather

Sostenibilità: definizione e ragioni di uno standard d'eccellenza

L'aspetto che forse più di tutti ha portato i progetti di residenza delle regioni alpine a conquistare le copertine delle riviste internazionali è stato il pionieristico inoltrarsi nell'ambito dell'abitare sostenibile. Il lavoro svolto in questi anni ha portato al consolidarsi di uno knowhow che oggi rappresenta uno straordinario vantaggio competitivo non solo dei progettisti di queste zone, ma anche delle imprese di costruzione e degli enti certificatori e normativi. È difficile definire con certezza quali cause abbiano portato ad una tale egemonia culturale e tecnica, foriera di molti vantaggi e anche di alcune aberrazioni, basti pensare che gli standard normativi e prestazionali nati in questi ambiti vengono ormai trapiantati ovunque, con esiti a volte discutibili essendo il clima salentino, per fare un esempio, abbastanza dissimile da quello sudtirolese. Rispetto alla generale arretratezza che il nostro Paese ha dimostrato ancora per tutti gli anni Novanta su questi temi, le regioni alpine ed in particolare il Sudtirolo hanno svolto un'importante funzione di monito prima e di traino poi. In queste regioni la tradizione ambientalista del mondo germanico ha contribuito al formarsi di una competenza specifica anche in sedi accademiche e tecniche e un ruolo non meno importante ha avuto il profondo radicamento nel territorio degli abitanti – progettisti, costruttori ed utenti – e le peculiari condizioni climatiche. Oggi la maggior parte delle regioni del Nord Italia ha normative moderne, quando non avanguardistiche, dal punto di vista della sostenibilità; l'industria edilizia e i professionisti seguono con vivacità le evoluzioni, ma il vantaggio competitivo degli operatori alpini è ancora notevole.

Facing the mountains

Architettura e paesaggio: la modernità come controcanto

Un'altra peculiarità dell'architettura alpina – non solo residenziale – degli ultimi decenni è un rapporto originale e molto interessante con il linguaggio. Mentre nelle metropoli e nella cultura ufficiale la semplificazione del linguaggio architettonico imposta dal Moderno veniva messa in questione in ragione, anche, del suo impatto sulla forma della città, avviando un processo che ha portato ad esiti assai diversi, da raffinati storicismi a pirotecniche dissimulazioni da

Not only Stadtbummel: Centrum.Odorf, Innsbruck,
Architekten / architetti / architects: Frötscher & Lichtenwagner
Foto Lukas Schaller

archistar, sulle Alpi si è seguita una strada differente. Due aspetti hanno caratterizzato il diverso approccio dei progettisti alpini al superamento della modernità: da un lato il profondo legame con i materiali e le tecniche costruttive, che ha portato a mediare tra la modernità delle impostazioni volumetriche e delle costruzioni geometriche e il radicarsi di materiali, dettagli, assemblaggi, costruendo un rapporto linguaggio-costruzione caratterizzante; dall'altro il rapporto con il paesaggio ha portato a mantenere un forte attaccamento alle forme moderne, che si configurano come raffinato controcanto ai paesaggi naturali dove si collocano. Le Alpi in Italia hanno rappresentato tradizionalmente un campo di sperimentazione per il moderno, dal Razionalismo Comasco alle centrali di Giovanni Muzio, agli edifici degli anni Cinquanta di Albini e Mollino, tradizione che il progetto di residenza degli ultimi anni ha ripreso e onorato.

Unflat flats

Tipologie urbane in contesti alpini: dispositivi di transizione

Un ultimo e molto interessante aspetto dei progetti di residenza alpina, studiato e mutuato nelle sua applicazioni anche in altri luoghi, è dovuto ad una delle sue maggiori criticità. La residenza collettiva in queste aree deve infatti combattere una quotidiana battaglia contro un temibilissimo concorrente: la casa isolata con giardino. Come convincere le nuove generazioni, cresciute con un legame ancora molto forte con le abitazioni tradizionali, ad abitare in un appartamento? L'alloggio dei (migliori) progetti di residenza di queste regioni non può che ricostruire al suo interno le qualità di altri e, apparentemente, incompatibili modi di abitare. Logge e balconi, doppie altezze e split-level, spazi esterni e spazi accessori costituiscono fattori di perturbazione tipologica che hanno portato a interessanti ibridi pronti a scendere dalle valli e a conquistare metropoli insoddisfatte dei propri modi di abitare. Il mercato immobiliare padano pare, per molti e complessi motivi, impreparato ad accogliere queste nuove sperimentazioni tipologiche, destinate quindi in Italia a rimanere prerogativa delle regioni alpine.

È difficile riassumere brevemente le ragioni di un evidente successo culturale come quello dell'housing alpino contemporaneo nel panorama dell'architettura residenziale europea. D'altro canto le semplificazioni che questo tipo di trattazione impone permettono di tratteggiare in maniera più suggestiva caratteri assai complessi e contraddittori, lasciando massimo spazio all'approfondimento di critici e progettisti e, quindi, all'architettura. Spero risulti però con sufficiente chiarezza come in molte regioni, e tra queste senza dubbio l'Italia, gli ambiti alpini siano stati un luogo elettivo e centrale della rinascita del progetto di housing degli ultimi anni.

Present-day Housing Design in the Alpine Area

Facts, Critical Features, and Prospects. Contributions to the Italian Debate

After almost two decades of relative marginalization in the theoretical and critical debate, at the end of the last century, collective housing design returned to the fore, galvanizing architects, especially in Europe. From the mid-nineties on, ideas for multi-family or collective housing began to pile up: monographic issues in international journals, publications, exhibitions, competitions. The architectural culture of the Alpine regions has played a prominent role in this revival. For several reasons, a number of local experiments shielded from the media gaze, which was focused on high-profile architecture, have managed to carve out an international position for themselves in the ongoing debate. It has thus become normal to compare the Spanish post-Franco boom and the Holland of Koolhaas and his pupils to smaller (albeit traditionally important) towns like Lucerne, Basel, Ljubljana, and Grenoble, or even with remote areas such as Voralberg, the Grison Alps, or South Tyrol. Brunico and Bolzano, Dornbirn and Feldkirch, Chur and Vaduz are no longer frequented only by skiers and fishermen: they are now destinations for architects.

Yet it is hard to say exactly what suddenly thrust them into the limelight; perhaps the global-local tensions that beset the Old World's relationship with modernity. Revived forms of modern collective housing architecture have now long been consolidated with the characteristics and residential architecture of Alpine lands. Mixing these two topics, I will try and pick out a few features that underpin the Alpine housing project, highlight some points of major interest, and focus on the peculiarities of the Italian case.

(Car) Porch

Housing as a means of generating public space: combating the contradictions of urban sprawl in the Alps

Considering the sheer scale of the Alpine territory, one is immediately struck by one puzzling fact: although macro-ecological factors, new lifestyles, and changing urban conditions are leading us back to dense city populations, housing in the Alps is showing a distinct propensity for sub-urban medium density—an Alpine version of sprawl. But there are interesting answers to this puzzle. Urban housing is generally agreed to be an important means of creating new public spaces in town, so there is great interest in Alpine experiments that lead to more mobility or provide space for semi-public purposes and public-private relationships. With their sophisticated ideas for outdoor spaces, firms like Baumschlager & Eberle or Bevk & Perović have shown how the detailed design of materials and shapes in communal or public places, as well as the appropriate siting of buildings in a non-urban context, can enhance the quality of public open spaces. Without merely aping the forms of traditional towns, a new perspective can be added to urban life. The same applies to the lifestyles behind the eco-radical Guglmugl experiments—the latest project in the Les Palétuviers series—which spring from an anthropological analysis of group existence, or the serenely mature ecological spirit of the Voralberger Baukünstler heirs.

In many housing projects of the past years in the Alpine arc, environmental and ecological aspects were less dictated by purely technical factors, but rather focused on the sustainability of housing and lifestyles, even in medium-low density areas. In this regard, the scattered homesteads of the Alps differ radically from the low-grade sprawl in other parts of Europe. The contrast is even more pronounced in Italy, where the Alpine regions seamlessly merge into the Po valley, an area with one of the highest levels of urban sprawl in Europe. That shows how the Alps and their experience may contribute to the lively debate on density—in a lateral way, but interesting for all that.

Not only "Stadtbummel"

The challenge of mixité*: traditional lifestyles and functional mixes*

A second critical feature of the Alpine habitat vis-à-vis the more recent developments in project culture (as well as in sociology and politics), is its relative deafness to the claims of *mixité*. Most projects seem to ignore the non-residential functions that are nowadays seen as essential to making living areas both safe and livable. Of course, that may be partly put down to the solid social structure in Alpine areas, which certainly cannot be compared to the freewheeling metropolitan *banlieues*. But even in the Alps, there are outstanding examples of mixed population, such as the now seminal Centrum.Odorf in Innsbruck by Frötscher & Lichtenwagner, where a host of functions have been added to the traditional senior-citizen residence: from a public room to a youth center, a crèche, a center for the elderly, and a supermarket (that bugbear of public housing). And yet, this urban architectural project maintains a sense of unity and clarity. Let us hope that such instances of virtue become benchmarks of multi-functional design (and planning). In our country, that seems to be a number one priority, and it is a feasible one, too. Town-planning policy is changing: in most areas, the rigid functional zones of the past are being abandoned, and more complex quality, assessment, and contractual criteria are being applied.

Village-in-a-building

Traditional family-style cooperation as a matrix for new forms of housing

Coming down the scale and pausing at the doorstep to take a look at the ambiguous yet fascinating concept of semi-private space, we find that Alpine architecture has various points of excellence. For many years, architecture has been stressing the importance of transitional spaces shared in common in residential buildings. Ever since Unité and Team X, quality housing has become unthinkable without new integrated forms of collective choice. Yet apart from the odd radical solution—certain co-housing communities and hippie communes—or deep-rooted almost archetypal traditions like Red Vienna, such expectations have been disappointed. But the topic has been taken up in a natural and sustainable way in Alpine co-housing projects. The latest imagery of architects reflects the almost garish colors of wheelchairs and mountain bikes peeping from behind larch-slat screens or posing at the foot of velvety reinforced concrete walls. Elsewhere in Italy, the trend for privatization of space seems unstoppable, but in the Alps, the tradition of family sharing and a solid social and cooperative structure have enabled architects to put into practice what remains theory elsewhere: to broaden the threshold between private and public spheres, to leave gaps in the walls of self-seclusion, and to create places for casual social exchange.

Heavy weather

Sustainability: definition and rationale for a standard of excellence

Its pioneering forays into sustainable housing have most helped Alpine architecture to conquer the front pages of international magazines. Over years of work, local architects, building firms, and regulatory/certification authorities have acquired expertise and gained a competitive advantage. It is hard to say for certain what led to this technological and cultural lead, but it has many benefits. Aberrations too, alas, if one thinks of the regulatory and performative standards that were born here and transplanted elsewhere: in a climate as different from that in the Tyrol as that in Puglia, the outcome can be laughable. But in contrast to the general backwardness of our nation regarding these issues throughout the nineties, the Alps—and South Tyrol in particular—have played an important part, first in exploring the snags and then in encouraging others. Here, the environmentalist tradition of the German-speaking world has helped nurture specific know-how at academic and technical training institutions. The special climate and the attachment of the inhabitants—including builders, architects, and end-users—to their homeland have also been helpful. Today, the regulations in most northern Italian regions are up-to-date, if not avant-garde, from a sustainability viewpoint. The building industry and its professionals everywhere are taking a keen interest in developments, but their Alpine colleagues still have the edge.

Facing the mountains

Architecture and landscape: modernity as a counter-point

Another peculiarity of recent Alpine architecture—and not just residential, either—is its interest in and original relationship with the architectural idiom. The official culture and the metropolises have tended to rebel against modernism's simplification of architectural language and its impact on cityscapes. This has produced diverse results, from elegant historicism to pyrotechnics of dissimulation by archi-stars. The Alps have taken a different road. Alpine architects have gotten round modernism in two ways: a close connection between materials and construction techniques has led to a compromise between the volumes and geometry imposed by modernism and a retreat into materials, details, and assembly techniques. The result: a characteristic dialog between idiom and construction. The other saving grace is the landscape. It has encouraged a fondness for modern shapes which serve as a sophisticated counter-point to the natural backdrop. In Italy, the Alps have traditionally been an experimentation ground for all that is modern, from Como Rationalism to the power stations of Giovanni Muzio, and 1950s buildings by Albini and Mollino. This tradition has been revived and honored through housing projects in recent years.

Unflat flats

Urban building styles in an Alpine context: devices of transition

One last fascinating aspect of Alpine housing that has changed and developed by being applied to other areas is actually one of its Achilles heels. Multi-family housing fights a daily battle with a dreaded rival: the detached house standing in its own yard. How can one persuade the younger generation, who still felt the connection with traditional housing in their early years, to go and live in an apartment? Even the best housing projects in this area can only reproduce interiors and lifestyles that are obviously alien and incompatible. Loggias and balconies, double-heights and split-levels, outdoor areas and accessory areas are muscling in on building styles. They offer an interesting hybrid alternative, one that is ready to descend from the mountain valleys and come to the relief of metropolises when these tire of their own forms of housing. For various complex reasons, though, the Po valley housing market seems unprepared to accept such architectural experiments. In Italy, they may be destined to stay up in the Alps.

It is hard to summarize the reasons for the cultural success of contemporary Alpine housing in the panorama of European residential architecture. But my need to simplify at least enables me to highlight the salient features among the contradictions and confusion and to concentrate on some of the higher flights in the critical debate involving architects and their art. What clearly emerges, as I hope, is that many regions, undoubtedly including Italy, have turned to the Alps as a guide to the revival of housing projects that we have seen in recent years.

Paolo Mazzoleni, Architect and Professor

1974	Born in Milan, Italy
1993-99	Study of Architecture at Politecnico di Milano, Universidad de Valladolid, and Universidad de Sevilla
Since 2000	Studio in Milan
2002 05	Ph.D in Architecture at Politecnico di Milano
Since 2004	Professor in Interior Architecture at ISAD Istituto Superiore di Architettura e Design
Since 2005	Partner and co-founder of osservatioriabitare.org
Since 2006	Professor in Interior Architecture at Politecnico di Milano
Since 2007	Partner and co-founder of Bruno Egger Mazzoleni architetti associati
Since 2009	Member of the Executive Board of Milan Chamber of Architects
Since 2009	Member of the Architectural and Landscape Review Board of Comune di Milano

Bergbauernhof im Grödental
Maso di montagna in Val Gardena
Mountain farm in Gardena valley
Foto Ludwig Thalheimer

Wolfgang Piller

100 Jahre Wohnbau in Südtirol

100 anni di edilizia residenziale in Alto Adige

→ 297

A Hundred Years of Housing in the Alto Adige

→ 301

Ein Haus ist nur dann ein Haus, wenn man drum herum gehen kann, heißt es hierzulande. Das Idealbild des frei stehenden Bauernhofes des freien Tiroler Bauern inmitten der freien Landschaft geistert immer noch in der Vorstellung der Menschen herum, wenn es um das Wohnen geht – und dass man partout mit dem Auto bis vor die Haustüre fahren können muss. Nur in der Stadt ist es notgedrungenerweise anders.

Es stellt sich die Frage, ob der Wohnbau in Südtirol Eigenheiten aufweist, die es anderswo im alpinen Raum nicht gibt, und wenn ja, aus welchen Gründen.

In den seit dem 17. Jahrhundert nur unwesentlich gewachsenen Südtiroler Städten konzentrierte sich der Wohnungsbau ab der Gründerzeit hauptsächlich auf Stadtvillen sowie auf Miet- und Zinshäuser in einem Stilmix zwischen Historismus, Neugotik, Neurenaissance und Jugendstil nach Wiener und mehr noch Münchner Vorbild, wenn auch in provinzieller Ausformung. In Bozen, einer verträumten Kleinstadt des Habsburgerreiches, entstanden unter dem Stadtbaumeister Sebastian Altmann die ersten Stadterweiterungsgebiete in der „Neustadt", denen später die Sparkassenstraße folgte. Die auch Dank des aufkommenden Tourismus im Fin de Siècle florierende Bautätigkeit nahm mit dem Zusammenbruch der Monarchie ein jähes Ende.

In der Zeit nach dem Ersten Weltkrieg kam es, aufgrund der bekannten historischen Ereignisse, zu einer massiven Ansiedelung von Fabrikarbeitern und Verwaltungspersonal durch das faschistische Regime, sodass dringend neuer Wohnraum bereitgestellt werden musste. Somit hielt der Massenwohnungsbau auch in Südtirol Einzug. Dies geschah anhand von neuen Bebauungsplänen vorwiegend in den städtischen Randbereichen und führte z.B. in Bozen zum Entstehen ganzer Quartiere nach einer strengen sozialen Hierarchie: Hier die gehobene politische Verwaltungsschicht und die Freiberufler in herrschaftlichen Wohnkomplexen (Freiheitsstraße), dort die niederen Chargen und kleinen Staatsbeamten in einer zwei- bis dreigeschossigen, um Innenhöfe gruppierten und etwas folkloristisch anmutenden Straßenbebauung (Venedigerstraße), und schließlich die Arbeiterschaft, zum Großteil Tagelöhner aus der Po-Ebene, für die nördlich der neu geschaffenen Industriezone das Wohnviertel „Semirurali" (zu deutsch „halbländlich") als Gartenstadt errichtet wurde. Sie erstreckte sich über 30 ha und bestand aus zweigeschossigen Gebäuden mit zumeist vier direkt von außen zugänglichen Wohnungen und einem Garten für eine bescheidene Tierhaltung und zum Gemüseanbau als einfachste Subsistenzwirtschaft. Weitere Wohnanlagen entstanden auf Betreiben verschiedener staatlicher Körperschaften (INCIS, INA u.a.) bei den großen Elektrozentralen und Wasserkraftwerken oder für die Eisenbahner entlang der Brennerstrecke.

Beispielhaft sei hier auf den INCIS-Komplex des römischen Architekten Alberto Calza-Bini in der Bozner Dantestraße hingewiesen: Eine beidseitig über die Diagonale erschlossene und dazu symmetrisch angeordnete aufgelockerte Blockbebauung mit in Ein- und Zweispännern organisierten Wohnungen verschiedenen Zuschnitts, aus der mehrere Vor- und Innenhöfe ausgespart sind. Architektonisch haben hier die neobarocken „palazzi romani" Pate gestanden, und das in einer Zeit, als Mies van der Rohe seinen Barcelona-Pavillon errichtete. Die Forderung der Moderne nach Licht und Sonne für jede Wohnung blieb durch das weitgehende Fehlen jeglicher den Wohnungen zugeordneter nutzbarer Freiflächen wie Terrassen oder Balkone und durch den fehlenden Naturbezug unberücksichtigt. Gerade letzteres Phänomen ist symptomatisch für eine zentralistisch organisierte Wohnbaupolitik, die, gewollt oder in Unkenntnis der realen Situation, letztlich keine Beziehung zum Ort, zur Umgebung und zur Bevölkerung herzustellen vermochte und architektonisch nur auf Vorbilder aus dem urbanen Italien zurückgriff.

Kurz zuvor hatten Clemens Holzmeister und Luis Trenker außer der Villa Pretz noch die Wohnbebauung Klösterlegrund in Bozen fertigstellen können. Eine viergeschossige Zweispännerzeile, die an die Wiener Gemeindebauten erinnert, begrenzt einen begrünten Innenbereich, der mit seinen zweigeschossigen Doppelhäusern und Privatgärten deutliche Ansätze einer Gartensiedlung aufweist. Lois Welzenbacher hingegen konnte in Dreikirchen die berühmten Ferienhäuser Settari und Baldauf, Ikonen der frühen Tiroler Moderne, errichten.

Es war eine Ironie des Schicksals, dass die moderne Architektur, das vom Bauhaus in Deutschland ausgehende „Neue Bauen", durch das faschistische Regime nach Südtirol kam. Da von fremder Macht importiert, wurde es von der Bevölkerung nicht akzeptiert. Die Nachwehen sind heute noch in der allgemeinen Skepsis dem Modernen gegenüber spürbar.

Mit den 1930er Jahren ging die kurze Zeit der eigenständigen Südtiroler Moderne zu Ende. Ab diesem Zeitpunkt gab es für die hiesigen Architekten so gut wie keine Aufträge mehr, höchstens noch im Gespann mit italienischen Kollegen wie z.B. Armando Ronca, der einige der frühen Moderne verpflichtete Wohnbauten errichten konnte und seine Tätigkeit auch nach dem Zweiten Weltkrieg, oft in Zusammenarbeit mit Luis Plattner, fortsetzte. Dieser erbaute 1950 das erste Bozner „Hochhaus", ein zehnstöckiges Wohn- und Bürogebäude mit Attiko im Stadtzentrum.

Für die im Zuge des Umsiedlungsabkommes zwischen dem nationalsozialistischen Deutschland und dem faschistischen Italien – kurz: Option – hauptsächlich nach Österreich abgewanderten Südtiroler wurden in den 1950er Jahren sogenannte „Rücksiedlerhäuser" erbaut, z.B. in Bozen-Haslach nach den Plänen von Helmuth Maurer und Othmar Barth. Diese markieren den Beginn des modernen sozialen Wohnungsbaues in Südtirol, auch weil durch sie der in der unmittelbaren Nachkriegszeit noch vorherrschende pseudoländliche Heimatstil ansatzweise überwunden werden konnte.

Mit den 1970er Jahren kam es zu einer Neuorientierung im Wohnbau. Vor allem in den Landgemeinden entwickelte sich im Rahmen öffentlicher Wohnbauförderungsprogramme eine rege Bautätigkeit. Um einer Zersiedelung der Landschaft vorzubeugen, wurden am Rande der geschlossenen Ortskerne ausschließlich dem Wohnungsbau vorbehaltene Erweiterungszonen ausgewiesen, in denen per Gesetz die Hälfte der Grundfläche dem sozialen Wohnungsbau abgetreten werden musste. Sie veränderten innerhalb weniger Jahre die bis dahin weitgehend ländlich geprägte Siedlungsstruktur der Dörfer, auch weil nicht immer der städtebaulich vernünftigste Standort ausgewählt wurde, sondern zumeist der gerade verfügbare oder lokalpolitisch zweckdienliche. Auch die in den Flächenwidmungsplänen vorgegebenen Mindestbaudichten von 1,3 m³/m² taten das Ihre: Zum einen wurde dadurch die Errichtung von Einfamilienhäusern oder Wohnanlagen im verdichtetem Flachbau erschwert, zum anderen wurde eine politisch unerwünschte städtische Verdichtung verhindert. So konnte es nicht gelingen, die vorhandene urbane Textur der Ortskerne weiterzustricken. Aus den

Weilern wurden nicht Dörfer, und aus den Dörfern nicht, wie seit jeher, Kleinstädte, auch wenn sie es hinsichtlich der Bevölkerungszahl bereits geworden waren. Es entstanden unkontrolliert wuchernde Gebäudeagglomerate, an denen, trotz oder gerade wegen der vom Gesetz anteilsmäßig verordneten sozialen Durchmischung der Bewohner, der jeweilige Bauträger architektonisch erkennbar war: der soziale Wohnbau anhand der von Architekten immerhin einheitlich geplanten Mietwohnungen des Wohnbauinstitutes, die geförderten Genossenschaften anhand des stilistischen Sammelsuriums ihrer Reihenhäuschen, die nur am Gewinn orientierten privaten Investoren und Bauherren schließlich anhand gängiger Spekulationsarchitektur.

Vorgetäuscht wurde allemal und auf engstem Raum eine ländliche Idylle, als könnte man das vormalige bäuerliche Milieu, aus dem ein Großteil der Bewohner stammte, in ein solches Umfeld weitertransportieren. Wohnanlagen mit einigen wenigen Zwei- oder Dreispännertypen wurden in nachgemachte Städel verpackt, Doppelhaushälften oder Reihenhauseinheiten mit einem eigenen Giebel versehen, um dem Vorbild frei stehender Bauernhäuser gerecht zu werden. Dazu dienten auch gewisse, auf die vorgegebene Baudichte zurückzuführende und als baurechtliche Normen verbrämte Gestaltungssatzungen, die z.B. nur zwei Vollgeschosse und ein ausgebautes, schräges Dachgeschoss zuließen, um als ortsfremd erachtete Flachdächer zu verhindern. Entlang der Straßen wurde nicht gebaut; die erforderlichen Abstandsbestimmungen schafften oft nur Verlegenheitsgrün und Restflächen, aber keine erlebbaren urbanen Räume mit Nahversorgungseinrichtungen oder dergleichen.

Einige frühe Wohnbauzonen (von Klaus Kompatscher in Sarnthein, von Trebo & Riffeser in Eppan und St. Pauls u.a.) weisen wegen ihres einheitlichen Planungskonzeptes und ihrer Architektursprache einen qualitätsvollen Siedlungscharakter auf und haben sich deshalb im Laufe der Jahre auch bewährt.

In Bozen ist die Genossenschaftssiedlung Haslach (Othmar Barth) schon allein wegen ihres Ausmaßes, der vorhandenen sozialen Einrichtungen (Pfarrzentrum, Kindergarten) und der bautypologischen Differenzierung erwähnenswert (Split-Level, Maisonettes, Laubengang).

Das wichtigste und größte Wohnbauvorhaben in Südtirol war sicherlich die Neubebauung des bereits erwähnten „Semirurali"-Areals in Bozen. Außer einem Gebäude, das als Museum dient, wurde der gesamte Baubestand geschleift und ab 1978 mit einer Baudichte von 3,5 m³/m² in mehreren Baulosen neu errichtet. Vorgesehen war ein neuer Stadtteil mit allen notwendigen sozialen, öffentlichen, kulturellen und Nahversorgungseinrichtungen, die jedoch vom Wohnbauinstitut zugunsten einer monofunktionalen Wohnnutzung größtenteils gestrichen wurden. So entstand im Laufe der Jahre eine Schlafstadt mit heterogener Bebauung: hier der massige Superblock mit Innenhof von Aymonino, dort die kleinteilige Clusterbebauung der Engländer Darbourne & Darke.

Neueren Datums sind die Viertel Reschen, Rosenbach (Menz & Gritsch u.a.) und Kaiserau (Christoph Mayr Fingerle u.a.), wo bereits nach neuesten energetischen Erkenntnissen und Kriterien gebaut wurde.

Worin unterscheidet sich also Südtirols Wohnbau von dem der anderen Alpenregionen?

Historisch in der Einstellung zum Hauseigentum, namentlich durch das Erbrecht, das keine Realteilung zuließ, um das wirtschaftliche Überleben der Bauernhöfe zu sichern. Für die weichenden Erben blieb nur das Kloster, vielleicht ein Handwerk oder der Frondienst am Bauernhof als Magd bzw. als Knecht. Das soziale Auffangnetz der Großfamilie war zwar gegeben, die Gründung einer eigenen Familie jedoch so gut wie unmöglich. Deshalb und in Ermangelung von Arbeitsplätzen vor Ort bestand bis in die 1960er Jahre auch kein ausgeprägter Wohnungsbedarf. Die auf diese bäuerlichen Lebensumstände zurückzuführende Mentalität wird, gemeinsam mit dem durch wirtschaftlichen Aufschwung und relativen Wohlstand breiterer Bevölkerungsschichten bedingten Aufbrechen des bäuerlich-hierarchischen Systems, jetzt von den weichenden Erben in die Kleinfamilie weitergetragen, mit der Folge, dass auch weiterhin der allgemeine Wunsch nach einem der Scholle verbundenen Eigenheim besteht.

Architektonisch durch das Aufeinandertreffen urbaner Wohnmodelle aus Italien und tradierter ländlich-autochthoner Baukultur. Stilistisch und funktionell wirkt sich auch die unterschiedliche Hochschulausbildung der Architekten an den praxisorientierten österreichischen und deutschen und an den mehr theoretisch ausgerichteten italienischen Universitäten aus. Nicht alles wird aber von Architekten geplant. Und vieles ist dem alpenländischen Kitsch verhaftet.

Realpolitisch durch den Willen, der Landflucht vor allem in den Bergregionen entgegenzuwirken, um die Expansion der Städte – somit allerdings auch Urbanität – zu verhindern.

Ökonomisch durch die Tatsache, dass es sich um ein kleines, abgeschlossenes Gebiet handelt, das sich im Rahmen seiner Autonomie und relativen Finanzhoheit eigene Raumordnungs- und Wohnbaureformgesetze zurechtgelegt hat. Dadurch floss viel Geld direkt in die Wohnbauförderung.

Praktisch durch den Umstand, dass der private Wohnbau in Italien als reine Verkaufsware betrachtet wird und fest in der Hand der als Bauträger agierenden Baufirmen und Investoren liegt, die Standards, Material, Zuschnitte und Grundrisse der Wohnungen bestimmen. Sie erzeugen Bauvolumen, nicht Architektur. Anders das Wohnbauinstitut, die landeseigene, für den sozialen Wohnungsbau zuständige Bauträgerkörperschaft: Es besitzt landesweit ca. 13.000 Wohnungen mit einer Durchschnittsgröße von 70 m² und vermietet diese an bedürftige Bevölkerungsschichten zu einem durchschnittlichen Mietpreis von derzeit 280 Euro. Standard und Komfort dieser Wohnungen sind für italienische Verhältnisse einzigartig.

All diese Faktoren haben zu einem Ungleichgewicht am Wohnungsmarkt geführt. Durch großzügige öffentliche Unterstützung wird Haus- und Wohnungseigentum gefördert; Mietwohnungen für den Mittelstand sind dagegen kaum vorhanden. Das baulich gängige Modell ist das „Kondominium", ein möglichst frei stehendes Mehrfamilienwohnhaus im Miteigentum.

Die auf dem Markt angebotenen Grundrisse sind stereotyp: Die Zimmer sind auf das gesetzlich vorgeschriebene Flächenminimum reduziert, eine klare Trennung von Wohn- und Schlafbereich ist oberstes Gebot, Dielen und Abstellräume gibt es keine, in ländlichen Regionen ist die Küche größer als der Wohnraum, Flexibilität für sich ändernde Familienzusammensetzungen ist kein Thema. Dafür gibt es weitläufige, aber schmale Balkone mit Blumenwannen, die in der Herstellung wenig kosten, jedoch einen unverhältnismäßigen Verkaufsertrag einbringen.

Mazziniplatz, *Stadtarchiv Bozen*
Piazza Mazzini, *Archivio Storico Città di Bolzano*
Mazzini plaza, *municipal archives of Bolzano*

Wohnbebaung entlang der Venedigerstraße, Ing. P. Bertanza, Istituto Autonomo Case Popolari, 1927
Edificio civile lungo Viale Venezia, Ing. P. Bertanza, Istituto Autonomo Case Popolari, 1927
Residential area along Via Venezia, engineer: P. Bertanza, Istituto Autonomo Case Popolari, 1927
Architektur in Südtirol, 1900 bis heute/Architettura in Alto Adige dal 1900 ad oggi, Edition Raetia, Bolzano, 1993

Auch die Gebäudetypologie ist einigermaßen einfallslos: Zwei- und Dreispänner sind die Regel, Split-Level und Maisonettes haben sich nicht bewährt, Laubenganghäuser sind mittlerweile aus energetischen Gründen nicht mehr realisierbar und aufgrund der reichlichen Hanglagen sich anbietende Terrassenhauslösungen selten.

Man sieht also, dass Südtirols Wohnbau einige spezifische Merkmale aufweist. Wie die Zukunft aussieht, wird sich anhand neuer technologischer Entwicklungen auf dem Energie- und Bausektor sowie anhand der damit verbundenen Aktualisierungen der Baugesetze zeigen. Die Sanierung und Verdichtung bestehender Bausubstanz muss vorangetrieben werden. Neue Wohnformen für veränderte Bedingungen am Arbeitsmarkt (Fluktuation, temporäres Wohnen) und in der Familienzusammensetzung (Singles, Senioren) müssen angedacht, die monofunktionale Flächenwidmung und Zonierung des Baulandes durch eine fexible Durchmischung der Funktionen ersetzt, der öffentliche Verkehr ausgebaut und die Freiräume geplant werden. Aber das gilt ebenso für andere Regionen.

→ **100 anni di edilizia residenziale in Alto Adige**

Una casa è degna di questo nome solo se puoi girarci attorno, così si dice dalle nostre parti. Il modello ideale che continua a stregare l'immaginario collettivo in tema di abitazione è sempre lo stesso: il libero maso contadino del libero tirolese immerso nel libero paesaggio; e che ci si possa arrivare in macchina fin davanti alla porta di ingresso. Solo in città, per forza di cose, va diversamente.

Viene da chiedersi se la casa in Alto Adige esprima, e per quali ragioni, peculiarità non riscontrabili nel resto dell'arco alpino e, in caso affermativo, quali siano.

A partire dalla rivoluzione industriale, nei centri urbani altoatesini rimasti sostanzialmente fermi allo sviluppo del XVII secolo, la produzione di edilizia residenziale si concentrò prevalentemente in ville urbane e caseggiati d'affitto ed a riscatto in un miscuglio accademico di stili, tra storicismo, neogotico, neorinascimento e Jugendstil alla viennese o, meglio ancora, di maniera bavarese, sia pur in versione alquanto provinciale.

A Bolzano, idilliaca cittadina dell'Impero asburgico, le prime zone di ampliamento urbano sorsero nella *Neustadt,* la città nuova tracciata dall'architetto municipale Sebastian Altmann, cui più avanti si aggiunse la via Cassa di Risparmio.

Tanto prolifico anche grazie al nascente fenomeno del turismo, il fervore edilizio *fin de siècle* si spense bruscamente al crollo dell'Impero.

Nel primo dopoguerra i noti eventi storici portarono, col regime fascista, ad un massiccio afflusso di operai e quadri amministrativi che richiedeva il rapido approntamento di nuovo spazio abitativo. Fu così che l'edilizia di massa fece il proprio ingresso anche in Alto Adige. Vennero redatti nuovi piani di attuazione localizzati specialmente ai margini del nucleo storico, che nel caso di Bolzano portarono alla creazione di interi quartieri organizzati secondo una rigida gerarchia sociale: qui le alte sfere politico-amministrative e i professionisti, stanziati in lussuosi complessi abitativi (Corso Libertà), più in là i bassi gradi e gli impiegati statali, alloggiati in una cortina stradale di edifici a due o tre piani raccolti in piccole corti di gusto vagamente folcloristico (Viale Venezia). E infine gli operai, in gran numero giornalieri padani, per una parte dei quali venne realizzato il quartiere residenziale delle Semirurali, città giardino a nord della nuova zona industriale appena insediata. Esteso per oltre 30 ettari, il quartiere era costituto da edifici a due piani, generalmente divisi in quattro alloggi direttamente accessibili dal terreno esterno, provvisto di orti e modesti pollai per la più elementare economia di sussistenza.

Altri impianti residenziali sorsero su iniziativa di svariati istituti statali (INCIS, INA, ecc.), oppure presso le grandi centrali idroelettriche e, per i ferrovieri, lungo tutta la linea del Brennero.

Si prenda ad esempio il caso del complesso INCIS di via Dante a Bolzano, dell'architetto romano Alberto Calza Bini.

Un esuberante isolato edilizio accessibile dai vertici della diagonale sulla quale è impostato simmetricamente, che ospita alloggi di vario taglio, a uno o due per pianerottolo, e nel quale sono ritagliati numerosi cortili sia interni che perimetrali.

Si tratta di un inattuale tributo architettonico versato al "barocchetto romano" proprio nello stesso periodo in cui Mies van der Rohe realizzava il celebre padiglione per l'esposizione di Barcellona.

L'istanza del Movimento Moderno – luce e sole in ogni alloggio – è qui completamente ignorata, data la quasi totale assenza di dirette pertinenze esterne alle abitazioni, né terrazze né balconi, e data la carenza di rapporti con l'elemento naturale.

Proprio quest'ultimo aspetto è sintomatico di quell'impostazione centralista della politica della casa che, vuoi intenzionalmente o per ignoranza della reale situazione, non seppe stabilire alcuna relazione con il luogo, il contesto e la popolazione locale, e architettonicamente si rivolse unicamente ai modelli dell'Italia urbana.

Poco prima, terminata Villa Pretz, Clemens Hozmeister e Luis Trenker erano giunti a completare il rione residenziale "Klösterlegrund". Un corpo in linea di quattro piani con due alloggi a pianerottolo che ricorda l'edilizia municipale viennese, e definisce al suo interno un ambito a verde che, con bifamigliari a due piani e orti privati, si ispira chiaramente ai principi della città giardino.

Lois Welzenbacher d'altro canto portava a termine le celebri case da vacanza Settari e Baldauf a Trechiese, icone del primo Moderno tirolese.

Per ironia del destino l'architettura moderna, quella nata dal Bauhaus tedesco giunse in Alto Adige attraverso il regime fascista. Proprio in quanto imposizione importata da un potere estraneo, non venne mai accettata dalla popolazione. Ne sentiamo le conseguenze ancor oggi, nel diffuso scetticismo verso il moderno.

Con gli anni Trenta si esaurì la breve stagione dell'autonoma corrente del Movimento Moderno sudtirolese. Gli architetti locali, praticamente esclusi dagli incarichi, potevano al massimo aspirare a collaborazioni con i colleghi italiani, come ad esempio Armando Ronca, l'unico che seppe trasporre nelle sue opere residenziali i princìpi del primo Movimento Moderno, sviluppandoli anche nella sua produzione dopo la guerra, spesso in coppia con Luis Plattner. Quest'ultimo, nel 1950 realizzò il primo edificio in altezza del capoluogo, una torre di dieci piani e attico, per abitazioni ed uffici nel centro città.

Negli anni Cinquanta, per il rientro dei sudtirolesi espatriati specie verso l'Austria nel periodo delle Opzioni, vennero predisposte le cosiddette case per i rioptanti, come ad esempio quelle progettate nel quartiere di Aslago da Helmuth Maurer e Otmar Barth. Queste segnarono la nascita dell'edilizia sociale contemporanea in Alto Adige, anche grazie alla capacità che dimostrarono di superare sin dall'impostazione concettuale il tradizionale stile pseudobucolico ancora imperante nell'immediato dopoguerra.

I primi anni Settanta segnano un nuovo cambio di rotta nella produzione di alloggi. Inquadrata nei programmi di sostegno pubblico all'edilizia, prende vita una vivace attività costruttiva, specie nei comuni di paese minori.

Al margine dei compatti nuclei storici vengono predisposte le cosiddette zone di espansione monofunzionale, nate per scongiurare l'edificazione selvaggia del territorio e riservate esclusivamente all'edilizia residenziale, metà della superficie fondiaria destinata per legge all'edilizia sociale.

In pochi anni queste zone di espansione trasformano la struttura urbana di paesi fino ad allora caratterizzati prevalentemente dalla dimensione rurale, anche perché non sempre furono scelte le dislocazioni più ragionate, ma piuttosto quelle immediatamente disponibili, se non quelle più convenienti alla politica locale.

Anche la densità edilizia fissata a 1,3 m^3/m^2 dai piani urbanistici fece la sua parte: da un lato disincentivò sia la costruzione di case unifamiliari isolate che di fabbricati abitativi più compatti, dall'altra frenò proprio un'addensamento urbano politicamente indesiderato.

In questo modo però non si riuscì a estendere l'originale struttura del tessuto urbano dei nuclei abitati. I villaggi più piccoli non si tramutarono in paesi e questi non si svilupparono in cittadine, come sempre era accaduto, anche se per mero numero di abitanti di fatto lo divennero.

Ne risultarono invece proliferanti e incontrollati agglomerati edilizi nei quali, nonostante, o meglio, proprio a causa della composizione sociale preordinata a norma di legge, spiccavano con evidenza le diverse committenze. L'edilizia sociale, per gli unitari edifici d'affitto redatti sempre da un progettista unico, le cooperative in regime di edilizia agevolata, per il guazzabuglio stilistico delle singole unità a schiera, e la banale edilizia speculativa di committenti e investitori privati, orientata unicamente al profitto.

Insistente, persino nelle aree più ristrette, la simulazione di un idillio bucolico, inseguito trasponendo anacronistici elementi formali di quell'ambiente rurale da cui proveniva buona parte degli abitanti. Complessi abitativi con più corpi scale e due o tre alloggi a pianerottolo vengono impacchettati come fienili posticci, e metà di doppie case o singole unità di schiera sono dotate di un proprio colmo del tetto, per rendersi compatibili col modello della casa a sè stante.

A questa tendenza contribuirono anche determinati regolamenti compositivi, legati alla normativa sulla densità urbanistica e travestiti da norme edilizie, come ad esempio quelli che permettevano due soli piani utili e un sottotetto inclinato da adattare ad abitazione, in modo da scoraggiare l'uso di coperture piane, considerate estranee al contesto.

Luftaufnahme der Semirurali, Stadtarchiv Bozen, aus: turrisbabel 64, 11/2004
Foto aerea delle Semirurali, Archivio storico città di Bolzano, in: turrisbabel 64, 11/2004
Aerial photograph of the Semirurali, municipal archives of Bolzano, from: turrisbabel 64, 11/2004

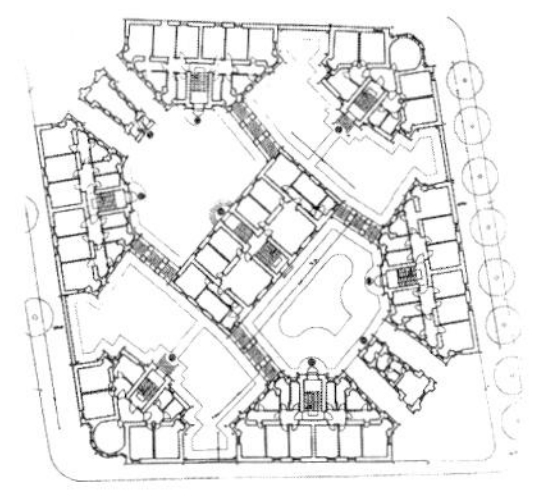

Grundriss Wohngebäude I.N.C.I.S. für 51 Wohnungen, Arch. A. Calza Bini 1926-1928,
Complesso residenziale I.N.C.I.S. per 51 unità abitative, Arch. A. Calza Bini 1926-1928,
Ground plan of the residential complex I.N.C.I.S. for 51 units, architect: A. Calza Bini 1926–1928
Architektur in Südtirol 1900 bis heute / Architettura in Alto Adige dal 1900 ad oggi
Hrsg. / ed.: Architektenkammer der Provinz Bozen
Edition Raetia, Bozen 1993, S. / p. 144

Non si realizzarono fronti strada, le relative norme sulle distanze permettevano solo cuscinetti verdi e ritagli di risulta, senza riuscire a stimolare alcuno spazio pubblico vivibile con arredo urbano o simili.

Alcune delle prime zone residenziali (tra le altre quelle di Klaus Kompatscher a Sarentino, Trebo & Riffeser ad Appiano e San Paolo) dimostrano per il loro concetto progettuale unitario e il loro linguaggio formale, un carattere insediativo di grande qualità, e in virtù di ciò si sono rivalutate nel corso degli anni.

A Bolzano degno di nota è l'insediamento di cooperative Aslago (Othmar Barth) non foss'altro che per le sue dimensioni, le attrezzature sociali disponibili (centro parrocchiale, asilo) e per la differenziazione tipologica (livelli sfalsati, maisonettes, ballatoi).

Il più importante e grande intervento residenziale in Alto Adige fu sicuramente la riedificazione del quartiere delle Semirurali a Bolzano, precedentemente citato. Ad eccezione di un'unica casetta, destinata a museo, l'intera sostanza esistente fu rasa al suolo e a partire dal 1978 l'area venne riedificata in più lotti con una densità edilizia di 3,5 m^3/m^2. Doveva essere una nuova parte di città, con tutte le necessarie attrezzature pubbliche, sociali, culturali, e commerciali di vicinato, che furono però in buona parte stralciate dall'Istituto per l'Edilizia Sociale a vantaggio di una destinazione abitativo monofunzionale. Così sorse nel corso degli anni un quartiere dormitorio con disparate costruzioni: qui il massiccio megablocco a corte interna di Aymonino, lì il minuto rione a cortiletti degli inglesi Darbourne & Darke.

Più recenti i quartieri Resia e Mignone (tra gli altri Menz & Gritsch), e terminato da poco il quartiere Casanova (Christoph Mayr Fingerle ed altri) impostato sin dal principio e realizzato in funzione dei più recenti criteri e delle ultime conoscenze in materia di risparmio energetico.

Cosa contraddistingue dunque l'edilizia residenziale altoatesina?

Storicamente, la difesa della proprietà immobiliare, e precisamente il diritto ereditario di primogenitura grazie al quale si è evitato il frazionamento fondiario, garantendo la sopravvivenza economica dei masi contadini. Ai coeredi esclusi non restava che il convento o al meglio l'artigianato, oppure il servizio presso il maso d'origine come domestica o bracciante. La rete di captazione sociale offriva accoglienza in clan parentali, mentre era praticamente impossibile la formazione di nuovi ceppi famigliari. Questo motivo, unito alla carenza di opportunità lavorative in loco, ha limitato fino agli anni Sessanta lo sviluppo della domanda residenziale.

La mentalità legata a questi vincoli della condizione contadina, abbinata al cedimento del sistema gerarchico rurale conseguente al boom economico e al relativo benessere di più ampie fasce della popolazione, sopravvive oggi nelle famiglie cadette, con la generalizzata persistenza del desiderio di una proprietà legata alla terra.

Architettonicamente, il connubio di modelli residenziali urbani italici con una travisata cultura materiale locale. Su i cui aspetti stilistici e funzionali si riflette anche la diversa formazione universitaria degli architetti, più pragmatica quella austriaca e tedesca, più teorica e accademica quella italiana.

E gli architetti non sono gli unici a progettare, molto resta ancora imbrigliato al Kitsch di gusto alpestre.

Erstes Hochhaus in Bozen, Arch. L. Plattner, 1950, *Historische Ansichtskarte*
Primo "grattacielo" a Bolzano, Arch. L. Plattner, 1950, *Cartolina d'epoca*
First high-rise building in Bolzano, architect: L. Plattner, 1950, *historical picture-postcard*

Neue Wohnbauten, im Hintergrund alte Bauernhöfe
Nuovi edifici residenziali, sullo sfondo vecchi masi
New residential buldings with old farms in background
Foto Wolfgang Piller

Politicamente, la volontà di contrastare la fuga dalle campagne, specie nelle zone montane, per frenare l'espansione urbana ha, d'altro canto, anche limitato l'urbanità.

Economicamente, la limitata dimensione di un piccolo territorio circoscritto, che nel quadro della sua autonomia e di una relativa indipendenza finanziaria si è dotatato di un proprio ordinamento normativo urbanistico e di un proprio disegno di riforma abitativa, attraverso i quali molte risorse vengono convogliate direttamente nell'agevolazione dell'edilizia residenziale.

Praticamente, una gestione dell'edilizia privata che in Italia é considerata un puro bene di consumo, saldamente in pugno ad imprese edili che agiscono da investitori immobiliari decidendo standard, materiali, taglio e suddivisione degli alloggi. Non si produce architettura, ma mera volumetria. Ben diverso il caso del locale Istituto Ipes, peculiare organo istituzionale provinciale competente per l'edilizia sociale, che gestisce sull'intero territorio provinciale un patrimonio di ca. 13.000 alloggi dal taglio medio di 70 m², offerti in affitto calmierato alle fasce di popolazione più disagiate per un prezzo mensile medio attualmente fissato a 280 euro con standard e comfort eccezionali rispetto ai corrispettivi italiani.

Questo insieme di fattori ha portato uno divario nel mercato immobiliare. Mentre la generosità dei contributi pubblici favorisce l'acquisto di case ed abitazioni, gli alloggi in affitto per il ceto medio continuano a essere difficilmente reperibili. Il modello edilizio corrente è quello del cosiddetto condominio, una palazzina multifamiliare in comproprietà, possibilmente isolata.

Le tipologie proposte dal mercato sono stereotipate. Le stanze ridotte alle minime prescrizioni di legge, scomparsi atri d'ingresso e ripostigli, ma immancabile il dettame di una netta divisione tra zona giorno e zona notte, mentre fuori città la cucina tende a prevalere sul soggiorno, ovunque grande assente è la flessibilità per la mutevole composizione famigliare.

In compenso abbondano le balconate continue, ma sempre strette, munite di portavasi, poco dispendiose a realizzarsi e spropositatamente remunerative alla vendita.

Anche il tipo di edificio non dimostra particolare inventiva. La norma imperante è quella dei due o tre alloggi per pianerottolo, le soluzioni a piani sfalsati o maisonette non si sono mai imposte, il sistema a ballatoio è ormai impraticabile per motivi energetici, e rare sono le soluzioni terrazzate di per sè favorite dai numerosi lotti in pendenza.

Si è chiarito dunque come l'edilizia residenziale altoatesina presenti diversi caratteri peculiari. Come si possa prospettare il futuro, dipenderà dagli sviluppi tecnologici del settore energetico e dei materiali da costruzione, nonché dal relativo aggiornamento della normativa edilizia a questi riferita.

Sono da incoraggiare la ristrutturazione del patrimonio edilizio e la densificazione del tessuto esistente. Vanno elaborate nuove forme residenziali confacenti alle variate condizioni del mercato del lavoro (mobilità, abitazioni temporanee) e della composizione familiare (singles, anziani), mentre le destinazioni monofunzionali e la zonizzazione delle aree edificabili vanno sostituite da una pluralità di funzioni flessibili, va intensificato il trasporto pubblico e vanno ripensati gli spazi aperti.

Tutto questo, del resto, vale ugualmente per altre regioni.

Around here, they say a house is only a house if you can walk around it. The idealized image of a free-standing farmstead belonging to a free Tyrolean farmer in a landscape that is open and "free" still influences the local imagination when it comes to having a place to lay one's head. Moreover, the ideal home is also one where you can drive your car right up to the front door. It is only in cities that constraints on access have to be accepted.

Does residential building in the Alto Adige exhibit particular features that, for whatever reason, are not found anywhere else in the Alpine region, and if so, then why?

In the cities of South Tyrol, which has not grown significantly since the seventeenth century, the types of housing construction that grew out of industrialization were mainly city villas and tenements built in a style that mixed historicist, Neo-Gothic, Neo-Renaissance, and Art Nouveau elements. It drew its influences from Vienna and above all Munich, although they were expressed in a somewhat provincial vernacular. Bolzano, once a picturesque town during the Habsburg Empire, was first expanded under the direction of city architect Sebastian Altmann. His new part of town was later followed by the Sparkassenstrasse. The flourishing building activity that resulted partly from the growth of tourism during the fin de siècle came to an abrupt end with the collapse of the Habsburg Monarchy.

The period following the First World War saw a massive influx of factory workers and administrative personnel on the directions of the fascist regime, and they urgently needed living space. That is how mass housing construction was introduced in South Tyrol. The building activity was based on new development plans that mainly applied to urban fringe areas and led to the emergence of entire districts arranged according to a strict social hierarchy: for example, in Bolzano, where upper echelons of the political administration and professional strata were housed in stately residential complexes (Freiheitsstraße), while lower-level officials and civil servants were accommodated in two- or three-story buildings grouped around central courtyards and designed with a somewhat folkloric look (Venedigerstraße). Finally, the working class, for the most part consisting of day-laborers from the Po River Plain, lived in the Semirurali (semi-rural) district, a garden city built north of the new industrial zone. It covered thirty hectares and consisted of two-story buildings. Most of them contained four apartments that were directly accessible from the street and were equipped with a garden for keeping a small number of animals and growing vegetables to provide a minimal subsistence for the residents. Further residential facilities were built next to large electricity plants and hydroelectric power stations for various state corporations (e. g. INCIS, INA), and for railway workers along the Brenner line.

A good example is the INCIS complex built by the Roman architect Alberto Calza Bini in Bolzano's Dantestraße: a block development that can be accessed diagonally from both sides. It is arranged symmetrically, has an open structure, and contains single and paired apartments with various layouts, allowing for recessed forecourts and courtyards. The architectural inspiration for this design can be found in the Neo-Baroque Palazzo Romano, and this at a time when Mies van der Rohe was building his Barcelona Pavilion. There are neither useable open spaces such as terraces and balconies, nor connections to the natural environment, so the modernist principle of letting light and sunshine into every apartment was left out of consideration. This lack of reference to nature is symptomatic of a centrally organized housing policy that, whether intentionally or out of sheer ignorance, did not even try to establish a relationship to the location, the surroundings, or the local inhabitants, but limited itself to architectural ideals from urban Italy.

Not long before, Clemens Holzmeister and Luis Trenker had completed not only the Villa Pretz but also the Klösterlegrund residential development in Bolzano: a four-story series of twin apartments that recall the Viennese "municipality buildings," border on a grassed patio, and clearly exhibit features of a garden estate with its semi-detached houses and private gardens. Lois Welzenbacher, on the other hand, built the renowned Settari and Baldauf holiday houses in Dreikirchen, icons of early Tyrolean modernism.

By a twist of fate, it was the fascist regime that brought modernist architecture inspired by the German Bauhaus "New Building" movement to South Tyrol. But because it had been imported by a foreign power, it was not accepted by the population, and the aftermath of this clash can still be felt today in a general skepticism toward modernism.

In the 1930s, the short reign of independent South Tyrolean modernism came to an end. Local architects received almost no contracts anymore. At best, they were allowed to participate in a team headed by Italian colleagues such as Armando Ronca, who implemented several residential projects inspired by early modernism and continued his work after the war, often working with Luis Plattner. In 1950, he built the first Bolzano high-rise, a ten-story attic-style residential and office building in the town center.

In the wake of the South Tyrol Option Agreement, locals who had emigrated to Austria were given so-called resettler houses: for example, those in Bolzano-Haslach designed by Helmuth Maurer and Othmar Barth. These buildings mark the beginning of modern residential building in South Tyrol, in part because they were rudimentarily able to surmount the pseudo-rural local style that still dominated the period.

Beginning in the 1970s, residential building underwent a reorientation. Within the framework of public housing construction programs, rural municipalities in particular saw brisk building activity. To prevent uncontrolled development, so-called mono-functional extension zones exclusively reserved for housing construction were created on the edges of the closed town centers, in which, by law, half of the available area was for subsidized housing only. Within just a few years, this program altered the largely rural settlement structure of the villages, partly because locations were often chosen according to availability or local political interests rather than sensible town planning principles. The minimum building density of 1.3 m^3/m^2 prescribed by zoning regulations also contributed to this situation. On the one hand, it made the construction of low single-family dwellings or housing estates difficult, and on the other hand, it hindered a politically undesirable increase in urban density, so the existing urban texture of the town centers could not be further developed. Contrary to historical patterns of development, hamlets did not become villages, and villages did not become small towns, which, in terms of population, they actually were. That led to the uncontrolled growth of building agglomerations in which the architecture revealed the client, in spite or precisely because of the law that prescribed a social mix of residents: public housing with

Luftaufnahme der neuen Erweiterungszonen auf dem Ex-Semiruraligelände
Foto aerea della nuova zona di espansione sull'areale delle Semirurali
Aerial photograph of the new expansion zones on the former Semirurali site
Foto C. Azzolini

rental apartments and standard architectural features defined by the Housing Institute, subsidized housing cooperatives with the stylistic smorgasbord of their row houses, and finally, speculative projects by private investors and clients pursuing profits.

A countryside idyll was simulated in a very confined space, as if to transfer the rural environment, that the majority of residents came from to the new surroundings. Housing estates with groups of two or three residential units were packed into pseudo-village structures of semi-detached houses or row-house units that were equipped with gables to make them resemble freestanding farmhouses. This effect was further amplified by design regulations based on the prescribed building density and presented as legal building norms. These regulations only permitted two full floors and converted attics with a sloped ceiling to avoid flat roofs, which were considered out of keeping with the local style, for example. Buildings were set back from the streets. Distance requirements often resulted in grassed and residual areas, but not in urban spaces with local amenities that could be experienced as real urban environments.

Owing to their unitary planning concept and the architectural vernacular, several residential zones constructed early in this process (including those by Klaus Kompatscher in Samthein and by Trebo & Riffeser in Eppan and St. Pauls) exhibit a high-quality residential character and have therefore stood the test of time. Its dimensions, social facilities (church community center, kindergarten), and characteristic building typologies (split level, maisonette, access balconies) make the Haslach cooperative housing development (Othmar Barth) in Bolzano particularly worth mentioning.

The most important and largest housing construction project in South Tyrol was certainly the reconstruction of the Semirurali area in Bolzano. Apart from one building that now serves as a museum, the entire building stock was razed and rebuilt in several stages from 1978 onwards, with a density of 3.5 m^3/m^2. The plan was to create a new district equipped with all necessary social, public, and cultural facilities and local amenities. However, this concept was largely scrapped by the Housing Institute in favor of a mono-functional housing area. Over the course of time, the area became a dormitory town with different kinds of buildings: for example, the bulky block with a courtyard by Aymonino and the cluster development by the English architects Darbourne & Darke.

Of more recent origin or only just completed are the districts of Reschen, Rosenbach (Menz & Gritsch and others), and Kaiserau (Christoph Mayr Fingerle and others), where the designs integrate the latest energy-efficiency developments.

What, then, distinguishes housing construction in the Alto Adige?

In ***historical*** terms, it is the attitude to property ownership expressed in inheritance law, which did not permit division, in order to ensure the economical viability of the farmsteads. Those who received no inheritance could only choose between the cloister, perhaps a trade, or going into service as a domestic servant or a farm hand. The extended family formed a social safety net, but establishing one's own family was all but impossible. For this reason, and due to the lack of jobs in the local surroundings, there was no significant demand for housing until well into the sixties. The mentality deriving from these rural existential circumstances, paired with the break-down of the hierarchical rural system due to the relative economic prosperity of large sectors of the population, was then brought into the nuclear family by those who had not inherited. As a result, the desire for a plot of land and a home of one's own is still strong.

In *architectural* terms, the distinctive feature is the combination of Italian urban living concepts and an indigenous, rural building tradition. The different types of training acquired by architects from practically-oriented German and Austrian universities and those from more theoretically-oriented Italian universities have also led to different styles and functions. However, not everything is the result of architectural design; much is simply Alpine kitsch.

In *political* terms, the distinction has been shaped by the desire to counter the rural exodus from the mountain regions, to stop the expansion of the cities, and to inhibit the region's urban character.

In *economic* terms, the fact that South Tyrol is a small, enclosed territory with its own regional planning and housing reform laws, thanks to its relative autonomy and financial independence, which also supplied the housing reform with a great deal of money.

In *practical* terms, it is that private housing in Italy is regarded purely as a commodity and is tightly controlled by construction firms and investors who stipulate standards, materials, layouts, and floor-plans. That leads to construction volumes rather than architecture. Things are different in South Tyrol, where the Housing Institute is responsible for subsidized housing. It owns 13,000 dwellings with an average size of 70 m². They are rented to rather poor population groups at an average price of 280 euros a month and offer standards and levels of comfort that are unique in Italy.

All these factors have created an imbalance on the housing market. House and apartment ownership is generously subsidized by the state. On the other hand, rental housing for the middle classes is difficult to come by. The most prevalent model is the condominium, a multi-family dwelling that is jointly owned and, if possible, completely detached from other buildings.

The available floor-plans are stereotypical. Rooms are reduced to the legally prescribed minimum area, living and sleeping areas are clearly divided, and there are no hallways or storage rooms. In the countryside, the kitchens are bigger than the living areas. There is no flexibility for changing family structures. On the other hand, units are provided with long, narrow balconies with flower boxes, which do not cost a fortune to build, but boost selling prices considerably.

The building typology is also relatively uninspired. Units paired in twos and threes are the rule. Split-level and maisonette designs have not proved successful. For reasons of energy efficiency, access balconies are no longer viable and are seldom seen, due to the stepped or terraced solutions that are offered in numerous hillside locations.

Housing in the Alto Adige is special for several reasons. The future will depend on technological developments in the energy and building sectors and associated building regulation reforms. Existing building stock needs to be redeveloped and greater levels of density created. New residential forms that suit the new labor market conditions (fluctuation, temporary habitation) and family structures (singles, seniors) are required. Mono-functional building land zones should be replaced by a flexible blend of functions; public transport ought to be given a higher priority; and open spaces require better planning. But the same applies to other regions.

Arch. H. **Wolfgang Piller**

1949	geb. in Meran, Südtirol
1968-76	TU Wien
seit 1978	freischaffender Architekt in Bozen
1986-90	Präsident der Architektenkammer der Provinz Bozen
1992	Koordinator und Chefredakteur des Architekturführers: „Architektur in Südtirol 1900 – heute“; Edition Raetia, Bozen
1992-95	Chefredakteur der Architekturzeitschrift „turrisbabel“ Hrsg.: Architektenkammer der Provinz Bozen
2004-07	Vorsitzender des Kollegiums für Landschaftsschutz der Provinz Bozen

Lehraufträge an der FH Trier und an der Universität Innsbruck

37 Projekte / 37 Progetti / 37 Projects

Beschreibung / Descrizione / Description

1.822

m ü. NN / m s.l.m. / m a.s.l.

St. Moritz

Graubünden / Grigioni / Grischun
Schweiz / Suisse / Svizzera / Svizra

Mehrfamilienhaus „Hans-Jürg Buff“
Edificio residenziale “Hans-Jürg Buff”
“Hans-Jürg Buff” Housing Complex

Pablo Horváth, Architekt SIA/SWB, Chur

Auftraggeber / Committente / Client
BOKA AG, Hans-Jürg Buff, St. Moritz

Fertigstellung / Data di completamento / Completion
2009

Grundstücksfläche / Superficie del lotto / Site area
860 m²

Wohnfläche / Superficie abitativa / Living area
660 m²

Wohneinheiten / Unità abitative / Dwellings
4 x 133 m², 1 x 266 m²

Baukörper / Articolazione volumetrica / Form
1

Erschließung / Tipologia distributiva / Access
Einspänner / un alloggio per piano / one unit per floor per stair

Wohnart / Tipologia abitativa / Housing type
Neubau eines Mehrfamilienhauses
edificio plurifamiliare di nuova costruzione
multi-family dwelling (new-build)

Stellplätze / Posti auto / Parking spaces
65

Freiraum / Spazi esterni / Open space
Loggia / logge / loggias

Gemeinschaftlich genutzte Flächen
Superfici collettive
Communal facilities
verbundene, gemeinsam genutzte Parkgarage, Keller- und Abstellräume
garage interrato comune con cantine e depositi
associated, jointly-used parking garage, cellar, and storage spaces

Mehrfamilienhaus „Hans-Jürg Buff“

Das Mehrfamilienhaus Hans-Jürg Buff bildet den südwestlichen Abschluss der Überbauung Chalavus in St. Moritz Bad. Zusammen mit weiteren umliegenden Bauten, die sich um einen geschützten grünen Innenhof gruppieren, entsteht so eine qualitätsvolle städtebauliche Gesamtanlage. Der fünfgeschossige polygonale Neubau reiht sich einem Findling ähnlich an der Südseite des Hofes in die bestehende lockere Bebauung ein.

Das Mehrfamilienhaus profitiert von seiner losgelösten, freistehenden Situierung. So orientieren sich die zum Teil zweigeschossigen Wohneinheiten nach allen vier Himmelsrichtungen und gewähren beeindruckende Blicke auf die malerische Gebirgslandschaft. Die Zimmer fächern sich dem Sonnenverlauf folgend von Osten über Süden bis zur Westseite auf. So durchfluten die Wohn- und Schlafbereiche zu jeder Tageszeit wechselnde und spannende Lichtverhältnisse.

Die architektonische Formensprache des Einspänners nimmt Anleihen an der regionalen Baukultur, doch werden traditionelle und regionalistische Elemente in die heutige Zeit transportiert: Die aufragende Gestalt erinnert an die in ganz Graubünden auftretende Wohnturmtypologie aus dem Spätmittelalter. Die den ganzen Bau einhüllende massive Steinfassade trägt diesen Gedanken ebenso in sich wie der wilde Verband des Steins, der maßgeblich für den Eindruck eines monolithischen Baukörpers verantwortlich ist. In Holz ausgefachte Loggien ebenso wie die hölzernen Faltschiebeläden modulieren und strukturieren den monolithischen Baukörper ähnlich der ihm zu Grunde liegenden Referenzen. Die Tragstruktur der massiven Gebäudehülle inklusive des Daches aus Beton berücksichtigt den Wunsch der heutigen Käuferschaft nach innerer Flexibilität.

Edificio residenziale “Hans-Jürg Buff”

L’edificio plurifamiliare Hans-Jürg Buff definisce il limite sud-ovest dell’edificazione di Chalavus a St. Moritz Bad. Insieme alle costruzioni circostanti, raggruppate intorno ad una riparata corte interna a verde, si forma un complesso urbano di alta qualità. Come un masso erratico, il nuovo edificio poligonale di cinque piani si allinea lungo il lato sud della corte, nella sparsa edificazione esistente.

L’edificio plurifamiliare con singoli alloggi per piano, trae vantaggio dalla sua posizione isolata e svincolata. Infatti gli appartamenti, in parte a due livelli, si orientano verso tutti e quattro i punti cardinali e offrono sorprendenti viste sul pittoresco paesaggio montano. Le camere si aprono a ventaglio, seguendo il cammino del sole, da est a sud e fino al lato ovest. In questo modo ad ogni ora, mutevoli ed emozionanti condizioni d’illuminazione inondano gli ambiti giorno e notte.

Il linguaggio architettonico, debitore della cultura architettonica locale, trasporta nel contemporaneo elementi tradizionali e regionali: la figura svettante rimanda alla tipologia della torre residenziale tardo-medievale tipica dei Grigioni. La massiccia facciata in pietra che avvolge l’intero edificio racchiude lo stesso principio, come pure gli irregolari corsi delle pietre, ai quali si deve in buona parte l’effetto monolitico del corpo di fabbrica. Le logge foderate in legno, così come le imposte a libro, modulano e strutturano il monolitico volume analogamente agli archetipi di riferimento. La struttura portante in cemento armato del guscio massiccio dell’edificio e della copertura tiene conto del desiderio di flessibilità interna degli acquirenti odierni.

“Hans-Jürg Buff” Housing Complex

The apartment building of Hans-Jürg Buff forms the southwestern boundary of the Chalavus project in the resort of St. Moritz. Along with other surrounding buildings, all grouped around a protected, green inner courtyard, it creates a high-quality urban complex. The five-story, polygonal new building is positioned on the south side of the courtyard, much like a boulder in the existing open built fabric.

Since the apartment building is detached and freestanding, the dwelling units, some of them double height, face in all four directions and offer impressive views of the picturesque mountain landscape. Following the path of the sun, the rooms fan out from the east, along the south to the west. That way, changing and exciting light floods the living and sleeping areas at all times of the day.

The formal architectural vocabulary of the building borrows from the regional architectural culture, yet the traditional and regional elements are transported into the present day: the towering form is reminiscent of the residential tower typology from the late Middle Ages that is found throughout the Canton of Graubünden. This idea is also inherent in the massive stone facade that envelopes the entire building, as the impression of a monolithic built structure is owed to the random bond pattern of the stone. Loggias with wood infill and the folding and sliding wooden shutters modulate and add structure to the monolithic building form, much like the elements they refer to. The supporting structure of the massive building envelope, including the concrete roof, takes into account the desire of the modern-day buying public for interior flexibility.

← 4

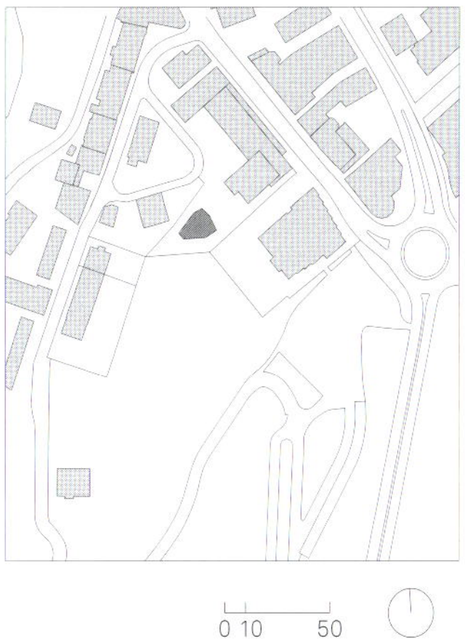

Schnitt / Sezione / Section

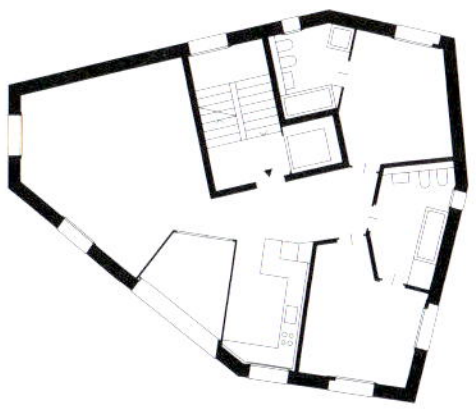

Grundriss 1. Obergeschoss / Pianta 1° piano / First floor
M 1:500

1.721

m ü. NN / m s.l.m. / m a.s.l.

Samedan

Graubünden / Grigioni / Grischun
Schweiz / Suisse / Svizzera / Svizra

Wohnüberbauung „Giardin"
Complesso residenziale "Giardin"
"Giardin" Residential Development

Lazzarini Architekten, Samedan

Auftraggeber / Committente / Client
privater Auftraggeber / committente privato / private client

Fertigstellung / Data di completamento / Completion
2007

Grundstücksfläche / Superficie del lotto / Site area
1.000 m²

Wohnfläche / Superficie abitativa / Living area
1.200 m²

Wohneinheiten / Unità abitative / Dwellings
2 Einfamilienhäuser und ein Mehrfamilienhaus
2 edifici unifamiliari e uno plurifamiliare
2 single-family houses and an apartment building

Baukörper / Articolazione volumetrica / Form
3 miteinander verbundene Baukörper
3 corpi di fabbrica collegati fra loro
3 connected structures

Erschließung / Tipologia distributiva / Access
Einspänner / un alloggio per piano / one unit per floor per stair

Wohnart / Tipologia abitativa / Housing type
Neubau einer Wohnanlage
edificio d'abitazione di nuova costruzione
residential complex (new-build)

Stellplätze / Posti auto / Parking spaces
25

Freiraum / Spazi esterni / Open space
Terrassen / terrazze / terraces

Wohnüberbauung „Giardin"

Das Haufendorf Samedan hat einen städtisch verdichteten Ortskern, während sich ringsherum die Struktur auflockert und in eine Streubebauung übergeht. An der Grenze zwischen diesen Siedlungsmustern wurden zwei Einfamilienhäuser und ein Mehrfamilienhaus realisiert. Auf den drei parallelen, sich nach oben staffelnden Hangterrassen erheben sich über einer Tiefgarage die drei Volumen mit ihren zum Teil leicht trapezförmigen Grundrissen. Das turmartige Mehrfamilienhaus mit den fünf Wohngeschossen steht an höchster Position und überragt die beiden Bauten zu seinen Füßen.

Die landschaftliche Schichtung setzt sich im Inneren fort. Die Wohnbereiche sind zwischen den zwei Stirnseiten eingespannt und auf die Talseite ausgerichtet; die Küche und die Erschließungszonen liegen hangseitig und orientieren sich zu den schmalen Zwischenräumen der Gebäude, die an die engen Gassen Samedans erinnern. Durch die asymmetrisch angeordneten Lochfenster bieten sich groß-zügige Ausblicke in die Engadiner Bergwelt.

Geschichteter durchgefärbter Stampfbeton verleiht den vergleichsweise mächtigen Volumen eine eigenständige Ausstrahlung und erlaubt zugleich eine harmonisierende Einbindung sowohl in die Landschaft als auch an die historischen, ortstypischen Stein- und Putzfassaden ringsum. Hinter der Fassade verbergen sich, ähnlich wie bei einem zweischaligen Mauerwerk, eine Kerndämmung und eine innere Mauerwerksschale, die zusammen mit Lüftung und Wärmepumpe den Minergie-Standard ermöglichen.

Complesso residenziale "Giardin"

L'agglomerato del paese di Samedan presenta un denso nucleo urbano, mentre tutto intorno la struttura si dirada passando a un'edificazione diffusa. Al confine fra questi due modelli insediativi sono stati realizzati due edifici unifamiliari ed uno plurifamiliare. I tre volumi si ergono, sopra al garage interrato, su tre terrazzamenti paralleli scalettati verso l'alto, con piante in parte leggermente trapezoidali. La torre plurifamiliare di cinque piani si trova nella posizione più elevata e sovrasta le due costruzioni ai suoi piedi.

La stratificazione del paesaggio si insinua negli spazi interni. Gli ambiti di soggiorno, allungati tra i due fronti, guardano verso valle, mentre la cucina e gli spazi di circolazione sono disposti a monte, rivolti verso gli stretti interspazi fra gli edifici, che ricordano gli angusti vicoli di Samedan. Grazie alle aperture delle finestre disposte in modo asimmetrico, si gode di ampie vedute sul paesaggio montano dell'Engadina.

Il calcestruzzo strutturato e colorato in pasta conferisce ai volumi relativamente possenti un fascino particolare, e consente al contempo un richiamo che armonizza i nuovi edifici al paesaggio ed alle tipiche facciate storiche circostanti, in pietra e intonaco. La facciata, stratificata a sandwich, nasconde un isolamento intermedio ed una muratura interna che, insieme alla ventilazione e alla pompa di calore, permettono di soddisfare lo standard energetico Minergie.

"Giardin" Residential Development

The clustered village Samedan has a compact town center, whereas the surrounding urban structure loosens up into a dispersed development. Two single-family houses and an apartment building have been constructed on the boundary between these settlement patterns. On three parallel terraces that graduate the slope, the three volumes with their slightly trapezoidal floor plans rest atop an underground garage. The tower-like apartment building with five residential levels stands at the highest point and dominates the two lower buildings.

The scenic layering continues in the interior. The living areas stretch out between the two exterior walls and are oriented toward the valley down below, whereas the kitchens and the circulation zones face the mountain and the narrow interstitial spaces of the buildings, which are reminiscent of the narrow lanes of Samedan. The asymmetrically placed punched windows offer generous views of the Engadine mountain landscape.

Layered, tinted, and tamped concrete lends an independent character to the relatively powerful volumes and harmoniously integrates them into the landscape and the surrounding historic indigenous stone and stucco facades. Thanks to core insulation and an inner wythe of masonry concealed behind the facade, much like double-wythe masonry, as well as the ventilation system and heat pumps, the buildings meet the MINERGIE standard.

← 10

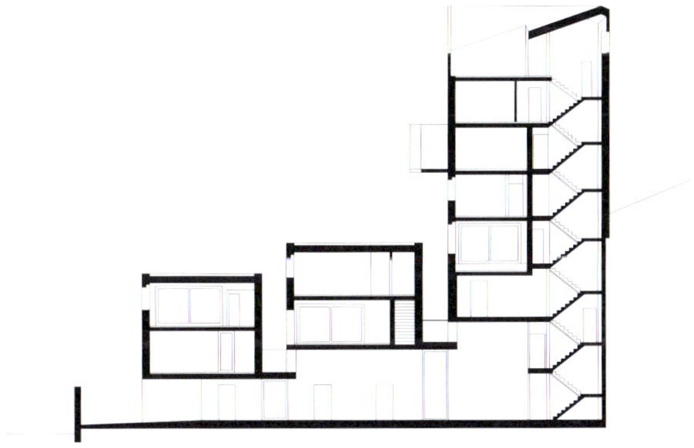

Schnitt / Sezione / Section

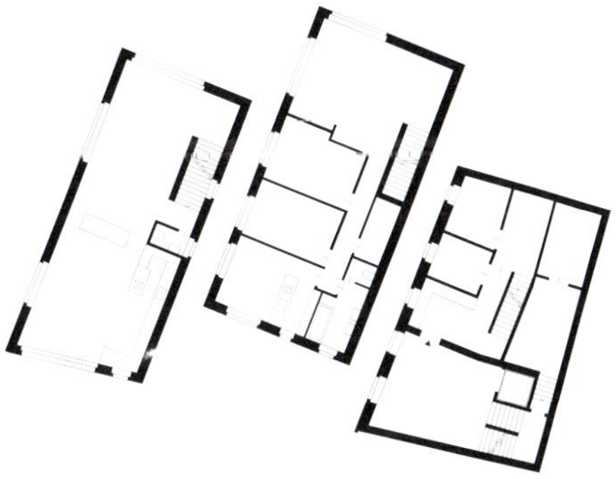

Grundriss 7. Obergeschoss / Pianta 7° piano / Seventh floor
M 1:500

Grundriss 2. Obergeschoss / Pianta 2° piano / Second floor

1.716

m ü. NN / m s.l.m. / m a.s.l.

Zuoz

Graubünden / Grigioni / Grischun
Schweiz / Suisse / Svizzera / Svizra

Wohnüberbauung „Chesa Mariöl"
Complesso residenziale "Chesa Mariöl"
"Chesa Mariöl" Residential Develepment

Könz Molo architetti eth.sia.fas, Lugano

Auftraggeber / Committente / Client
Peider Könz

Fertigstellung / Data di completamento / Completion
2006

Grundstücksfläche / Superficie del lotto / Site area
1.023 m²

Wohnfläche / Superficie abitativa / Living area
678 m²

Wohneinheiten / Unità abitative / Dwellings
5

Baukörper / Articolazione volumetrica / Form
1

Erschließung / Tipologia distributiva / Access
Einspänner / un alloggio per piano / one unit per floor per stair

Wohnart / Tipologia abitativa / Housing type
Neubau einer Wohnanlage
edificio d'abitazione di nuova costruzione
residential complex (new-build)

Stellplätze / Posti auto / Parking spaces
16

Freiraum / Spazi esterni / Open space
Balkon, Loggia, gemeinschaftliche Terrasse
balcone, loggia, terrazza comune
balcony, loggia, communal terrace

Wohnüberbauung „Chesa Mariöl"

Zuoz bildet einen der größten historischen Dorfkerne des Engadins. Herzstück ist der geneigte Dorfplatz, umgeben von prächtigen Engadinerhäusern.

Die „Chesa Mariöl" schließt direkt an den alten Dorfkern an. Das Gebäude orientiert sich nicht ausschließlich nach der Sonne, sondern nimmt zugunsten einer korrekten urbanen Einfügung eine West–Ost Ausrichtung auf. Gleichzeitig ermöglicht die Lage eine sehr schöne Aussicht in die alpine Berglandschaft gegen den Piz d'Esan im Osten und den Piz Mezzaun im Süden.

Die Typologie des Einspänners beruht auf einem durchgehenden, L-förmigen Hauptraum, der das Herzstück der Geschosswohnung von ca. 265 m² Fläche bildet. In Anlehnung an die Struktur des Engadinerhauses wird entsprechend dem „suler" ein großzügiger, offener Wohnraum vorgesehen, während die Zimmer in zwei intime, introvertierte Holzkerne ausformuliert werden. Die Fassaden spiegeln den Grundriss wider: große Panoramafenster im offenen Wohnraum und kleinere Fenster in Entsprechung der Individualzimmer.

Das Gebäude hat eine starke plastische Gestalt durch die Vertiefungen der Öffnungen und durch den starken Mauercharakter des weißen Bauvolumens. Die Großzügigkeit der Wohnfläche, die Küchen mit eigenem Eingang und die hochwertigen Ausstattungen entsprechen dem gehobenen Standard. Das Haus thematisiert einerseits Elemente des Ortes, wird aber auch modernen Ansprüchen betreffend Belichtung, Aussicht und Raum gerecht.

Complesso residenziale "Chesa Mariöl"

Zuoz costituisce uno dei più grandi nuclei storici dell'Engadina. Nucleo pulsante è la piazza in pendenza, circondata da pregievoli case engadinesi.

La "Chesa Mariöl" confina proprio con l'antico centro del paese. L'edificio non è orientato esclusivamente in funzione del sole, ma si dispone piuttosto a vantaggio di un corretto inserimento urbano, in direzione est-ovest. Allo stesso tempo la sua posizione permette una splendida visuale sul paesaggio montano delle Alpi, verso il Piz d'Esan ad est e il Piz Mezzaun a sud.

La tipologia, con una sola abitazione per vano scala, si basa su uno spazio passante principale, a forma di L, che forma il cuore dell'alloggio al piano, di circa 265 m². Richiamandosi alla tipica struttura delle case engadinesi si è prevista un'ampia zona soggiorno aperta, analoga al "suler", mentre le camere sono concepite come due nuclei in legno, intimi ed introversi. I prospetti rispecchiano le piante: grandi finestre panoramiche per lo spazio di soggiorno aperto e piccole finestre in corrispondenza delle camere private.

L'edificio ha uno spiccato connotato plastico dovuto alla profondità delle aperture ed al forte carattere murario del bianco volume edilizio. L'ampia superficie abitativa, le cucine con ingresso indipendente e i pregiati arredi rispondono ad uno elevato standard. Pur tematizzando elementi del luogo la casa soddisfa le moderne esigenze di spazio, illuminazione e vista all'esterno.

"Chesa Mariöl" Residential Develepment

Zuoz has one of the largest historic village cores in the Engadin Valley. Magnificent Engadine houses surround the central inclined plaza.

"Chesa Mariöl" is directly connected to the old village core. The building is not fully oriented toward the sun, but along the east-west axis, to fit its architectural surroundings. At the same time, it offers a very fine view of the Alpine mountain landscape with Piz d'Esan in the east and Piz Mezzaun.

There is only one unit per floor, and the continuous, L-shaped main space that forms the heart of each of these single-level apartments has an area of approximately 265 m². With reference to the configuration of traditional Engadine houses, each unit has a generous, open living space corresponding to a "suler," while the bedrooms are designed as two intimate, introverted wooden cores. The facades reflect the floor plan layout, with large panoramic windows in the open living spaces and smaller windows in the bedrooms.

The white building owes its strong sculptural form to the recessed openings and its rigid wall character. The spacious living area, the kitchen with its own entrance, and the high-quality fixtures in the apartments meet an upmarket standard. While picking up the threads of local elements, the house meets modern requirements with regard to lighting, views, and space.

← 14

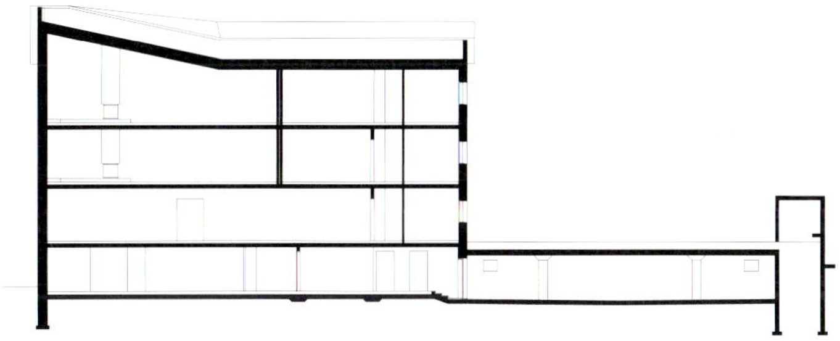

Schnitt / Sezione / Section

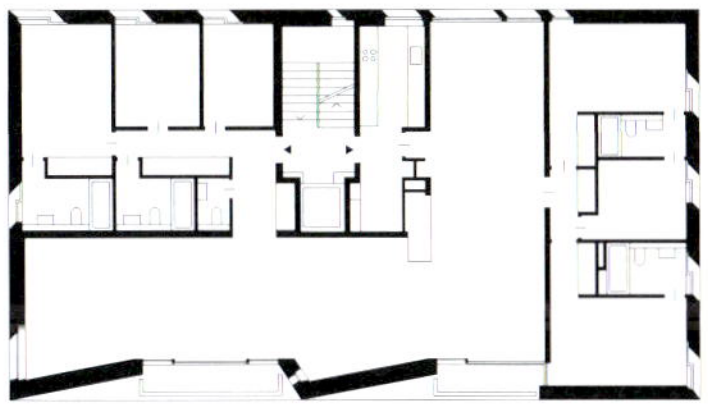

Grundriss Erdgeschoss / Pianta piano terra / Ground floor
M 1:500

1.560

m ü. NN / m s.l.m. / m a.s.l.

Davos

Graubünden / Grigioni / Grischun
Schweiz / Suisse / Svizzera / Svizra

Mehrfamilienhaus „Stockenwald“ Casa plurifamiliare “Stockenwald” “Stockenwald” Condominiums

Zindel Brönnimann Ferrario, Zürich

Auftraggeber / Committente / Client
ZBF Architekten AG, PRADER AG

Fertigstellung / Data di completamento / Completion
2008

Grundstücksfläche / Superficie del lotto / Site area
2.347 m²

Wohnfläche / Superficie abitativa / Living area
1.301 m²

Wohneinheiten / Unità abitative / Dwellings
9 x 114 m²-177 m²

Baukörper / Articolazione volumetrica / Form
1

Erschließung / Tipologia distributiva / Access
teilweise Laubengangerschließung (bei Maisonettewohnungen)
accesso a ballatoio (negli appartamenti duplex)
partly via gallery circulation (duplex apartments)

Wohnart / Tipologia abitativa / Housing type
Neubau eines Mehrfamilienhauses
edificio plurifamiliare di nuova costruzione
multi-family dwelling (new-build)

Stellplätze / Posti auto / Parking spaces
17

Freiraum / Spazi esterni / Open space
eingeschnittene Freibereiche im Dachgeschoss und großzügige Loggien
spazi esterni ritagliati nel piano sottotetto ed ampie logge
outdoor niches on the roof and generous loggias

Mehrfamilienhaus „Stockenwald“

Über der Silhouette von Davos erhebt sich an unverbaubarer Aussichtslage das Mehrfamilienhaus Stockenwald. Eingebettet in einen Lärchenhain, schmiegt sich der lang gezogene solitäre Baukörper parallel zu den Höhenlinien an den Berghang.

Die Wohneinheiten des lang gestreckten und mehrfach geknickten Gebäudes werden hangseitig durch einen verglasten Laubengang erschlossen. Die sechs Maisonettewohnungen und drei Geschosswohnungen sind als exklusive Eigentumswohnungen konzipiert und eröffnen individuelle Gestaltungsmöglichkeiten des Innenausbaus. Die offene Grundrissanordnung aller Wohnungen lokalisiert die Funktionseinheiten der Küchen und Bäder hangseitig bzw. in Gebäudemitte und hält somit auf ganzer Wohnungsbreite den Panoramablick für das loftartige Wohnen frei.

Talseitig charakterisiert eine teilweise geschosshoch verglaste hölzerne Loggienschicht die Gestalt des Gebäudes und lässt den Außenraum zu allen Jahreszeiten benutzbar sein. Das Gebäude in Massivbauweise wurde mit einer Komfortlüftung, Holzpelletheizung und guter Wärmedämmung ausgerüstet und erfüllt den Minergie-Standard.

Casa plurifamiliare “Stockenwald”

La casa plurifamiliare Stockenwald si erge al di sopra del profilo di Davos, in posizione panoramica indisturbata. Immerso in un bosco di larici, il solitario corpo di fabbrica allungato si snoda parallelamente alle curve di livello del pendio montano.

Le unità abitative dell'edificio, disteso in lunghezza e zigzagante, sono accessibili dal versante a monte attraverso un ballatoio vetrato. I sei appartamenti in duplex e i tre appartamenti in piano, concepiti come esclusive abitazioni di proprietà, offrono la possibilità di sviluppare gli interni in modo individuale.

In tutti gli appartamenti, a pianta libera, le unità funzionali di cucine e bagni si localizzano sul lato a monte o al centro dell'edificio, liberando la visuale panoramica lungo l'intera abitazione che può essere vissuta come un loft.

Verso valle l'immagine dell'edificio è caratterizzata da fasce continue di logge in legno, vetrate in parte a tutta altezza, che permettono di utilizzare lo spazio esterno in ogni stagione. L'edificio adotta un sistema portante in cemento massiccio e, dotato di ventilazione di benessere, riscaldamento a pellet e buon isolamento termico, soddisfa lo standard energetico Minergie.

“Stockenwald” Condominiums

On a site with an unobstructable view, the Stockenwald multi-family dwelling rises above the silhouette of Davos. The long-stretched, freestanding building nestles along the mountainside, within a grove of larches.

The dwellings of the elongated and curved building can be accessed via a glazed gallery on the mountain side. The six duplex and three single-level apartments are conceived as exclusive condominiums and offer individual interior design possibilities. The kitchens and bathrooms are all located toward the mountain side or the center of the building, so as not to block the panoramic view along the entire width of the loft-like apartments.

A full-height, partly-glazed wooden loggia zone on the valley side adds a distinct character to the design of the building and makes it possible to use the outdoor space in all seasons. The building is made of a solid, load-bearing construction, is equipped with a comfort ventilation system, wood pellet heating, and good thermal insulation, and thus fulfills the MINERGIE standard.

← 20

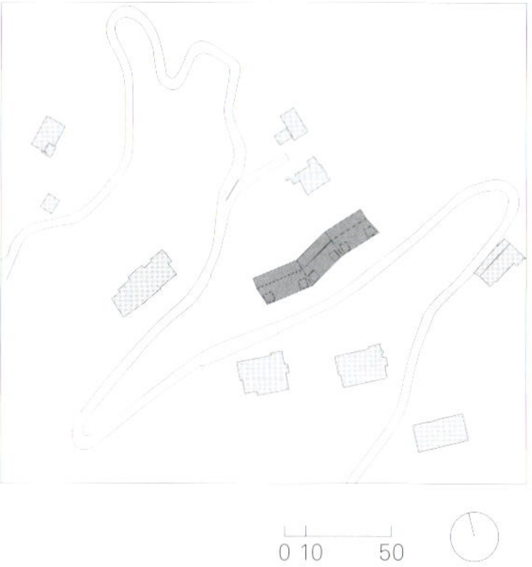

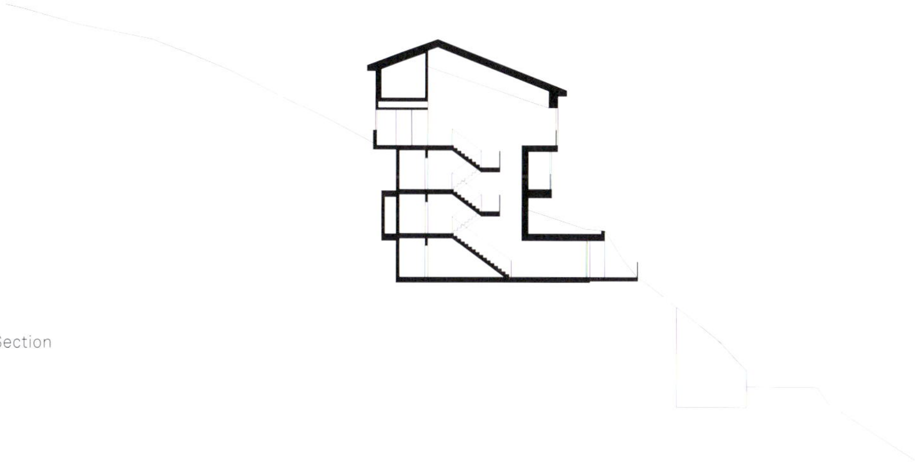

Schnitt / Sezione / Section

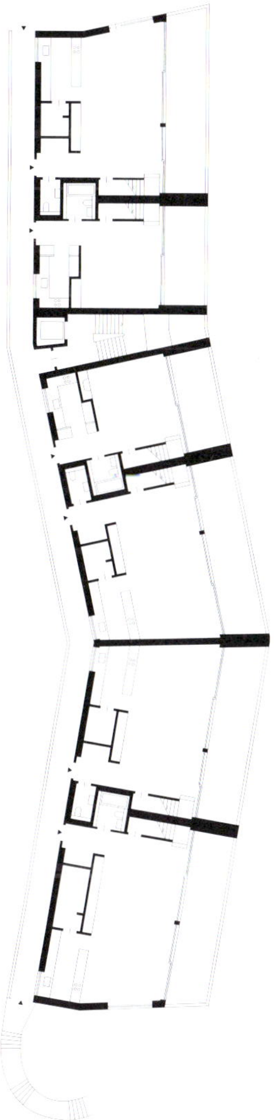

Grundriss Erdgeschoss / Pianta piano terra / Ground floor
M 1:500

Grundriss Dachgeschoss / Pianta sottotetto / Top floor

1.359
m ü. NN / m s.l.m. / m a.s.l.

Gondo

Wallis / Valais
Schweiz / Suisse / Svizzera / Svizra

Wiederaufbau Gemeinde Gondo Ricostruzione del Comune di Gondo Reconstruction of Gondo Village

Durrer Linggi Architekten, Zürich in Zusammenarbeit mit Jürg Schmid

Auftraggeber / Committente / Client
Gemeinde Gondo/Stiftung Stockalperturm Gondo

Wettbewerb / Concorso / Competition
2001

Fertigstellung / Data di completamento / Completion
2006

Wohnfläche / Superficie abitativa / Living area
540 m²/294 m²

Wohneinheiten / Unità abitative / Dwellings
8

Baukörper / Articolazione volumetrica / Form
Bürgerhaus, Mehrfamilienhaus, Stockalperturm
centro civico, edificio plurifamiliare, torre Stockalper
town hall, apartment house, Stockalperturm

Erschließung / Tipologia distributiva / Access
Zweispänner / due alloggi per piano / two units per floor per stair

Wohnart / Tipologia abitativa / Housing type
Wiederaufbau Mehrfamilienhaus
ricostruzione di un edificio plurifamiliare
multi-family dwelling (reconstruction)

Zusätzliche Nutzungen / Ulteriori funzioni / Additional uses
Gemeindeverwaltung, Burgersaal, Ladenlokal, Veranstaltungssaal, Restaurant, Hotel, Tiefgarage
amministrazione comunale, sala civica, locale per negozi, sala manifestazioni, ristorante, hotel, parcheggio interrato
community administration, civic hall, retail shop, meeting room, restaurant, hotel, underground garage

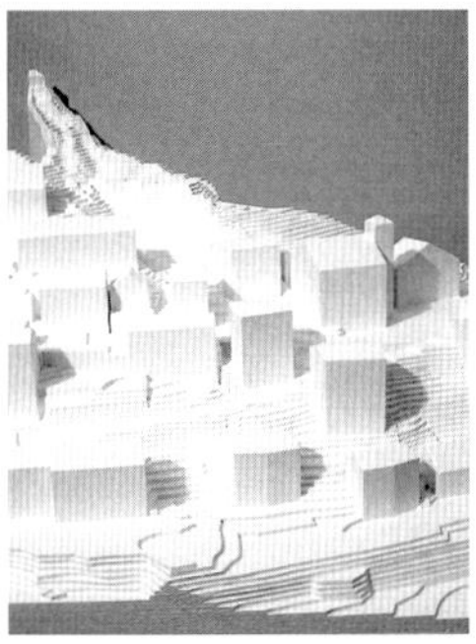

Wiederaufbau Gemeinde Gondo

Das Dorf Gondo liegt an der Schweizer Grenze zu Italien, eingebettet in eine raue Berglandschaft. Unterhalb des Ortes fließt die Doveria, aus dem Zwischbergental rauscht ein Wasserfall; die Hänge, an die das Dorf sich presst, ragen steil auf, die Sonne blinzelt nur selten über die Gipfel. Die Geschichte dieses Straßendorfs ist eng verbunden mit dem Simplonpass, einem der bedeutendsten Alpenpässe, der in früheren Zeiten durch die Zollverwaltung und den Grenzhandel Lebensgrundlage der Bewohner war.

Im Oktober 2000 erlangte das Straßendorf traurige Berühmtheit. Nach lang anhaltenden Regenfällen riss eine Schlammlawine innerhalb von wenigen Sekunden ein Dutzend Häuser des Ortes mit sich. Eine Schneise der Zerstörung teilte das Dorf. Im Jahr 2001 wurde von der Gemeinde ein Architekturwettbewerb ausgeschrieben. Ziel war die Neugestaltung des zerstörten Dorfteils und die Sanierung des Wahrzeichens Stockalperturm. Die auf diese Weise neu gewonnene Identität sollte Anreiz für Einheimische und Neuansiedler sein, zurück nach Gondo oder neu dorthin zu ziehen.

Steinerne Körper stehen nahe der Abrisskante. Das Bürgerhaus, ein Mehrfamilienhaus und ein Hotel bilden gemeinsam mit dem Stockalperturm das Herz der Anlage. Die Platzierung der Volumen scheint im ersten Moment fast zufällig; erst auf den zweiten Blick offenbart sich der Dialog des Stockalperturms mit den umgebenden, ungerichteten Baukörpern. Die Typologie widersetzt sich der Anordnung zum Straßendorf: Ein neuer Dorfplatz gibt dem Ort Halt. Die abstrakten Baukörper leuchten in einem eingefärbten feinen Putz. Nach Anregung der die Planung begleitenden Denkmalpfleger wurde die Anordnung der Fenster auf ein liegendes Format gebracht, das den Stockalperturm mit seinen schießschartenartigen Schlitzen in seiner Bedeutung für den Ort betont.

Ricostruzione del Comune di Gondo

Il paese di Gondo si trova al confine svizzero con l'Italia, immerso in un aspro paesaggio montano. Al di sotto del paese scorre la Diveria, dalla valle Zwischbergen scroscia una cascata, i pendii sui quali si addossa il paese si ergono ripidi, il sole ammicca solo raramente al di sopra delle cime. La storia di questo paese sviluppatosi lungo una strada è strettamente connessa al passo Sempione, uno dei più importanti passi alpini, in passato fonte di sussistenza per gli abitanti grazie all'amministrazione doganale ed al commercio frontaliero.

Nell'ottobre 2000 il paese a sviluppo lineare assurge tristemente agli onori della cronaca. A seguito di precipitazioni particolarmente persistenti un'ondata di fango spazzò via una dozzina di case del luogo. La voragine dell'alluvione spezza il paese. Nell'anno 2001 il Comune bandì un concorso d'architettura con l'obiettivo di ricomporre la parte di paese distrutta e di risanare Stockalper, la torre simbolo. La nuova identità conquistata avrebbe dovuto essere d'incentivo per il ritorno dei vecchi residenti o l'afflusso di nuovi abitanti a Gondo.

Corpi monolitici sorgono in prossimità del margine del dissesto. Il centro civico, un edificio plurifamiliare ed un hotel formano insieme alla torre Stockalper il cuore dell'impianto. Un'ulteriore edificio plurifamiliare e due case unifamiliari nei pressi del fiume completano l'insieme. A prima vista la dislocazione dei volumi appare quasi casuale; solo in un secondo momento si rivela il dialogo della torre Stockalper con i circostanti corpi di fabbrica irregolari. La tipologia si oppone all'assetto lineare del paese: la nuova piazza dà finalmente un punto fermo al paese. I volumi astratti splendono con un intonaco fine colorato. Su suggerimento del Conservatore dei beni architettonici che seguì la progettazione, le finestre furono portate ad una disposizione orizzontale, a sottolineare l'importanza per il luogo della torre Stockalper con le sue aperture a forma di feritoie.

Reconstruction of Gondo Village

The village of Gondo is located on the Swiss-Italian border, embedded in a raw mountain landscape. The Doveria River flows beneath the town; one can hear the sound of a waterfall rushing in the Zwischbergen Valley; and the sun only seldom peeks over the steep mountains the village is huddled up against. The history of this single-street village is closely associated with the Simplon Pass, one of the most important Alpine pass roads. In earlier times, it enabled the residents to earn their livelihood through cross-border trade and a customs checkpoint.

In October 2000, a tragic event earned the village notoriety. After a long period of sustained rainfall, a mudslide washed away a dozen houses within a few seconds. A swath of devastation cut the village in two. In 2001, the municipality held an architectural competition to redevelop the destroyed part of the village and rehabilitate the landmark Stockalperturm. The aspired new identity was to encourage locals to return and new settlers to move to Gondo.

Rocks have been placed near the edge of the catastrophe. The town hall, an apartment house, a hotel, and the Stockalperturm form the heart of the site. At first, the positioning of the volumes almost appears to be random; the dialog between the Stockalperturm and the surrounding, non-directional built structures is only revealed at second glance. The typology resists a typical single-street village layout: a new village square stabilizes the place. The abstract building forms shine in pigmented, fine-grain stucco. At the suggestion of the landmark preservationists who advised on the design, a horizontal format was selected for the windows, emphasizing the local significance of the Stockalperturm, with its crenel-like slits.

← 26

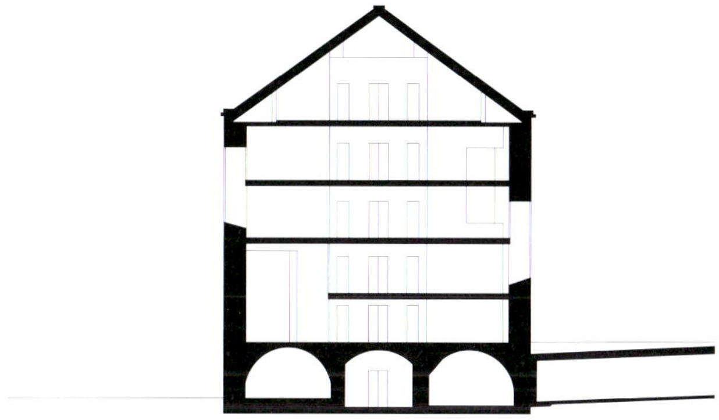

Schnitt / Sezione / Section

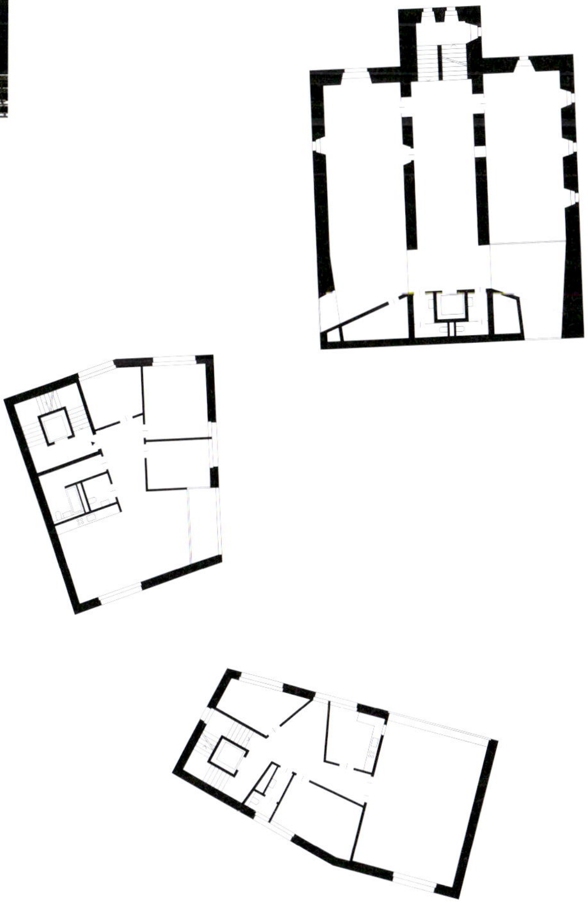

Grundriss 1. Obergeschoss / Pianta 1° piano / First floor
M 1:500

1.175

m ü. NN / m s.l.m. / m a.s.l.

Innichen / San Candido

Trentino-Südtirol / Trentino-Alto Adige
Italia

Wohnbau „Tetris House“
Edificio residenziale “Tetris House”
“Tetris House” Residential Building

Plasma Studio, London/Sexten

Auftraggeber / Committente / Client
privater Auftraggeber / privato / private client

Fertigstellung / Data di completamento / Completion
2006

Grundstücksfläche / Superficie del lotto / Site area
795 m²

Wohnfläche / Superficie abitativa / Living area
351 m²

Wohneinheiten / Unità abitative / Dwellings
5: 4 x 39-41m², 1 x 193 m²

Baukörper / Articolazione volumetrica / Form
2 Baukörper, verbunden durch die Erschließung
2 corpi collegati dal sistema d'accesso
2 buildings, connected by a circulation

Erschließung / Tipologia distributiva / Access
von außen durch die Freitreppe
scala esterna aperta
from outside via the exterior stair

Wohnart / Tipologia abitativa / Housing type
Neubau eines Mehrfamilienhauses mit vermietbaren Einheiten
edificio multifamigliare di nuova costruzione con unità in affitto
multi-family dwelling (new-build) with rentable units

Stellplätze / Posti auto / Parking spaces
2

Freiraum / Spazi esterni / Open space
Gartenfläche, Loggia / giardino, loggia / garden areas, loggia

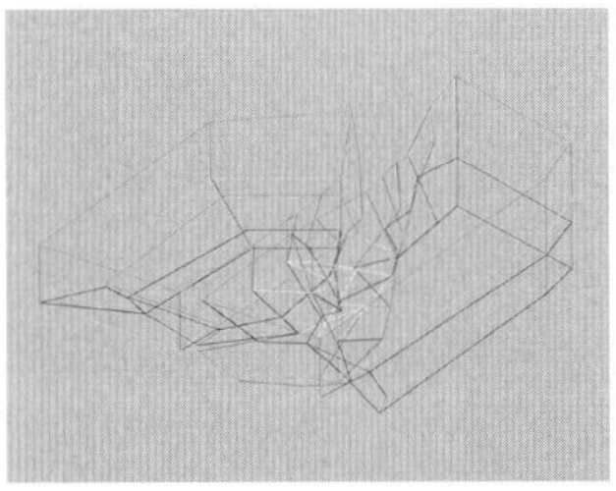

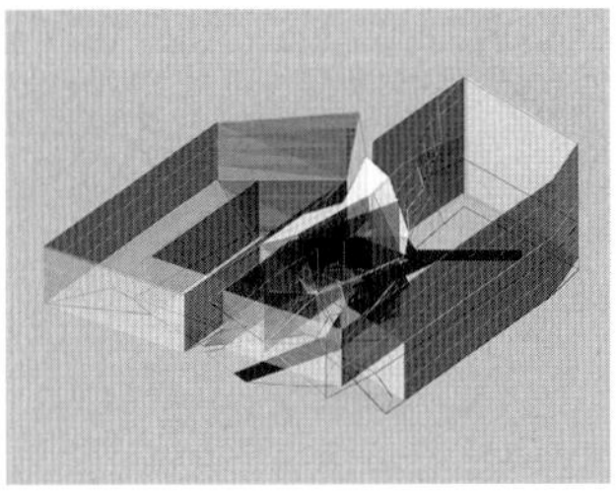

Wohnbau „Tetris House“

Die Umgebung des Tetris House ist geprägt durch eine heterogene Siedlungsstruktur aus frei stehenden Ein- und Mehrfamilienhäusern inmitten von den mächtigen Alpengipfeln der Sextener Dolomiten. Die Formensprache des kompakten Wohnungsbaus leitet sich von der Umsetzung äußerst pragmatischer Parameter in ein räumlich einnehmendes Konzept ab. Die Vorgabe eines vielseitigen Raumprogramms von fünf eigenständigen Wohneinheiten, Parkplätzen und überdachten Außenräumen führte zur Planung von zwei Gebäudeteilen in einem außenräumlich differenzierten Gesamtensemble.

L-förmig in Grundriss und Gebäudeschnitt, sind die zwei Gebäudeteile flächig miteinander verwoben, die miteinander eine Reihe dynamischer Zwischenräume erzeugen. Diese werden über ein mittig gelegenes offenes Treppenhaus unabhängig von der großen Wohneinheit der Eigentümer erschlossen. Eine nachträgliche Separierung der Wohneinheiten oder ein Verkauf eines der beiden Bauteile ist jederzeit möglich. Die zwei Baukörper kragen aus, um weder im Fundament noch im Keller Ausgrabungen aus der Römerzeit zu berühren.

Die ruhige, horizontale Holzfassade unterstützt durch die gezielten und konzentrierten Einschnitte der Fenster und Terrassen die plastisch-skulpturale Erscheinung des Gebäudes.

Lokale Materialien wie die heimische Lärche finden, veredelt durch einen weißen Lasuranstrich, ihre Verwendung für das Innenleben der Wohnräume. Die Schrägen der Gebäudeform finden im Gebäudeinneren in Form eines in die Gebäudehaut integrierten Sideboards und einer Serie kleiner Treppenstufen, Absätze und Sockel ihre Fortsetzung.

Edificio residenziale “Tetris House”

L'intorno della Tetris House è caratterizzato da un'eterogenea struttura insediativa, composta da singole case mono- e multifamigliari, ed è situato al centro delle grandiose cime alpine delle Dolomiti di Sesto. Il linguaggio del compatto edificio d'abitazione deriva dalla trasposizione di parametri estremamente pragmatici in un principio spaziale accattivante. Il complesso programma funzionale, che richiedeva cinque unità abitative indipendenti, parcheggi e spazi esterni coperti, ha portato alla definizione di due distinte parti di edificio, riconoscibili nella composizione d'insieme.

Le due parti di edificio, con pianta e sezione ad L, si compenetrano generando una serie di dinamici spazi intermedi. Un vano scale aperto, posto centralmente, serve gli alloggi restando indipendente dalla grande abitazione padronale. Si rende così facilmente praticabile una futura suddivisione, ovvero lo scorporo per la vendita di una delle porzioni. I due corpi di fabbrica aggettano a sbalzo per non interferire con il sottostante sedime archeologico d'epoca romana.

La pacata facciata in legno ad andamento orizzontale asseconda l'incastro plastico-scultoreo dell'edificio riunendo mirate aperture per finestre e terrazze. Materiali del posto, come il larice nativo nobilitato da una velatura bianca, trovano applicazione negli spazi di soggiorno interni. Le linee oblique della forma dell'edificio proseguono all'interno, in forma di arredo, integrato all'involucro architettonico, e in una serie di piccoli scalini, varchi e pianerottoli.

“Tetris House” Residential Building

The Tetris House is surrounded by a heterogeneous settlement pattern of detached single and multi-family houses and, further beyond, by the powerful Alpine peaks of the Sexten Dolomites. The formal language of the compact housing structure is a result of extremely pragmatic parameters that were implemented in a spatially engaging concept. The multifaceted program called for five self-contained dwelling units, parking spaces, and sheltered exterior spaces, which resulted in two building volumes in an overall ensemble of various exterior spaces.

These two building elements, which are L-shaped in plan and section, are interwoven with one another. Together, they create a series of dynamic in-between spaces that are accessible via an open staircase in the middle, separated from the large dwelling unit that belongs to the owner. It would always be possible to subsequently separate the dwellings or sell one of the two parts. The two building volumes are cantilevered to ensure that neither the foundations nor the cellar disturb Roman-era excavations.

The selective and focused window and terrace openings in the otherwise quiet horizontal wooden facade reinforce the sculptural appearance of the building.

Local materials, such as indigenous larch with a white translucent coating, were used for the interior of the living spaces. An integrated sideboard and a series of small steps, landings, and plinths continue the slopes in the exterior design.

← 32

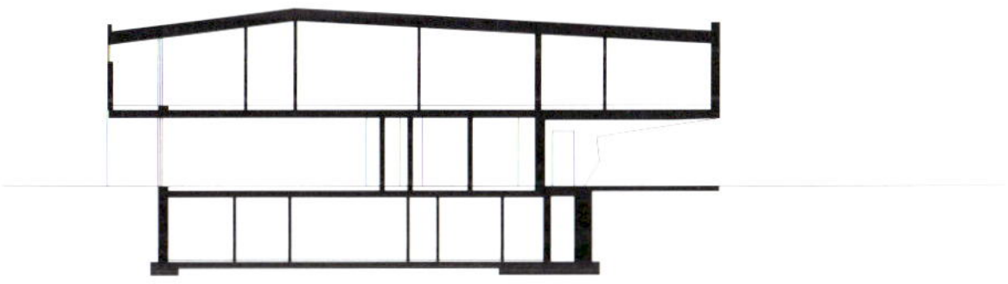

Schnitt / Sezione / Section

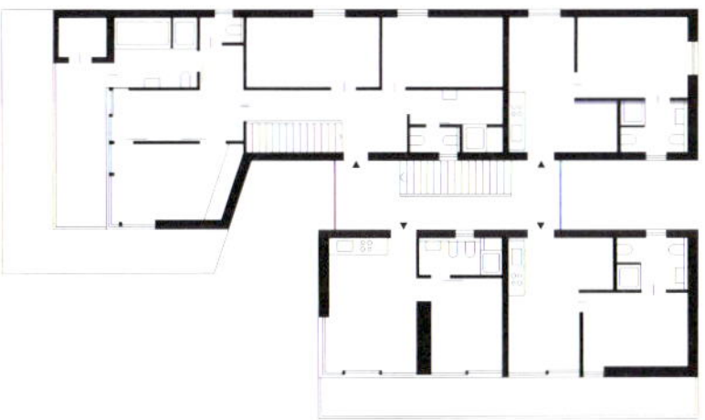

Grundriss 2. Obergeschoss / Pianta 2° piano / Second floor

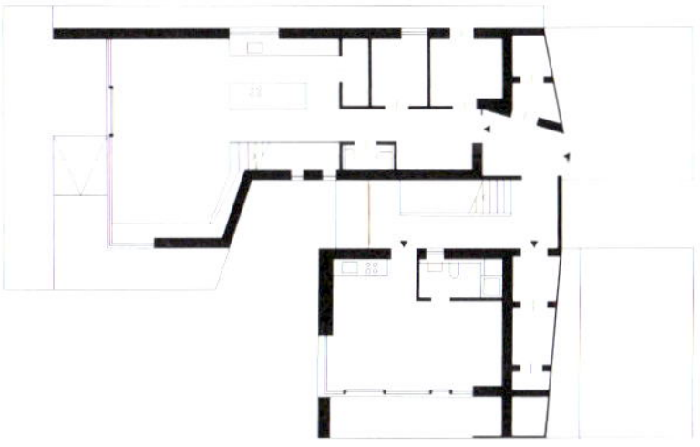

Grundriss Erdgeschoss / Pianta piano terra / Ground floor
M 1:500

1.130
m ü. NN / m s.l.m. / m a.s.l.

Disentis / Mustér

Graubünden / Grigioni / Grischun
Schweiz / Suisse / Svizzera / Svizra

„Unterhaus" Mädcheninternat Kloster Disentis
Collegio femminile "Unterhaus", convento di Disentis
"Unterhaus" Boarding School for Girls at Kloster Disentis

Gion A. Caminada, Vrin

Auftraggeber / Committente / Client
Kloster Disentis

Wettbewerb / Concorso / Competition
2001

Fertigstellung / Data di completamento / Completion
2004

Grundstücksfläche / Superficie del lotto / Site area
950 m²

Wohnfläche / Superficie abitativa / Living area
1.450 m²

Wohneinheiten / Unità abitative / Dwellings
31 Zimmer / camere / bedrooms

Baukörper / Articolazione volumetrica / Form
1

Erschließung / Tipologia distributiva / Access
zentrales Treppenhaus, Gangerschließung
vano scale centrale, corridoi
central stair, access along corridors

Wohnart / Tipologia abitativa / Housing type
Mädcheninternat / collegio femminile / girls' boarding school

Gemeinschaftlich genutzte Flächen
Superfici collettive
Communal facilities
Gemeinschaftsräume / locali comuni / communal spaces

„Unterhaus" Mädcheninternat Kloster Disentis

Das Mädcheninternat des Klosters Disentis steht mitten im Dorf in direkter Blickbeziehung zu den imposanten Mauern der Benediktinerabtei. Der kompakte und solitäre Baukörper ist eigenständig, aber präzise in das dichte Dorfgefüge eingepasst.

Zimmer für 31 Bewohnerinnen des Internats verteilen sich auf vier Obergeschosse, dazu gibt es im Erdgeschoss einen Fest- und Medienraum sowie eine kleine Wohnung.

Jedes Wohngeschoss hat einen großzügigen Gemeinschaftsraum und einen eigenen Eingang; so kommen die Mädchen der unterschiedlichen Gruppen gut nebeneinander vorbei und bilden eigene Wohngemeinschaften. Zahlreiche Gemeinschaftsräume sind Orte für Begegnungen, für Gespräche oder einfach zum Ausspannen. Die vielen gleichartigen Fenster gehören zu den Zimmern. Tief in der massiven Mauer hat jedes Fenster, einem Alkoven gleich, eine Nische mit einem beheizten Sitzplatz: Jede Bewohnerin hat in der Fassade ihren eigenen abgeschirmten Raum im Raum.

Im Zentrum des Gebäudes steht ein massiver Kern aus beigefarbenem Beton, der alle Wohngruppen miteinander verbindet. In dieses Rückgrat sind eine offene Treppe, der Aufzug und die Küchen integriert sowie Bänke, die als Nischen der Gemeinschaftsräume an die Ofenbänke von Kachelöfen in alten Häusern erinnern. Dieses Haus ist ein bauliches Zeichen, welchen Einsatz das Kloster Disentis daran setzt, in einer Randregion wie der Surselva seine Schule zu erhalten und den Jugendlichen eine gute Ausbildung zu ermöglichen.

Collegio femminile "Unterhaus", convento di Disentis

Il collegio femminile del convento di Disentis è situato nel centro del paese, in diretto rapporto visivo con le imponenti mura dell'abbazia benedettina. Il corpo di fabbrica, compatto e solitario, è inserito nella densa struttura del paese in modo autonomo, ma preciso.

Le camere per i 31 ospiti dell'internato sono distribuite su quattro piani, al piano terra inoltre si trovano una sala ricevimenti e mediateca ed un piccolo appartamento.

Ciascun piano dispone di un'ampia sala comune e di un ingresso indipendente; in questo modo le studentesse dei diversi gruppi possono socializzare e formare proprie comunità di coabitazione. Numerosi locali comuni offrono luoghi d'incontro, di dialogo o semplicemente di relax. Le molte finestre tutte uguali sono parte integrante delle camere. Nella profondità del massiccio muro offrono una nicchia, un'alcova, un posto per sedere riscaldato: ciascun ospite ha nella facciata la propria personale e riparata stanza nella stanza.

Al centro dell'edificio si trova un nucleo massiccio in calcestruzzo di colore beige che unisce fra loro i gruppi d'alloggi. In questa colonna sono integrate una scala aperta, l'ascensore, le cucine ed anche delle panche che, come nicchie dei locali comuni, richiamano alla memoria le panche delle stufe in maiolica delle case del passato. Questo edificio è un segno architettonico dell'impegno dedicato dall'abbazia di Disentis, in una regione marginale come il distretto del Surselva, nel conservare la propria scuola offrendo ai giovani l'opportunità di una buona formazione.

"Unterhaus" Boarding School for Girls at Kloster Disentis

The girls' boarding school of the Disentis monastery is located in the middle in the village, with a direct visual connection to the imposing walls of the Benedictine abbey. The compact and freestanding building is independent, but designed to fit into the dense village structure.

Rooms for thirty-one female residents of the boarding school are distributed on four upper floors, and on the ground floor there is a multi-purpose media room and a small apartment.

Each of the residential levels has a generous communal space and its own entrance; as a result, the girls from the various groups get along well with each other and form their own living community. There are numerous communal places to meet, discuss, or simply relax. The many identical windows belong to the bedrooms. Much like alcoves, each window has a niche with a heated seat set deep into the massive wall, so every resident has her own protected space within the room, which is visible on the facade.

The massive core of the building is made of beige-colored concrete. It links all the residential groups together. An open stair, the elevator, the kitchen, and benches are integrated into this backbone. The latter are designed as niches in the communal spaces and are reminiscent of stove benches in old houses. The building is a structural symbol of the commitment of the Disentis monastery to maintain its school and offer a good education to young people, even in such an outlying region as the Surselva.

← 46

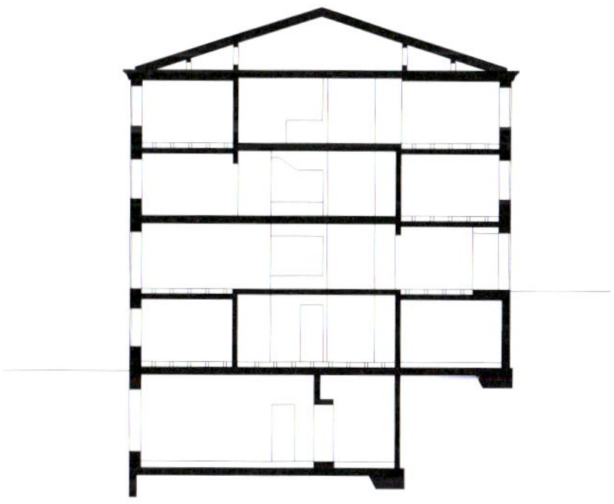

Schnitt / Sezione / Section

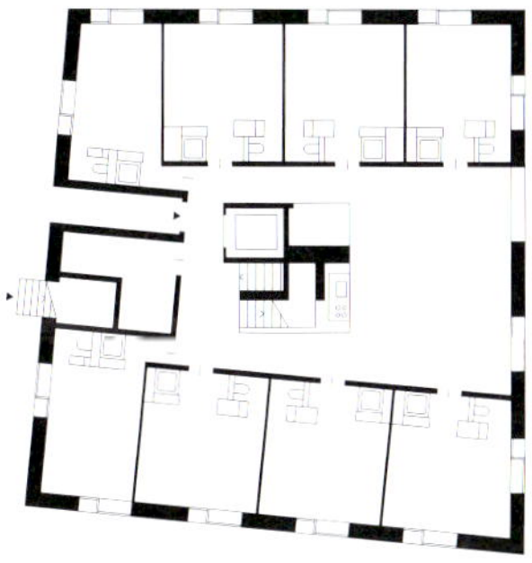

Grundriss Erdgeschoss
Pianta piano terra
Ground floor
M 1:500

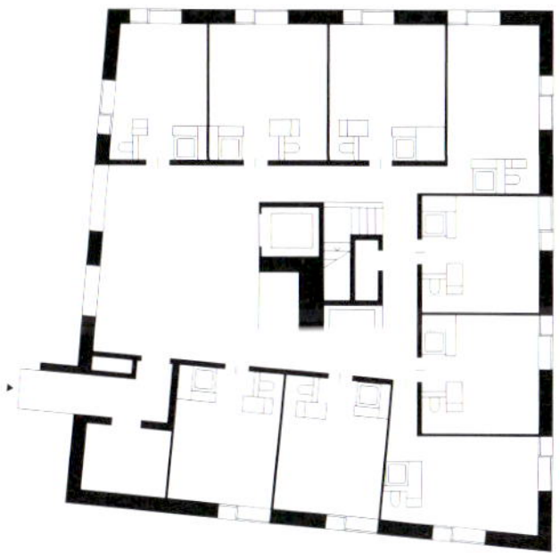

Grundriss Regelgeschoss
Pianta dei piani
Standard floor

Grundriss Dachgeschoss
Pianta sottotetto
Top floor

918
m ü. NN / m s.l.m. / m a.s.l.

Ried-Brig

Wallis / Valais
Schweiz / Suisse / Svizzera / Svizra

Alters- und Pflegeheim „Santa Rita“ Casa di riposo e di cura “Santa Rita” “Santa Rita” Retirement and Nursing Home

bhend.klammer architekten, Zürich

Auftraggeber / Committente / Client
Stiftung Alters- und Pflegeheim Santa Rita
Wettbewerb / Concorso / Competition
2003
Fertigstellung / Data di completamento / Completion
2006
Grundstücksfläche / Superficie del lotto / Site area
5.073 m²
Wohnfläche / Superficie abitativa / Living area
1.920 m²
Wohneinheiten / Unità abitative / Dwellings
36 x 25 m²
Baukörper / Articolazione volumetrica / Form
1 Baukörper mit einem überdachten Innenbereich
singolo edificio con un ambito comune interno coperto
freestanding building: 1 structure with a common, roofed-over interior space
Erschließung / Tipologia distributiva / Access
Gangerschließung / vani scale, corridoi / corridor access
Wohnart / Tipologia abitativa / Housing type
Altenwohnheim / casa di riposo / retirement home
Freiraum / Spazi esterni / Open space
Dementengarten und Tiergehege
giardino per malati di demenza senile e area faunistica recintata
garden for dementia patients, and animal enclosure

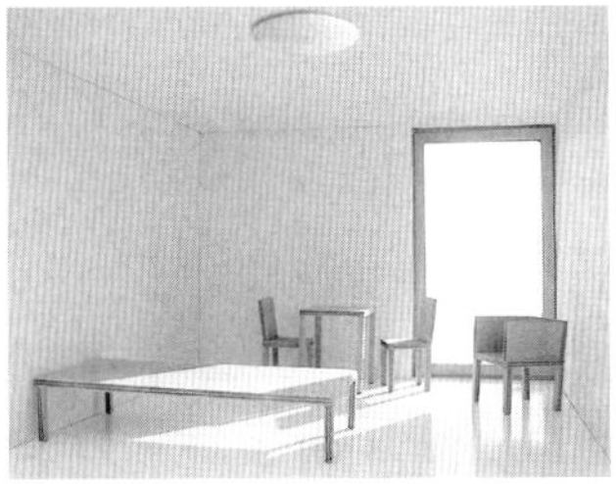

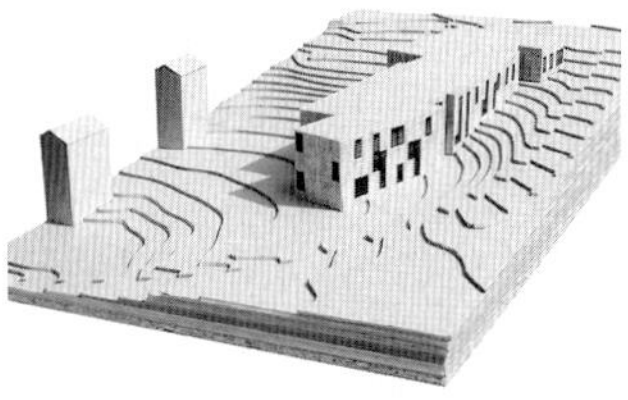

Alters- und Pflegeheim „Santa Rita“

Das lang gestreckte, flache Gebäude in Ried-Brig windet sich längs auf der Parzelle und besteht aus fünf Häusern, die so zueinander gestellt sind, dass dazwischen ein Erschließungsraum, eine innere Gasse, entsteht. Diese Häuser zeichnen sich am äußeren Volumen ab und vermitteln zu den frei stehenden Nachbarbauten, ohne dass das Gebäude in einzelne Fragmente zerfällt. Im Schnitt spielt der Bau mit der sanft abfallenden Topografie und legt sich auf das Gelände. Jedes Geschoss hat einen ebenerdigen Ausgang zum Außenraum. Der Zugang erfolgt oben, von der Dorfstraße her.

Das Gebäudekonglomerat beinhaltet Seniorenwohnen mit diversen Pflegeeinrichtungen. Gleich einem Haus im Haus sind den fünf Gebäudeteilen unterschiedliche Nutzungen zugeordnet: Kapelle, Essen und Küche, Gemeinschaftsräume und Wohnen. Einige Abschnitte der inneren Gasse sind als Aufenthaltsbereiche erweitert und bilden Vorplätze zu den einzelnen Bereichen. Die innere Gasse ist durch Verengungen und Ausweitungen rhythmisiert, wobei das Tageslicht abwechselnd von rechts und von links einfällt und den Blick auf die Landschaft freigibt.

Die einzelnen Häuser sind aus Platten und Schotten aufgebaut; die Treppen- und Liftkerne übernehmen die horizontale Aussteifung. Das ganze Gebäude ist außen isoliert und mit einer Fichtenholzschalung verkleidet, die sich vom Sonnenlicht gräulich verfärben wird. Das extensiv begrünte Dach nimmt die leichte Neigung und die Farbe der umliegenden Wiesen auf. Die raumhohen Fenster modulieren das Licht in den Wohneinheiten, sodass durch diese Lichtdramaturgie differenzierte Raumzonen entstehen.

Casa di riposo e di cura “Santa Rita”

L’edificio basso e allungato situato a Ried-Brig si snoda lungo il lotto e si compone di cinque case, disposte fra loro in modo tale che tra loro si formi uno spazio di circolazione, una strada interna. Queste case sono leggibili attraverso i volumi esterni e mediano con le vicine costruzioni isolate, senza che l’edificio si scomponga in singoli frammenti. In sezione l’edificio gioca con la topografia lievemente digradante e si appoggia sul terreno. Ciascun piano presenta un’uscita verso l’esterno alla quota del terreno. L’accesso dalla strada del paese avviene al livello superiore.

L’agglomerato edilizio ospita appartamenti per anziani con vari servizi di cura. Alle cinque parti, come case nella casa, sono associate diverse destinazioni d’uso: cappella, locali pranzo e cucina, spazi comuni e residenza. Alcuni tratti della strada interna si ampliano per divenire spazi di soggiorno e definiscono piazzole d’accesso ai singoli ambiti. La strada interna è ritmata da restringimenti ed allargamenti, mentre la luce naturale penetra alternativamente da destra e sinistra e apre la vista sul paesaggio.

Le singole case sono realizzate con setti e solai a piastra; le scale ed i nuclei dei vani ascensore fungono da irrigidimento per i carichi orizzontali. L’intero edificio è isolato esternamente e rivestito con legno d’abete che alla luce del sole colorerà di una tonalità tendente al grigio. Il tetto a verde estensivo riprende la leggera pendenza ed il colore dei prati vicini. Le finestre a tutta altezza modulano la luce delle singole unità abitative creando, grazie a questa drammaturgia della luce, differenti ambiti spaziali.

“Santa Rita” Retirement and Nursing Home

The stretched-out, low building in Ried-Brig winds along the lot and consists of five segments that are joined in such a way that a circulation space—an interior lane—emerges between them. These segments are visible from outside and relate to the freestanding neighboring houses without allowing the building to decompose into individual fragments. In section, the building plays with the gently sloping topography and adapts to the terrain. Each floor has a grade-level exit to outdoor space. Access is gained from the village road at the upper part of the site.

The conglomeration of buildings offers accommodations for senior citizens with diverse care facilities. Like houses within a house, the five parts of the building serve different purposes: chapel, dining room and kitchen, communal spaces, and living areas. Some segments of the interior lane have been expanded into lounge areas and forecourts for the individual zones. Constrictions and expansions add rhythm to the interior lane, and the daylight enters alternately from right or left, granting a view of the landscape.

The individual houses are constructed of panels and bulkhead walls, and the stair and elevator cores provide the necessary horizontal bracing. The entire building is insulated from the outside and then cased with spruce wood that will turn gray from the sunlight. The extensive green roof adopts the slight slope and color of the surrounding meadow. The full-height windows dramatically modulate the light in the dwelling units, forming various spatial zones.

← 50

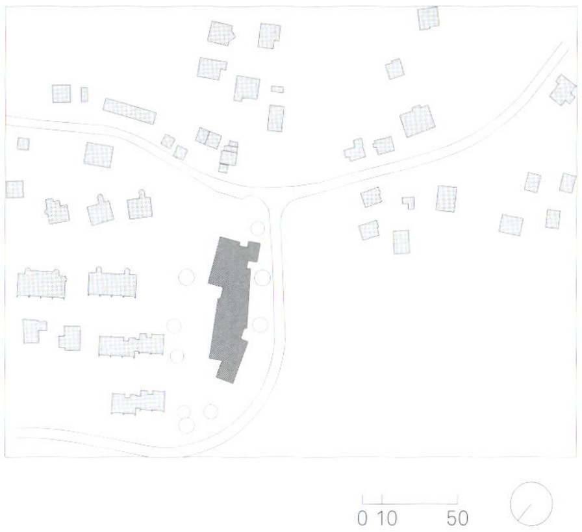

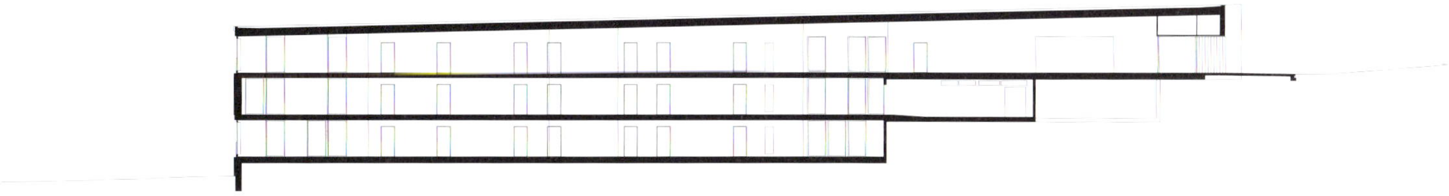

Schnitt / Sezione / Section

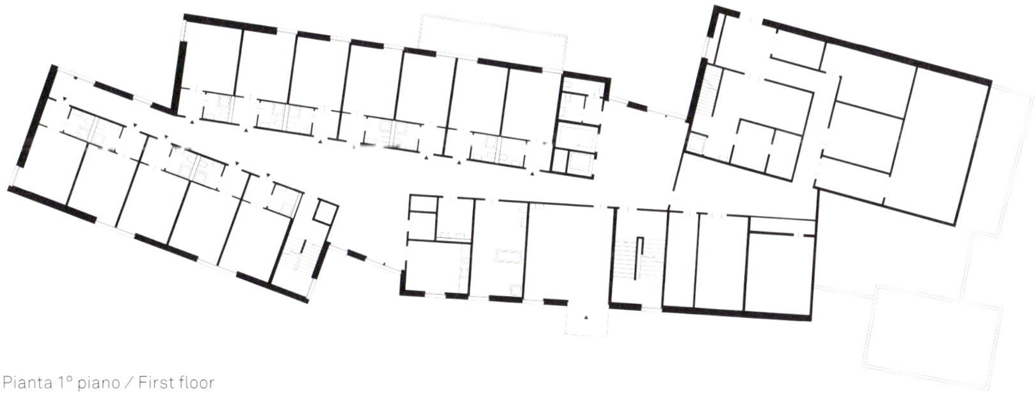

Grundriss 1. Obergeschoss / Pianta 1° piano / First floor
M 1:500

867
m ü. NN / m s.l.m. / m a.s.l.

Lans

Tirol
Österreich

Terrassen-Wohnanlage
Edificio per abitazioni a terrazze
Terraced Residential Complex

obermoser arch-omo zt gmbh / architektur, Innsbruck

Auftraggeber / Committente / Client
bke Bau-Konstruktion-Energie GmbH

Fertigstellung / Data di completamento / Completion
2005

Grundstücksfläche / Superficie del lotto / Site area
1.782 m²

Wohnfläche / Superficie abitativa / Living area
1.150 m²

Wohneinheiten / Unità abitative / Dwellings
8 x 120 m²-200 m²

Baukörper / Articolazione volumetrica / Form
2 Hauptbaukörper (verbunden)
due edifici principali (collegati)
2 main structures (connected)

Erschließung / Tipologia distributiva / Access
Zweispänner / due alloggi per piano / two units per floor per stair

Wohnart / Tipologia abitativa / Housing type
Neubau einer Wohnanlage, Terrassierung
edificio residenziale a terrazze di nuova costruzione
residential complex (new-build), terracing

Stellplätze / Posti auto / Parking spaces
17

Freiraum / Spazi esterni / Open space
8 x 50 m² Terrasse / terrazze / terraces

Gemeinschaftlich genutzte Flächen
Superfici collettive
Communal facilities
Kinderspielplatz, überdachte Stellplätze mit Abstellräumen
parco giochi, posti auto coperti con ripostigli
children's playground, sheltered parking spaces with storage areas

Terrassen-Wohnanlage

In Lans, einem Dorf wenige Kilometer südlich von Innsbruck, wurde auf einem nach Norden hin abfallenden Hanggrundstück in Panoramalage eine Wohnanlage für höchste Nutzeransprüche in verdichteter Bauweise aus terrassierten L-förmigen Wohneinheiten errichtet. Die Anlage ist in zwei Baukörper gegliedert, zwischen denen sich eine offene Erschließungszone erstreckt. Die klar strukturierte zentrale Erschließung erfolgt von Norden über einen Privatweg sowie durch das freie Parkdeck der untersten Ebene, über der die erste Wohnebene aufgeständert ist.

Die Wohnungen sind als Maisonettes mit separaten Eingängen von außen konzipiert; dadurch entsteht für den Bewohner das Gefühl, in einem eigenständigen Haus zu wohnen. Großzügige, dreiseitig verglaste Wohnräume im obersten Geschoss jeder Wohnung öffnen sich einem überwältigenden 180°-Panorama Richtung Nordkette. Ähnlich großzügig wie die Öffnung der Wohnräume zur Landschaft ist auch die abwechslungsreiche und flexible Grundrissdisposition, die die einzelnen Wohnebenen durch offene Treppen und Lufträume miteinander verbindet und jeder Einheit einen privaten Freiraum zuordnet. Die großzügig angelegten Terrassen und begrünten Dächer erzeugen ein helles, sonniges Ambiente. Durch die zweifach höhenversetzte Anordnung der Wohneinheiten konnte trotz des hohen Glasanteils ein gegenseitiger Einblick weitgehend vermieden werden.

In Reaktion auf die gedankenlose Zersiedelung, die in den Dörfern rund um Innsbruck weit fortgeschritten ist, zeigt das Projekt, dass eine hohe Bebauungsdichte weder auf Kosten der Individualität noch auf Kosten der Lebensqualität der Bewohner gehen muss.

Edificio per abitazioni a terrazze

A Lans, paese a pochi chilometri a sud di Innsbruck, su un terreno in pendenza rivolto a nord e in posizione panoramica, sorge la costruzione a terrazze ad alta densità urbana. Gli appartamenti a forma di L rispondono ai più alti standard abitativi. Al centro del complesso, articolato in due corpi, si trova una zona centrale allungata. Si entra da nord in una posizione baricentrica ben definita, da una strada privata o dal parcheggio aperto al livello inferiore, sopra il quale si eleva il primo piano di abitazioni.

Gli appartamenti, concepiti come maisonettes con ingresso esterno separato, danno agli abitanti la sensazione di abitare in modo autonomo. Ampi soggiorni vetrati su tre lati al piano superiore di ogni appartamento si aprono verso l'eccezionale panorama a 180° sui monti della Nordkette. Anche l'organizzazione planimetrica presenta per varietà e flessibilità la stessa generosità compositiva dell'apertura sul paesaggio dei soggiorni, con i singoli livelli abitativi collegati fra loro da scale aperte e ambienti a doppia altezza ed uno spazio privato all'esterno per ogni appartamento. Le ampie terrazze ed i tetti verdi riempiono di luce e di sole le stanze. Il doppio scarto in altezza degli appartamenti impedisce, nonostante le grandi superfici vetrate, la vista reciproca tra vicini.

Il progetto, in antitesi rispetto all'insensata dispersione insediativa delle località attorno ad Innsbruck, dimostra che un alta densità urbanistica non deve forzatamente andare a discapito dell'abitazione individuale nè della qualità di vita degli abitanti.

Terraced Residential Complex

On a north-facing, sloped property with a panorama view in Lans, a village just a few kilometers south of Innsbruck, a residential complex designed to accommodate the highest user demands compactly comprises several terraced, L-shaped dwellings. The complex is organized into two buildings with an open access zone sandwiched in between. The clearly structured central circulation is accessed from a private road on the north side and through the open parking deck on the lowest level, which supports the first residential level.

The apartments are conceived as maisonettes, each with a separate entrance from the outside, which gives the residents the feeling of living in a detached, single-family house. Generously scaled living rooms on the top level of each apartment are glazed on three sides and offer an overwhelming 180-degree panoramic view of the Nordkette mountains. Equally generous is the varied and flexible arrangement of the floor plans, which link the individual residential levels together via open stairs and voids and provide a private open space for each unit. The spaciously dimensioned terraces and green roofs provide a bright and sunny atmosphere. The dwelling units are staggered in height twice so as to maintain visual privacy to a great degree, despite the large glass surfaces.

In response to the advanced urban sprawl in the villages around Innsbruck, the project demonstrates that a high building density does not have to be achieved at the expense of either individuality or quality of life.

← 54

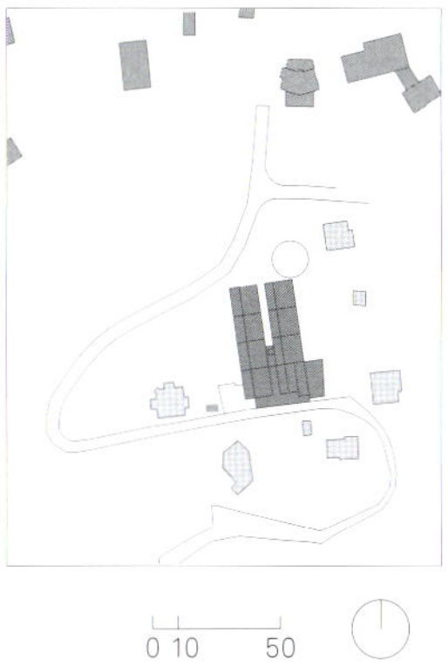

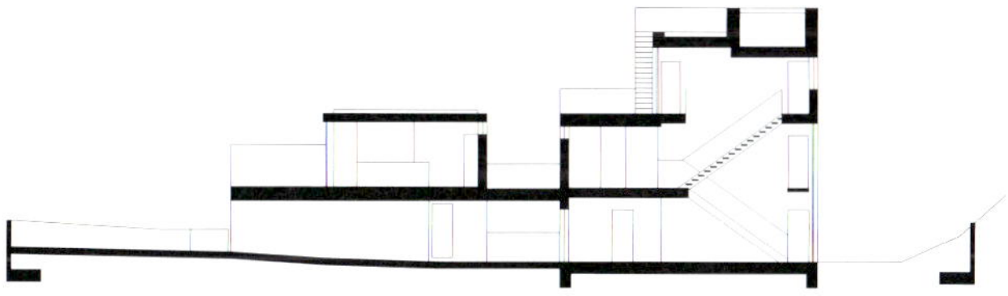

Schnitt / Sezione / Section

Grundriss Erdgeschoss / Pianta piano terra / Ground floor
M 1:500

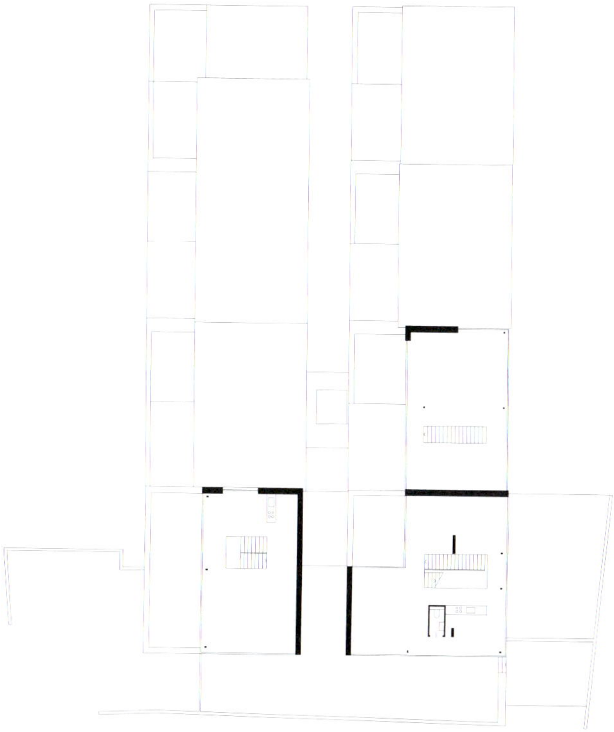

Grundriss 1. Obergeschoss / Pianta 1° piano / First floor

837
m ü. NN / m a.s.l. / m s.l.m.

Teufen

Appenzell Ausserrhoden
Schweiz / Suisse / Svizzera / Svizra

Mehrfamilienhaus
Edificio plurifamiliare
Apartment Building

Covas Hunkeler Wyss Architekten, Zürich

Auftraggeber / Committente / Client
Allreal AG
Fertigstellung / Data di completamento / Completion
2005
Grundstücksfläche / Superficie del lotto / Site area
2.250 m²
Wohnfläche / Superficie abitativa / Living area
1.225 m²
Wohneinheiten / Unità abitative / Dwellings
6 x 128 m²-199 m²
Baukörper / Articolazione volumetrica / Form
1
Erschließung / Tipologia distributiva / Access
Zweispänner / due alloggi per piano / two units per floor per stair
Wohnart / Tipologia abitativa / Housing type
Neubau eines Mehrfamilienhauses
edificio plurifamiliare di nuova costruzione
multi-family dwelling (new-build)
Stellplätze / Posti auto / Parking spaces
22
Freiraum / Spazi esterni / Open space
Loggien und Dachterrassen an den Ecksituationen, im Erdgeschoss private Außensitzplätze, gemeinschaftliche Gartenflächen
agli angoli dell'edificio logge e terrazze di copertura, al piano terra posti a sedere privati all'aperto, aree a giardino comuni
loggias and roof terraces at the corners, private outdoor seating and communal garden areas on the ground floor
Zusätzliche Nutzungen / Ulteriori funzioni / Additional uses
Atelier / atelier / studio (166 m²)

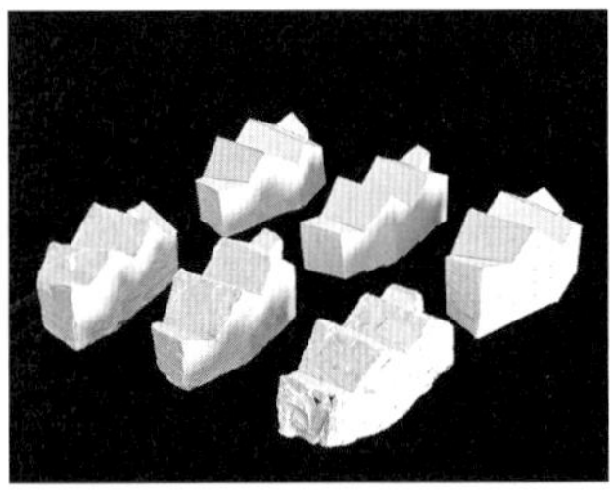

Mehrfamilienhaus

Mit dem anstelle eines Werkhofs errichteten Mehrfamilienhaus bot sich die Möglichkeit, die durch den Vorgängerbau entstandene Landschaft aus Beton, Terrainveränderungen und einer teilweise sichtbaren Zivilschutzanlage wieder ihrem ursprünglichen Zustand anzunähern. Der polygonale Gebäudeumriss folgt den Baulinien, den auf dem Gelände verbliebenen Tiefbauten sowie dem Wunsch, den Baukörper in der Situation allseitig freizuspielen.

Die entsprechend dem Hangverlauf halbgeschossige Staffelung des Schnittes setzt sich bis unter das Dach fort. Innerhalb des labyrinthischen Raumgeflechts, das die einzelnen Wohneinheiten untereinander verschränkt, ist für jede Wohnung ein überhoher Wohnbereich ausgespart. Dieser orientiert sich mit großen Öffnungen zu den Ostschweizer Alpen mit dem Säntis. An den Gebäudeecken liegen Loggien als zweiseitig offene, luftige Außenräume.

Innerhalb des Gesamtgefüges zeichnet sich jede der um einen zentralen Kern angeordneten Wohneinheiten durch eine eigenständige Raumorganisation auf einem Geschoss oder mehreren Halbgeschossen aus. Der Kernbereich enthält Nebenräume wie Nasszellen und wohnungsinterne Erschließungen und bildet zusammen mit der Außenwand das vertikale Tragwerk.

Um den programmgemäßen voluminösen Solitär mit den umliegenden Bauten zu verweben, wurden das in diesem Kontext vertraute Thema der mehrfach gebrochenen Dachlandschaft sowie eine Materialisierung der Fassade in weiß gestrichenem Holz gewählt. Die übergroßen und frei in die Fassadenfläche gesetzten Fensteröffnungen vollziehen einen Maßstabssprung und verfremden den Körper zu einer autonomen Gestalt.

Edificio plurifamiliare

Con la realizzazione di un edificio plurifamiliare al posto di un laboratorio, si è presentata l'opportunità di riportare allo stato originario un contesto modificato dall'edificio preesistente in un paesaggio fatto di cemento, movimenti di terra e un manufatto per la protezione civile, in parte visibile. Il perimetro poligonale dell'edificio segue sia le linee d'edificazione delle fondazioni rimaste sul terreno che il desiderio di liberare il corpo di fabbrica su tutti i fronti del lotto.

Seguendo l'andamento del pendio, la sezione scalata a mezzi piani si spinge fino alla copertura. All'interno del labirintico intreccio spaziale, nel quale si compenetrano le singole unità abitative, si genera in ciascun appartamento un ambito soggiorno di altezza sovradimensionata. Questo è orientato con grandi aperture verso le Alpi della Svizzera orientale con il Säntis. Negli angoli dell'edificio si ricavano logge, definite come ariosi spazi esterni aperti su due fronti.

All'interno della struttura generale, le unità abitative, ognuna racccolta intorno a un nucleo centrale, si contraddistinguono per l'autonoma organizzazione degli spazi interni, su un livello unico o su più semilivelli. La zona del nucleo racchiude locali di servizio, quali bagni non finestrati e spazi di distribuzione interni agli appartamenti, ed insieme alle pareti esterne costituisce la struttura portante verticale.

L'edificio isolato, voluminoso come il programma richiedeva, si lega alla trama dei fabbricati circostanti privilegiando il tema della frammentazione delle coperture, in questo contesto rassicurante, e scegliendo per la facciata un rivestimento con legno verniciato bianco. Le aperture delle finestre, sovradimensionate ed inserite liberamente nella superficie delle facciate operano un salto di scala che rende autonoma l'immagine dell'oggetto architettonico.

Apartment Building

The construction of the apartment building on the site of a previous workshop was an opportunity to partly reconvert a landscape marked by concrete, terrain changes, and a partly visible civil defense bunker to its original state. The polygonal outline of the building follows the borders of the land structure as well as the request to design a completely freestanding building.

The half-level staggering of the section conforms to the slope and continues up to the roof. The labyrinthine spatial network entwines the individual dwelling units and creates an increased-height living area with large window openings in every apartment. The windows face the Alps in Eastern Switzerland, including the Säntis. The airy loggias at the corners of the building are open on two sides.

The dwelling units are arranged around a central core and are characterized by an independent spatial organization on a single floor or multiple half-levels. The core area contains ancillary spaces like wet rooms and an internal vertical circulation. Along with the exterior wall, it serves as the vertical load-bearing structure.

The freestanding building is voluminous due to its program. So, in order to ensure that it fits in with the surrounding buildings, a vernacular approach was taken by subdividing the roofscape and using white-painted wood for the facade. The oversized window openings, which are positioned freely in the facade, change the scale and transform the building into an autonomous structure.

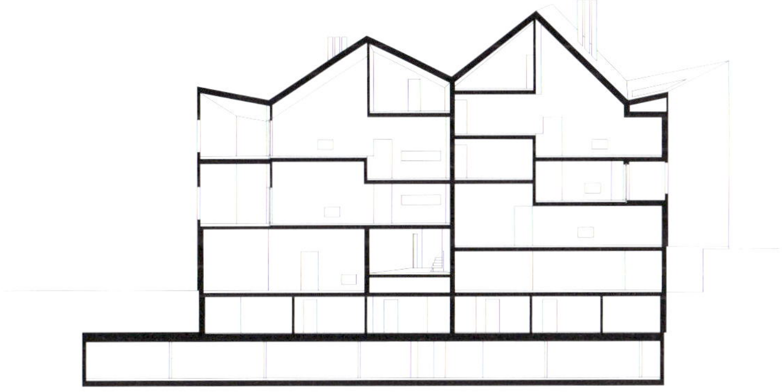

Schnitt / Sezione / Section

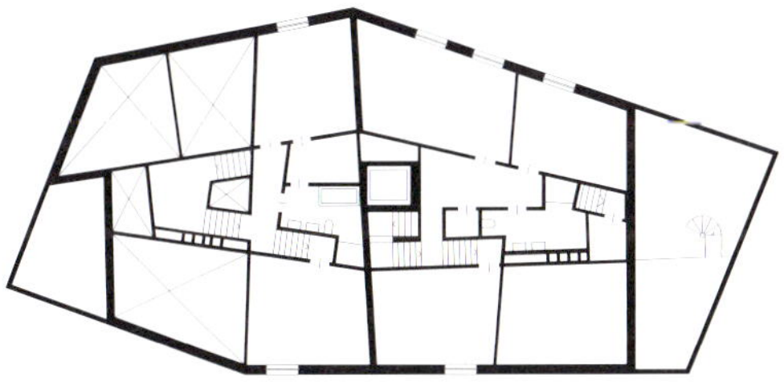

Grundriss Dachgeschoss / Pianta sottotetto / Top floor

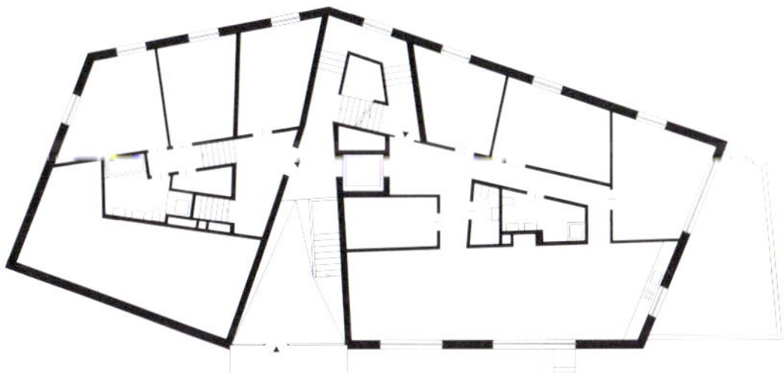

Grundriss Erdgeschoss / Pianta piano terra / Ground floor
M 1:500

835

m ü. NN / m a.s.l. / m s.l.m.

Bruneck / Brunico

Trentino-Südtirol / Trentino-Alto Adige
Italia

Pflegeheim
Centro di degenza
Nursing Home

Pedevilla Architekten, Bruneck

Auftraggeber / Committente / Client
Wohn- und Pflegeheime Mittleres Pustertal

Wettbewerb / Concorso / Competition
2005

Fertigstellung / Data di completamento / Completion
2010

Grundstücksfläche / Superficie del lotto / Site area
10.900 m²

Wohnfläche / Superficie abitativa / Living area
3.635 m²

Wohneinheiten / Unità abitative / Dwellings
41 Zimmer / appartamenti / apartments
9 x 21 m², 9 x 23 m², 23 x 27 m²,
Bereich Tagespflege für 10 Personen, 2 Ruhezimmer
reparto diurno per 10 persone, 2 camere relax
day care area for 10 people, 2 quiet rooms
120 m² „Pflegeoase" / "oasi di cura" / care "oasis"
70 m² Wintergarten / giardino d'inverno / winter garden

Baukörper / Articolazione volumetrica / Form
1

Erschließung / Tipologia distributiva / Access
Treppenhauskerne mit Gangerschließung
vani scala centrali con corridoi
stair cores with corridor access

Wohnart / Tipologia abitativa / Housing type
Altenwohnheim / casa di riposo / retirement home
betreutes Wohnen / residenza assistita / supervised living

Stellplätze / Posti auto / Parking spaces
43

Freiraum / Spazi esterni / Open space
gemeinschaftliche Kommunikationsflächen, Therapiegärten
spazi comuni di socializzazione, giardini terapeutici
communal communication areas, therapeutic gardens

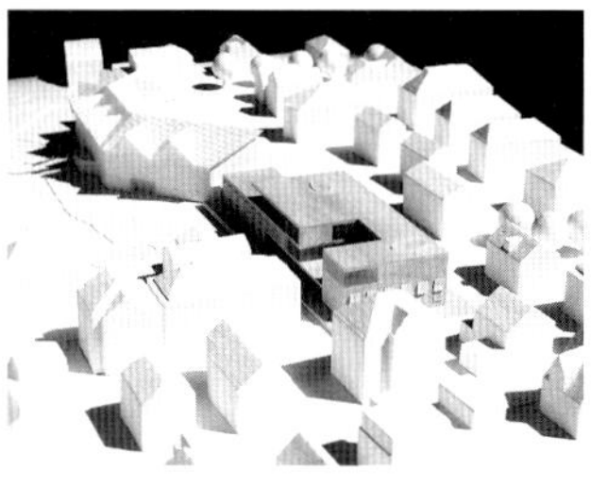

Pflegeheim

Der dreigeschossige Baukörper reagiert in seiner Ausformung auf das beengte Grundstück inmitten der kleinteiligen Siedlungsstruktur Brunecks. Durch Rücksprünge bzw. Einschnitte entstehen ein einladender Eingangsbereich und ein geschützter Hof. Jedes Geschoss bietet Bewegungs- und Erholungsmöglichkeiten im Freien. Immer wieder können die Bewohner den Wohnbereich verlassen und durch den geschützten Garten streifen. Die Terrassen wurden als Gartenflächen mit unterschiedlichen Themenbereichen angelegt.

Ein wesentlicher Punkt des Konzeptes ist die bauliche Gestaltung, die für den Alltag der Demenzkranken leicht verständlich und übersichtlich organisiert ist. Das Wohnkonzept unterscheidet zwischen drei Wohnformen entsprechend dem Verlauf der Krankheit: autonomes Wohnen, Wohnen mit gemeinsamem Kommunikationsbereich im Erdgeschoss und ersten Obergeschoss und Wohnen mit erhöhtem Pflegeaufwand im zweiten Obergeschoss. Die drei Lebensbereiche einer jeden Welt werden räumlich möglichst von den anderen Welten getrennt und die Milieugestaltung, Betreuung und Aktivierung den noch verbliebenen Fähigkeiten angepasst.

Menschen mit Demenz benötigen Struktur, die ihnen Halt und Orientierung gibt. Deshalb ist das Erscheinungsbild des Baukörpers möglichst einheitlich und ruhig. Der Verzicht auf alles Überflüssige setzt sich in der Gestaltung der Innenräume fort: Lehmputz, Linoleum, Böden auf Zementbasis. Kompensatorisch strukturelle Unterstützung wird aber auch durch Lichtführung und Bodenbeläge, vor allem aber durch unverwechselbare und bedeutsame Gestaltung bestimmter Orte gegeben. Die bauliche Gestaltung soll die Unabhängigkeit der Demenzbetroffenen so weit wie möglich fördern.

Centro di degenza

Il corpo a tre piani si conforma al ristretto lotto edificabile, ritagliato nella minuta struttura insediativa di Brunico. Arretramenti e rientranze formano un invitante ambito d'accesso ed un cortile protetto. Ad ogni piano si offrono molteplici occasioni di moto e ricreazione all'aperto e gli ospiti possono sempre uscire dall'ambito residenziale per passeggiare nei giardini protetti. Le terrazze a giardino sono allestite in differenti aree tematiche.

Un aspetto essenziale del progetto riguarda la configurazione spaziale, definita in modo da risultare limpidamente comprensibile da chi è afflitto da demenza. L'impostazione residenziale si articola in tre diverse formule abitative, corrispondenti agli stadi della malattia: abitare in autonoma, abitare in ambienti comunitari di relazione, al piano terra, e abitare assistito, al secondo piano. Per ognuno dei tre livelli di vita si è ricreato un mondo proprio, spazialmente separato dagli altri, adeguando le ambientazioni alla stimolazione delle residue capacità e all'assistenza degli abitanti.

I malati di demenza richiedono strutture che offrano sicurezza e facile orientamento. Perciò il quadro dei percorsi nel corpo edilizio è quanto più possibile unitario e sereno. Nella rifinitura degli spazi interni si impone la rinuncia al superfluo: intonaco d'argilla, linoleum e pavimenti cementizi. Un ausilio materiale di compensazione è fornito anche dall'utilizzo di guide luminose e dalle pavimentazioni, ma soprattutto da un'inconfondibile ed espressiva creazione di luoghi specifici. È la forma costruita che deve sostenere al meglio l'autonomia dei sofferenti di demenza.

Nursing Home

The shape of the three-story building volume is a response to the constricted plot in the middle of Bruneck's small-scale settlement pattern. Its setbacks and incisions create an inviting entrance area and a protected courtyard. Every floor offers possibilities to move and relax in the open air. The residents can leave the living area and aimlessly wander through the protected garden in many places. The terraces are laid out as garden patches with different thematic areas.

An essential aspect of the concept is the building design, which is readily understandable and clearly organized to make the day-to-day life of the dementia patients easier. The concept involves three forms of living, depending on the progressive stages of the affliction: autonomous living on the first floor, living with a common communication area on the ground floor and the first floor, and living with an increased need for care on the second floor. Each of these three living spaces is separated from the others as far as possible, and the environmental design, nursing care, and occupational therapy are adjusted to the residents' remaining abilities.

People with dementia need structure in their lives; it gives them support and orientation. Thus, the appearance of the building is as uniform and serene as possible. There is nothing superfluous in the design of the interior spaces either: loam plaster, linoleum, and cement floors. Compensatory structural support can, however, also be given through directed lighting, floor coverings, and above all through the unmistakable and meaningful design of specific places. The building design is meant to foster the independence of those afflicted with dementia as much as possible.

← 76

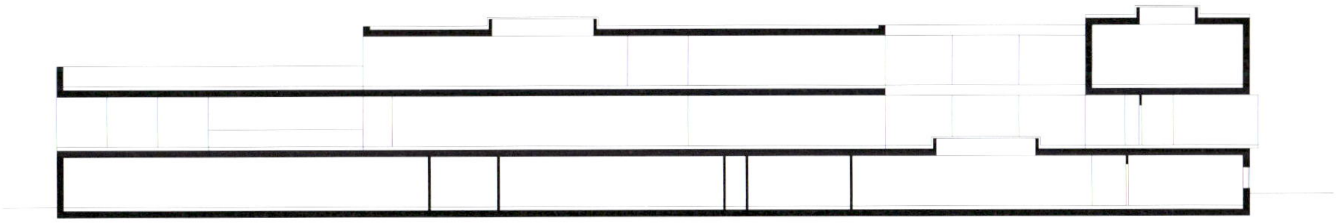

Schnitt / Sezione / Section

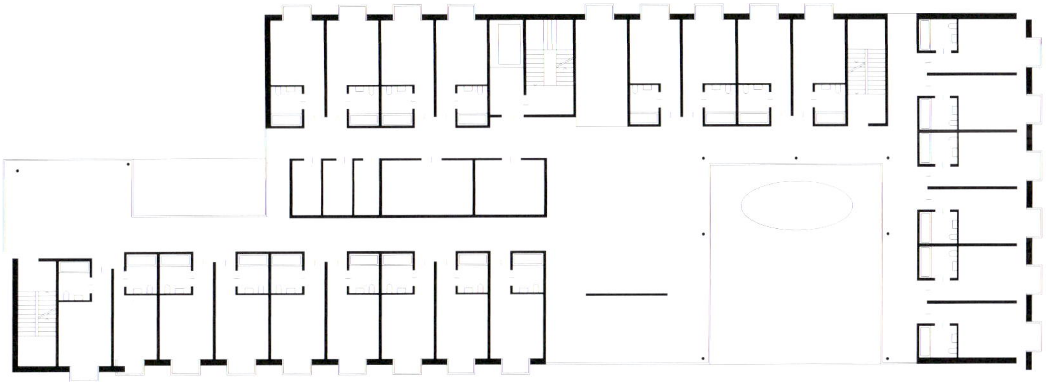

Grundriss 1. Obergeschoss / Pianta 1° piano / First floor
M 1:500

721
m ü. NN / m s.l.m. / m a.s.l.

Alberschwende

Vorarlberg
Österreich

Wohnanlage
Edificio residenziale
Residential Complex

k_m.architektur, Bregenz

Auftraggeber / Committente / Client
Revital Bauträger GmbH

Fertigstellung / Data di completamento / Completion
2007

Grundstücksfläche / Superficie del lotto / Site area
1.800 m²

Wohnfläche / Superficie abitativa / Living area
950 m²

Wohneinheiten / Unità abitative / Dwellings
12

Baukörper / Articolazione volumetrica / Form
1

Erschließung / Tipologia distributiva / Access
Vierspänner, Erschließung über Laubengänge
4 alloggi per piano, accessibili da ballatoio
four units per floor per stair, accessible via galleries

Wohnart / Tipologia abitativa / Housing type
Neubau eines Mehrfamilienhaus es
edificio plurifamiliare di nuova costruzione
multi-family dwelling (new-build)

Stellplätze / Posti auto / Parking spaces
20

Freiraum / Spazi esterni / Open space
3 m tiefe Balkone über die gesamte Gebäudefront
balconi di 3 m di profondità su tutto il fronte dell'edificio
3 m deep balconies along the entire building front

Wohnanlage

Die Wohnanlage mit 12 Wohneinheiten befindet sich am Ortsrand von Alberschwende auf freier Wiese in der Region Bregenzerwald, Vorarlberg. Der Baukörper steht an einem freien Hanggrundstück parallel zur Höhenlinie in Südausrichtung mit grandiosem Blick auf die gegenüberliegende Hangseite, über weite Teile der ländlichen Region Bregenzerwald bis in das 30 km entfernte Appenzell in der Schweiz. Durch die exponierte, frei stehende Hanglage verfügt das Gebäude zu jeder Jahreszeit über eine ganztägige Sonneneinstrahlung.

Das Gebäude besteht aus einem Hanggeschoss mit Garage und Kellerabteilen sowie drei Wohngeschossen, die über einen Laubengang auf der Hangseite erschlossen werden. Sämtliche Wohnungen orientieren sich mit den Nasszellen und Nebenräumen zum Laubengang. Kochen, Essen und Wohnen mit raumhoher Verglasung und vorgelagerten Balkonen sind talseitig angeordnet. Die 3 m tiefen Balkone erstrecken sich über die gesamte Länge der Südfassade, verschatten die Fassade im Sommer und gliedern das Gebäude dynamisch und markant in einzelne Stockwerke.

Errichtet wurde das Gebäude in Massivbauweise mit einem leicht geneigten Satteldach. Die gesamte Fassade des Gebäudes ist mit unbehandeltem Weißtannenholz aus Waldbeständen der unmittelbaren Umgebung verkleidet. Mit seiner mittlerweile durch die Bewitterung hell ergrauten Holzfassade fügt sich das Gebäude harmonisch in die traditionell ländlich strukturierte Region ein.

Edificio residenziale

L'edificio residenziale con 12 appartamenti si trova ai margini del paese di Alberschwende, su un prato inedificato nella regione del Bregenzerwald, in Vorarlberg. L'edificio si erge isolato su un terreno in pendio, esposto a sud, parallelo alle curve di livello, con una splendida vista sulle alture antistanti e su vaste zone della regione rurale del Bosco di Bregenz fino al cantone svizzero di Appenzello, a 30 km di distanza. Grazie all'apertura del sito ed alla sua pendenza, l'edificio è soleggiato tutto l'anno, dal mattino alla sera.

La costruzione, accessibile da un portico a monte, ha un piano parzialmente interrato con garage e cantine e tre piani d'abitazione. I vani di servizio ed accessori degli appartamenti sono tutti orientati verso il portico, mentre cucina, sala da pranzo e soggiorno, vetrati a tutta altezza con antistanti balconi, guardano a valle. I balconi profondi 3 m si estendono lungo l'intero prospetto sud, proteggendo dal sole estivo la facciata, scomponendola dinamicamente in singoli piani.

L'edificio è in costruzione massiccia con un tetto a due falde leggermente inclinate. La facciata è interamente rivestita in legno grezzo di abete bianco, proveniente dai boschi dei dintorni. Grazie alla facciata in legno grigio chiaro, già schiarita dalle intemperie, la costruzione si inserisce con armonia nella tradizione rurale del luogo.

Residential Complex

The residential complex with 12 dwelling units is located on the outskirts of Alberschwende on an open meadow in the Bregenzerwald region of Vorarlberg. The structure stands on an open sloped plot, parallel to the site boundary. It faces south and offers a sublime view of the mountains on the other side of the valley and of expansive parts of the rural Bregenzerwald region. The vista reaches as far as the Swiss town of Appenzell, 30 km away. Due to its exposed and isolated position on the slope, the building receives sunlight all day long and all around the year.

The ground level is built into the slope and contains a garage and basement storage areas. The three residential levels can be accessed via a gallery walkway that runs along the mountain side of the building. The wet rooms and ancillary spaces of all apartments face the gallery. The cooking, dining, and living areas are oriented to the valley and have full-height glazing and balconies in the front. The 3 m deep balconies extend along the entire length of the south facade, providing shade in the summer and articulating the building into individual stories in a dynamic and distinctive way.

The building is made of a solid load-bearing construction with a slightly pitched gable roof. Its entire facade is clad with untreated silver fir wood from forests in the immediate vicinity. Thanks to this wooden facade, which has already weathered to a light gray color, the building fits in harmoniously with the traditional rustic texture of the region.

← 80

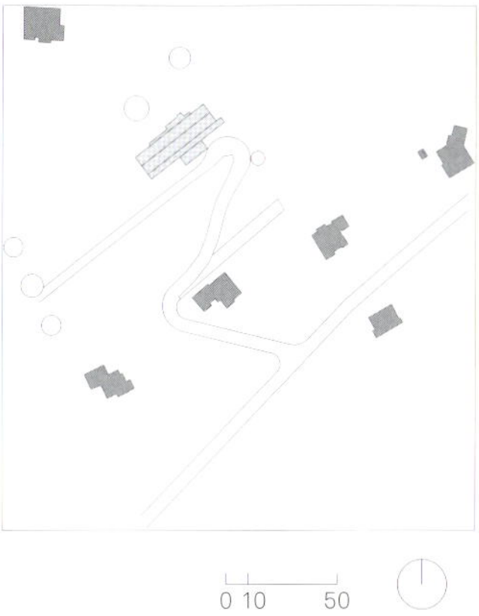

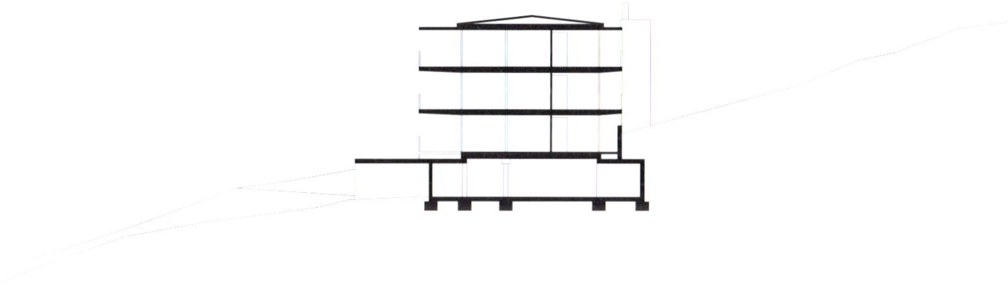

Schnitt / Sezione / Section

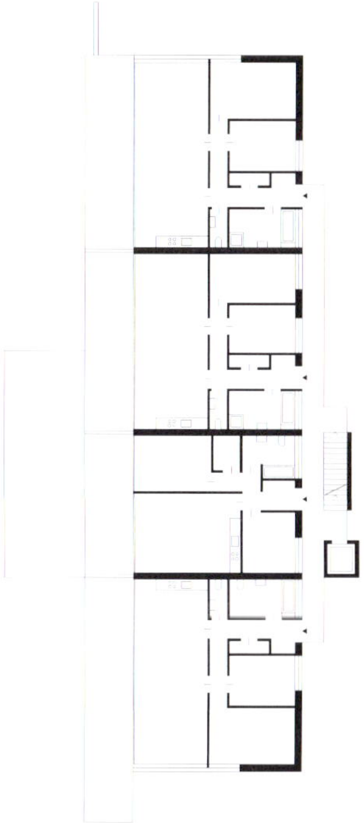

Grundriss 1. Obergeschoss / Pianta 1° piano / First floor
M 1:500

671
m ü. NN / m a.s.l. / m s.l.m.

Weyarn

Oberbayern
Deutschland

Bebauung am Schmiedberg, Gruppe von 5 Einfamilienhäusern Edificazione sullo Schmiedberg, gruppo di 5 case unifamiliari Schmiedberg Building Zone, group of 5 single-family houses

Prof. Reichenbach-Klinke Schranner, Adlkofen
Florian Nagler Architekten, München

Auftraggeber / Committente / Client
private Bauherrengemeinschaft
associazione di committenti privati
private client

Fertigstellung / Data di completamento / Completion
2006

Grundstücksfläche / Superficie del lotto / Site area
7.969 m²

Wohnfläche / Superficie abitativa / Living area
900 m²

Wohneinheiten / Unità abitative / Dwellings
5 x 155 m² - 225 m²

Baukörper / Articolazione volumetrica / Form
5

Wohnart / Tipologia abitativa / Housing type
Familienwohnungen / appartamenti per famiglie / family apartments

Stellplätze / Posti auto / Parking spaces
8

Freiraum / Spazi esterni / Open space
private Gärten, Südhang, durchgehende Terrassierung
giardini privati, pendio a sud, terrazzamento continuo
private gardens, southern slope, continuous terracing

Gemeinschaftlich genutzte Flächen / Superfici collettive Communal facilities
öffentliche Angersituation
area centrale pubblica
public village, green setting

Bebauung am Schmiedberg, Gruppe von 5 Einfamilienhäusern

Die Gemeinde Weyarn wird eindrücklich durch die entlang eines Hügelrückens verlaufende Lindenallee und das Alpenpanorama mit Blick auf das Karwendelgebirge im Süden geprägt. Bautradition, Maßstab und lokale Baumaterialien fließen in den gemeinsam zwischen Gemeinde, Planern und Bauherren aufgestellten Bebauungsplan des Ensembles ein. Eine geringe gestalterische Freiheit ist zugunsten einer großen Homogenität der fünf Neubauten in Kauf genommen worden.

Exemplarische Beschreibung eines Hauses: In einem äußerst engen finanziellen Rahmen entstand ein Grundriss mit einer dem jeweiligen Lebensabschnitt anpassbaren Raumstruktur im Gartengeschoss und offenen Räumen im Eingangsgeschoss. Lediglich die Bodenplatte und die U-förmige Böschungswand des Holztafelbaues sind in Betonbauweise ausgeführt. Aufenthaltsräume und Carport werden zwischen den Wandscheiben an den Giebelseiten in einem Raster von 4,70 m gespannt und integrieren die schmalen Treppen- und Nassraumelemente. Diese Elemente übernehmen die komplette Gebäudeaussteifung, sodass die raumhoch verglaste Südfassade in der fortgeschrittenen Planungsphase sehr flexibel und offen gestaltet werden konnte.

Durch die Eingrabung in den Hang wird eine übermäßige Aufheizung des Holzbaus im Sommer vermieden. Die im Süden befindliche Spalierwand kann durch Herausnehmen und Einschieben der Fichtenrundhölzer nach Bedarf verändert werden. Sie dient dem Bewuchs sowie als Träger des Sonnenschutzes und der Absturzsicherung. Einfache, zum Teil rohe, ungehobelte Sichtmaterialien ermöglichten den Bauherren den Selbstausbau und tragen zum unauffälligen, ländlichen Charakter des Gebäudes bei.

Edificazione sullo Schmiedberg, gruppo di 5 case unifamiliari

Il comune di Weyarn è caratterizzato dalla Lindenallee, un particolare viale di tigli che si snoda lungo il crinale di una collina, e per il notevole panorama sulla catena alpina del Karwendel verso sud. Il piano di attuazione per questo complesso, esito della stretta collaborazione tra comune, progettisti e committenti, sintetizza tradizione architettonica, rapporti di scala e materiali costruttivi locali. Pur di rendere i cinque edifici tra loro omogenei, si è preferito contenere la libertà progettuale.

La descrizione esemplare di un fabbricato: lo sviluppo planimetrico, condizionato da risorse economiche limitate, di strutture spaziali adattabili alle diverse età della vita, alla quota del giardino, e spazi aperti al livello d'ingresso. Negli edifici a pannelli strutturali in legno solo la platea di fondazione e la parete di contenimento ad "U" sono in cemento armato. I locali di soggiorno e la copertura leggera per l'auto trovano posto tra i setti compresi tra i fronti degli edifici e gli stretti corpi scala e blocchi di servizi, con un interasse di 4,70 m. La controventatura degli edifici è assolta completamente da questi elementi così che è stato possibile poi progettare la facciata a sud con un disegno flessibile e aperto, vetrata a tutta altezza.

La posizione interrata nel pendio impedisce il surriscaldamento estivo della costruzione in legno. La parete esterna meridionale a spalliera è modificabile togliendo o aggiungendo tronchi di abete, a seconda delle esigenze, e funge al contempo da parete verde, da struttura portante per le schermature solari e da parapetto. La semplicità dei materiali utilizzati a vista, in parte grezzi, ha reso possibile l'autocostruzione da parte dei committenti, contribuendo al carattere rurale e poco appariscente dell'edificio.

Schmiedberg Building Zone, group of 5 single-family houses

The municipality of Weyarn is strongly defined by the road lined with linden trees that runs along the ridge of a hill, and by the Alpine panorama with a view of the Karwendel Mountains to the south. Building traditions, scale, and local building materials all play a role in the master plan of the ensemble, which was jointly prepared by the municipality, the planners, and the clients. Limited creative freedom was accepted for the sake of a great homogeneity among the five new buildings.

Exemplary description of one of the houses: the layout, which was developed within extremely restrictive financial constraints, provides for a spatial structure on the garden level that can be adjusted to the different stages of the residents' lives as well as for open spaces on the entry level. Only the ground floor slab and the U-shaped retaining wall of the otherwise wood-panel building are made out of concrete. Common rooms and the carport are spanned between the wall slabs on the gable ends and the 1.30-meter narrow staircases and bathroom units that are repeated every 4.70 m. These elements bear the entire bracing of the building, so the full-height, glazed south facade could, in a subsequent phase, be made very flexible and open.

As it is built into the slope, the wood construction is not exposed to great heat in the summer. The trellis wall on the south side can be changed by removing or inserting spruce spars as needed. It not only serves a landscaping purpose, but also supports the solar shading and functions as a railing for fall prevention. Simple, in some cases raw and unfinished, visible materials enable the owners to individualize the design and contribute to the inconspicuous, rural character of the building.

← 84

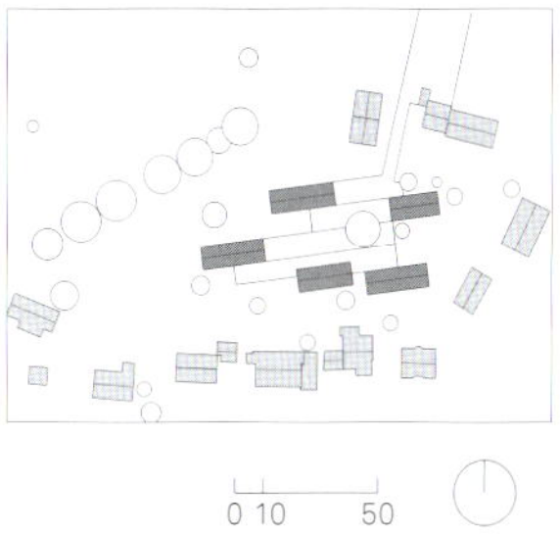

Schnitt / Sezione / Section

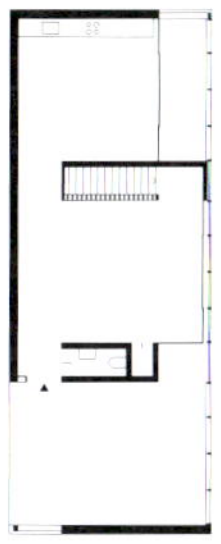

Grundriss Obergeschoss / Pianta 1° piano / First floor

Grundriss Erdgeschoss / Pianta piano terra / Ground floor
M 1:500

Exemplarische Beschreibung eines Hauses
Descrizione esemplare di un fabbricato
Sample description of one of the houses

658

m ü. NN / m a.s.l. / m s.l.m.

Bad Tölz

Oberbayern
Deutschland

50+ Wohnen im Herderpark
Residenze +50 nello Herderpark
50+ Living in Herderpark

Goetz Hootz Castorph Architekten und Stadtplaner GmbH, München

Auftraggeber / Committente / Client
Herderpark GmbH & Co.KG

Wettbewerb / Concorso / Competition
2005

Fertigstellung / Data di completamento / Completion
2008

Grundstücksfläche / Superficie del lotto / Site area
4.283 m²

Wohnfläche / Superficie abitativa / Living area
3.590 m²

Wohneinheiten / Unità abitative / Dwellings
25 x 80 m² - 195 m²

Baukörper / Articolazione volumetrica / Form
2 Baukörper viergeschossig, 1 Baukörper fünfgeschossig
due corpi d'edificio a quattro piani, un edificio a 5 piani
two 4-story buildings, one 5-story building

Erschließung / Tipologia distributiva / Access
Zweispänner / due alloggi per piano / two units per floor per stair

Wohnart / Tipologia abitativa / Housing type
Neubau von Mehrfamilienhäusern, Wohnungen als „gestapelte Villen"
edifici abitativi di nuova costruzione,
appartamenti sovrapposti a "ville monopiano"
multi-family houses (new-build); apartments as "stacked villas"

Stellplätze / Posti auto / Parking spaces
52

Freiraum / Spazi esterni / Open space
Herderpark, ehemaliger Kurhauspark
parco preesistente della stazione di cura
former spa park

50+ Wohnen im Herderpark

Im Herderpark, einer privaten Grünanlage des ehemaligen Bäderareals des Kurortes Bad Tölz entstand eine Wohnanlage aus drei Parkvillen mit insgesamt 25 Geschosswohnungen in direkter Nachbarschaft zum 1861 erbauten Herderhaus und der denkmalgeschützten Wandelhalle aus der Frühmoderne. Die Neubauten sind der erste Baustein zur Aktivierung des ehemaligen Kur- und Bäderareals, das nach dem dramatischen Rückgang der Anzahl an Kurgästen durch die Gesundheitsreformen der vergangen Jahre mehr und mehr im Dornröschenschlaf versunken war.

Die Häuser wurden in den Park mit seinem altem Baum- und Baubestand integriert. Die besondere Qualität liegt in der Selbstverständlichkeit der Erscheinung der Neubauten im Verhältnis zu den umgebenden Gebäuden, die zu Beginn des 20. Jahrhunderts entstanden sind. Sie treten in Dialog – Erinnerungen an Bauformen und Erscheinungen der Kurarchitekturen werden geweckt –, und in der zurückhaltenden, zeitlosen architektonischen Sprache, die der Ruhe der Umgebung angemessen ist, wird an den Glanz vergangener Zeiten angeknüpft.

Zeitgemäßes Wohnen bedeutet hier – in Zeiten des demografischen Wandels – dass die heutigen Bewohner der Generation 50+ auch morgen selbstbestimmt in großzügigen, barrierefreien Räumen leben und auf Wunsch den Service des benachbarten Hotels nutzen können. In den Wohnungen sind jeweils nur zwei Stützen und die Lage der Kamine vorgegeben, sodass die Wände flexibel den individuellen Bedürfnissen und wechselnden Wünschen angepasst werden können, die sonst nur im freistehenden Einfamilienhaus erfüllbar schienen. Die gleichmäßige Fensteraufteilung erlaubt eine Vielzahl von Varianten innerhalb der Grundrissalternativen.

Residenze +50 nello Herderpark

Il complesso residenziale a tre ville immerse nel verde con 25 appartamenti condominiali sorge all'interno dello Herderpark, parco privato di un antico stabilimento termale nella località di cura di Bad Tölz. Nelle immediate vicinanze vi sono la Herderhaus, costruita nel 1861, e lo storico porticato sotto tutela delle passeggiate, opera dei primi anni del Movimento Moderno. I nuovi fabbricati costituiscono un primo passo per la rivitalizzazione dell'antica località di cure termali, dopo gli anni di declino seguiti al calo drammatico nel numero degli ospiti, causato dalla riforma sanitaria degli anni passati.

I nuovi edifici si integrano alla vegetazione ed alle costruzioni storiche del parco. La loro quali-tà sta nell'insediarsi con naturalezza accanto agli edifici dell'inizio del XX secolo. Instaurano un dialogo; si notano richiami ad elementi costruttivi e formali dell'architettura termale, mentre la sobrietà del linguaggio architettonico, in sintonia con la tranquillità del contesto ambientale, allude agli splendori di un tempo.

L'abitare contemporaneo – in un'epoca di mutamento demografico – è qui trasposto nell'idea che i residenti della generazione degli ultracinquantenni possanno abitarvi in autonomia anche in futuro, in ampi spazi privi di barriere architettoniche, con la possibilità, se desiderato, di usufruire dei servizi dell'hotel adiacente. Negli appartamenti solo due pilastri ed i camini hanno una posizione prestabilita, mentre le pareti sono liberamente adattabili alle esigenze ed ai desideri mutabili di ognuno, secondo criteri normalmente ritenuti possibili solo nella casa unifamiliare isolata. La suddivisione regolare delle finestre consente molteplici varianti planimetriche interne.

50+ Living in Herderpark

In Herderpark, a private landscaped park that belongs to the former bathhouse site in the spa town of Bad Tölz, a residential complex of three park villas with a total of 25 single-level apartments has been developed. Directly adjacent is the Herderhaus that dates back to 1861 and the landmark Wandelhalle dating from early Modernism. The new buildings are the first step towards reactivating the former spa and bathhouse site, which gradually fell into a deep slumber after a dramatic decline in the number of spa guests due to health care reforms over the past number of years.

The houses are integrated in the park, with its stock of old trees and buildings. What makes the project so special is that the new buildings harmonize naturally with the surrounding buildings, which were built in the early 20th century. They enter a dialog, recall memories of the forms and appearances of the spa architecture, and revive the glamor of former times in the reserved, timeless architectural language that matches the tranquility of the surroundings.

In times of demographic transition, contemporary living means that the present 50+ generation residents will certainly continue to live in open, barrier-free spaces in the future and can use the services of the neighboring hotel whenever they wish to. In the apartments, only two columns and the position of the fireplace are specified, so the walls can be adjusted to individual needs and changing desires in the way we know it from detached single-family houses. The uniform window arrangement permits a multitude of layout alternatives.

← 88

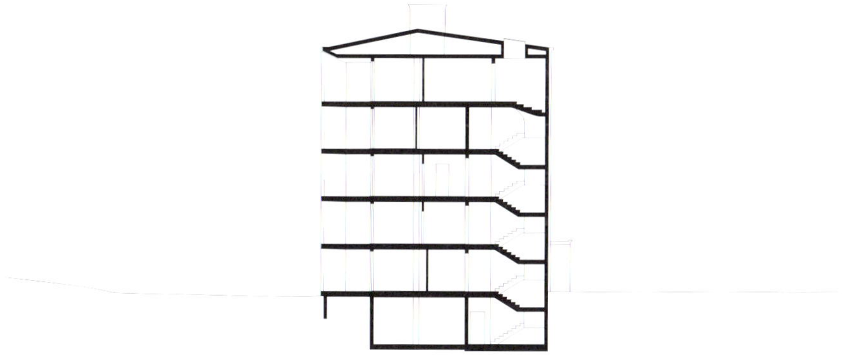

Schnitt / Sezione / Section

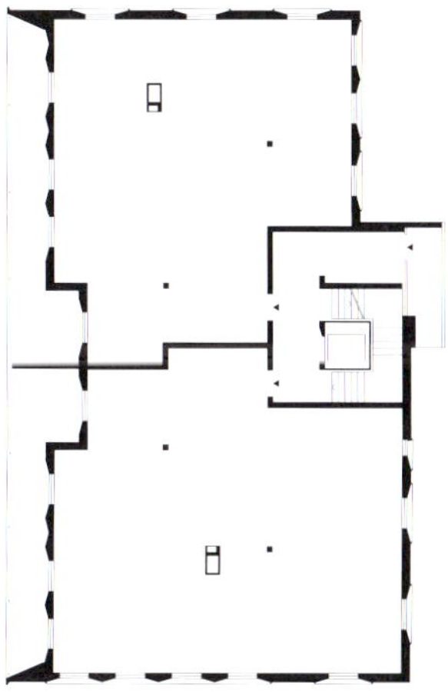

Grundriss Erdgeschoss / Pianta piano terra / Ground floor
M 1:500

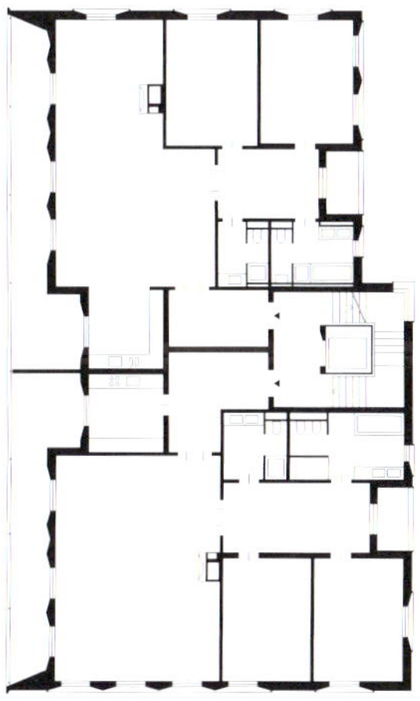

Grundriss 2. Obergeschoss / Pianta 2° piano / Second floor

574
m ü. NN / m a.s.l. / m s.l.m.

Hall in Tirol

Tirol
Österreich

Eduard Wallnöfer-Zentrum für medizinische Innovation (EWZ) Studentenheim Casa dello studente Student Dormitory

henke und schreieck Architekten, Wien

Auftraggeber / Committente / Client
TCC Errichtungs- und Betriebs GmbH, TCC Studentenheim GmbH

Wettbewerb / Concorso / Competition
2002

Fertigstellung / Data di completamento / Completion
2004

Grundstücksfläche / Superficie del lotto / Site area
14.787 m²
(einschließlich Universität)
(con l'università)
(total, including university)

Wohnfläche / Superficie abitativa / Living area
6.698 m²

Wohneinheiten / Unità abitative / Dwellings
143 x 16 m²
Einzelzimmer mit Bad + Loggia
camere singole c. bagno + veranda
single en suite rooms + loggia
3 x ca. 19–22 m²
Einzelzimmer mit Bad + Loggia
camere singole c. bagno + veranda
single en suite rooms + loggia
6 x 48 m²
Apartments + Loggia / appartamenti + veranda / apartments + loggia
6 x 40 m²
Apartments + Loggia / appartamenti + veranda / apartments + loggia

Baukörper / Articolazione volumetrica / Form
1 Baukörper mit Innenhof
un corpo a corte interna
1 building with inner courtyard

Erschließung / Tipologia distributiva / Access
Treppenhauskerne mit Gangerschließung
vani scala centrali con corridoi
stair cores with corridor access

Wohnart / Tipologia abitativa / Housing type
Studentenwohnheim
casa dello studente di nuova costruzione
student dormitory (new-build)

Stellplätze / Posti auto / Parking spaces
150 (gesamt mit der Universität) / (incl. università) / (total, including university)

Freiraum / Spazi esterni / Open space
Garten, Loggia, Gemeinschaftsterrassen
giardino, veranda, terrazze comuni
garden, loggia, shared terraces

Gemeinschaftlich genutzte Flächen
Superfici collettive
Communal facilities
Gemeinschaftsküchen und Frühstücksraum
cucine e sala colazione comuni
shared kitchens, communal breakfast room
Rezeption + Foyer / reception + foyer / reception + foyer

Gemeinschaftsräume / Vani comuni / Communal spaces
Gemeinschaftsterrassen / terrazze comuni / shared terraces
Fahrradkeller / rimessa biciclette / basement bicycle storage area
Skikeller / deposito sci / basement ski storage area
Waschküche / lavanderia / laundry room

Zusätzliche Nutzungen / Ulteriori funzioni / Additional uses
Kindergarten / scuola materna / children's nursery school

Studentenheim

Der Standort für die Privatuniversität befindet sich auf einem Parkgrundstück in leichter Hanglage mit wertvollem altem Baumbestand am Rande der Altstadt von Hall. Das städtebauliche Konzept definiert ein Gebäudeensemble, welches aus präzise gesetzten Solitärbaukörpern besteht. Die Stellung der einzelnen Gebäude zueinander erzeugt zum einen urbane Dichte, zum anderen bleiben der landschaftliche Zusammenhang und die Topografie des Geländes unverändert erhalten. In einer ersten Baustufe wurden zwei Gebäude realisiert: im Universitätsgebäude sind unterschiedliche Institute, im zweiten Komplex das Studentenheim (campushotel) und ein Kindergarten untergebracht.

Auf einem ähnlich weitläufigen Konzept wie das Universitätsgebäude basiert der Entwurf für das Studentenheim. Die räumliche Mitte dieses Gebäudes bildet ein offener Innenhof, um den sich Gemeinschaftsräume mit großzügigen Freiterrassen gruppieren. Die einzelnen Zimmer mit jeweils eigener Sanitärgruppe öffnen sich ausschließlich zum großartigen umgebenden Landschaftsraum.

Das Erscheinungsbild des Wohnheims ist geprägt von den Brüstungsbändern aus gekanteten Lochblechen, die das gesamte Gebäude umhüllen. Der abstrakte Kubus steht im bewussten Kontrast zur Dramaturgie der umgebenden Landschaft. Gezielte Einschnitte in den Baukörper definieren straßen- und parkseitig großzügig gedeckte Eingangs- und Übergangsbereiche und verbinden das Straßen- mit dem Parkniveau. Die Topografie bestimmt auch das räumliche Konzept der einzelnen Gebäude, die als Atriumhäuser konzipiert sind. Die Struktur dieser Gebäude bietet gleichzeitig maximale Flexibilität und räumliches Erlebnis.

Casa dello studente

L'università privata è situata su un terreno in lieve pendenza, in un parco con alberature storiche di pregio, ai margini del centro storico di Hall. Il progetto urbanistico prevede un insieme di corpi isolati, dislocati con precisione. La posizione dei singoli volumi tra loro realizza da un lato densità urbana lasciando dall'altra intatto il rapporto con paesaggio e topografia. Il primo lotto prevede la realizzazione di due edifici; quello universitario che ospita diversi istituti ed il complesso della casa dello studente (campushotel) con una scuola materna.

Il progetto per la casa dello studente è concepito con un'estensione simile a quello dell'edificio universitario. Una corte interna aperta forma il fulcro spaziale dell'edificio, attorno al quale sono raccolti gli spazi comuni con ampie terrazze aperte. Le singole camere con i relativi servizi si affacciano esclusivamente sullo splendido paesaggio circostante.

L'immagine della casa dello studente è definita dai nastri avvolgenti dei parapetti in lamiera forata piegata, attorno a tutto l'edificio. L'astrazione del corpo cubico è in voluto contrasto con la "drammatica" scenografia del paesaggio circostante. Esatte fenditure nella costruzione definiscono generose zone coperte d'ingresso e di transizione verso la strada ed il parco, collegandoli tra di loro. La topografia regola anche il concetto spaziale dei singoli edifici, organizzati ad atrio. La struttura degli edifici esprime al contempo grande flessibilità e ricchezza spaziale.

Student Dormitory

The private university is located in a slightly sloped park with a valuable stock of old trees on the edge of Hall's old town.

The building ensemble follows an urban design concept and comprises precisely positioned solitary structures. The positions of the individual buildings relative to each other creates a landscape of urban density, while the scenic relationships and the topography of the terrain remain unchanged. Two buildings have been realized in the first construction phase: the university building accommodates various institutes, whereas the second complex houses the students' dormitory (campus hotel) and a nursery school.

The design of the students' dormitory is based on a spatial concept similar to that of the university building. An open inner courtyard forms the center of the building. Communal spaces with generous open terraces are grouped around it. The individual rooms, each with their own sanitary facilities, open up solely to the magnificent surrounding landscape.

The appearance of the dormitory is characterized by bands of bent perforated metal sheets that envelop the entire building. The abstract cubic form is in deliberate contrast to the "drama" of the surrounding landscape. Individual notches in the building define generous sheltered entry and transition zones on the street and park side and connect these two levels to each other. The topography determines the spatial concept of the individual buildings, which are conceived as atrium houses. Their structure also offers maximum flexibility and amounts to a spatial experience.

← 103

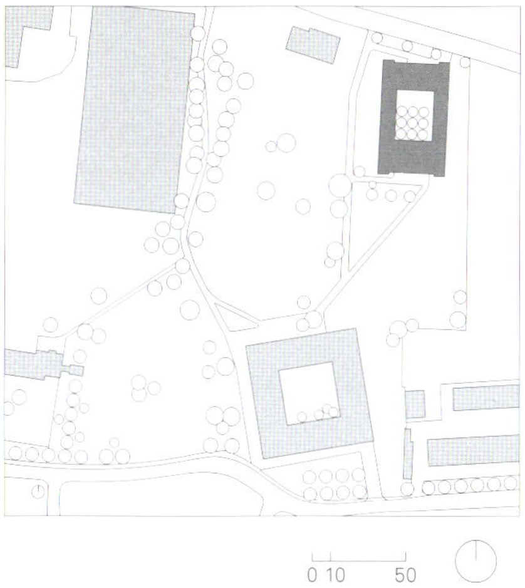

Schnitt / Sezione / Section

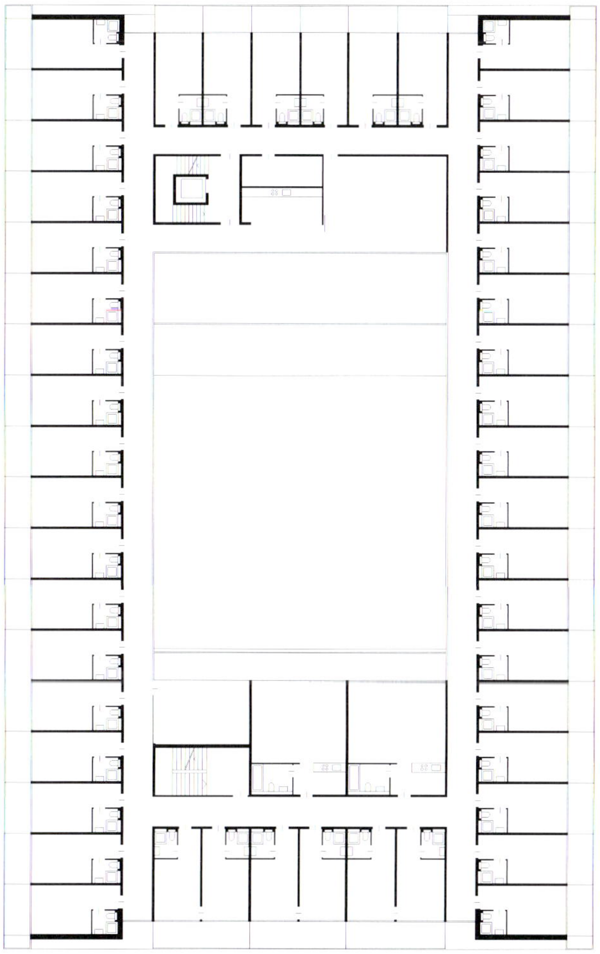

Grundriss 1. Obergeschoss / Pianta 1° piano / First floor
M 1:500

554
m ü. NN / m s.l.m. / m a.s.l.

Feldkirchen

Kärnten
Österreich

Holzwohnanlage Markstein
Complesso residenziale in legno Markstein
Markstein Housing

Dietger Wissounig, Graz

Auftraggeber / Committente / Client
VKS

Wettbewerb / Concorso / Competition
2004

Fertigstellung / Data di completamento / Completion
2006

Grundstücksfläche / Superficie del lotto / Site area
6.400 m²

Wohnfläche / Superficie abitativa / Living area
2.250 m²

Wohneinheiten / Unità abitative / Dwellings
30 x 55 m²-95 m²

Baukörper / Articolazione volumetrica / Form
5: 4 zweigeschossige und ein dreigeschossiges Gebäude
5 corpi d'edificio: quattro a due piani, uno a tre piani
5 structures: four 2-story buildings and one 3-story building

Erschließung / Tipologia distributiva / Access
Zwei-/Dreispänner
due/tre alloggi per piano
two/three units per floor per stair

Wohnart / Tipologia abitativa / Housing type
Neubau einer Wohnanlage
edificio d'abitazione di nuova costruzione
residential complex (new-build)

Stellplätze / Posti auto / Parking spaces
45

Freiraum / Spazi esterni / Open space
Garten, Balkon, angrenzendes Naturschutzgebiet
giardino, balcone, vicina riserva naturale
garden, balcony, adjacent nature reserve area

Holzwohnanlage Markstein

Die aufgelockerte versetzte Bebauung der fünf kompakten Baukörper am Rand von Feldkirchen findet ihre Vorbilder in den bäuerlichen Gehöftformen der Region. Nach Südsüdost orientiert, staffeln sich die Wohnanlagen entlang eines zum Teil als Biotop verbreiterten Bachs am Naturschutzpark. Die Zufahrtsstraße, als Wohnstraße ausgebildet, schließt die Bebauung zur Nordseite ab. Der leichten Neigung folgend, staffeln die Gebäude so, dass jedes von ihnen Aussicht auf den Naturschutzpark Richtung Süden bietet.

Die Erschließung der Gebäude erfolgt im Zwei- und Drei- Spännersystem, Dabei wurde auf das Erreichen von größtmöglichter Wohnnutzfläche und die Reduktion der Erschließungsflächen Wert gelegt, um eine wirtschaftliche Ausnutzung der Systeme zu gewährleisten. Jede Wohnung ist nach zwei bis drei Seiten belichtet und belüftet und besitzt einen großzügigen privaten Freiflächenanteil. An den Südfassaden sind raumhohe Fensterflächen eingesetzt, wodurch die Grenze zwischen Außen- und Innenwohnraum verschwimmt, die Wohnung hell und optisch weitläufiger erscheint und die Sonnenenergie passiv genutzt wird. Terrassen, Privatgärten, großzügige durchlaufende Balkone mit traumhafter Aussicht stellen die privaten Freiflächen dar.

Die Privatgärten mit ihren Sichtschutzhecken bilden einen Pufferraum zwischen den Erdgeschosswohnungen und den davorliegenden halböffentlichen Allgemeinflächen an der Wohnstraße. Zwischen den Gebäuden entstehen Nachbarschaftsbereiche – Freiräume, die eine vielfältige Nutzung privater bis halböffentlicher Natur zulassen. So ist der direkte Bezug zur Umgebung, zum Park, zum Wetter und zur Landschaft von jedem Punkt aus gegeben.

Die starken landschaftlichen Reize, die Ausrichtung zur bestmöglichen Belichtung und die Forderung, nachhaltige Gebäudetechnologie mit moderner Holzbauweise zu verbinden, waren die Grundlagen für die Entwicklung der Gebäude in Niedrigenergiestandart.

Complesso residenziale in legno Markstein

La libera dislocazione dei cinque corpi compatti alla periferia di Feldkirchen si ispira alle forme rurali dei masi a corte della regione. I corpi sono schierati con un orientamento sud-sud-est lungo un torrente in parte allargato nel biotopo di una riserva naturale. La strada di accesso di carattere residenziale delimita a nord l'insediamento. La posizione degli edifici in lieve pendenza permette a ciascuno di godere della visuale sul parco naturale a meridione.

Le case sono organizzate a due e tre alloggi per piano per utilizzare al meglio la superfice abitabile limitando i corridoi e garantire lo sfruttamento economico di questa tipologia. Ogni appartamento prende luce ed aria da due o tre lati, con ampie aree esterne private. Sui prospetti a meridione le finestre a tutta altezza annullano il limite tra spazio interno ed esterno, illuminano in profondità e rendono gli appartamenti visivamente più grandi, oltre a consentire l'utilizzo di energia solare passiva. Le superfici esterne private sono costituite da terrazze, giardini privati e ampi balconi con una vista straordinaria.

I giardini privati, delimitati da siepi per la protezione visiva, costituiscono una zona di transizione tra gli appartamenti a piano terra e le aree comuni semipubbliche lungo la strada residenziale. Tra gli edifici si formano zone di vicinato o semplicemente libere, aperte a più utilizzi privati o semipubblici. Dappertutto è possibile una relazione diretta con l'ambiente, il parco, le condizioni atmosferiche ed il paesaggio.

Il fascino del paesaggio, l'insolazione ottimale e l'esigenza di coniugare tecnologie di sostenibilità edilizia con una costruzione in legno di concezione moderna sono state le premesse per lo sviluppo di edifici dal basso consumo energetico.

Markstein Housing

The five compact buildings on the periphery of Feldkirchen owe their slightly staggered structure to the region's rustic farmstead designs. Oriented to the south-southeast, the apartment buildings are assembled along a stream that broadens into a biotope in the nature reserve. The access road is constructed as a residential street and defines the northern edge of the development. Following the slight slope, the buildings are offset, so they all offer a view of the nature reserve toward the south.

The layout of the buildings provides for two or three units on each floor per stair. Nevertheless, the living areas have been kept as large as possible, and the total circulation space has been reduced to ensure the most efficient utilization of the systems. Every apartment receives daylight and natural ventilation from two or three sides and has a generous private outdoor space. Full-height windows are provided on the south facades. They blur the boundary between exterior and interior living space, give the apartments a bright and spacious appearance, and enable passive use of solar energy. The private open spaces are made up of terraces, private gardens, and generous continuous balconies with fantastic views.

Hedges around the private gardens ensure visual privacy, while the gardens themselves form buffer zones between the ground floor apartments and the semi-public common areas in front of the buildings along the residential street. Areas for neighborly communication develop between the buildings—open spaces that can be used in many private or semi-public ways—opening to the surroundings, the park, the weather, and the landscape from every point.

The strong scenic allure, the orientation to the best possible natural light source, and the need to integrate sustainable building services technology into a modern wood construction were the foundations for developing the low-energy buildings.

← 106

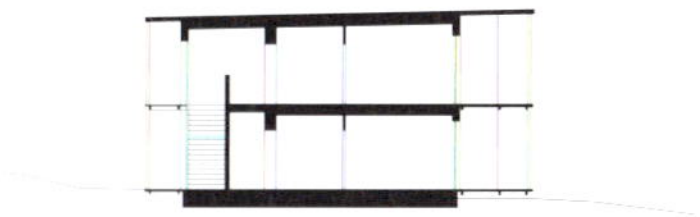

Schnitt / Sezione / Section

Grundriss Erdgeschoss / Pianta piano terra / Ground floor
M 1:500

547

m ü. NN / m a.s.l. / m s.l.m.

Diessen am Ammersee

Oberbayern
Deutschland

Wohnbebauung „Kithier"
Complesso residenziale abitazioni "Kithier"
"Kithier" Housing Development

Bembé Dellinger Architekten BDA, Greifenberg

Auftraggeber / Committente / Client
Bauherrengemeinschaft Kithier

Fertigstellung / Data di completamento / Completion
2007

Grundstücksfläche / Superficie del lotto / Site area
3.100 m²

Wohnfläche / Superficie abitativa / Living area
1.130 m²

Wohneinheiten / Unità abitative / Dwellings
6 x 180 m²-203 m²

Baukörper / Articolazione volumetrica / Form
3

Wohnart / Tipologia abitativa / Housing type
Doppelhäuser / casa doppia / duplex houses

Stellplätze / Posti auto / Parking spaces
17

Freiraum / Spazi esterni / Open space
private Gärten, seenahe Lage mit altem Baumbestand
giardini privati, terreno in prossimità del lago con alberature preesistenti
private gardens, lake vicinity, old trees

Gemeinschaftlich genutzte Flächen
Superfici collettive
Communal facilities
Spielstraße mit Abstellräumen und Parkplätzen
strada per il gioco con depositi e parcheggi
traffic-reduced private street with storage areas and parking spaces

Wohnbebauung „Kithier"

Drei lang gestreckte Doppelhäuser, die eine für diesen Haustyp ungewöhnliche Zonierung vom öffentlichen zum privaten Teil aufweisen, gliedern die kleine Wohnanlage in der Nähe des Ammersees. Die Gebäude, die in einer privaten Bauherrengemeinschaft projektiert wurden, öffnen sich großzügig nach Süden in die privaten Gärten. Nach Norden jedoch bleiben sie hermetisch verschlossen und schützen so die Privatsphäre der Nachbarn.

Der sorgfältig gestaltete Erschließungsweg bietet vielfältige Ein- und Ausblicke und stellt als „Spielstraße" ein wichtiges verbindendes Element in der Wohnanlage dar. Entlang des Weges reiht sich eine Spange aus Carport, Gästepavillon und den Baukörpern auf. Dadurch werden die hofartigen Gärten der Osthäuser von der Öffentlichkeit der Anliegerstraße getrennt. Die Westhäuser mit ihren unterschiedlichen Geometrien orientieren sich mit großen Gärten auf die freie Wiese mit altem Baumbestand.

Hochwertiges Wohnen in einer Gemeinschaft ist durch das homogene Äußere der Holz- und Sichtbetonflächen der Häuser, das ein kompaktes Gesamtensemble erzeugt, überzeugend dargestellt. Die individuell geplanten Ausbauten und Variationen in den Grundrissen lassen dennoch die Individualität der sechs unterschiedlichen Bauherren zur Geltung kommen.

Complesso residenziale abitazioni "Kithier"

Questo piccolo complesso residenziale nei pressi dell'Ammersee è formato da tre allungate case doppie. Gli edifici, progettati per un'associazione privata di committenti, presentano una transizione tra zona pubblica e privata insolita per questa tipologia: si affacciano liberamente verso i giardini privati a sud, mentre a nord sono ermeticamente chiusi per proteggere la sfera privata dei vicini.

La strada di accesso, particolarmente curata nel progetto, offre una varietà di viste e scorci panoramici e, come "strada per il gioco", costituisce un importante elemento di coesione nel complesso residenziale. Lungo la strada si sviluppa una cortina edilizia lineare composta da carport, dal padiglione per gli ospiti e dagli edifici residenziali che separa i cortili-giardino delle case ad est dalla zona pubblica della strada di vicinato. Le case ad ovest, dalle differenti geometrie, aprono i loro ampi giardini verso il prato con le antiche alberature.

Una residenza collettiva d'alto livello, che, anche grazie all'omogeneità di trattamento delle superfici esterne in legno e calcestruzzo, convince per la sua compatta immagine d'insieme. Le finiture interne individuali e le diverse soluzioni planimetriche lasciano altresì trasparire le differenti individualità dei sei committenti.

"Kithier" Housing Development

Three elongated duplex houses, with a public-to-private zone that is unusual for this type of building, subdivide the small residential complex in the vicinity of Lake Ammersee. The buildings, which were designed for a private owners' cooperative, open to the private gardens to the south. To the north, however, they remain hermetically closed, so as to protect the private sphere of the neighbors.

The carefully designed access road offers multiple inward and outward views. With children's play needs in mind, the traffic has been reduced, so the road represents an important connecting element within the residential complex. Carports, guest pavilions, and the houses themselves are lined up along the private road. As a result, the courtyards of the eastern houses are separated from the public sphere of the residential road. The western houses, with their varied geometries and large gardens, are oriented to the open meadow with its stock of old trees.

The homogeneous appearance of the wood and exposed concrete surfaces of the houses results in a compact overall ensemble that convincingly portrays the high quality of living in this community. Nevertheless, the tailored interiors and various floor plans take the individual needs of the six clients into account.

← 111

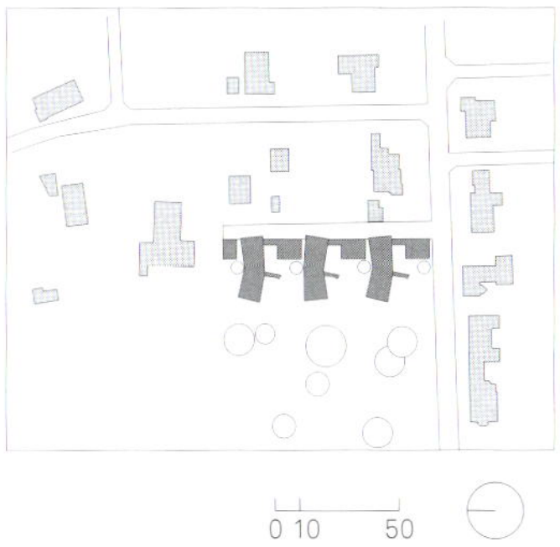

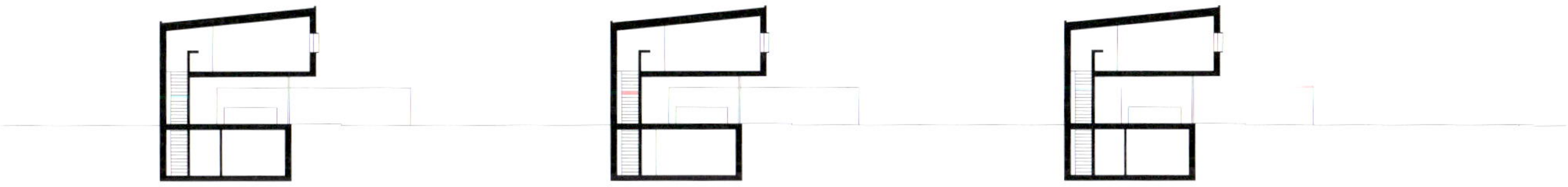

Schnitt / Sezione / Section

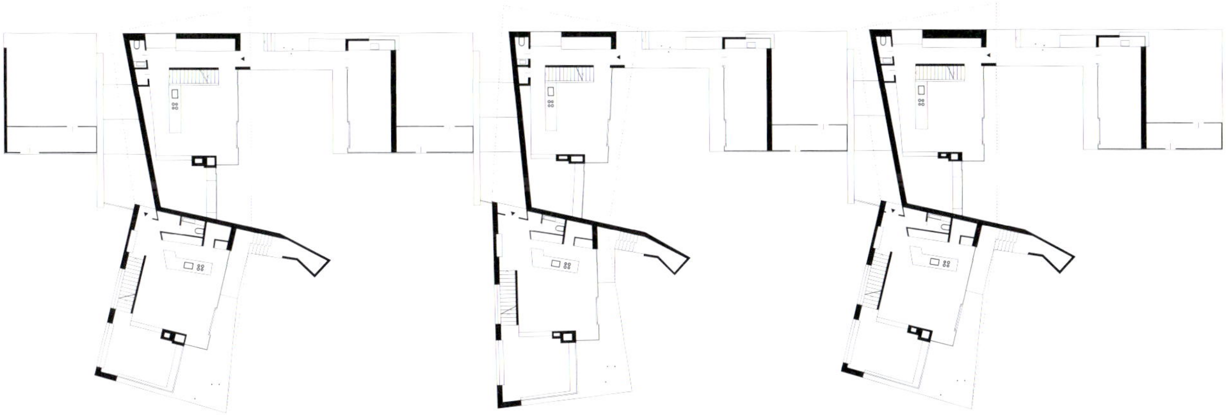

Grundriss Erdgeschoss / Pianta piano terra / Ground floor
M 1:500

472
m ü. NN / m a.s.l. / m s.l.m.

Balzers

Liechtenstein

Wohnüberbauung „Stadel“
Complesso residenziale “Stadel”
“Stadel” Residential Development Project

Adrian Christen, Chur/Balzers und cavegn architektur, Schaan

Auftraggeber / Committente / Client
Gemeinde Balzers/Baukonsortium der Wohneigentümer

Wettbewerb / Concorso / Competition
2003

Fertigstellung / Data di completamento / Completion
2006

Grundstücksfläche / Superficie del lotto / Site area
4.631 m²

Wohnfläche / Superficie abitativa / Living area
2.380 m²

Wohneinheiten / Unità abitative / Dwellings
20 x 115 m²-130 m²
Geschosswohnungen und Maisonettewohnungen
semplici e duplex con superficie residenziale
single-level and duplex apartments

Baukörper / Articolazione volumetrica / Form
4.310 m²/500 m²

Erschließung / Tipologia distributiva / Access
Zweispänner / due alloggi per piano / two units per floor per stair

Wohnart / Tipologia abitativa / Housing type
Neubau einer Wohnanlage, von Gemeinde und Land geförderte Eigentumswohnungen
edificio residenziale di nuova costruzione, alloggi in proprietà sovvenzionati da Comune e Stato
residential complex (new-build), with condominiums subsidized by the municipality and the state

Stellplätze / Posti auto / Parking spaces
40

Freiraum / Spazi esterni / Open space
Loggia von 10-15 m² bei jeder Wohnung
loggia di 10-15 m² per ogni appartamento
loggia of 10-15 m² for each apartment

Wohnüberbauung „Stadel“

Inmitten einer mit Bäumen begrünten Parkanlage stehen vier einzelne Baukörper und bilden durch ihre Situierung und architektonische Gestaltung eine Gesamtanlage. In der für alle Bewohner nutzbaren Grünanlage befinden sich die Zugangswege inmitten unterschiedlich ausformulierter Grünflächen mit verschiedenen Plätzen wie Aufenthalts- und Spielflächen.

Das vorgeschlagene Grundrisskonzept ermöglicht den Wohnbauten, die als Zweispänner erschlossen sind, eine hohe Flexibilität an Wohnungsgrößen sowie Kombinationsmöglichkeiten aus Geschoss- und Maisonettewohnungen. Die Anzahl und Größe der Zimmer in den einzelnen Wohnungen kann mit Trennwänden in Leichtbauweise individuell gewählt bzw. zu einem späteren Zeitpunkt verändert werden. Alle Wohnungen verfügen über einen identischen Wohnbereich mit Wohn-Ess-Küche. Der Wohnbereich mit großzügiger Loggia orientiert sich nach dem Licht (Morgensonne bis Abendsonne) und eröffnet einen unverbaubaren Panoramablick ins Rheintal mit den flankierenden Bergen wie auch auf das markante Schloss Gutenberg.

Die leicht abgewinkelte Form der Bauten entwickelt sich aus dem Innenraumkonzept und spielt in der Fassadenabwicklung mit dem Maßstab der Umgebung. Die Bauten sind mit einer horizontalen Stülpschalung aus elfenbeinfarbenem Eternit ummantelt, der den Gebäuden einen leichten, luftigen Eindruck verleiht. Durch das Tageslicht und die Stellung der Schiebeläden verändert sich der Ausdruck der Anlage stetig.

Das Projekt möchte einen Beitrag zum verdichteten, ressourcen schonenden Wohnungsbau leisten und diese Wohnform als Alternative zum konventionellen Einfamilienhaustypus sowohl funktional als auch architektonisch attraktiv gestalten.

Complesso residenziale “Stadel”

Quattro singoli corpi di fabbrica sorgono nel verde di un parco, formando un insieme unitario per posizione ed immagine architettonica. Nel verde, a disposizione dei residenti, si dispongono i percorsi d'accesso tra giardini variamente connotati e diversi spazi di sosta e gioco.

La soluzione planimetrica degli edifici residenziali, una coppia di alloggi per piano, permette un'elevata flessibilità nel taglio e nella aggregazione delle unità abitative, con abitazioni in piano e in duplex. Nei singoli alloggi, dimensioni e numero dei vani possono essere determinate individualmente, ovvero modificate in un secondo momento, grazie a pareti divisorie a secco. Gli appartamenti dispongono tutti di un'identica zona giorno, con soggiorno-pranzo-cucina. Quest'ambito di soggiorno, con un'ampia loggia, si orienta al corso del sole (dal mattino al pomeriggio) e gode di un'indisturbata visuale sui versanti montani e la vallata del Reno alpino e sull'imponente castel Gutenberg.

La forma leggermente poligonale del corpo di fabbrica deriva dal concetto spaziale interno, e lo svolgimento della facciata gioca con la scala dell'intorno. Un rivestimento a scaglie di pesce in lastre di fibrocemento color avorio ammanta gli edifici, conferendo ai volumi un'ariosa impronta di leggerezza. Al variare della luce del giorno e della posizione delle imposte scorrevoli l'aspetto dell'impianto muta continuamente.
Il progetto intende fornire un contributo a una formula abitativa sostenibile e densificata, resa accattivante per immagine architettonica ed aspetto funzionale, in alternativa al tipo convenzionale della casa unifamiliare.

“Stadel” Residential Development Project

Four individual buildings stand in a park full of trees, forming a unified complex on account of their location and architectural design. In the landscaped park, which is accessible to all the residents, paths run through diversely designed green patches with various open spaces, including recreational areas and play grounds.

The residential buildings have two units on every floor, each grouped around a staircase. Thanks to its proposed layout, there are many different apartment sizes and combinations of single-level and duplex apartments. Drywall partitions make it possible to individualize or even subsequently change the number and size of the rooms in the individual apartments. The combined living, dining, and kitchen area is identical in all units. Each has a spacious loggia and faces the light (with sunlight pouring in from morning till evening), offering an unobstructable panoramic view of the Rhine valley, the flanking mountains, and the prominent Gutenberg Castle.

The slightly angled form of the buildings is a result of their interior spatial concept, and the facade plays with the scale of the surroundings. The buildings are covered with horizontal weather boarding made of ivory-colored cement composite panels that gives them a light and airy appearance. Depending on the daylight and the position of the sliding shutters, the impression of the complex changes continuously.

The project seeks to make a contribution to compact, resource-saving residential construction, and to represent a functionally and architecturally attractive form of living as an alternative to conventional single-family houses.

← 128

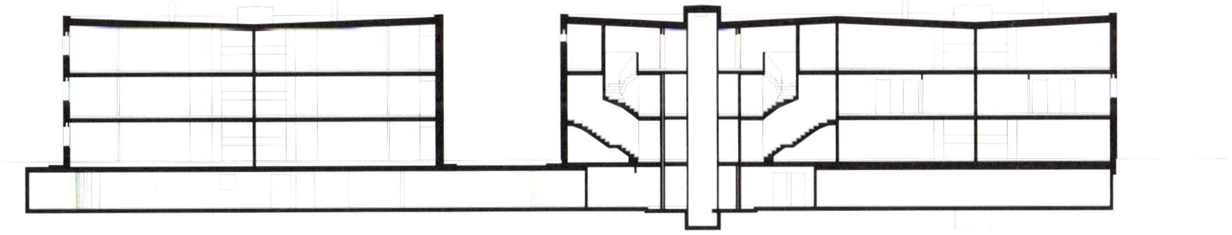

Schnitt / Sezione / Section

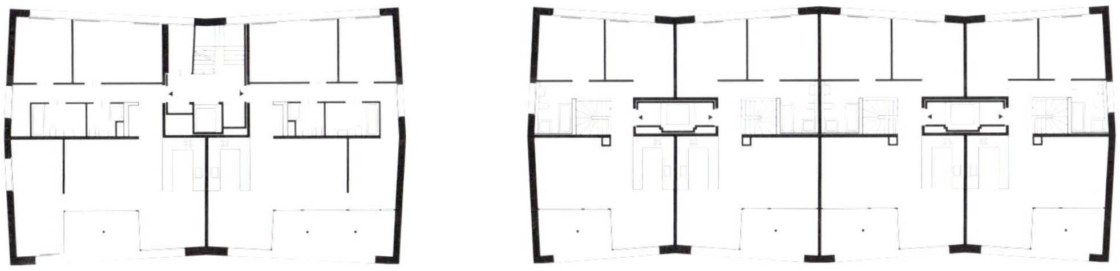

Grundriss Erdgeschoss / Pianta piano terra / Ground floor
M 1:500

437
m ü. NN / m a.s.l. / m s.l.m.

Dornbirn
Vorarlberg
Österreich

Pflegeheim
Casa di riposo
Nursing Home

ARGE Johannes Kaufmann Architektur
Riepl Riepl Architekten, Dornbirn/Linz

Auftraggeber / Committente / Client
Amt der Stadt Dornbirn

Wettbewerb / Concorso / Competition
2005

Fertigstellung / Data di completamento / Completion
2002

Grundstücksfläche / Superficie del lotto / Site area
12.171 m²

Wohnfläche / Superficie abitativa / Living area
7.164 m²

Wohneinheiten / Unità abitative / Dwellings
108 Zimmer, verteilt auf drei Obergeschossen mit jeweils zwei Pflegestationen mit insgesamt 32 Betten (12 + 20)
108 stanze su tre piani fuori terra, con ognuno 2 reparti di cura per complessivi 32 letti (12 + 20)
3 upper floors with a total of 108 rooms and two nursing stations with a total of 32 beds (12 + 20) on each floor

Baukörper / Articolazione volumetrica / Form
1 Baukörper mit Atrium
unico corpo d'edificio, tipologia ad atrio
1 structure with atrium

Erschließung / Tipologia distributiva / Access
Treppenhauskerne mit Gangerschließung
vani scala centrali con corridoi
stair cores with corridor access

Wohnart / Tipologia abitativa / Housing type
Altenwohnheim / casa di riposo / retirement home

Stellplätze / Posti auto / Parking spaces
22

Freiraum / Spazi esterni / Open space
Loggia, Garten / verande, giardino / loggia, garden

Pflegeheim

Zu den Besonderheiten des Ortes gehören der parkartige Bewuchs, die Nähe der Dornbirner Ache und die generelle Weitläufigkeit des Grundstücks. Dementsprechend ist das solitäre Wohngebäude, welches Seniorenwohnen mit diversen Pflegeeinrichtungen und einer Dementenstation anbietet, freistehend in alle Richtungen orientiert. Das Pflegeheim beinhaltet 108 Zimmereinheiten und ist als dreibündige Anlage organisiert. Im Zentrum erleichtern das Atrium und unterschiedliche Funktionskerne die Orientierung. Unmittelbar an das Atrium anschließend sind transparente Aufenthaltsräume samt vorgelagerten Loggien positioniert, sodass trotz mittiger Lage der Plätze zahlreiche Beziehungen und Blickkontakte nach außen bestehen. Die Erschließung der Geschosse erfolgt über zwei Treppenhäuser und Lifte. Transparenz und Offenheit bestimmen das Innere, ohne dass dadurch die nötige Geborgenheit und Rückzugsmöglichkeiten vernachlässigt werden.

In den drei Obergeschossen sind jeweils zwei Pflegestationen mit insgesamt 32 Betten untergebracht. Sämtliche Wohneinheiten ebenso wie das Esszimmer, zwei Aufenthaltsbereiche sowie ein Dienstbereich für das Personal sind nach außen hin orientiert. Diesen Allgemeinräumen sind jeweils großzügige überdachte Terrassen zugeordnet. Das gläserne Erdgeschoss ist betont offen, beinhaltet die wichtigsten Gemeinschaftszonen sowie eine kleine Dementenstation und bietet generöse geschützte Freibereiche. Ein laubenförmiger Umgang dient auch bei schlechter Witterung der Bewegung und dem Aufenthalt im Freien.

Die drei Obergeschosse erhalten durch den Einsatz von Holzelementen einen wohnlichen Charakter. Diese Materialisierung im Inneren soll auch an der Außenfassade ablesbar sein. Dunkle Fassadenelemente bilden die Haut des Gebäudes. Die horizontalen Fensterbänder liegen bündig in der Fassade. Die Verglasungen reichen fast bis zum Boden, sodass auch im Sitzen der Blick aus den Zimmern in den Park ermöglicht wird. Durch hochgezogene Brüstungen im Bereich der Gemeinschaftsterrassen wird die an sich stille Fassade durch tiefe Einschnitte akzentuiert.

Casa di riposo

Caratteristiche particolari del sito sono la vegetazione del parco, la vicinanza dell'alveo naturalistico del fiume di Dornbirn e, in generale, l'ampiezza del lotto. In tale situazione l'edificio residenziale per anziani con diverse strutture di cura ed un reparto per dementi si erge solitario, libero in tutte le direzioni. La struttura di 108 stanze ha un'organizzazione tripartita. L'atrio e diversi nuclei funzionali centrali facilitano l'orientamento. Direttamente attigui vi sono locali di soggiorno trasparenti con antistanti verande cosicché, nonostante la posizione centrale, la vista può spaziare liberamente all'esterno. La distribuzione ai piani avviene tramite due vani scala ed ascensori. Gli spazi interni, pur rispettando il bisogno di tranquillità ed intimità, sono contraddistinti da trasparenza ed apertura.

Ognuno dei tre piani superiori ospita due reparti di cura per 32 letti complessivi. Tutte le unità abitative, nonché il refettorio, due zone di soggiorno e un'area di servizio per il personale, sono orientati verso l'esterno. Questi locali con funzioni comuni si affacciano su ampie terrazze coperte. Il pianterreno vetrato è volutamente aperto, ospita le zone comuni principali ed un piccolo reparto per dementi ed offre ampie superfici esterne protette. Un corridoio porticato consente di passeggiare e sostare all'aperto anche in caso di maltempo.

Grazie all'uso di elementi in legno, i tre piani superiori presentano un carattere domestico. La materialità degli spazi interni è leggibile anche nel prospetto esterno. Elementi di facciata scuri formano la pelle dell'edificio. Le finestre a nastro orizzontali sono complanari con la facciata. Dalle vetrate delle stanze che giungono quasi a pavimento si può vedere il parco anche da seduti. Nelle zone delle terrazze comuni, gli alti parapetti articolano con tagli profondi la facciata che ha altrimenti un carattere silenzioso.

Nursing Home

Features of the site are its park-like vegetation, its proximity to the Dornbirner Ach river, and its vast openness in general. The freestanding, solitary residential building houses accommodations for the elderly as well as various nursing and care facilities and a dementia care unit. The tripartite nursing home contains 108 room units. In the center, the atrium and various functional cores help the residents find their way. Transparent lounges with attached loggias are located directly adjacent to the atrium, so they have numerous connections and visual contact with the outside, even though they are in the center of the building. Vertical access to the floors is provided by two stairwells and an elevator core. Transparency and openness dominate the interior, without neglecting the residents' need to feel secure and for retreat opportunities.

There are two nursing stations with a total of 32 beds on each of the three upper floors. All dwelling units are oriented to the outside. The same applies to the dining room, two lounge areas, and a staff area, which are all equipped with generous sheltered terraces. The transparent ground floor is markedly open, contains the most important communal zones as well as a small dementia care unit, and offers generous, protected outdoor areas. A covered gallery makes it easier for the residents to move around and spend time outdoors, even in bad weather.

Wooden elements add a residential character to the three upper floors. The materials used for the interior are repeated on the facade. Dark facade elements form the skin of the building. The horizontal window bands are flush with the facade. The glazing reaches almost down to the floor, so the residents can enjoy a view of the park from their rooms, even when seated. Raised parapets on the shared terraces accentuate the otherwise tranquil facade by deep incisions.

← 144

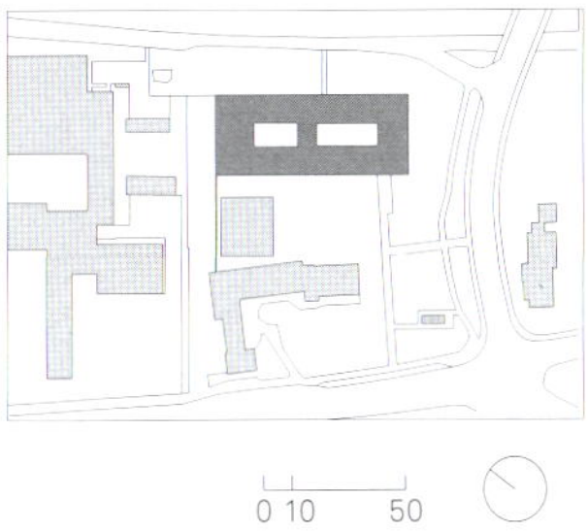

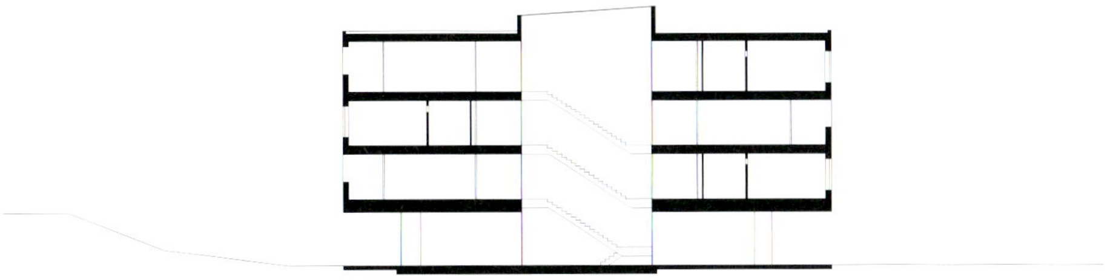

Schnitt / Sezione / Section

Grundriss 1. Obergeschoss / Pianta 1° piano / First floor
M 1:500

437

m ü. NN / m s.l.m. / m a.s.l.

Dornbirn

Vorarlberg
Österreich

Wohnanlage Sebastianstraße
Edificio residenziale sulla Sebastianstraße
Sebastianstraße Residential Complex

Architekturbüro DI Christian Lenz ZT GmbH, Schwarzach

Auftraggeber / Committente / Client
Hilti & Jehle GmbH

Wettbewerb / Concorso / Competition
2002

Fertigstellung / Data di completamento / Completion
2005

Grundstücksfläche / Superficie del lotto / Site area
1.726 m²

Wohnfläche / Superficie abitativa / Living area
980 m²

Wohneinheiten / Unità abitative / Dwellings
12

Baukörper / Articolazione volumetrica / Form
1

Erschließung / Tipologia distributiva / Access
Vierspänner / 4 alloggi per piano / four units per floor per stair

Wohnart / Tipologia abitativa / Housing type
verdichteter Wohnbau im alten Ortskern
abitazione densificata nel centro storico
dense housing in the old town center

Stellplätze / Posti auto / Parking spaces
23

Freiraum / Spazi esterni / Open space
Garten, Loggia / giardino, verande / garden, loggia

Wohnanlage Sebastianstraße

Aus einem Bauträgerwettbewerb erfolgreich hervorgegangen, wurde im Oberdorf von Dornbirn eine Geschosswohnanlage gestaltet, die sich aufgrund ihres Volumens sowie ihrer Materialisierung sensibel in den vorhandenen Siedlungskörper einfügt. Die heterogene Bebauungsstruktur der unmittelbaren Umgebung weist hauptsächlich kleine Gebäudevolumen auf. Sie ist geprägt von unterschiedlichen Haustypen, Gestaltungen und Baumaterialien. Einzig markant und identitätsstiftend sind die alten Rheintalhäuser des Kontextes mit ihrem charakteristischen Holzschindelfassaden.

Der projektierte Baukörper erhält durch den Versatz und durch die Addition zweier Loggienschichten eine Tiefenstaffelung sowie eine Maßstäblichkeit, die das im Verhältnis große Bauvolumen mehrteilig erscheinen lässt, auf den Kontext ausrichtet und mit diesem verwebt.

Das frei stehende Wohngebäude ist als wirtschaftlicher Vierspänner konzipiert und orientiert die Wohnungen jeweils über Eck in zwei Hauptausrichtungen. Die Wohnzimmer werden jeweils auf gesamter Wohnungsbreite in den Außenraum der Loggien erweitert. Diese überdachten Loggienräume puffern das Haus gegen die Öffentlichkeit und differenzieren mittels Schattenwirkung die ruhige Homogenität der ansonsten neutralen Fassadengeometrie. Die Lärchenschindeln verleihen der Fassade eine lebendige Textur.

Edificio residenziale sulla Sebastianstraße

L'edificio d'abitazione a più piani, vincitore di un concorso promosso da gestori immobiliari, si inserisce con sensibilità, sia per la volumetria che per la scelta dei materiali, nel tessuto urbanistico della città alta di Dornbirn. La struttura edilizia eterogenea degli immediati dintorni è caratterizzata prevalentemente da villette, differenti per tipologia, definizione architettonica e materiali. Unico elemento ricorrente importante per l'identità del luogo sono le vecchie ville della Valle del Reno, dalle caratteristiche facciate in scandole lignee.

Lo slittamento e la sovrapposizione di due strati di verande articolano l'edificio in profondità e, scomponendolo in più corpi, ne chiariscono i rapporti di scala, integrando il suo notevole volume nel contesto.

La tipologia scelta per l'edificio abitativo è quella economica di quattro alloggi per piano, con gli appartamenti rispettivamente orientati in diagonale in due direzioni principali. I soggiorni si aprono per tutta l'ampiezza dell'alloggio sullo spazio esterno delle verande. Queste logge coperte formano un cortina protettiva verso i vicini e differenziano, con il loro gioco d'ombre, la tranquillità compositiva della neutrale geometria del prospetto. La trama delle scandole in legno di larice ravviva la facciata.

Sebastianstraße Residential Complex

The apartment complex in Oberdorf, a precinct of Dornbirn, is the successful result of a developer competition. By virtue of its volume and materials, it is sensitively inserted into the existing built fabric, which is made up of heterogeneous, but mainly small, building volumes. These volumes are characterized by different house types, designs, and building materials. The only distinctive aspect that endows identity is the collection of vernacular, old Rhine Valley houses with their characteristic wood shingle facades.

The offset and the two loggia levels shift the depth of the structure and change its scale, so that the relatively large built volume appears to be composed of multiple parts and interweaves with its surroundings.

The detached residential building has an economical design. It has four units per floor per stair, and the corners add two primary orientations to each apartment. The living rooms are extended by the exterior loggias along the entire width of the apartments. These sheltered loggias form a buffer between the house and the public sphere and create a shadow effect that contrasts with the calm homogeneity of the otherwise neutral facade geometry, and the larch shingles add a lively texture to the facade.

← 148

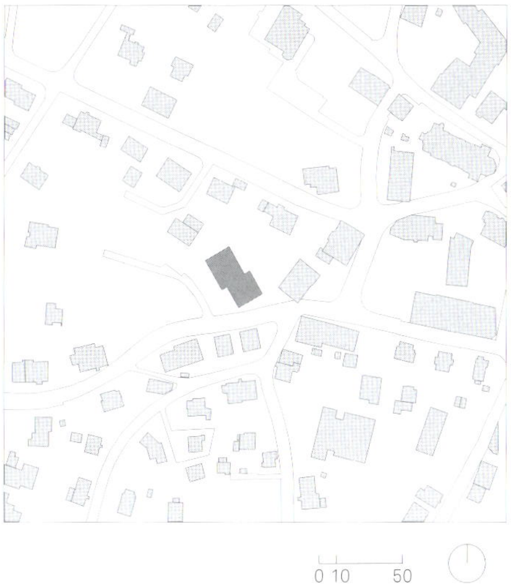

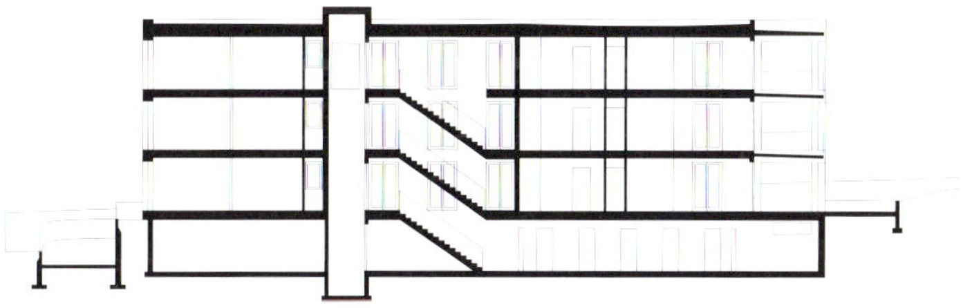

Schnitt / Sezione / Section

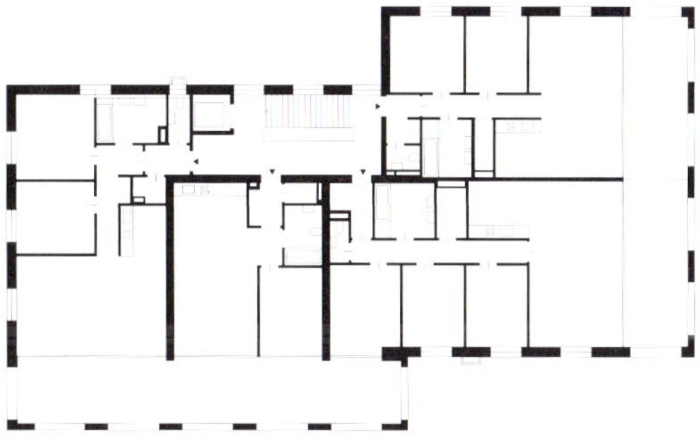

Grundriss 2. Obergeschoss / Pianta 2° piano / Second floor
M 1:500

437

m ü. NN / m s.l.m. / m a.s.l.

Dornbirn

Vorarlberg
Österreich

Wohnanlage „Verwalter"
Edificio d'abitazione "Verwalter"
"Verwalter" Housing

Baumschlager Eberle Lochau ZT GmbH, Lochau

Auftraggeber / Committente / Client
Schertler-Alge GmbH

Fertigstellung / Data di completamento / Completion
2003

Grundstücksfläche / Superficie del lotto / Site area
3.097 m²

Wohnfläche / Superficie abitativa / Living area
1.992 m²

Wohneinheiten / Unità abitative / Dwellings
25

Baukörper / Articolazione volumetrica / Form
3 (verbunden im EG/UG1/UG2)
tre corpi d'edificio (collegati a PT/1°INT/2°INT)
3 buildings (connected at levels 0/-1/-2)

Erschließung / Tipologia distributiva / Access
Zweispänner / due accessi per piano / two units per floor per stair

Wohnart / Tipologia abitativa / Housing type
verdichteter Wohnbau im alten Ortskern
edificio abitativo densificato nel centro storico
dense housing in the old town center

Stellplätze / Posti auto / Parking spaces
36

Freiraum / Spazi esterni / Open space
Loggia, Balkon, Terrasse
verande, balconi, terrazze
loggias, balconies, terraces

Wohnanlage „Verwalter"

Oberhalb von Dornbirn gelegen, ist der durchgrünte Westhang zu beiden Seiten der Rosenstraße ein privilegiertes Wohnquartier. Bis heute wird es vor allem durch historische Villen in einer parkartigen Umgebung geprägt. Ein Hotel, das in den 1960er Jahren an ein altes Gasthaus angedockt worden war, wurde abgebrochen, das Gasthaus saniert und mit den neuen Volumen zu einem Ensemble verdichtet, das dank seiner gestaffelten Höhen urbane Dichte aufweist, ohne ein Gefühl der Bedrängnis aufkommen zu lassen.

Die neue Anlage antwortet so sensibel wie möglich auf die örtliche Situation. Mit Rücksicht auf die Topografie wie auf die benachbarten Häuser gliedert sie sich in vier gestaffelte Baukörper. Der flachere winkelförmige Bauteil begrenzt die Anlage Richtung Nordwesten und verbindet die Stadtvillen zu einem zwischen Geschlossenheit und Offenheit oszillierenden Gefüge.

In den viergeschossigen Kuben überwiegt der Zweispännertypus; alle Wohnungen sind in großzügiger Weise durch Balkone und Terrassen, vor allem aber durch Loggien in den Gebäudeecken mehrfach mit dem Außenraum und dem Garten verbunden. Mit dem soliden Erscheinungsbild der Backsteinfassade korrespondiert ein hoher Ausführungsstandard, erkennbar etwa an den raumhohen Holzfenstern und den verschiebbaren Loggienverglasungen. Die Bewohner der Apartments dürfen sich einer Wohnqualität erfreuen, die selbst manchem Eigenheimbesitzer verwehrt bleiben mag.

Edificio d'abitazione "Verwalter"

Le verdi pendici rivolte ad ovest ai lati della Rosenstraße, in posizione dominante sulla città di Dornbirn, sono una zona residenziale privilegiata, ancora oggi cosparsa di ville storiche immerse in una cornice ambientale che richiama un parco. L'hotel, costruito negli anni Sessanta come ampliamento di un vecchio albergo, è stato demolito e l'albergo stesso, ristrutturato, è venuto a formare con i nuovi volumi un complesso edilizio, le cui differenti altezze evocano densità urbana, senza per questo provocare senso di congestione spaziale.

Il nuovo complesso reagisce con grande sensibilità al sito: articolato in quattro edifici a gradoni, si adatta alla topografia e alle costruzioni circostanti. Il corpo basso ad angolo delimita l'area in direzione nord-ovest, collegandosi alle ville urbane in una nuova forma oscillante tra chiusura ed apertura.

Nelle volumetrie cubiche a quattro piani prevale la tipologia delle due unità per piano; tutti gli appartamenti prendono parte con i generosi balconi e terrazze, e ancor più con le verande d'angolo, allo spazio esterno e al giardino. Alla solidità dell'immagine della facciata in mattoni si accompagna l'elevato standard delle finiture, riconoscibile ad esempio nei serramenti lignei a tutta altezza e nelle chiusure vetrate scorrevoli delle verande. Gli inquilini possono godere di una qualità abitativa quasi sicuramente superiore a quella di alcuni dei proprietari di ville unifamiliari.

"Verwalter" Housing

The western slope on both sides of Rosenstraße, with its ample greenery, is a privileged neighborhood located above Dornbirn. To this day, it is mainly characterized by historical villas in parklike surroundings. A hotel that used to be attached to an old inn in the 1960s was torn down. The inn was restored and consolidated into an ensemble with new buildings. The ensemble qualifies for urban density without generating a feeling of being oppressive, thanks to the staggered heights.

The new complex responds to the local situation as sensitively as possible. With deference to the topography and the neighboring houses, it is divided into four stepped-back buildings. The lower, angled part of the building forms the northwest border of the complex and combines the city villas into a framework that oscillates between closeness and openness.

In most cases, the layout of the four-story cubes provides for two units on each floor grouped around a stair. All apartments are lavishly equipped with balconies and terraces, but above all with loggias in the building corners. Corresponding to the solid appearance of the brick facade, details such as full-height wood windows and sliding glass doors to the loggias reveal a high standard of construction. The residents of the apartments enjoy a quality of living that may even be superior to that of some homeowners.

← 154

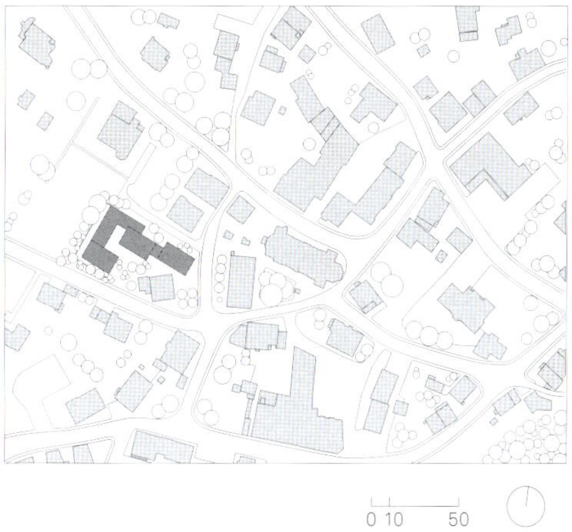

Schnitt / Sezione / Section

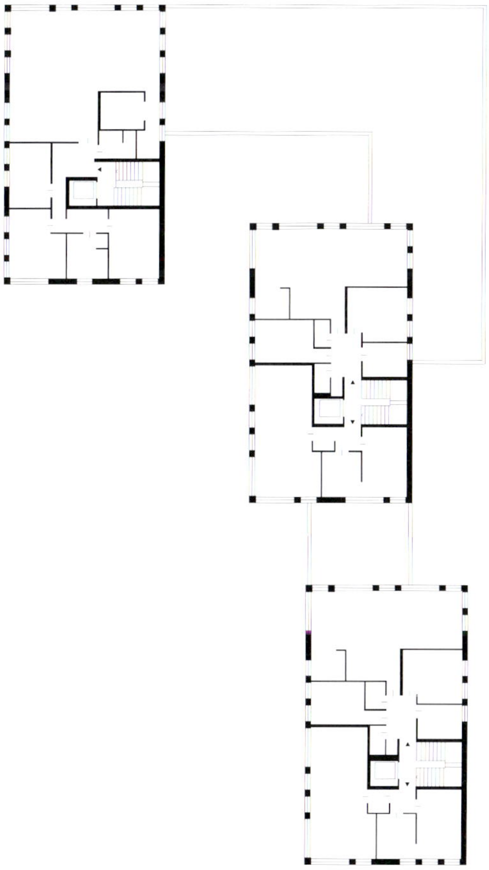

Grundriss 1. Obergeschoss / Pianta 1° piano / First floor
M 1:500

434

m ü. NN / m s.l.m. / m a.s.l.

Wolfurt

Vorarlberg
Österreich

Wohnanlage Hofsteigstraße
Complesso abitativo nella Hofsteigstraße
Hofsteigstraße Residential Complex

Hermann Kaufmann ZT GmbH, Schwarzach

Auftraggeber / Committente / Client
Hiller Wohnbau und Immobilien GmbH

Fertigstellung / Data di completamento / Completion
2004

Wohnfläche / Superficie abitativa / Living area
1.491 m²

Wohneinheiten / Unità abitative / Dwellings
18

Baukörper / Articolazione volumetrica / Form
2

Erschließung / Tipologia distributiva / Access
Zweispänner/Dreispänner
due/tre alloggi per piano
two/three units per floor per stair

Wohnart / Tipologia abitativa / Housing type
Neubau einer Wohnanlage
edificio d'abitazione di nuova costruzione
residential complex (new-build)

Stellplätze / Posti auto / Parking spaces
34

Freiraum / Spazi esterni / Open space
Garten, Loggia, Terrasse
giardino, verande, terrazze
garden, loggia, terraces

Wohnanlage Hofsteigstraße

Die Dörfer im unteren Rheintal sind traditionell Reihendörfer mit alten Bauernhäusern in Holz. Die Wolfurter Hofsteigstraße, an der diese Wohnanlage steht, ist nach wie vor geprägt davon. Der alte Straßenverlauf und mehrere alte Bauernhäuser an dieser Straße sind erhalten. Die durch diese Randbedingungen notwendige Materialisierung hebt die neue Wohnanlage aus dem Mittelmaß der heute gängigen Wohnbaugestaltungen heraus.

Bei der Anlage wurde der Situation entsprechend aus der Größe der beiden Wohnvolumen, ihrer Lage zueinander und der Berührung mit dem Gelände eine kompakte Figuration geschaffen, die die Beiläufigkeit der Bebauung zumindest an diesem Ort verfestigt. Die dreigeschossigen Gebäude beinhalten insgesamt 18 Wohneinheiten, die jeweils als Zwei- und Dreispänner erschlossen sind. Die Wohnungen erhalten im Wohn-Essbereich eine großzügige Erweiterung in den Außenraum durch Terrassen im Erdgeschoss und Loggien in den Obergeschossen. Die Lage der gedeckten Parkplätze bereichert dieses städtebauliche Konzept.

Die Wohnanlage nimmt in ihrer Präsenz auch eine übergeordnete ästhetische Aufgabe wahr. Von Westen hat man einen Blick auf einen dünn bebauten Hang mit größeren Distanzen zwischen den Objekten, welche sich dem alten Gefüge anpassen. Die Wahl des Materials der Gebäudehülle aus unbehandeltem Fichtenholz unterstützt die selbstverständliche Präsenz des Wohnungsbaus innerhalb des Siedlungskörpers in Hanglage. Die Anlage ist Beweis, dass es auch bei niedrigen Baukosten gestalterische Möglichkeiten gibt.

Complesso abitativo nella Hofsteigstraße

I paesi della Bassa Valle del Reno sono tradizionalmente paesi a sviluppo lineare con vecchie case contadine in legno. La Wolfurter Hofsteigstraße, su cui si trova il complesso abitativo, conserva questo carattere. L'antico percorso e alcune vecchie case contadine lungo la strada sono rimaste. La necessaria trasposizione architettonica, originata da tali condizioni di contorno, distingue il nuovo complesso dalla mediocrità compositiva dell'edilizia residenziale corrente.

La nuova edificazione sviluppa, nel rispetto delle preesistenze e muovendo dalle dimensioni dei due volumi abitativi, dalla posizione reciproca e dal contatto con il terreno, un'immagine compatta, capace di rendere meno precaria, almeno in questo luogo, la casualità dell'edificazione. Gli edifici a tre piani ospitano complessivamente 18 appartamenti, distribuiti a due o tre per piano. Soggiorni e zone pranzo si aprono generosamente verso l'esterno, su terrazze al piano terra e su verande ai piani superiori. La collocazione dei posti macchina coperti sottolinea ancora le scelte urbanistiche.

Il complesso residenziale affronta con la sua presenza anche un compito estetico a scala maggiore. Da ovest si gode una vista su pendici scarsamente edificate con case molto distanti tra loro, ben inserite nel contesto storico. La scelta del legno di abete grezzo per l'involucro esterno rafforza la naturalezza insediativa dell'edificio residenziale nel pendio. Il complesso edilizio dimostra che si possono raggiungere buoni risultati compositivi anche a costi contenuti.

Hofsteigstraße Residential Complex

The villages in the lower Rhine Valley are traditionally linear, with old wooden farmhouses. That also applies to Hofsteigstraße in Wolfurt, where this residential complex is located. The old path of the road and a number of old farmhouses on it have been preserved. The materials required by these constraints distinguish the new complex from the mediocre residential designs prevalent today.

Appropriate to the situation, and on account of the size of the two residential buildings, their positions relative to each other, and their intersection with the terrain, a compact yet casual configuration was chosen. The three-story buildings contain a total of 18 dwelling units, either two or three located on each floor per stair. The living/dining area of each apartment is generously extended by terraces on the ground floor and loggias on the upper floor. The sheltered parking spaces enrich this urban design concept.

The residential complex also takes on a major aesthetic challenge. From the west, one has a view of a sparsely built slope with large distances between the objects, which are adjusted to the old setting. The facade of the new residential construction is covered with untreated spruce, which reinforces its natural look, compared with the built fabric on the slope. The complex proves that low construction costs do not necessarily mean less creative opportunities.

← 156

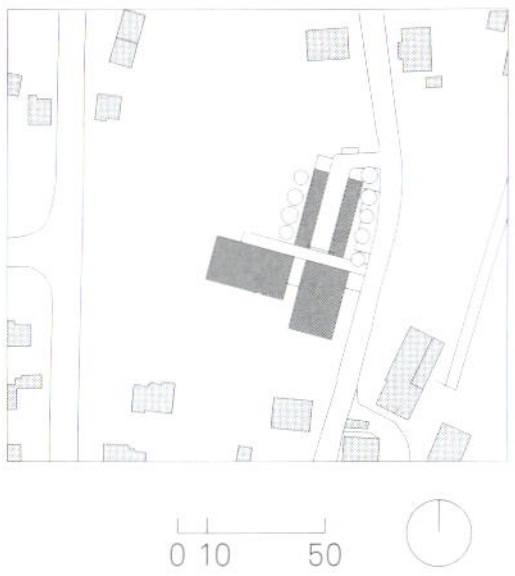

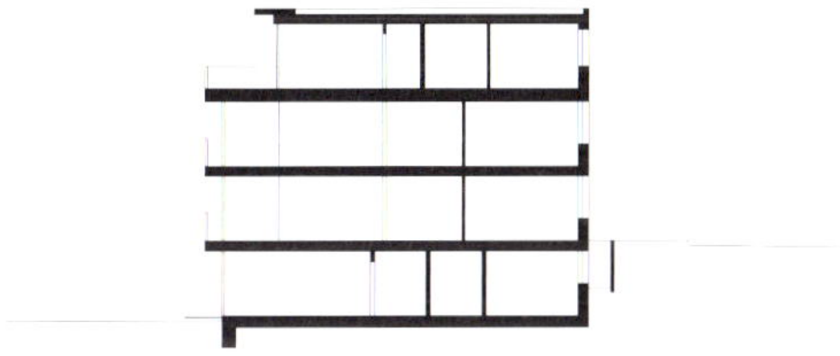

Schnitt / Sezione / Section

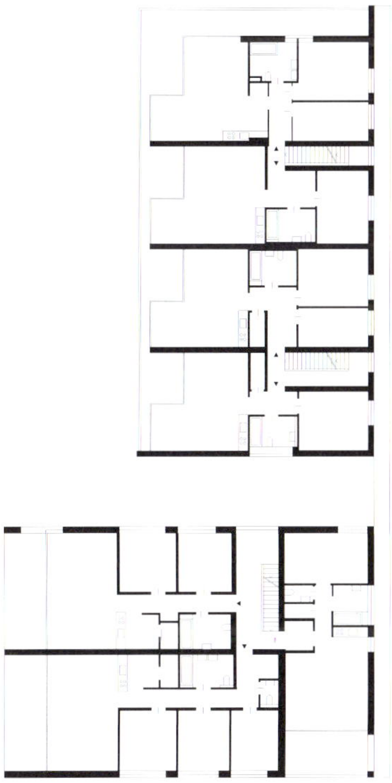

Grundriss 1. Obergeschoss / Pianta 1° piano / First floor
M 1:500

405

m ü. NN / m a.s.l. / m s.l.m.

Widnau

St. Gallen
Schweiz / Suisse / Svizzera / Svizra

Wohnbau „Haus Y"
Edificio residenziale "Haus Y"
"Haus Y" Residential Building

novaron Architektur Baumanagement Konzept GmbH

Auftraggeber / Committente / Client
novaron Architektur Baumanagement Konzept GmbH

Fertigstellung / Data di completamento / Completion
2001

Grundstücksfläche / Superficie del lotto / Site area
1.200 m²

Wohnfläche / Superficie abitativa / Living area
1.150 m²

Wohneinheiten / Unità abitative / Dwellings
9 x 140 m²

Baukörper / Articolazione volumetrica / Form
1

Erschließung / Tipologia distributiva / Access
Ein-/Zweispänner
uno/due alloggi per corpo scala
one/two units per floor per stair

Wohnart / Tipologia abitativa / Housing type
Neubau einer Wohnanlage, Umsetzung eines Loftkonzepts
complesso residenziale di nuova costruzione e prototipo di loft
residential complex (new-build) with loft concept

Stellplätze / Posti auto / Parking spaces
15

Freiraum / Spazi esterni / Open space
Loggia, Balkon / loggia, balcone / loggia, balconies

Wohnbau „Haus Y"

Das Gebäudeensemble aus drei- bis sechsgeschossigen Solitären und zwei dreigeschossigen Punkthäusern ist eingebettet in eine parkähnliche Umgebung und setzt einen städtisch verdichteten Akzent im ländlichen Oberwinterthur. Basierend auf der Grundidee, preislich interessanten und trotzdem großzügigen Wohnraum auf Eigentumsbasis zu schaffen, entstand Haus Y als erstes Projekt der novaron Loftneubau-Serie in der Schweiz.

Die Raumeinteilung der Lofts ist – bedingt durch die statische Freispielung der Räume – frei wählbar und folgt ausschließlich den Kriterien persönlicher Bedürfnisse. Sowohl die Gestaltung des Innenraumes als auch die Fassadengestaltung ist innerhalb des vorgegebenen Rasters frei einteilbar.

Das Gebäude steht auf Stützen auf einer Tiefgaragenwanne; die Parkplätze befinden sich im halbversenkten Untergeschoss. Die Konstruktion des Gebäudes erfolgte im Stahlbeton-Skelettbau mit Treppenhauskernen als aussteifenden Elementen. Als Gebäudehülle wurde eine Holzsandwichkonstruktion mit vorgehängter und hinterlüfteter Rohaluminium-Fassade gewählt, die mit der Zeit matt wird und eine interessante Patina entwickelt. Die Geschosse werden gegen außen durch ein Eternitband in der Horizontalen betont, was wiederum eine gewisse Beruhigung der Fassade bewirkt und die Unterbringung der Beschattungen und der Wetterschenkel ermöglicht. Die Absturzsicherungen aus eingefärbtem Glasfaserkunststoff stehen im Kontrast zu den schwarzen Stoffrollos, die an der Terrassenaußenkante bündig abschließen.

Edificio residenziale "Haus Y"

L'insieme edilizio, corpi isolati e due singole case da tre a sei piani, è immerso in una sorta di parco e dà un'impronta di densa urbanità nel contesto rurale dell'Oberwinterthur. Fondata sul proposito di poter realizzare in proprio abitazioni spaziose a prezzi accessibili, la casa Y sorse come prototipo della serie di loft realizzati in Svizzera da novaron.

La suddivisione interna del loft può variare liberamente – grazie a uno spazio staticamente svincolato – seguendo semplicemente i criteri delle esigenze personali. La configurazione degli spazi interni come quella delle facciate può comporsi liberamente all'interno della griglia predefinita.

L'edificio poggia rialzato su pilastri, sopra al garage a vasca che contiene i posti auto al piano seminterrato. La struttura dell'edificio è costituita da un'intelaiatura in cemento armato, i nuclei dei vani scala fungono da elementi di irrigidimento. Per l'involucro dell'edificio è stato scelto un sistema costruttivo a sandwich in legno con facciata ventilata appesa in alluminio grezzo che col tempo si opacizza sviluppando un'interessante patina. Marcapiani in eternit ne sottolineano l'orizzontalità conferendo pacatezza alle facciate e permettendo l'alloggiamento del sistema di ombreggiamento e dei gocciolatoi. I parapetti in fibra di vetro colorata contrastano con gli avvolgibili neri, che si chiudono a filo terrazza.

"Haus Y" Residential Building

The building ensemble composed of 3 to 6-story freestanding buildings and two 3-story compact detached houses is nestled in a park-like environment and gives a compact urban touch to the rural town of Oberwinterthur. Based on the idea of creating economically affordable yet spacious privately-owned residences, Haus Y became the first of novaron's series of new loft buildings in Switzerland.

The space within the lofts can be partitioned according to personal needs, because it is not dictated by the structure. Both the interior and the facade design can be freely subdivided within the predefined grid.

The building rests on columns on top of the concrete tank of the semi-underground garage. The structure of the building is made of reinforced concrete with stair cores as bracing elements, and the building itself is covered by a wood sandwich construction with a ventilated, raw-aluminum curtain-wall facade, which will develop an interesting patina over time. The individual floors are marked on the outside by a horizontal band of cement composite panels, which lends the facade a tranquil look and accommodates the shading elements as well as the weatherboard. The fall prevention elements made of pigmented glass-fiber reinforced plastic contrast with the black fabric roller blinds, installed flush with the outside edge of the terrace.

← 158

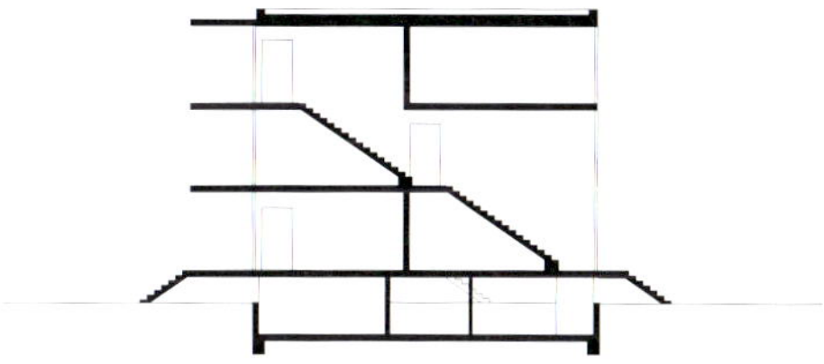

Schnitt / Sezione / Section

Grundriss Erdgeschoss / Pianta piano terra / Ground floor
M 1:500

354

m ü. NN / m a.s.l. / m s.l.m.

Mendrisio

Ticino
Schweiz / Suisse / Svizzera / Svizra

Studentenwohnheim „Casa dell'Accademia"
Casa dello studente "Casa dell'Accademia"
"Casa dell'Accademia" Student Dormitory

Könz Molo e Barchi architetti, Lugano

Auftraggeber / Committente / Client
Fondazione Casa dell'Accademia

Wettbewerb / Concorso / Competition
1998

Fertigstellung / Data di completamento / Completion
2006

Grundstücksfläche / Superficie del lotto / Site area
2.150 m²

Wohnfläche / Superficie abitativa / Living area
1.990 m²

Wohneinheiten / Unità abitative / Dwellings
18 Wohneinheiten für je 4 Studenten
18 alloggi per 4 studenti ciascuno
18 units for 4 students each

Baukörper / Articolazione volumetrica / Form
2

Erschließung / Tipologia distributiva / Access
Laubengangerschließung / ballatoio / gallery circulation

Wohnart / Tipologia abitativa / Housing type
Studentenwohnheim / casa dello studente / student dormitory

Stellplätze / Posti auto / Parking spaces
15

Freiraum / Spazi esterni / Open space
gemeinschaftlicher Garten / giardino comune / communal garden

Studentenwohnheim „Casa dell'Accademia"

Das Studentenwohnheim "Casa dell'Accademia" dient als Residenz der Architekturstudenten der "Accademia di architettura" in Mendrisio, einer kleinen Stadt nahe der italienischen Grenze. Die Wohnanlage bietet 72 Studenten der nahe dem Stadtzentrum gelegenen Hochschule ein Zuhause. Das Gebäudeensemble befindet sich in einem Viertel niedriger Dichte mit einer heterogenen Bebauung bestehend aus Wohn- und öffentlichen Gebäuden.

Das Projekt strebt ein Wohnmodell mit kollektivem Charakter an, das den Studenten aus verschiedenen Gegenden der Welt als Ort der Begegnung dient. Der zentrale Außenraum wird somit zum Bezugsraum der ganzen Anlage, begrenzt durch zwei viergeschossige Baukörper, welche die Wohnungen aufnehmen. Die vertikale, schnittartige Einfügung ins Terrain schafft einen Bezug zwischen der anlehnenden Moräne und der urbanen Ebene. Es entsteht eine Raumfolge, die von den gemeinschaftlichen Nutzungen zu den privaten führt. Vom zentralen kollektiven Garten wird man über die Laubengänge in die Wohnungen geführt. Über den Wohnraum jeder funktionalen Wohneinheit für jeweils vier Studenten gelangt man durch den Badetrakt, den jeweils zwei Studenten teilen, in die intimen Individualzellen.

Die Struktur des Gebäudes besteht aus Betonscheiben, aus vorgespannten Trägern in den Außenfassaden und vorgespannten Bodenplatten im Bereich der Auskragung der Laubengänge. Die Außenfassade ist durch die einzelnen Arbeitsplätze gegliedert, während die Innenfassade vollständig offen und verglast durch Transparenz charakterisiert ist. Die symmetrische Anordnung bewirkt den stetigen Kontakt zum Gegenüber.

Casa dello studente "Casa dell'Accademia"

Lo studentato "Casa dell'Accademia" serve come residenza per gli studenti d'architettura dell'"Accademia di architettura" di Mendrisio, una piccola città vicino al confine italiano. Il complesso residenziale offre alloggio a 72 universitari della facoltà situata in prossimità del centro città. Il complesso si trova in un quartiere a bassa densità e d'eterogenea edificazione costituita da edifici residenziali e pubblici.

Il progetto propone un modello abitativo di carattere collettivo, un luogo d'incontro a disposizione di studenti provenienti da diverse parti del mondo. L'ambito centrale a cielo aperto diviene così lo spazio di riferimento dell'intero impianto, delimitato da due corpi di fabbrica di quattro piani, che ospitano gli alloggi. L'inserimento a taglio verticale nel terreno stabilisce una relazione fra il rilievo morenico ed il piano urbano. Si origina così una sequenza spaziale che dalle funzioni pubbliche porta a quelle private. Attraverso i ballatoi si è condotti dal giardino centrale comune agli appartamenti. Dalla zona soggiorno delle unità funzionali abitative per quattro studenti, si giunge alle camere private attraverso il tratto dei servizi, condiviso da due studenti.

La struttura dell'edificio è costituita da setti in cemento armato, da travi precompresse nelle facciate esterne e da solai precompressi in corrispondenza dei ballatoi aggettanti.
La facciata esterna è articolata dalle singole postazioni di studio, mentre la facciata interna, completamente aperta e vetrata, si caratterizza per la trasparenza. La disposizione simmetrica determina un continuo contatto reciproco tra i fronti opposti.

"Casa dell'Accademia" Student Dormitory

The "Casa dell'Accademia" is the dormitory for architecture students at the Accademia di architettura in Mendrisio, a small city near the Italian border. The housing complex accommodates 72 students of the academy, which is close to the city center. It is located in a low-density district with a heterogeneous built fabric consisting of residential and public buildings.

The project is intended to serve as a model for collective housing that forms a place of encounter for students from various regions of the world. Hence, the central outdoor space is the frame of reference for the entire complex. It is bordered by the two four-story dormitory buildings. The vertical incision into the terrain connects the moraine to the urban environment, just as the communal areas gradually blend into the private zones. Galleries lead from the central common garden to the apartments. The living room of the functional dwelling unit is shared by four students and is separated from the individual rooms by bathrooms, each of which is shared by two students.

The structure of the building consists of concrete slabs, prestressed beams in the exterior facade, and prestressed floor slabs on the cantilevers of the galleries. The exterior facade is articulated by the individual workspaces whereas the inner facade is completely open and glazed, and thus characterized by transparency. Thanks to the symmetrical layout, the students are always in contact with those who live opposite them.

← 162

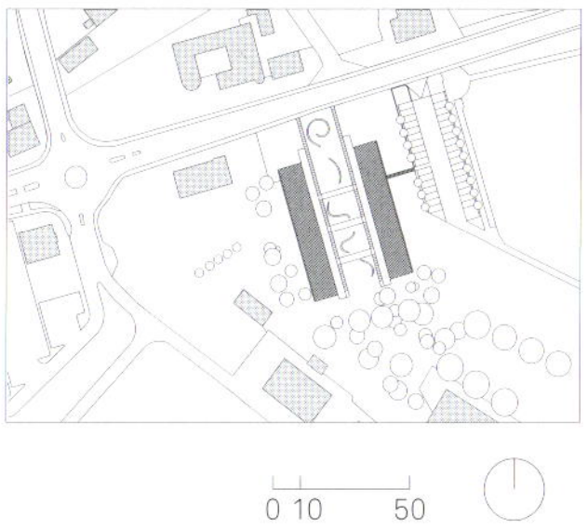

Schnitt / Sezione / Section

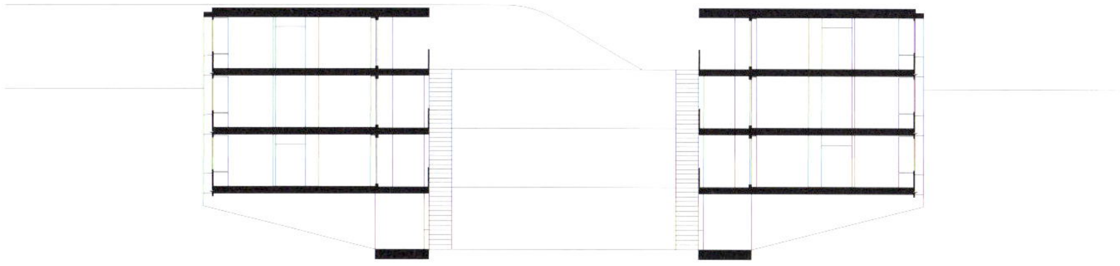

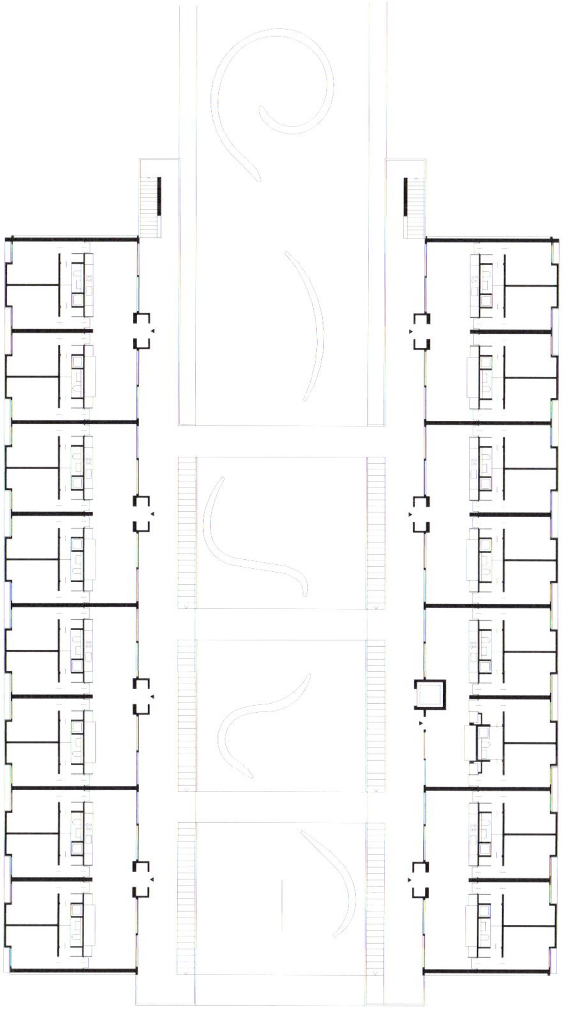

Grundriss 1. Obergeschoss / Pianta 1° piano / First floor
M 1:500

298
m ü. NN / m a.s.l. / m s.l.m.

Ljubljana

Ljubljana
Slovenija

Mehrfamilienhaus „Tetris Apartments“ Edificio residenziale “Tetris Apartments” “Tetris Apartments” Housing Complex

Ofis Arhitekti, Ljubljana

Auftraggeber / Committente / Client
Gradis G Group, Ljubljana

Fertigstellung / Data di completamento / Completion
2007

Grundstücksfläche / Superficie del lotto / Site area
3.000 m²

Wohnfläche / Superficie abitativa / Living area
5.000 m²

Wohneinheiten / Unità abitative / Dwellings
64 x 35 m², 69 m², 89 m²-103 m²

Baukörper / Articolazione volumetrica / Form
1

Erschließung / Tipologia distributiva / Access
Treppenhauskerne mit Gangerschließung
vani scala centrali con corridoi
stair cores with corridor access

Wohnart / Tipologia abitativa / Housing type
Neubau einer Wohnanlage
edificio d'abitazione di nuova costruzione
residential complex (new-build)

Stellplätze / Posti auto / Parking spaces
115

Freiraum / Spazi esterni / Open space
Loggia, Balkon / veranda, balcone / loggia, balconies

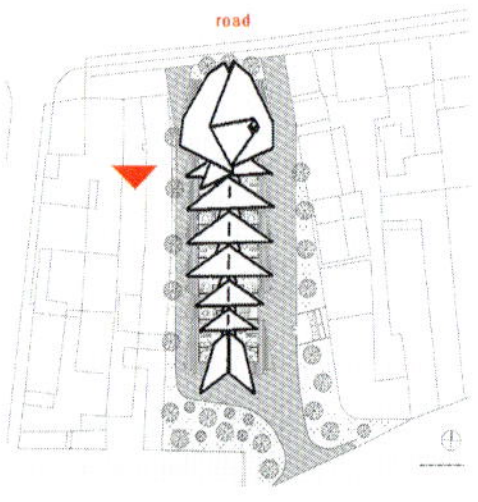

354
← 168

Mehrfamilienhaus „Tetris Apartments“

Die viergeschossige Wohnanlage mit einer Länge von 58 Metern und einer Gebäudetiefe von 15 Metern orientiert sich zu einer stark befahrenen Hauptstraße hin. Daher wurden die Wohnungen mit Balkonen und um 30° versetzten Fensterflügeln zur ruhigeren Südseite hin ausgeführt. Auf Ost- und Westseite gibt es keine direkten Fenster, da an diesen Längsseiten der Anlage zwei weitere Wohnblöcke geplant sind. Balkone und Loggien sichern die Intimität, sodass den Nachbarn störende Einblicke verwehrt sind.

Der Wohnriegel wird durch einen Mittelflur erschlossen und bietet eine große Varianz von unterschiedlichen Wohnungsgrößen. Die Wohnungsgrößen differieren zwischen 30 m² groß Studios und Dreizimmerwohnungen von 70 m², wobei die größeren Wohnungen an der Vorderfront bzw. über Eck angeordnet wurden und über bessere Aussicht verfügen. Kostengünstige Qualitätsmaterialien wie Eichendielen und Granitfliesen ziehen sich durch den gesamten Komplex, Panoramafenster mit Metalljalousien sowie größtmögliche Grundrissflexibilität durch tragende Funktion nur bei Außenwänden sichern zusätzliche Wohnqualität.

Die Außenfassade der tragenden Struktur trägt Putz, die Loggien sind verglast oder mit Fertigteilpaneelen ausgeführt. Dieselben Paneele wurden perforiert und bilden neben den transparenten Metallgittern auch die Balkonbrüstungen. Die drei unterschiedlichen Holzfarben zeichnen das charakteristische Zick-Zack-Muster der Tetris Apartments. Die Anspielung auf das bekannte Computerspiel wurde ursprünglich auf die Organisation der Grundrisse angedacht. Mit dem markanten Erscheinungsbild der Fassade erhielt die Anlage durch die Bewohner ihren Namen.

Edificio residenziale “Tetris Apartments”

Il complesso residenziale a quattro piani di 58 metri di lunghezza e 15 di profondità fronteggia una strada importante, caratterizzata da traffico intenso. Per questo motivo gli appartamenti con i balconi e le finestre sguinciate a 30° sono rivolti verso il lato sud, più tranquillo. Ai fronti est ed ovest non vi sono praticamente finestre, dato che sui lati lunghi del complesso è prevista la costruzione di due altri edifici d'abitazione. Balconi e verande salvaguardano l'intimità dagli sguardi indiscreti dei vicini.

La stecca residenziale, con un corridoio di distribuzione centrale, presenta una grande varietà di appartamenti di taglio differente. La dimensione degli appartamenti varia dai 30 m² per le garçonnieres ai 70 m² per appartamenti di 3 stanze, con quelli più grandi disposti sul davanti o negli angoli che dispongono della vista più interessante. Materiali di buona qualità a un prezzo contenuto, come tavole in rovere e piastrelle in granito, sono impiegati in tutto il complesso; la qualità abitativa è incrementata da finestre panoramiche con veneziane in metallo e dalla flessibilità planimetrica, resa possibile grazie all'uso di pareti portanti perimetrali.

La facciata esterna della struttura portante è intonacata, le verande sono vetrate o chiuse da pannelli prefabbricati. Gli stessi pannelli, perforati, fungono assieme alle griglie metalliche trasparenti da parapetto dei balconi. Il legno di tre differenti colori crea il caratteristico decoro a zig-zag degli appartamenti “Tetris”. Il riferimento al noto gioco per computer era stato all'inizio pensato per l'organizzazione delle piante della casa – i residenti le hanno dato questo nome per l'aspetto particolare della facciata.

“Tetris Apartments” Housing Complex

The four-story apartment building, with a length of 58 meters and a depth of 15 meters, is oriented toward a heavily traveled main road. Hence, the apartments were constructed with balconies and window panels that are offset by 30 degrees toward the quieter south side. There are no windows directly on the east and west sides, because two additional apartment buildings are planned along these longitudinal sides of the site. Balconies and loggias ensure privacy, preventing invasive views by neighbors.

Circulation in the residential slab is along a central hallway, and the apartments come in a great variety of different sizes, ranging from 30 m² studios to 70 m² three-room apartments. The larger apartments are located along the frontage at the corners and thus offer better views. Affordable, high- quality materials such as oak flooring and granite tiles have been used throughout the entire complex. Panoramic windows equipped with external metal blinds, together with the greatest possible flexibility in plan design, gained by limiting the load-bearing elements to the exterior walls, ensure added quality of living.

The exterior facade of the load-bearing structures is finished with stucco, and the loggias are glazed or executed with prefabricated panels. Some of these panels are perforated and, along with transparent metal railings, they also form the balcony parapets. The three different wood tones depict the characteristic zigzag pattern of the Tetris apartments. The allusion to the well-known computer game was originally envisaged for the arrangement of the floor plans. Because of the distinctive appearance of the facade, the building was given its name by the residents.

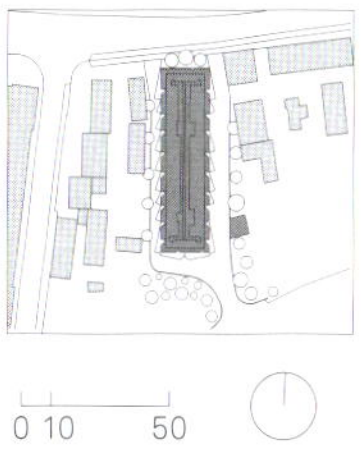

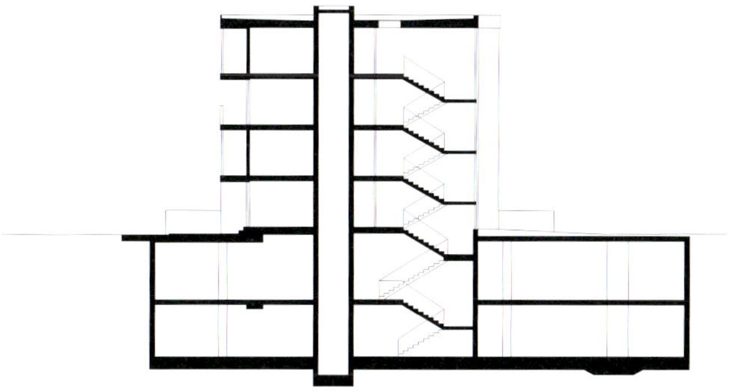

Schnitt / Sezione / Section

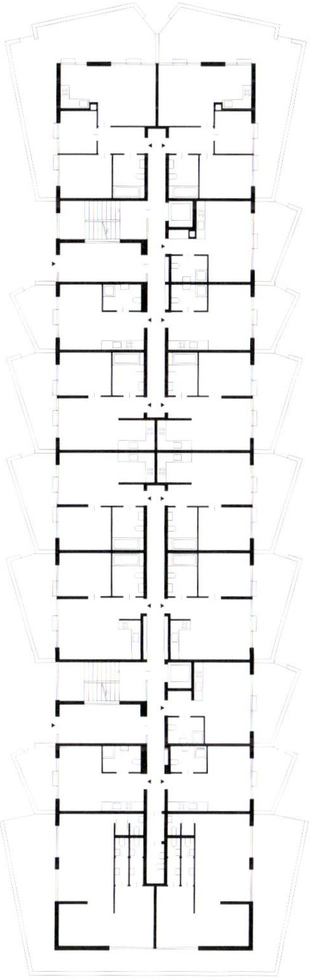

Grundriss Erdgeschoss / Pianta piano terra / Ground floor
M 1:500

298
m ü. NN / m a.s.l. / m s.l.m.

Ljubljana

Ljubljana
Slovenija

Studentenwohnheim „Poljane“
Casa dello studente “Poljane”
“Poljane” Student Dormitory

bevk perović arhitekti d.o.o., Ljubljana

Auftraggeber / Committente / Client
Metrokras Invest d.o.o.

Fertigstellung / Data di completamento / Completion
2008

Grundstücksfläche / Superficie del lotto / Site area
5.988 m²

Wohnfläche / Superficie abitativa / Living area
9.600 m²

Wohneinheiten / Unità abitative / Dwellings
140: 88 x 45 m², 40 x 54 m², 12 x 155 m²

Baukörper / Articolazione volumetrica / Form
2

Erschließung / Tipologia distributiva / Access
Treppenhauskerne mit Gangerschließung
vani scala centrali con corridoi
stair cores with corridor access

Wohnart / Tipologia abitativa / Housing type
Neubau einer Wohnanlage
edificio d'abitazione di nuova costruzione
residential complex (new-build)

Stellplätze / Posti auto / Parking spaces
280

Freiraum / Spazi esterni / Open space
Balkon, Loggia, Dachterrasse
balconi, verande, terrazze sul tetto
balcony, loggia, roof terrace

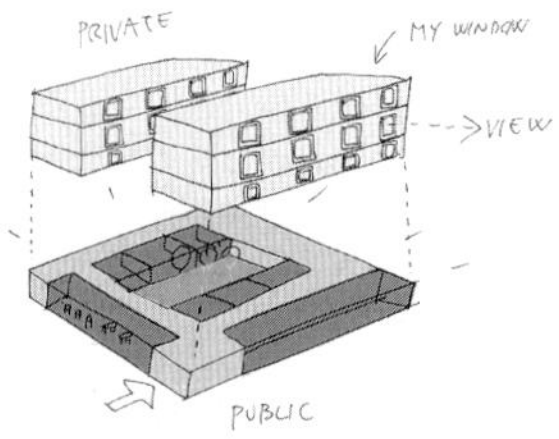

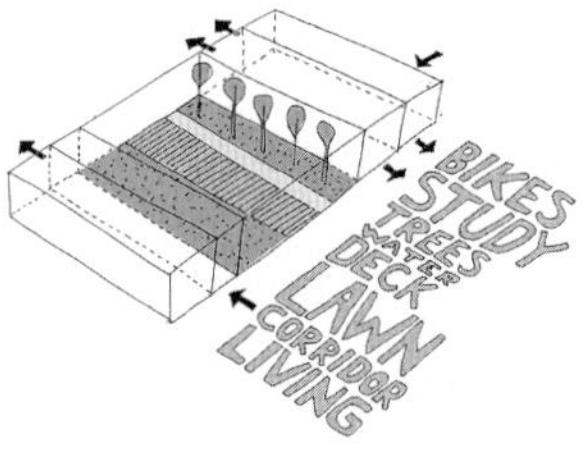

Studentenwohnheim „Poljane“

Das Studentenwohnheim am Rande von Ljubljanas Stadtzentrum, in der Nähe des Flussufers, beherbergt 56 Wohneinheiten für die Studenten der Universität von Ljubljana. Das Gebäude ist durch seine programmatische und baukörperliche Klarheit bestimmt – eine Reihe von öffentlichen Flächen wie Plätze für Lehrstunden, Gemeinschaftsräume und Freizeiteinrichtungen sind in einer horizontalen transparenten Einheit im Erdgeschoss untergebracht, während sich die Studentenzimmer in zwei vertikalen Gebäudeteilen befinden.

Die jeweils gepaarten Wohneinheiten gruppieren sich um einen zentralen Bereich, um den die Baderäume und Küchen/Essbereiche organisiert sind. In der Ansicht der Gebäude sind diese als raumgroße Öffnungen sichtbar – wie Augen, die die Straße überblicken. Die angrenzenden Studentenzimmer werden wiederum durch eine Serie von gefalteten, perforierten Aluminiumpaneelen von der Straße gefiltert. Das private Leben der Bewohner wird so vor Einblicken von außen geschützt.

Casa dello studente “Poljane”

La casa dello studente sorge appena fuori dal centro storico di Lubiana, vicino alla riva del fiume, e ospita 56 appartamenti per studenti dell'università di Lubiana. Essa è chiaramente strutturata sia nel programma che nella costruzione – varie aree pubbliche per lezioni, spazi comuni e strutture per il tempo libero raccolti in un'unità orizzontale trasparente a pianterreno, mentre le camere degli studenti sono collocate nei due corpi verticali.

Le unità abitative sono disposte in gruppi di due attorno ad una zona centrale, attorno a cui si organizzano i bagni e le cucine con la zone pranzo. Nel prospetto degli edifici tali zone si rivelano attraverso aperture a tutta altezza, specie di occhi puntati sulla strada. Le adiacenti stanze degli studenti sono invece filtrate dalla strada da una serie di pannelli forati in alluminio piegato. La vita privata dei residenti è così protetta alla vista esterna.

“Poljane” Student Dormitory

The student dormitory on the edge of Ljubljana's city center, near the riverbank, comprises 56 dwelling units for the students of the University of Ljubljana. The building is defined by its programmatic and formal clarity—a series of public areas, such as spaces for teaching, communal spaces, and leisure facilities, are housed in a horizontal, transparent base on the ground floor, while the student bedrooms are found in two vertical slabs that hover above.

Paired student dwelling units are grouped around a central area, with the bathrooms and kitchens/dining areas arranged around the outside. On the elevation of the buildings, they are visible as room-sized openings—like eyes that can oversee the street. The adjoining student bedrooms are, in turn, screened from the street by a series of folding, perforated aluminum panels. The private lives of the residents are thus protected against invasive views from the life on the street.

← 172

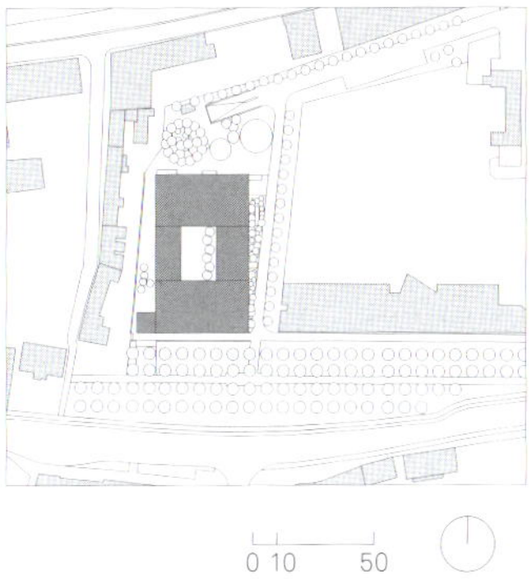

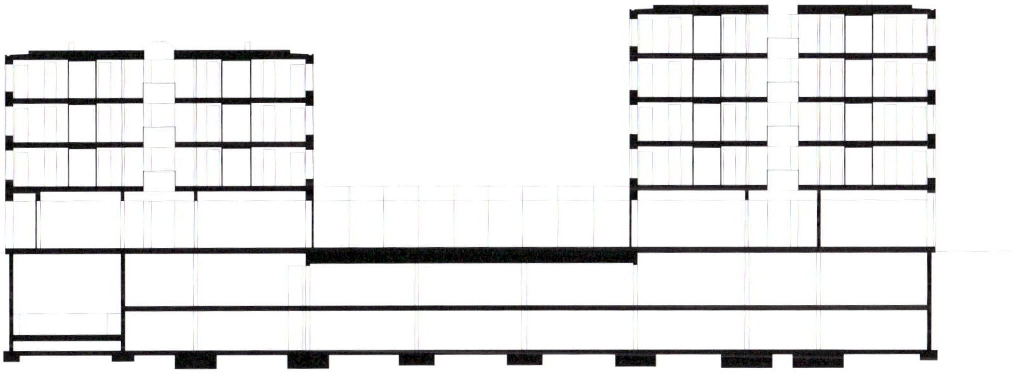

Schnitt / Sezione / Section

Grundriss Regelgeschoss / Pianta dei piani / Standard floor
M 1:500

298
m ü. NN / m a.s.l. / m s.l.m.

Ljubljana

Ljubljana
Slovenija

Wohnanlage „Pilon“
Complesso abitativo “Pilon”
“Pilon” Residential Complex

bevk perović arhitekti d.o.o., Ljubljana

Auftraggeber / Committente / Client
Housing Fund Ljubljana – JSSMOL

Fertigstellung / Data di completamento / Completion
2007

Grundstücksfläche / Superficie del lotto / Site area
19.394 m²

Wohnfläche / Superficie abitativa / Living area
8.000 m²

Wohneinheiten / Unità abitative / Dwellings
114: 14 x 27 m², 20 x 42 m², 30 x 49 m², 42 x 63 m², 8 x 77 m²

Baukörper / Articolazione volumetrica / Form
4 Baukörper, zweigeschossig, Blockstruktur
quattro corpi d'edificio, a due piani, struttura a blocchi
4 structures, 2-story, block structure

Erschließung / Tipologia distributiva / Access
Laubengangerschließung / ballatoio / gallery circulation, ground floor

Wohnart / Tipologia abitativa / Housing type
Neubau einer Wohnanlage, geförderter sozialer Wohnungsbau
edilizia abitativa sociale, nuova costruzione
residential complex (new-build), subsidized social housing

Freiraum / Spazi esterni / Open space
Gemeinschaftsgrünfläche in den Innenhöfen
area verde comune nelle corti interne
communal green space in the inner courtyards

Wohnanlage „Pilon“

Der Wohnungsbau Pilon befindet sich an einem ungewöhnlichen Standort auf dem Grundstück eines verlassenen Steinbruchs nahe der Stadtautobahn. Die Überreste des Steinbruchs erschienen wie eine Wunde in der natürlichen Landschaft mit einer alten Kalkbrennerei, die als kulturelles Erbe geschützt ist. Die Frage war, wie man einen so großen neuen Wohnkomplex in dieser schwierigen Umgebung positionieren, wie der Steinbruch erhalten bleiben und welchen Stellenwert eine neue Landmarke in direkter Nachbarschaft zur Autobahn haben kann.

140 Wohneinheiten werden in zwei separaten Volumen, die durch eine Kommunikationszone verbunden sind, verteilt. Die Wohngebäude sind zueinander verschoben und folgen dem Verlauf des Terrains, wodurch verschiedene gemeinschaftliche Bereiche entstehen wie etwa die Betonplattform im Eingangsbereich und die grünen Innenhöfe auf der Rückseite des Ensembles.

Die interne Organisation der Gebäude folgt der Idee der Verdichtung einer vertikalen Stadtstruktur: Kleine Einzimmerapartments befinden sich in den unteren Ebenen. Darüber folgen Maisonettewohnungen, die um eine zweigeschossige Freifläche angeordnet sind. Luxuriöse Dachterrassenwohnungen finden sich in den obersten Stockwerken. Diese unterschiedlichen Typologien zeichnen sich klar auf der Fassade ab; dennoch wirkt das Gesamtbild der Wohnanlage unaufgeregt und homogen. Die Gestaltung der Fassade spielt mit dem Motiv von Offenheit und Geschlossenheit: Verglaste Balkone mit gelben Brüstungen wechseln sich ab mit schwarz metallischen geschlossenen Elementen.

Complesso abitativo “Pilon”

Il complesso abitativo Pilon si trova in un luogo inconsueto, l'area di una cava abbandonata nei pressi della circonvallazione della città. I resti della cava, con una vecchia calcara, una testimonianza culturale del passato tutelata, sembrano ferire il paesaggio naturale. I compiti progettuali da risolvere erano la collocazione di un nuovo edificio residenziale di queste dimensioni in un sito di tale complessità, la conservazione della cava e la connotazione di un nuovo punto di riferimento territoriale visibile dall'autostrada.

I due corpi separati, congiunti da un elemento comunicazione, ospitano 140 appartamenti. Gli edifici residenziali, tra loro sfalsati, seguono l'andamento del terreno e formano diverse zone comuni, quali ad es. la piattaforma in cemento armato nell'area dell'ingresso e i cortili verdi sul retro del complesso.

L'organizzazione interna degli edifici sviluppa l'idea della densificazione di una struttura urbana verticale: piccoli alloggi ad una stanza ai piani inferiori, più in alto maisonettes raccolte attorno a superfici esterne a doppia altezza e appartamenti di lusso al sottotetto. Queste tipologie diversificate sono ben riconoscibili nei prospetti, anche se l'aspetto complessivo dell'edificio abitativo è di composta armonia. Nel disegno delle facciate, articolate dal gioco tra chiuso e aperto, balconi vetrati dai parapetti gialli si alternano ad elementi chiusi in metallo nero.

“Pilon” Residential Complex

The Pilon housing complex is located on an abandoned stone quarry next to the main ring road. The remains of the quarry looked like a wound in the natural landscape, which has an old lime kiln that is protected as a cultural heritage monument. The questions were how to position a large, new housing complex in these difficult surroundings, how to preserve the quarry, and what significance a new landmark directly adjacent to the highway could have.

There are 140 dwelling units, divided into two separate volumes, connected by a communication zone. The residential buildings are shifted in relation to each other and follow the configuration of the terrain, thus creating different communal spaces, such as the concrete entrance platform in the front and the green courtyards at the rear of the ensemble.

The internal arrangement of the buildings follows the idea of compacting the urban structure vertically: small single-room apartments are located on the lower levels; these are followed by maisonettes (duplex apartments), which are set around double-height outdoor spaces, and luxurious rooftop apartments were built on the uppermost level. These different typologies are clearly visible on the facade, yet the overall image of the housing complex appears serene and homogeneous. The composition of the facade plays with the motif of open and closed spaces: glazed balconies with yellow railings alternate with black metallic closed elements.

← 176

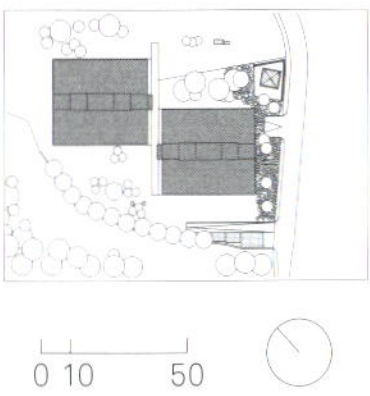

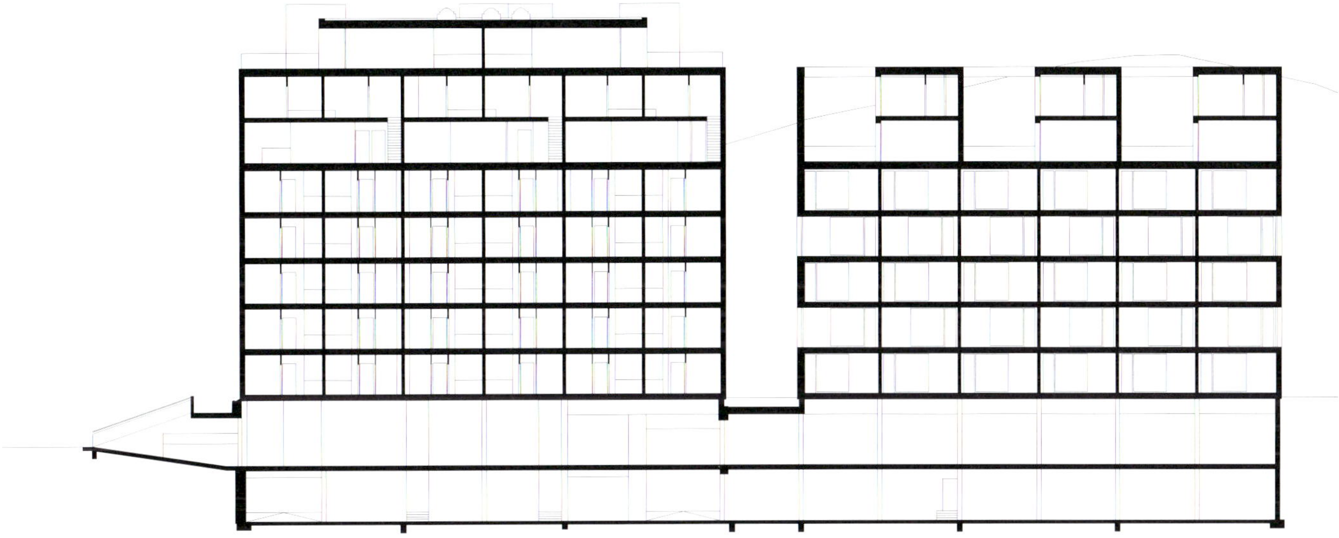

Schnitt / Sezione / Section

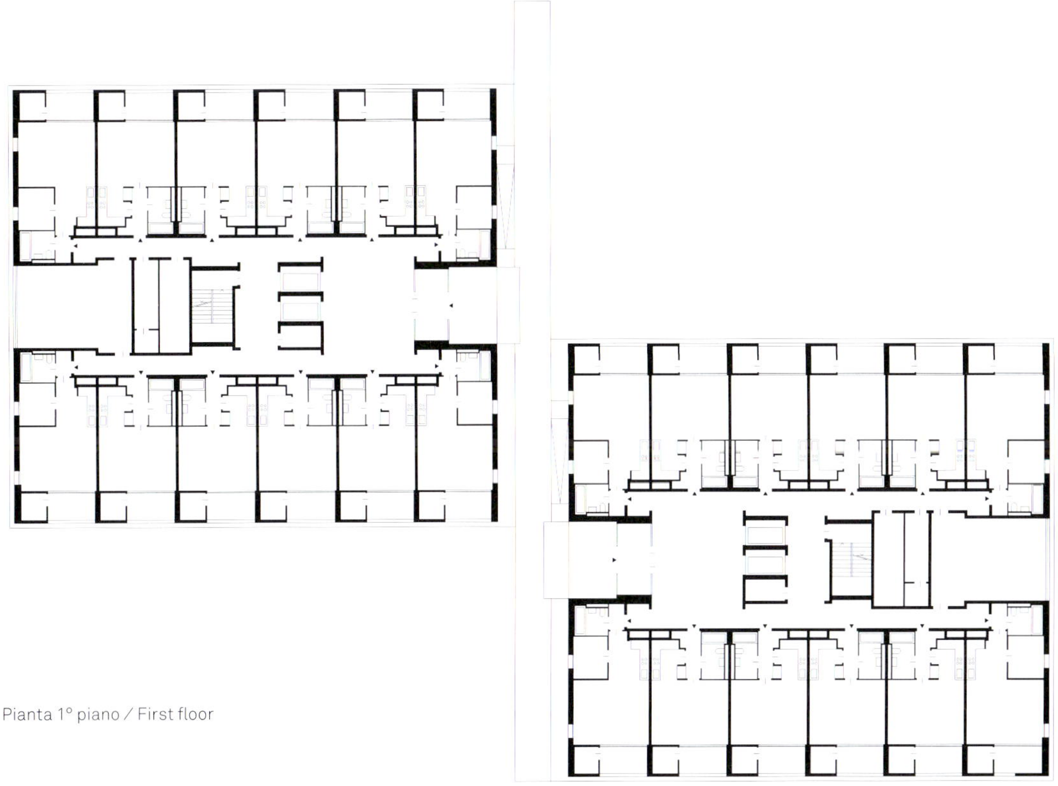

Grundriss 1. Obergeschoss / Pianta 1° piano / First floor
M 1:500

298
m ü. NN / m a.s.l. / m s.l.m.

Ljubljana

Ljubljana
Slovenija

Wohnanlage „Cesta v Gorice"
Complesso abitativo "Cesta v Gorice"
"Cesta v Gorice" Residential Complex

bevk perović arhitekti d.o.o., Ljubljana

Auftraggeber / Committente / Client
Ministry of Education and Sport

Fertigstellung / Data di completamento / Completion
2006

Grundstücksfläche / Superficie del lotto / Site area
5.094 m²

Wohnfläche / Superficie abitativa / Living area
10.000 m²

Wohneinheiten / Unità abitative / Dwellings
56: 24 x 67 m², 28 x 64 m², 4 x 67 m²

Baukörper / Articolazione volumetrica / Form
2 Baukörper, durch einen Flachbau im Erdgeschoss verbunden
due corpi d'edificio collegati da una costruzione piatta a pianterreno
2 building slabs, connected at the ground floor by a horizontal building

Erschließung / Tipologia distributiva / Access
Treppenhauskerne mit Gangerschließung
vani scala centrali con corridoi
stair cores with corridor access

Wohnart / Tipologia abitativa / Housing type
Studentenwohnheim / casa dello studente / student dormitory

Freiraum / Spazi esterni / Open space
Innenhof als Freibereich, Loggia
corte interna come spazio esterno, veranda
outdoor inner courtyard, loggias

Gemeinschaftlich genutzte Flächen / Superfici collettive Communal facilities
Studierzimmer, Gemeinschafts- und Freizeiträume
sala studio, locali comuni e di svago
study rooms, communal rooms, and leisure spaces

Wohnanlage „Cesta v Gorice"

Der gemeinnützige Wohnungsbau am Rande der Stadt zwischen der Cesta v Gorice-Straße und einem Sumpfgebiet. Das Ensemble, als experimenteller Wohnungsbau geplant, befindet sich in der Nähe einer Asylanlaufstelle und bietet Migranten mit einem niedrigen Einkommen einen permanenten Aufenthaltsort. Der städtebauliche Ansatz besteht darin, die typischen Schemata für soziale Wohnungsbauten mit unbestimmten Freiflächen, die dann zu Orten der Zerstörung werden, zu vermeiden, indem vier unabhängige, in ihrer Größe gleiche Hofgebäude mit einer dorfähnlichen Struktur geschaffen werden.

Die S-förmigen Gebäude formen zwei verschiedene Typen von Innenhöfen als semiprivate Aufenthaltsorte für unterschiedliche soziale Interaktionen aus. Der schmale, gepflasterte Hof mit den Kinderspielplätzen hat einen urbanen Charakter, während die größeren Rasenflächen eine eher ländliche Atmosphäre erzeugen. Alle Wohneinheiten, die von außen liegenden Fluren erschlossen werden, orientieren sich in zwei Himmelsrichtungen. Fünf verschiedene Wohntypen von 26 bis 76 m² sind mit gleichförmigen Eingangsbereichen, Sanitäreinheiten und Küchen ausgestattet. Balkone sind zugunsten der Gemeinschaftshöfe nicht vorgesehen. Abstellräume in langen Strukturen entlang der Straße dienen zudem als Schallschutzbarrieren für die innen liegenden Höfe.

Die einfache Betonkonstruktion ist mit Eternitplatten verkleidet. Je nach Orientierung der Fassade verändert sich deren Erscheinungsbild. Glatte, schwarze Platten werden zu den äußeren Korridoren hin benutzt, während für exponierte Stellen gewellte Paneele zum Einsatz kommen.

Complesso abitativo "Cesta v Gorice"

Il complesso abitativo di pubblica utilità, sito alla periferia della città, tra via Cesta v Gorice e una zona paludosa, sorge nei pressi di un centro di accoglienza per rifugiati; progettato come edificio residenziale sperimentale, offre un luogo di permanenza stabile a migranti della fascia di reddito più bassa. Il concetto urbanistico propone, invece della tipica edilizia sociale con superfici esterne indefinite, spesso soggette a diventare luoghi di distruzione, quattro edifici autonomi a corte interna di uguale dimensione e con una struttura assimilabile a quella di un paese.

Gli edifici a forma di "S" compongono due diversi tipi di corte, luoghi di sosta di carattere semiprivato aperti a interazioni sociali di vario genere. Il cortile stretto e lastricato con i giochi per i bambini è di carattere urbano, mentre gli ampi prati ricreano piuttosto un'atmosfera di campagna. Tutti gli alloggi, serviti da ballatoi esterni, godono di due orientamenti. Gli appartamenti di cinque diverse tipologie, con superfici da 26 a 76 metri quadrati, presentano lo stesso ingresso, servizi igienici e cucine. La mancanza di balconi spinge all'uso dei cortili interni. I ripostigli, raggruppati in lunghe file parallele alla strada, fungono da barriere antirumore per i cortili interni.

La semplice struttura in cemento armato è rivestita di pannelli in eternit, di aspetto variabile secondo l'orientamento dei prospetti: nei corridoi esterni trovano impiego pannelli neri lisci, nelle zone più esposte invece pannelli ondulati.

"Cesta v Gorice" Residential Complex

This non-profit housing is located on the edge of the city between the street Cesta v Gorice and a wetlands area. The ensemble, designed as experimental housing, is in the vicinity of a refugee center and offers permanent residence for immigrants with low incomes. Its urban design seeks to avoid the typical social housing scheme with undefined outdoor spaces, which become places of urban blight, by means of four independent courtyard buildings of the same size with a village-like configuration.

The S-shaped buildings form two different types of inner courtyards as semi-private locations for various social interactions. The narrow, paved courtyard that serves as a playground for children has an urban character, whereas the larger grassed areas engender a more rural atmosphere. All the dwelling units, which are accessible from exterior walkways, are oriented in two directions. Five different apartment types range from 26 to 76 square meters in size, but have similar entrance areas, sanitary units, and kitchens. For the benefit of the common courtyards, balconies are not provided. Storage spaces in long structures along the street also serve as an acoustic barrier for the inner courtyards.

The simple concrete construction is clad with cement composite panels. Their appearance varies, depending on the orientation of the facade. Smooth black panels were used toward the outside corridors, while corrugated panels were used in the exposed areas.

← 178

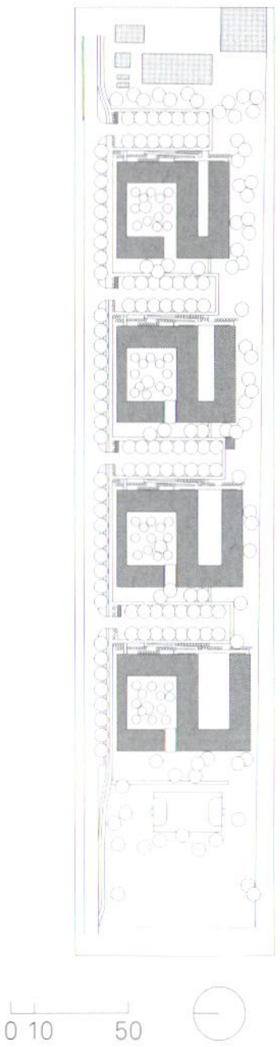

Schnitt / Sezione / Section

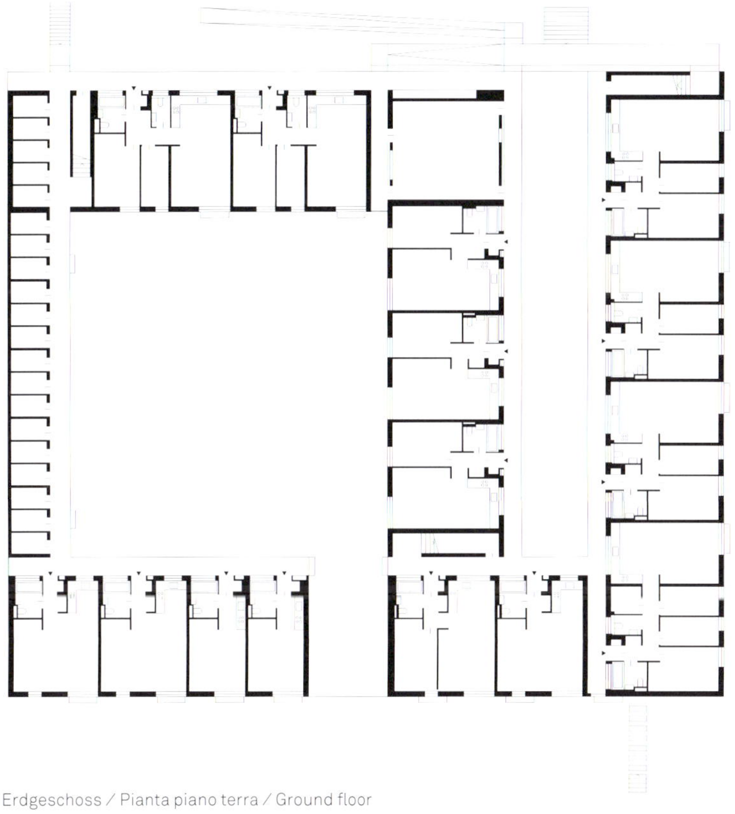

Grundriss Erdgeschoss / Pianta piano terra / Ground floor
M 1:500

270
m ü. NN / m a.s.l. / m s.l.m.

Chambéry

Rhône-Alpes
France

Wohnbau „L'Oxygène"
Edificio residenziale "L'Oxygène"
"L'Oxygène" Residential Building

pateyarchitectes, Chambéry

Auftraggeber / Committente / Client
SCP HLM SAVOISIENNE HABITAT
Fertigstellung / Data di completamento / Completion
2009
Grundstücksfläche / Superficie del lotto / Site area
1.414 m²
Wohnfläche / Superficie abitativa / Living area
3.865 m²
Wohneinheiten / Unità abitative / Dwellings
23 x 66 m² / 82 m² / 99 m²
Baukörper / Articolazione volumetrica / Form
1
Erschließung / Tipologia distributiva / Access
Vierspänner / quattro alloggi per piano / four units per floor per stair
Wohnart / Tipologia abitativa / Housing type
Mehrfamilienhaus / casa plurifamiliare / multi-family dwelling
Stellplätze / Posti auto / Parking spaces
23
Freiraum / Spazi esterni / Open space
Balkone, Dachterrassen
balconi, tetti a terrazza
balconies, roof terraces

Wohnbau „L'Oxygène"

Das Baugrundstück liegt am Rande des Flusses Hyères, der natürlichen Grenze zwischen den Gemeinden Chambéry und Cognin. Durch seine Lage am Eingang des Viertels sowie durch die turmartige Proportion des Volumens markiert das Wohngebäude einen städtebaulichen Akzent. Es dominiert durch seine Höhe von sechs Vollgeschossen und den Dachgeschossen die Nachbarbebauung und bietet dadurch ein Orientierungspunkt in der Landschaft der „Ufer des Hyères". Das Gebäude ist in seiner Struktur sehr kompakt und ökonomisch und bietet eine einfache urbane Struktur.

Ein zentrales Treppenhaus erschließt im Regelgeschoss bis zu vier Wohneinheiten, die sich je nach Wohnungsgröße in bis zu drei Himmelsrichtungen orientieren. Das Dachgeschoss wird für nach Süden ausgerichtete Dachterrassen der Wohnungen in den oberen Geschossen genutzt.

Gestalterisch werden die Dachflächen wie weitere Fassaden behandelt, die in ihrer Fernwirkung von der hohen Plattform des Biollay aus sichtbar sind. Die Dachdeckung wird auf die vertikalen Fassaden verlängert und unterstreicht somit stark die beabsichtigte Vertikalität des Volumens. Die neben Putz für die Fassaden verwendeten Materialien sind verzinkter und perforierter Stahl für die Balkone und eloxiertes Metall für die Abdeckung der Dachflächen und der Wandverkleidung.

Edificio residenziale "L'Oxygène"

Situato al margine del fiume Hyères, confine naturale tra il comune di Chambéry e Cognin, il complesso residenziale si impone come emergenza a scala urbana grazie alla posizione all'ingresso del quartiere ed alla proporzione dei volumi a torre. Grazie alla sua altezza, con sei piani più uno di copertura, l'edificio domina l'edificazione circostante e funge da punto di orientamento nel paesaggio delle rive dell'Hyères. Una costruzione compatta ed economica che esprime una chiara struttura urbana.

Un vano scala centrale distribuisce nel piano tipo fino a quattro unità abitative che, a seconda delle dimensioni, si rivolgono anche a tre diversi punti cardinali. Il piano di copertura ospita terrazze rivolte a sud per gli alloggi dei piani alti.

La superficie del tetto, trattato formalmente come un'ulteriore facciata, è percepibile in lontananza dalle alture del quartiere di Biollay. Il manto di copertura si fonde con le facciate accrescendo così la ricerca di verticalità dei volumi. A fianco dell'intonaco vengono impiegati materiali come l'acciaio zincato perforato per i balconi ed il metallo smaltato per i rivestimenti delle coperture e delle facciate.

"L'Oxygène" Residential Building

The building lot is located on the banks of the Hyères River, the natural border between the municipalities of Chambéry and Cognin. Due to its location at the entrance of the district and its tower-like proportions, the residential building sets an urban tone. With its height of six main floors plus a rooftop level, it dominates the neighboring buildings and offers a point of orientation in the landscape along the riverbanks. The building has a very compact and economical design with a simple urban structure.

A central staircase provides access to the four dwelling units per floor, which are oriented in one to three directions, depending on their size. The roof terraces with southern exposure on the top level are reserved for the upper-floor apartments.

The roof surfaces have been treated like additional facades and are visible from the remote high platform of Le Biollay. The roofing is extended onto the vertical facades, underscoring the intended verticality of the volume. In addition to the stucco of the facades, galvanized and perforated steel was employed for the balconies, and the roof surfaces and wall cladding are covered with anodized metal.

← 190

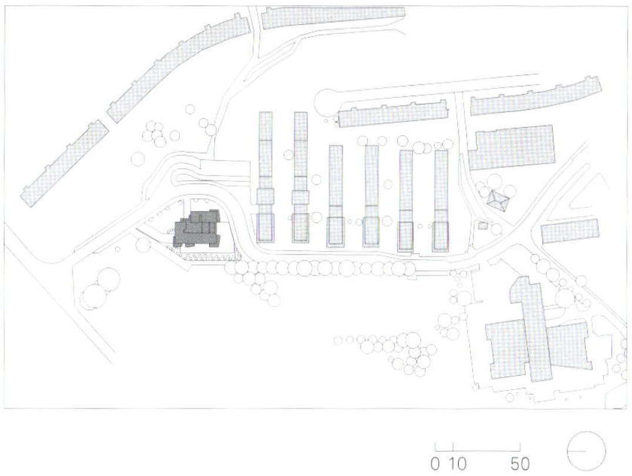

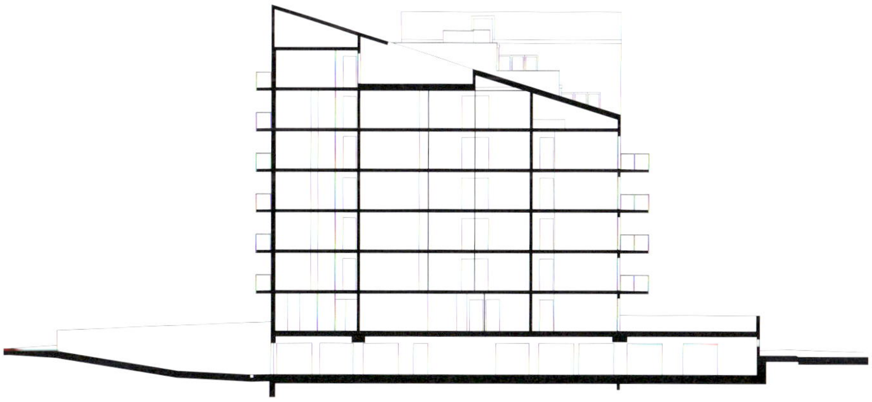

Schnitt / Sezione / Section

Grundriss 1. Obergeschoss / Pianta 1° piano / First floor
M 1:500

247

m ü. NN / m a.s.l. / m s.l.m.

Siebeneich / Settequerce (Terlan / Terlano)

Trentino-Südtirol / Trentino-Alto Adige
Italia

Arbeiterhaus Verwaltung Graf Enzenberg
Casa per dipendenti dell'amministrazione Conte Enzenberg
Graf Enzenberg Workers' Housing

Walter Angonese, Kaltern
mit Ingenieurbüro Bergmeister und Partner, Brixen

Auftraggeber / Committente / Client
Verwaltung Graf Enzenberg

Fertigstellung / Data di completamento / Completion
2003

Grundstücksfläche / Superficie del lotto / Site area
5 ha

Wohnfläche / Superficie abitativa / Living area
562 m²

Wohneinheiten / Unità abitative / Dwellings
4 x 108 m², 2 x 65 m²

Baukörper / Articolazione volumetrica / Form
1 aufgeständerter Baukörper / corpo a ponte / elevated building

Erschließung / Tipologia distributiva / Access
Dreispänner / tre alloggi per piano / three units per floor per stair

Wohnart / Tipologia abitativa / Housing type
Neubau eines Hauses für die landwirtschaftlichen Arbeiter/Mehrfamilienhaus
edificio di nuova costruzione per dipendenti agricoli/multifamigliare
multi-family dwelling – housing (new-build) for agricultural workers

Freiraum / Spazi esterni / Open space
landwirtschaftliches Grün, Loggien
verde agricolo, logge
agricultural fields, loggias

Zusätzliche Nutzungen / Ulteriori funzioni / Additional uses
landwirtschaftliche Lagerräume und Keller
depositi agricoli e cantina
agricultural storage areas and cellar

Arbeiterhaus Verwaltung Graf Enzenberg

Im Kontext von landwirtschaftlich genutzten Gebäuden und offenen Scheunenhallen wurde das Wohngebäude orthogonal verortet und vervollständigt außenräumlich auf selbstverständliche Art und Weise das Ensemble, in dem es im Zusammenspiel klare Weg- und Platzräume bildet.

Die sechs unterschiedlich großen Wohnungen sind für Angestellte und Saisonarbeiter eines großen Landwirtschaftsbetriebes konzipiert und eröffnen auf ihrer Südseite einen Panoramablick in die durch den Weinbau geprägte Landschaft. Der Dreispänner ist wegen der ungünstigen Gründungsverhältnisse als ein an zwei Punkten gelagertes Brückengebäude mit 30 Metern Spannweite konzipiert und offeriert dadurch im freien Erdgeschoss eine gemeinschaftlich genutzte überdachte Freifläche.

Die Fassade des Low-Budget-Gebäudes erhielt eine Farbgestaltung von der Künstlerin Andrea Maria Varesco; die Gestalt oszilliert je nach Gebäudeseite und Perspektive zwischen einer kontextuellen Mimikry zu den landwirtschaftlichen Nutzgebäuden und einer selbstbewussten Betonung der offen dargelegten und zeitgemäß interpretierten Konstruktion.

Casa per dipendenti dell'amministrazione Conte Enzenberg

L'edificio abitativo si dispone ortogonalmente al contesto di rustici e rimesse agricole aperte in cui è inserito, completandone in modo naturale la percezione d'insieme, in simbiosi con il quale delinea chiari percorsi e spazi di sosta.

I sei alloggi di diverso taglio, distribuiti a tre per piano e pensati per i dipendenti ed i lavoratori stagionali di un grande azienda agricola, si aprono verso sud con una vista sul paesaggio modellato dai vigneti. A causa delle sfavorevoli condizioni del terreno, la struttura poggia su due soli punti, è concepita come un telaio a ponte, con una campata di 30 metri, e crea al piano di campagna un ambito coperto d'uso collettivo.

La facciata dell'edificio a basso costo è impreziosita dall'intervento cromatico della artista Andrea Maria Varesco; l'immagine dell'oggetto architettonico oscilla, secondo le facciate e le prospettive, tra una mimesi contestuale con le rimesse agricole e una voluta sottolineatura della costruzione, apertamente esibita ed interpretata in modo contemporaneo.

Graf Enzenberg Workers' Housing

Amidst agricultural buildings and open storage barns, the exterior layout of the orthogonally positioned residential building noticeably completes the ensemble with its clear paths and spaces and their interplay with the surroundings.

The six different-sized apartments were designed for the employees and seasonal workers of a large agricultural enterprise. Facing south, they offer a panoramic view of the wine-growing landscape. Due to the difficult subsurface conditions, the building has been designed as a 30-meter span bridge with two points of support and a sheltered open space on the ground level that is shared by all inhabitants of the three units per floor.

The facade colors of the low-budget building were composed by the artist Andrea Maria Varesco. Depending on the side of the building and the perspective, the design oscillates between mimicry of the functional agricultural buildings and a bold emphasis on the open and contemporary design.

← 194

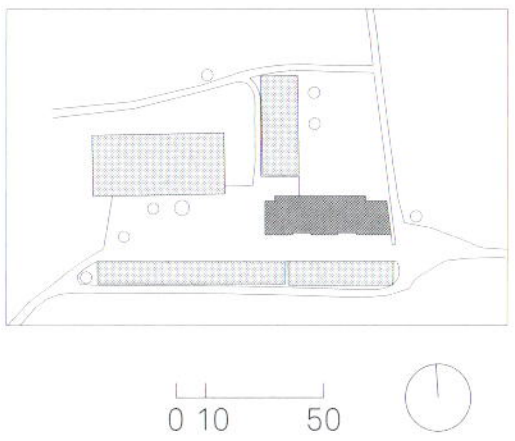

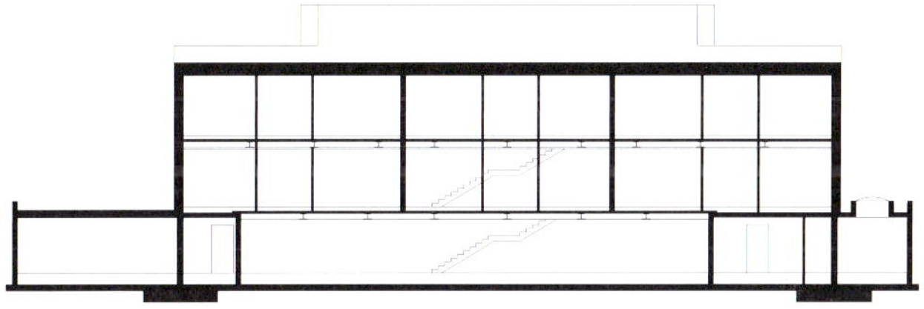

Schnitt / Sezione / Section

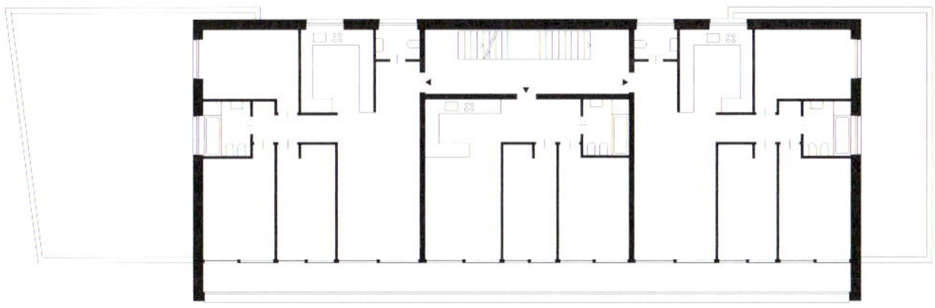

Grundriss 2. Obergeschoss / Pianta 2° piano / Second floor

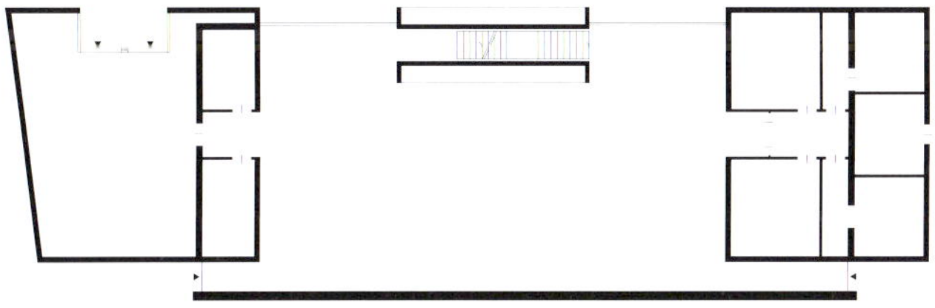

Grundriss Erdgeschoss / Pianta piano terra / Ground floor
M 1:500

241
m ü. NN / m a.s.l. / m s.l.m.

Celje

Celje
Slovenija

Mehrfamilienhaus „Rock Villas“
Complesso residenziale “Rock Villas”
“Rock Villas” Residential Development

Arhitektura Krušec, Ljubljana

Auftraggeber / Committente / Client
privater Auftraggeber / privato / private client

Fertigstellung / Data di completamento / Completion
2008

Grundstücksfläche / Superficie del lotto / Site area
3.300 m²

Wohnfläche / Superficie abitativa / Living area
2.830 m²

Wohneinheiten / Unità abitative / Dwellings
17 x 46 m²-135 m²

Baukörper / Articolazione volumetrica / Form
2

Erschließung / Tipologia distributiva / Access
Dreispänner / tre alloggi per piano / three units per floor per stair

Wohnart / Tipologia abitativa / Housing type
Neubau eines Mehrfamilienhauses
edificio plurifamiliare di nuova costruzione
multi-family dwelling (new-build)

Stellplätze / Posti auto / Parking spaces
30

Freiraum / Spazi esterni / Open space
Garten, Loggien, Terrasse
giardino, verande, terrazze
garden, loggias, terraces

Mehrfamilienhaus „Rock Villas“

Die Wohnanlage „Rock Villas“ ist an einer steinigen Erhebung, ansteigend vom mittelalterlichen Stadtzentrum von Celje, situiert. Die Umgebung, deren Mittelpunkt von einer Kirche dominiert wird, wurde bereits in der ersten Hälfte des letzten Jahrhunderts besiedelt. Auch nach dem Zweiten Weltkrieg und der Besiedelungstendenz der flacheren Landstriche bleiben die großformatigen Gebäudetypologien erhalten. Wegen der außerordentlichen Steigung blieb ein zentrales Grundstück lange Zeit unbebaut.

Mit der Bebauung der kompakten, mehrstöckigen Gebäudeteile sollte die bestehende Formsprache der Umgebung, die über Jahrzehnte gewachsen war, erhalten werden. So sind auf der Nordseite der “Rock Villas” nur zwei Geschosse sichtbar, um die Aussicht der dahinterliegenden bereits bestehenden Einfamilienhäuser nicht zu verbauen. Auf der Südseite terrassieren sich die Gebäude entlang der Steigung und erreichen drei bis vier Geschosse.

Beide Gebäudeteile organisieren sich in verschiedene separate Wohneinheiten, die durch die unterschiedlichen, teils natürlichen Raumbegrenzungen individuelle Zuschnitte erhalten. Die Wohnungen in den unteren Ebenen orientieren sich zu einem privaten Grünbereich hin, während die oberen Geschosse mit großzügigen Terrassen ausgestattet sind. Sowohl von den Freibereichen aus als auch durch gezielte Ausblicke aus den Innenräumen der Wohneinheiten können die Bewohner den Panoramablick auf das mittelalterliche Schloss von Celje und die Umgebung genießen. Eine Tiefgarage verbindet die beiden Gebäudeteile und belässt den felsigen Charakter des Grundstücks.

Complesso residenziale “Rock Villas”

Il complesso residenziale “Rock Villas” è situato su una collina rocciosa che sale dal centro medioevale della città di Celje. L’area, il cui fulcro centrale è dominato da una chiesa, fu urbanizzata già verso la prima metà del secolo scorso. Le imponenti tipologie costruttive si mantennero anche dopo la seconda guerra mondiale, nonostante la tendenza a costruire in zone più pianeggianti. Un terreno in posizione centrale è rimasto a lungo inedificato per la sua notevole pendenza.

La costruzione dei compatti edifici pluripiano doveva mantenere l’espressione formale dell’edilizia locale, plasmatasi nel tempo. Il lato nord delle Rock Villas ha così solo due piani, per non ostruire la vista alle ville unifamiliari preesistenti. A sud, invece, gli edifici, inseriti a gradoni nel pendio, raggiungono tre o quattro piani.

Entrambi i corpi sono organizzati in più alloggi separati, suddivisi in maniera individuale, con diverse configurazioni spaziali, in parte definite dai limiti naturali del terreno. Gli appartamenti a pianterreno sono orientati verso una zona a verde privato, mentre ai piani superiori vi sono ampie terrazze. Sia dalle zone esterne che, grazie a scorci appositamente studiati, dagli appartamenti la vista può spaziare sul panorama del castello medioevale di Celje e sui dintorni. Un’autorimessa interrata unisce i due corpi dell’edificio, conservando il carattere roccioso del terreno.

“Rock Villas” Residential Development

The “Rock Villas” residential complex is situated on a rocky height above the medieval city center of Celje. The surroundings, which are centered on a church, were already settled in the first half of the twentieth century. Even after the Second World War and the tendency to settle on the less hilly tracts of land, the large-scale building typologies were preserved. Because of its extreme slope, the central site remained unbuilt for a long time.

The arrangement of the compact, multi-level buildings is meant to retain the existing formal language of the surroundings, which grew up over decades. Thus, only two stories are visible from the north side of the Rock Villas, in order not to obstruct the views from the single-family houses that already exist behind them. On the south side, the buildings are terraced along the slope and reach a height of three to four stories.

Both buildings are divided into various separate dwelling units, which have individual layouts due to the different, partly natural, spatial limitations. The apartments on the lower levels are oriented toward a private green area, whereas the upper floors are provided with generous terraces. From the outdoor areas as well as from selected interior spaces of the dwelling units, the residents can experience the panoramic view of Celje’s medieval castle and the surroundings. An underground garage links both buildings and leaves the rocky character of the property unchanged.

← 200

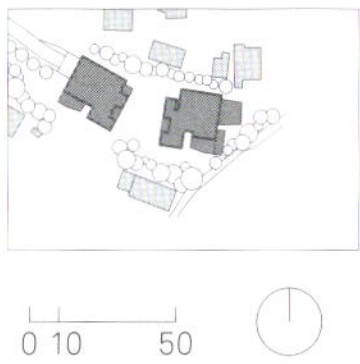

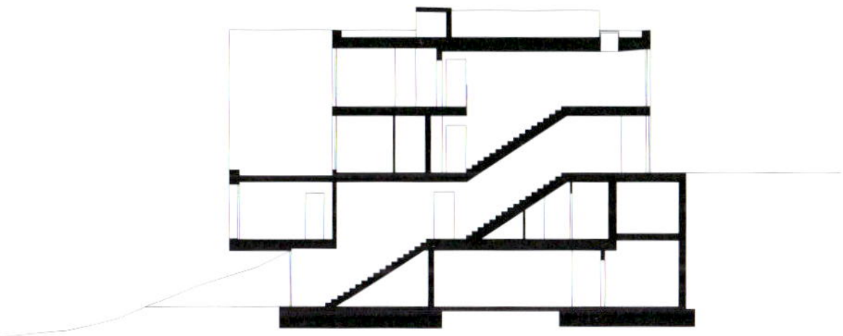

Schnitt / Sezione / Section

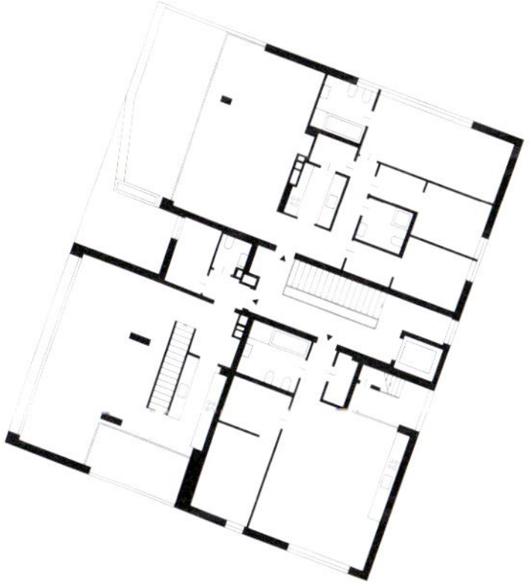

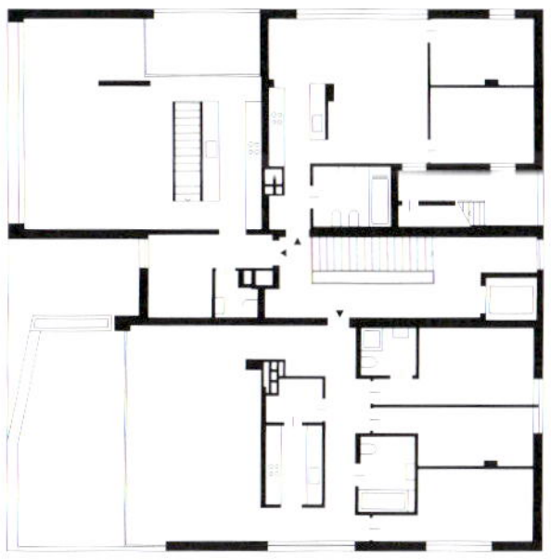

Grundriss 1. Obergeschoss / Pianta 1° piano / First floor
M 1:500

232
m ü. NN / m a.s.l. / m s.l.m.

Bozen / Bolzano

Trentino-Südtirol / Trentino-Alto Adige
Italia

Mehrfamilienhaus „Domus Malles"
Complesso residenziale "Domus Malles"
"Domus Malles" Residential Development

METROGRAMMA
Andrea Boschetti & Alberto Francini, Milano mit Enzo Fontana

Auftraggeber / Committente / Client
Immobiliare Case & Dimore S.r.l.

Fertigstellung / Data di completamento / Completion
2006

Grundstücksfläche / Superficie del lotto / Site area
894 m²

Wohnfläche / Superficie abitativa / Living area
896,68 m²

Wohneinheiten / Unità abitative / Dwellings
14 x 41 m² - 99 m²

Baukörper / Articolazione volumetrica / Form
1

Erschließung / Tipologia distributiva / Access
Zweispänner / due alloggi per piano / two units per floor per stair

Wohnart / Tipologia abitativa / Housing type
Mehrfamilienhaus / casa plurifamiliare / multi-family dwelling

Stellplätze / Posti auto / Parking spaces
25

Freiraum / Spazi esterni / Open space
Loggia, Balkon, Dachterrasse
loggia, balcone, giardino pensile
loggia, balcony, roof terrace

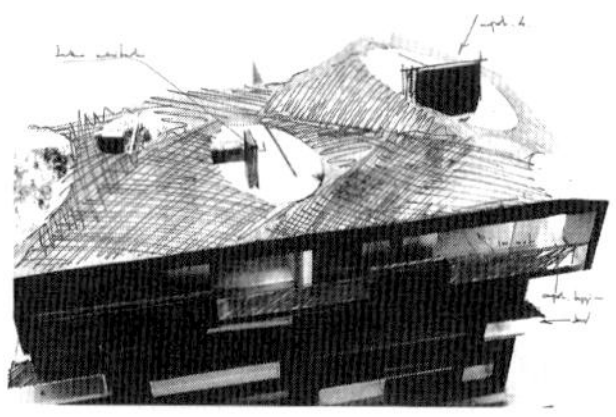

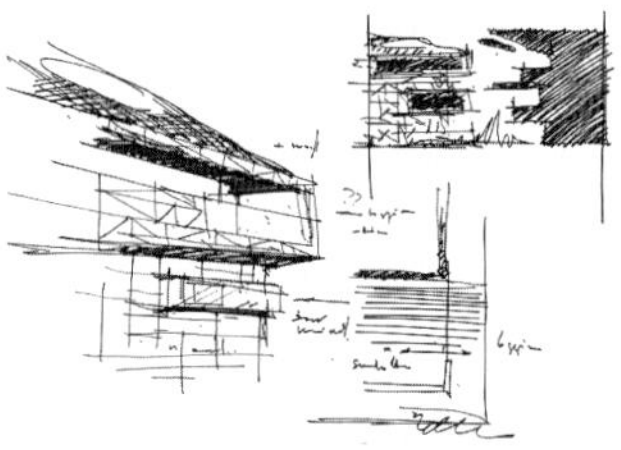

Mehrfamilienhaus „Domus Malles"

Das Wohnhaus besetzt eine Hoffläche einer heterogenen Blockbebauung in Bozen. Der städtebaulich-räumlichen Enge begegnet der Baukörper durch eine differenzierte und nischenartige Ausformulierung seiner Volumetrie. Das Wohngebäude schöpft das erlaubte Maximum an bebaubarer Fläche und Kubatur aus und behauptet sich selbstbewusst in der gewachsenen Umgebung.

Eines der Hauptcharakteristika dieses Gebäudes ist das Angebot von unterschiedlichen Wohnungstypologien: Gartenwohnungen im Erdgeschoss, Einzimmerapartments im ersten Obergeschoss, Wohnungen mit Loggien in den oberen Stockwerken und ein Penthouse im Dachgeschoss. Jede Wohnung ist mit einem Außenraum – entweder Loggia, Balkon oder Terrasse – ausgestattet.

Die metallene, schwarze Fassade ist detailreich und lebendig und reflektiert somit die innere heterogene Aufteilung. Die Öffnungen wechseln zwischen horizontalen Schlitzöffnungen und übergroßen Lochformaten, je nach innenräumlicher Situation, und wurden mit spiegelnden Gläsern versehen. Dem Wunsch der Bauherrenschaft nach einem energieeffizienten Gebäudes folgend, ist das Wohngebäude Klimahaus B zertifiziert.

Complesso residenziale "Domus Malles"

L'edificio residenziale occupa l'area interna in un eterogeneo isolato urbano a Bolzano. Il corpo di fabbrica oppone alla ristrettezza della situazione urbana la definizione di una volumetria articolata e scavata. Massimizzando la superficie fabbricabile e la cubatura disponibile, l'edificio residenziale si impone con consapevolezza nel contesto urbano consolidato.

Una delle caratteristiche principali di questo complesso è la differenziazione dei tipi abitativi: alloggi con giardino al piano terra, monolocali al piano primo, appartamenti a loggia ai piani superiori ed un attico all'ultimo piano. Ciascun appartamento dispone del proprio spazio esterno – loggia, balcone o giardino pensile.

Le vivaci facciate nere accuratamente dettagliate, quasi metalliche, riflettono l'eterogeneità della suddivisione interna. Le finestre, dotate di vetri a specchio, si alternano tra nastri orizzontali e bow windows sovradimensionati, accompagnando le situazioni spaziali interne. L'ottimizzazione energetica dell'edificio residenziale sostenuta dalla committenza ha portato alla certificazione dello standard CasaClima B.

"Domus Malles" Residential Development

The residential building occupies a courtyard site in a heterogeneous block development in Bolzano. The building confronts the urban-style spatial density with the differentiated and niche-like configuration of its volumetric form. It covers the maximum permissible built-up area and volume and confidently asserts itself in its well-developed surroundings.

One of the main characteristics of the building is the variety of different apartment typologies: garden apartments on the ground floor, single-room apartments on the first floor, apartments with loggias in the upper stories, and a penthouse on the top floor. Every apartment is provided with an exterior space—either a loggia, a balcony, or a terrace.

The metallic black facade is rich in detail and lively, reflecting the heterogeneous allocation of the building. The openings alternate between horizontal slots and oversized, punched shapes, depending on the interior situation, and are fitted with mirrored glass. In accordance with the client's wish for energy efficiency, the residential building has received a "Climate-House" B certification.

← 204

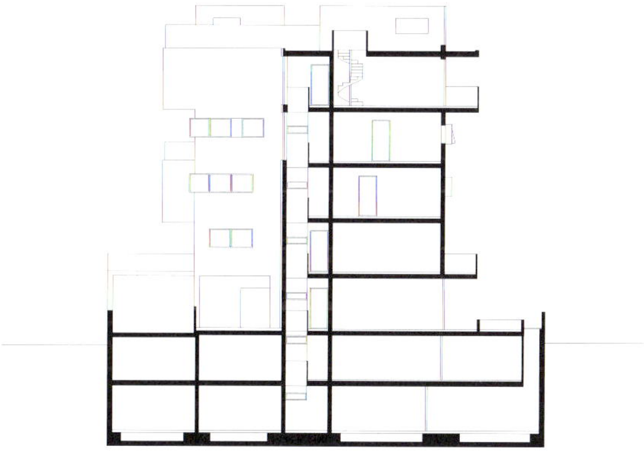

Schnitt / Sezione / Section

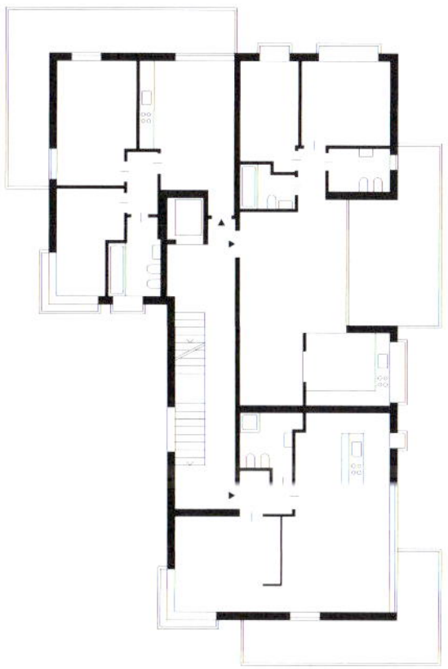

Grundriss Regelgeschoss / Pianta dei piani / Standard floor
M 1:500

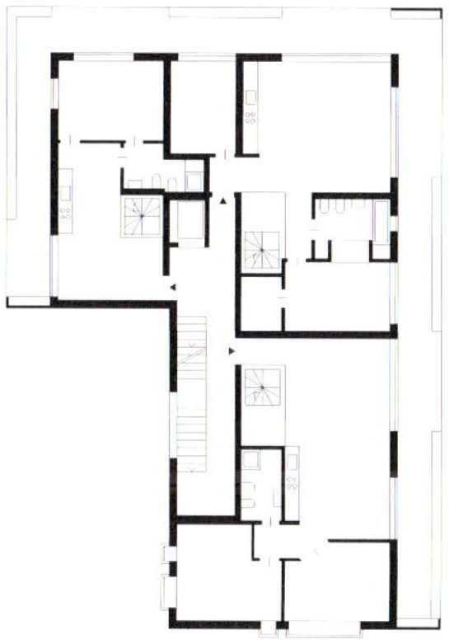

Grundriss Dachgeschoss / Pianta sottotetto / Top floor

232
m ü. NN / m a.s.l. / m s.l.m.

Bozen / Bolzano

Trentino-Südtirol / Trentino-Alto Adige
Italia

Wohnanlage Kaiserau EA7
Complesso abitativo CasaNova EA7
Kaiserau EA7 Residential Complex

Atelier Christoph Mayr Fingerle, Bozen
Farb- und Materialkonzept Manfred Alois Mayr, Meran

Auftraggeber / Committente / Client
Arche im KVW und ACLI Casa
Wettbewerb / Concorso / Competition
2004
Fertigstellung / Data di completamento / Completion
2008
Grundstücksfläche / Superficie del lotto / Site area
4.468 m²
Wohnfläche / Superficie abitativa / Living area
12.300 m²
Wohneinheiten / Unità abitative / Dwellings
92: 6 x 54 m², 48 x 77 m², 38 x 91 m²
Baukörper / Articolazione volumetrica / Form
3 durch die Parkgeschosse verbundene Baukörper bilden einen Innenhof
3 corpi collegati dal parcheggio formano una corta interna
3 structures that form an inner courtyard and are connected on the parking levels
Erschließung / Tipologia distributiva / Access
Zwei-/Dreispänner
due/tre alloggi per piano
two/three units per floor per stair
Wohnart / Tipologia abitativa / Housing type
Mehrfamilienhaus / multi famigliare / Multi-family dwelling
geförderter Wohnbau, KlimaHaus A
edilizia sovvenzionata, CasaClima A
subsidized housing, ClimateHouse A
Stellplätze / Posti auto / Parking spaces
184
Freiraum / Spazi esterni / Open space
Öffentliche Grünflächen, Loggien
verde comune, logge
public green spaces, loggias
Zusätzliche Nutzungen / Ulteriori funzioni / Additional uses
Gemeinschaftsbereich / ambiti comuni / communal area

Wohnanlage Kaiserau EA7

Um der steigenden Nachfrage nach neuen Wohnungen gerecht zu werden, wurde die Stadt Bozen um das Areal Kaiserau/CasaNova mit 10 ha Fläche am südlichen Stadtrand von Bozen erweitert. Ziel war ein umfassendes Gesamtkonzept mit einer kompakten Bauweise, einem hohem KlimaHaus-Standard, um den Energieverbrauch zu reduzieren, und einer Anknüpfung an das zentrale Fernheizwerk, das alle Wohnungen beheizt. Es entsteht eine städtebauliche Typologie, bei der jeweils drei bis vier Gebäude unterschiedlicher Größe und Höhe um einen zentralen Hof angeordnet sind.

Die Herausforderung einer Wohnanlage für 92 Geschosswohnungen bestand darin auszuloten, inwieweit es im Rahmen eines geförderten Wohnungsbaus mit restriktiven Parametern möglich ist, hochwertige Architektur zu verwirklichen. Im Gebäudeentwurf wird auf Grundlage der städtebaulichen Leitidee die Gebäudetiefe der Wohnblöcke reduziert, und die Winkel werden verändert. Dadurch entsteht ein größerer Innenhof als vorgesehen, mit zueinander schräg gestellten Fassaden, die eine räumliche Aufweitung bewirken. Ein weiteres zentrales Anliegen des Entwurfes war eine Aufwertung der Tiefgarage als Visitenkarte des Hauses.

Für die einzelnen Wohnungen wurden vier Ausgangsmodule entwickelt, innerhalb derer die Wohnungen flexibel gestaltet und auf die Bewohnerbedürfnisse angepasst werden konnten. Acht Treppenhäuser erschließen die Wohnungen, die sowohl von Osten als auch von Westen belichtet und belüftet werden. Durch dieses Konzept werden reine Nord-Wohnungen vermieden. In den Dachbereichen sind Maisonettewohnungen eingebaut, die über eine Dachterrasse verfügen und einen reizvollen Ausblick auf die umliegenden Berge ermöglichen. In die robuste Betonfassade wurden Loggien eingebaut und mit Eichenholz ausgekleidet. Für die Außenfassaden wurde eine raue Betonfassade unter Verwendung von regional typischen Gesteinszuschlagstoffen gewählt, die die skulpturalen Eigenschaften der Baukörper unterstreicht.

Complesso abitativo CasaNova EA7

Per soddisfare la crescente domanda di nuove abitazioni, il Comune di Bolzano ha acquisito dieci ettari al margine sud della città, l'area CasaNova/Kaiserau. Finalità dell'operazione era la creazione di un vasto impianto con edificazione compatta, di elevato standard CasaClima per ridurre il consumo energetico, e l'allacciamento alla centrale di teleriscaldamento di tutte le abitazioni. Ne è scaturita una tipologia urbana caratterizzata da insiemi di tre o quattro edifici di varie dimensioni e altezze, raggruppati attorno a una corte centrale.

La sfida di un complesso residenziale per 92 appartamenti è stata quella di verificare in che misura fosse possibile realizzare architettura di pregio nel quadro dei restrittivi parametri imposti dall'edilizia sovvenzionata. Nella progettazione degli edifici, rispetto alle indicazioni dell'originaria idea guida urbanistica, è stata ridotta la profondità dei corpi di fabbrica, variando anche il loro reciproco angolo d'incidenza. In questo modo si è ottenuta una corte interna maggiore del previsto, con fronti ruotati tra loro in modo da produrre una dilatazione spaziale. Ulteriore intento progettuale è stato la valorizzazione del garage interrato, vero biglietto da visita della casa.

Per i singoli alloggi sono stati elaborati quattro moduli tipo, in base ai quali è stato possibile configurare gli alloggi in forma flessibile, per adattarli alle esigenze degli abitanti. Otto vani scala servono le abitazioni, soleggiate e ventilate sia da est che da ovest. Questo criterio ha evitato alloggi rivolti soltanto a nord. Nei piani alti si sono inserite abitazioni a maisonettes fornite di terrazze che godono di una piacevole visuale sulle montagne circostanti. Nella solida facciata in cemento sono incastonate logge rivestite in rovere. Per i fronti esterni si è utilizzata una ruvida facciata in cemento a vista, impastata scegliendo inerti tipici locali che evidenziano la fattura scultorea del corpo di fabbrica.

Kaiserau EA7 Residential Complex

To accommodate the increasing demand for new apartments, the city of Bolzano was expanded on its southern edge to include the site Kaiserau/CasaNova, with an area of 10 ha. The goal was to develop a comprehensive overall concept with a compact style, a high "Climate-House" standard, in order to reduce energy consumption, and a connection to the central district heating plant to heat all the apartments. As a result, several groups of three to four buildings of different sizes and heights are each arranged around a central courtyard, creating an urban typology.

The challenge involved in designing a residential complex of 92 single-level apartments was to implement a subsidized residential construction project with restrictive parameters, but high-quality architecture. With respect to the urban guideline, the depth of the apartment buildings was reduced and their angle was changed in the design. That made the inner courtyard larger than originally intended, with facades that are oblique to one another, which makes the space expand. Another central concern of the design was to upgrade the underground garages as a "calling card" for the buildings.

Four basic models were developed for the individual apartments, so they could be flexibly designed and tailored to the needs of the residents. The eight stairwells that provide access to the apartments receive daylight and ventilation from the east and the west. That way, there are no apartments that face completely north. The duplex apartments (maisonettes) on the roof level each have a roof terrace and offer an attractive view of the surrounding mountains. Oak-lined loggias were integrated into the rugged concrete facade with its stone aggregates that are typical of the region and underscore the sculptural characteristics of the building.

← 208

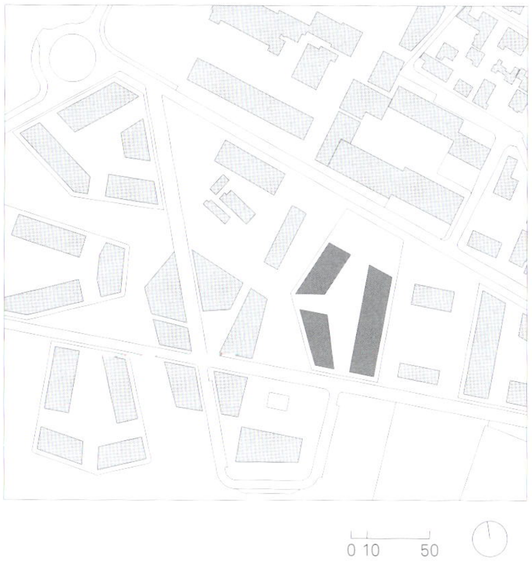

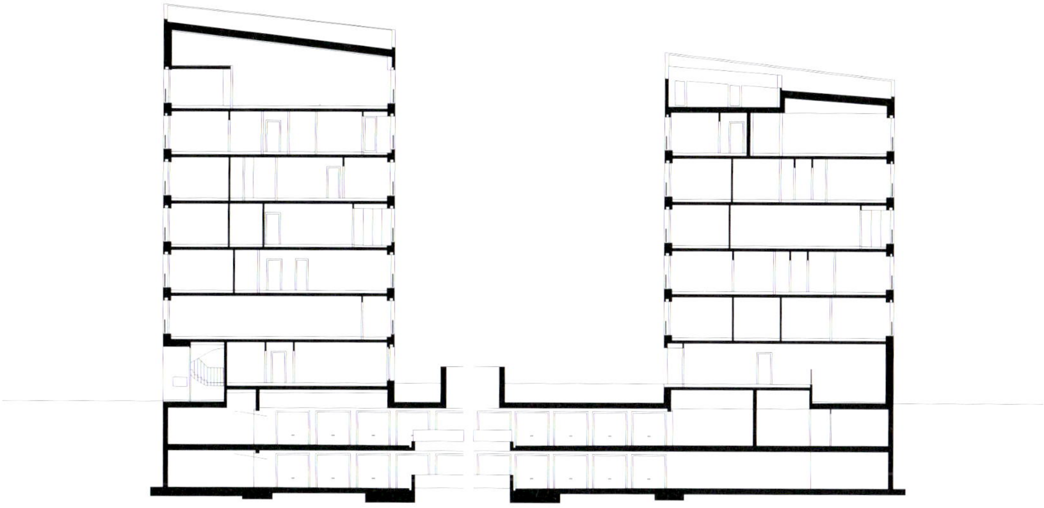

Schnitt / Sezione / Section

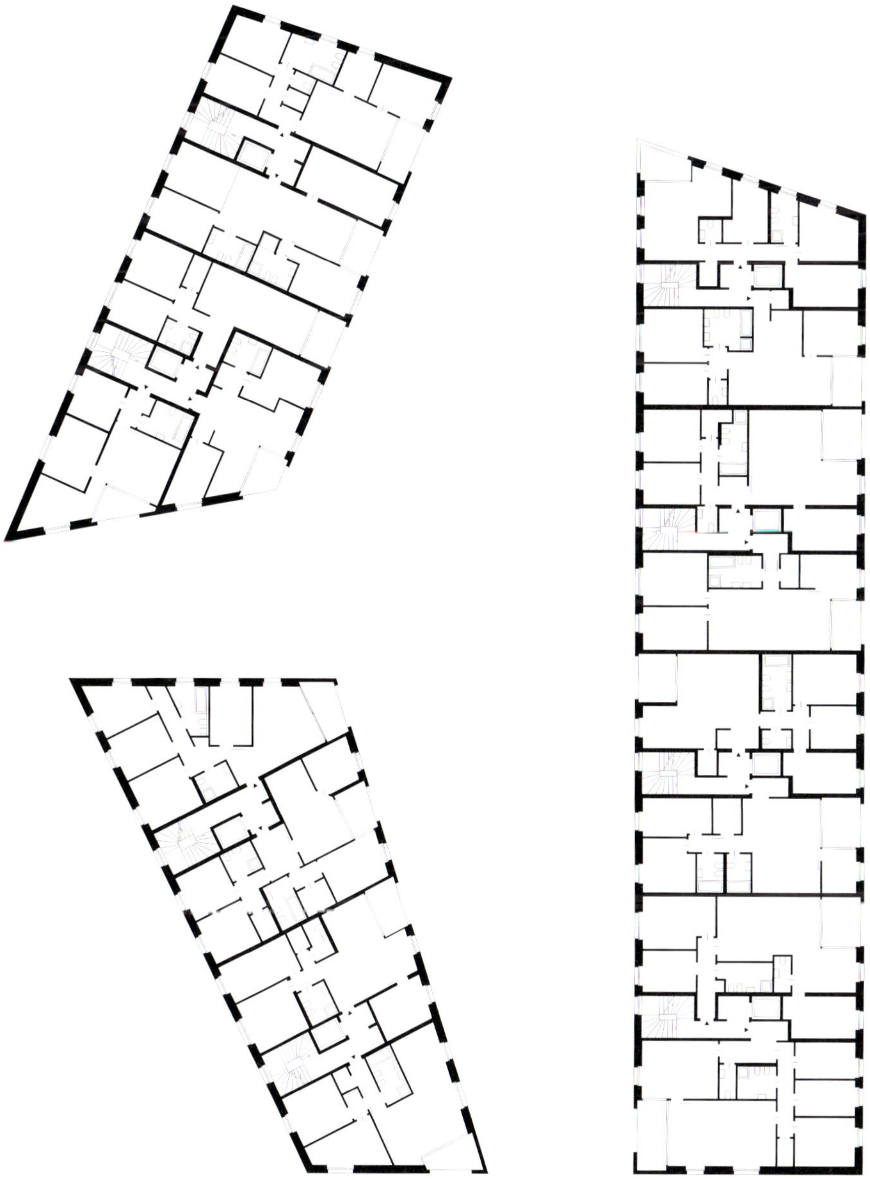

Grundriss 1. Obergeschoss / Pianta 1° piano / First floor
M 1:500

212
m ü. NN / m a.s.l. / m s.l.m.

Grenoble

Rhône-Alpes
France

Wohnanlage „SkinWall“
Complesso abitativo “SkinWall”
“SkinWall” Residential Complex

Edouard François, Paris

Auftraggeber / Committente / Client
OPAC 38/Dauphilogis

Fertigstellung / Data di completamento / Completion
2008

Grundstücksfläche / Superficie del lotto / Site area
2.266 m²

Wohnfläche / Superficie abitativa / Living area
6.600 m²

Wohneinheiten / Unità abitative / Dwellings
69
52 Mietwohnungen / appartamenti in affitto / rental apartments
17 Sozialwohnungen / alloggi sociali / subsidized apartments

Baukörper / Articolazione volumetrica / Form
Teil einer Blockrandbebauung
parte di isolato urbano
part of a perimeter block development

Erschließung / Tipologia distributiva / Access
3 Treppenhäuser und Laubengänge, Zugang zu jeder Wohnung über eine private Terrasse
3 corpi scale e ballatoi di distribuzione, accesso individuale da terrazza privata
3 stairs and galleries, access to each apartment via a private terrace

Wohnart / Tipologia abitativa / Housing type
Neubau eines Wohnkomplex mit Büroflächen
costruzione di un complesso abitativo con spazi per uffici
construction of a new residential complex with offices

Stellplätze / Posti auto / Parking spaces
4.600 m²

Freiraum / Spazi esterni / Open space
Gemeinschaftsgarten, Pflanzenfilter auf den Fassadenflächen
giardino comune, intercapedine verde in facciata
communal garden, plant filters on the facade

Wohnanlage „SkinWall“

Das Wohngebäude ist Teil einer städtischen, einseitig geöffneten Blockbebauung. Die drei Gebäudeteile lösen sich voneinander jeweils an den Ecksituationen des Blockes, formulieren auf der Straßenseite durch einen sanften Rücksprung einen halb-öffentlichen städtischen Vorbereich und schützen den grünen gemeinschaftlichen Hofbereich vor Straßenlärm.

Mit Hilfe einer stringenten Gebäudestruktur kombiniert der Wohnbau geförderte Sozialwohnungen mit Wohneigentum und trägt zu einer sozialen Durchmischung des Quartiers bei. Die verhältnismäßig tiefen Wohnungen sind Nord-Süd bzw. Ost-West-orientiert und zu zwei Fassadenseiten durchgesteckt. Von den Gemeinschaftsflächen des Hofes gehen die die Gebäude erschließenden begrünten Laubengänge aus Holz in private Zwischenzonen und individuelle Dachgärten über und bestimmen die Gestalt der Fassaden.

Der Name des Projekts „SkinWall“ ist Programm. Wie eine Schutzschicht, die das Gebäude überzieht, legt sich eine wasserdichte, leichte recycelbare Plane, die von einer durchgehenden Bepflanzung bedeckt ist, über die Fassade. Eine Maßnahme, die neben einer hohen Umweltqualität auch Energieersparnisse und niedrige Unterhaltskosten für den Nutzer bedeutet.

Complesso abitativo “SkinWall”

L’edificio residenziale è parte di un isolato urbano aperto su un lato. Grazie a un leggero arretramento sul fronte strada i tre segmenti del complesso, tra loro snodati in corrispondenza delle soluzioni d’angolo, danno luogo ad uno spazio urbano intermedio, semipubblico che protegge l’ambito del giardino nella corte interna dal rumore del traffico.

La rigorosa struttura distributiva dell’impianto residenziale permette di coniugare alloggi sociali sovvenzionati ed appartamenti in proprietà, contribuendo all’integrazione sociale del quartiere. Le abitazioni sviluppate per tutta la profondità del corpo di fabbrica si dispongono a doppio affaccio tra le due facciate opposte, con orientamento nord-sud ed est-ovest nei rispettivi tratti. Dagli spazi comuni del cortile interno partono i verdeggianti ballatoi di distribuzione in legno che si snodano attraverso zone private intermedie e giardini pensili individuali, definendo la composizione delle facciate.

Programmatico il nome del progetto “SkinWall”. Come un manto protettivo che avvolge l’edificio, un telo impermeabile facilmente riciclabile si stende sulla facciata, coperto completamente di vegetazione. Un accorgimento che, insieme all’alta qualità ambientale, apporta anche un risparmio energetico e riduce i costi di esercizio per gli utenti.

“SkinWall” Residential Complex

The residential building is part of an urban block development that is open on one side. The three parts of the building separate from one another at the corner of the block, create a half-public urban area in front through a modest setback, and protect the communal green courtyard area from street noise.

Through a stringent building configuration, the project combines subsidized social housing with home ownership and thereby contributes to the social mix of the district. The unusually deep apartments are oriented north-south or east-west and extend through two facades. From the communal spaces of the courtyard, landscaped, arbor-like wood galleries that provide access to the building transmute into private in-between spaces and individual roof gardens which dominate the design of the facades.

The name of the project—“SkinWall”—is a manifesto. Like a protective membrane, a waterproof, light, recycled tarpaulin covered by continuous planting has been laid over the facade. In addition to its high environmental qualities, this measure also saves energy and lowers the maintenance costs for the users.

← 217

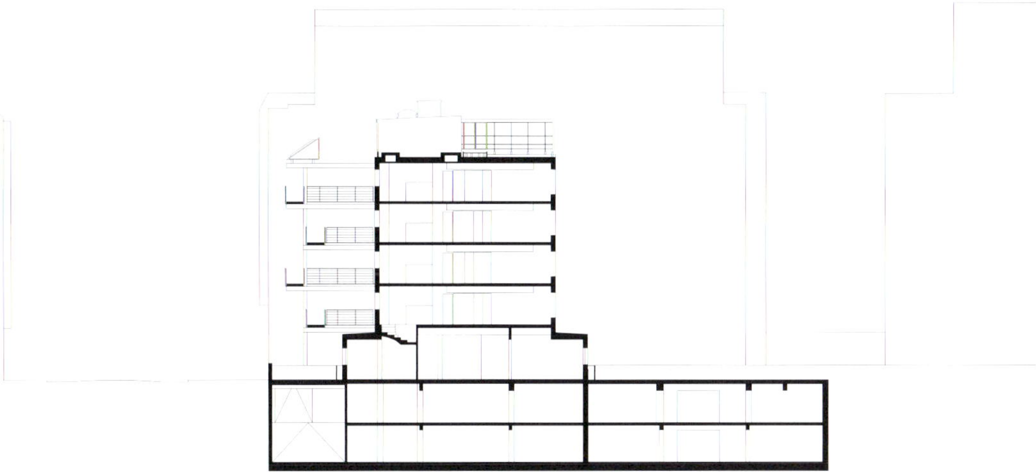

Schnitt / Sezione / Section

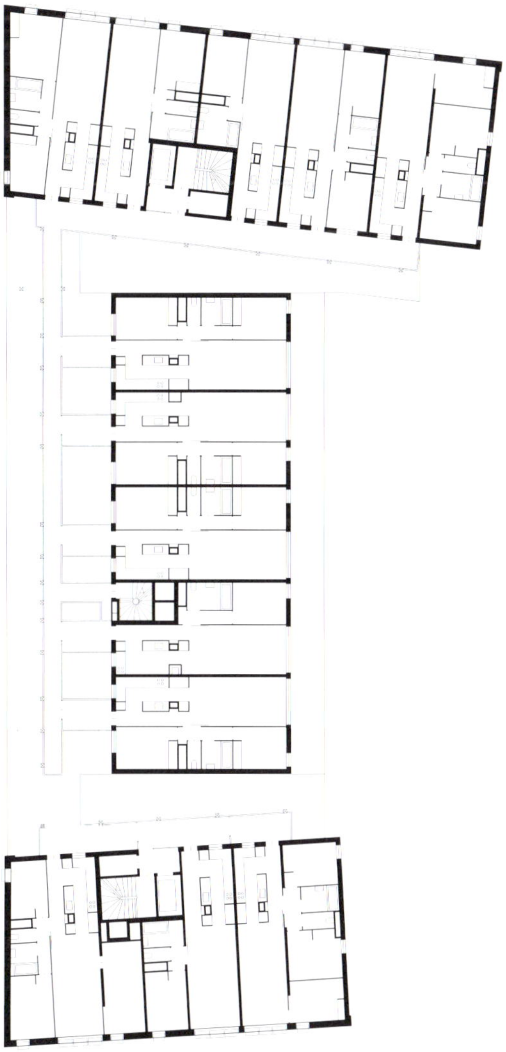

Grundriss 1. Obergeschoss / Pianta 1° piano / First floor
M 1:500

152
m ü. NN / m a.s.l. / m s.l.m.

Castenedolo

Lombardia
Italia

Wohnbau „Case A.L.E.R."
Edificio residenziale "Case A.L.E.R."
"Case A.L.E.R." Residential Building

Giorgio Goffi, Camillo Botticini, Brescia

Auftraggeber / Committente / Client
A.L.E.R. Brescia
Fertigstellung / Data di completamento / Completion
2005
Grundstücksfläche / Superficie del lotto / Site area
750 m²
Wohnfläche / Superficie abitativa / Living area
235 m²
Wohneinheiten / Unità abitative / Dwellings
5 x 47 m²
Baukörper / Articolazione volumetrica / Form
Atriumhäuser
casa a patio
carpet-like arrangement of atrium houses
Erschließung / Tipologia distributiva / Access
ebenerdig durch einen Patio
a quota di campagna, attraverso un patio
grade-level, through a patio
Wohnart / Tipologia abitativa / Housing type
Single- und Paarwohnungen
appartamenti singoli ed accoppiati
individual and paired apartments
Freiraum / Spazi esterni / Open space
private Patios / patii privati / private patios

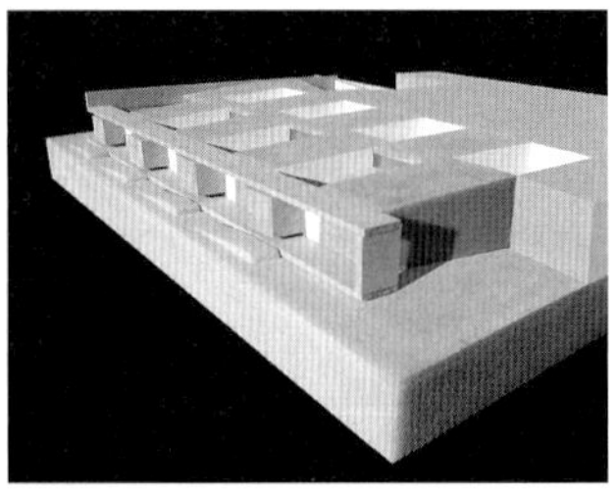

Wohnbau „Case A.L.E.R."

Das Gebäude befindet sich am Rand des alten Dorfkerns von Castenedolo, einem Dorf in den südlichen Hügeln von Brescia. Das Gebäude lagert sich an einer alten Mauer an, die die Grundstücksbegrenzung eines herrschaftlichen Palazzos war. Da in nächster Zukunft angrenzend an das Grundstück eine neue Straße errichtet werden soll, hat man sich für eine nach innen gerichtete Raumkonzeption entschieden.

Die Baukosten sollten niedrig sein – es wurde eine Reihe von fünf Einheiten errichtet. Der Grundriss sieht einen Küchen-Wohnbereich vor. Der eingeschossige und daher kostengünstige Bau verkettet fünf kleine Wohneinheiten, deren Schottenstruktur ein Wohnzimmer mit Kochecke einerseits und ein Schlafzimmer mit Sanitärraum andererseits vorsieht.
In der Sequenz der Räumlichkeiten ergeben sich zwei kleine Innenhöfe: Der Wohnraum öffnet sich durch eine Verglasung auf den ersten Hof und schafft damit eine physische und visuelle Kontinuität zwischen intern und extern; der zweite Hof wirkt als zusätzlicher, von der Küchenseite aus zugänglicher Raum.

Eine Überdachung erstreckt sich über die komplette Außenseite und dient als Übergang und Schwelle zu den privaten Bereichen. Diese Konsequenz wird durch hölzerne Abstellboxen, die von Seite der Innenhöfe bestückt werden, konterkariert und rhythmisiert.

Der Gebrauch von durch den farbigen, sandbezogenen Mörtel homogenisierten Backsteinen, von sibirischer Lärche für die Depot-Kuben sowie die Überdachung beziehen sich auf die lokale traditionelle Landarchitektur.

Edificio residenziale "Case A.L.E.R."

L'edificio si colloca ai margini del nucleo antico di Castenedolo, borgo collinare a sud di Brescia, seguendo il tracciato di vecchie mura in pietra già recinzione di un palazzo nobiliare. Una nuova strada di prossima realizzazione, tangente al lotto, ha indotto alla scelta progettuale di spazi rivolti verso l'interno.

Con risorse finanziarie necessariamente contenute, si è realizzata una sequenza di cinque alloggi, risolti in pianta con un ambiente unico per soggiorno e cucina. L'economica costruzione ad un solo piano per cinque piccole unità abitative concatenate prevede una struttura a setti che ripartisce il soggiorno con angolo cottura e una camera con bagno.

Nella sequenza di spazi si generano due piccole corti interne a patio: il soggiorno vetrato si apre sulla prima corte determinando continuità fisica e visiva fra interno ed esterno; la seconda si configura come spazio accessorio accessibile dalla cucina.

Una pensilina si estende lungo l'intero fronte d'ingresso, fungendo da filtro e soglia per gli ambiti privati. La continuità del nastro è ritmata in contrappunto dai blocchi lignei dei depositi, accessibili dalle corti interne.
L'impiego del mattone, reso omogeneo dalla fuga in malta colorata e stilata a raso, come del larice siberiano per i blocchi dei depositi e per le pensiline, si rifanno alla tradizione dell'architettura rurale del luogo.

"Case A.L.E.R." Residential Building

The building is located on the periphery of the old village core of Castenedolo in the southern foothills of Brescia. It is connected to an old wall that once surrounded the property of a stately palazzo. Since a new street is to be built on the adjacent property in the near future, the spatial concept is oriented inwards.

As the construction costs were to be kept as low as possible, the building is constructed as a single story with five small connected dwellings. The floor plan of these five compartmentalized units includes a combined living and kitchenette area and a bedroom with bathroom on the other side.

The living areas are provided with glass doors that lead to the first of two small inner courtyards, thereby physically and visually connecting the interior with the exterior; the second courtyard functions as an additional room that is accessible from the kitchen side.

An overhang extends across the entire exterior front, serving as a transition and threshold to the private areas. This continuity is counteracted and given rhythm by wood-clad storage cubes that can be reached from the inner courtyards. The bricks, evened out with colored mortar, and the Siberian larch used for the storage cubes as well as the roof overhang, make reference to the local traditional rural architecture.

← 230

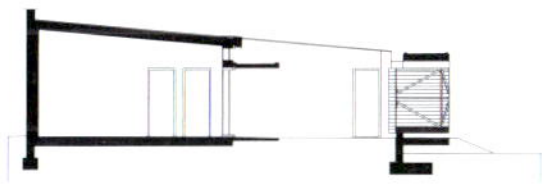

Schnitt / Sezione / Section

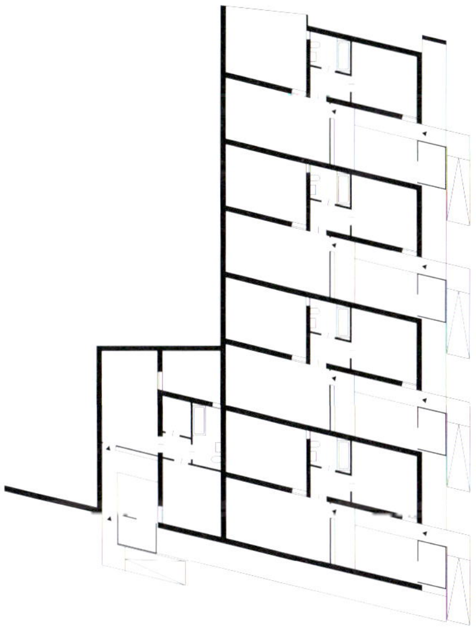

Grundriss Erdgeschoss / Pianta piano terra / Ground floor
M 1:500

150
m ü. NN / m a.s.l. / m s.l.m.

Brescia

Lombardia
Italia

ZONA A21 SANPOLINO, Comparto 15, Lotti L3_L4_L6_B2.2 Wohnbebauung Edificio residenziale Residential Complex

DI_aRCHON ass_ Architetti Stevan Tesic Milena Veljkovic, Brescia

Auftraggeber / Committente / Client
CONSORZIO ECO 15

Wettbewerb / Concorso / Competition
2002

Fertigstellung / Data di completamento / Completion
2007

Grundstücksfläche / Superficie del lotto / Site area
5.900 m²

Wohnfläche / Superficie abitativa / Living area
3.500 m²

Wohneinheiten / Unità abitative / Dwellings
37 x 95 m²

Baukörper / Articolazione volumetrica / Form
Blockstrukturen / struttura a isolati / blocks

Erschließung / Tipologia distributiva / Access
Zweispänner / due alloggi per piano / two units per floor per stair

Wohnart / Tipologia abitativa / Housing type
Mehrfamilienhaus / casa plurifamiliare / multi-family dwelling

Stellplätze / Posti auto / Parking spaces
1.100 m²

Freiraum / Spazi esterni / Open space
Garten, Loggia, Dachterrasse
giardino, loggia, terrazza di copertura
garden, loggia, roof terrace

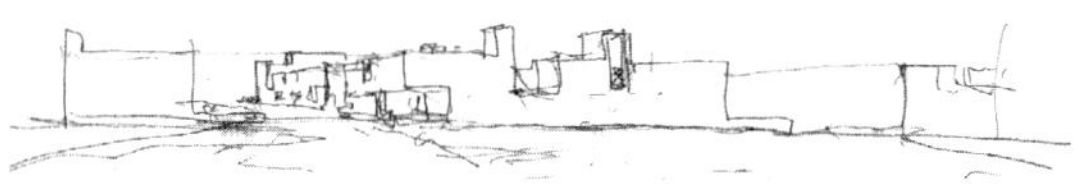

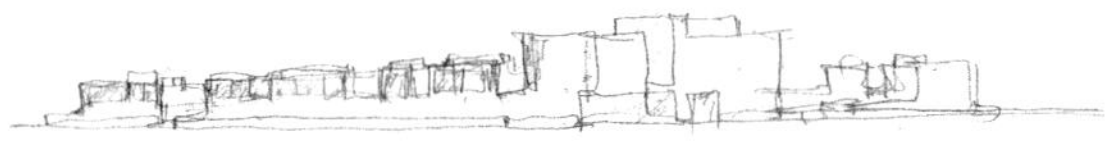

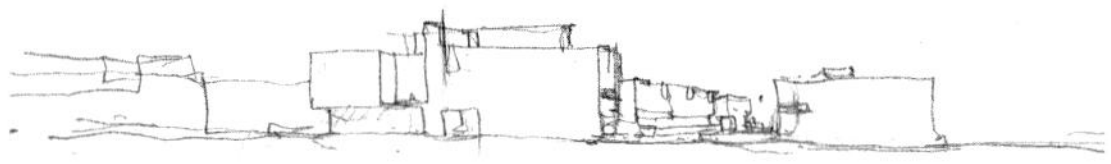

Wohnbebauung

Das Stadtviertel Sanpolino gehört seit der Gründung zur Neustadt. Das neue Wohnquartier ist durch eine Blockstruktur gekennzeichnet. Die Gesamtplanung basiert auf dem Konzept der ökologischen Nachhaltigkeit und auf der Nutzung von neuen Technologien, die einerseits Energieeinsparung ermöglichen und andererseits die nachhaltige Anordnung des städtischen Gefüges generieren. Die dargestellte Architektur bildet einen Wohnblock sowie eine ihm gegenüberstehende Häuserzeile aus an-einanderliegenden dreigeschossigen Wohnzeilen ab.

Ein Großteil der Wohneinheiten sind Vierzimmer-Geschosswohnungen und werden im Zweispännersystem erschlossen. Die unteren Einheiten haben einen Gartenzugang/Loggia, während die oberste Wohnung ihren Freibereich auf der Dachterrasse erhält.

Die weiße, kubische Architektur verbindet alle Einheiten zu einer homogenen städtischen Gestalt, die sich wieder auf den traditionellen Charakter einer kompakten Stadt mit internen und externen Fassaden bezieht. Innenhöfe, Parkanlagen und öffentliche Grünräume schaffen Orientierung und tragen zur Identität des Quartiers bei.

Edificio Residenziale

Il quartiere di Sanpolino è un tentativo di rifondazione di una nuova idea urbana. Il nuovo rione residenziale è caratterizzato da una struttura a isolati urbani. La pianificazione unitaria è fondata sul principio di sostenibilità ambientale e sull'impiego di nuove tecnologie volte al risparmio energetico, per generare una formula sostenibile di struttura urbana. L'intervento qui presentato si definisce in un blocco residenziale con antistante edificazione in linea, composta da case a tre piani accostate fra loro.

Gran parte delle unità abitative è costituita da alloggi a quattro stanze su un piano, serviti in coppia da un corpo scala. Le unità ai piani inferiori dispongono di giardino/loggia, mentre le pertinenze esterne degli appartamenti superiori sono dislocate sulla terrazza di copertura.

L'architettura dei bianchi volumi cubici amalgama le unità in un insieme urbano omogeneo che rimanda nuovamente al tradizionale carattere della città compatta, con fronti interni ed esterni. Corti interne, giardini e verde pubblico costituiscono punti di riferimento e favoriscono un'identità di quartiere.

Residential Complex

The San Polino district, in the new part of the town, is a residential neighborhood characterized by its block structure. The overall planning is based on the concept of ecological sustainability and on the use of new technologies that, on the one hand, enable energy savings and, on the other hand, generate a sustainable arrangement of the urban framework. The depicted architecture forms a residential block opposite an adjoining row of three-story apartment houses.

Most of the dwellings are 4-room, single-level apartments. There are two units on each floor, grouped around staircase. The lower units offer a loggia / garden access, whereas the top apartment has a roof terrace.

The white cubic architecture merges all the units into a homogeneous urban form, which in turn refers to the traditional character of a compact city, with internal and external facades. Inner courtyards, parks, and public green spaces give orientation and contribute to the identity of the district.

← 234

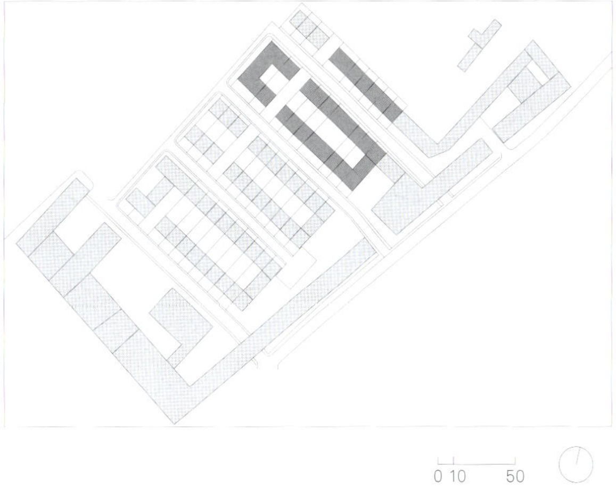

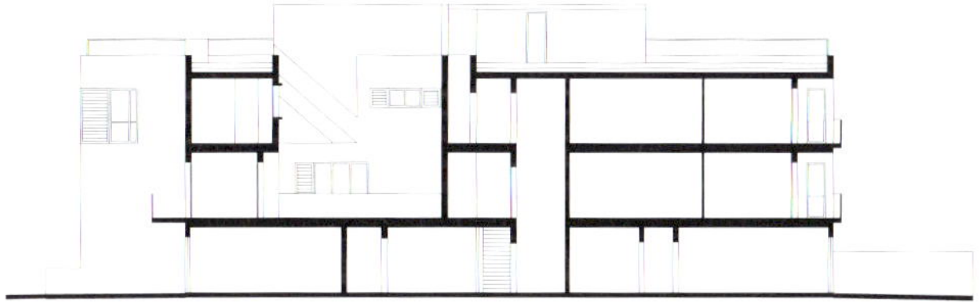

Schnitt / Sezione / Section

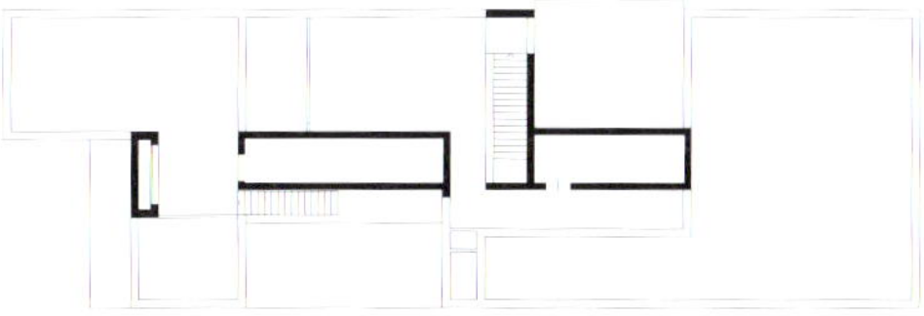

Grundriss Dachgeschoss / Pianta sottotetto / Top floor

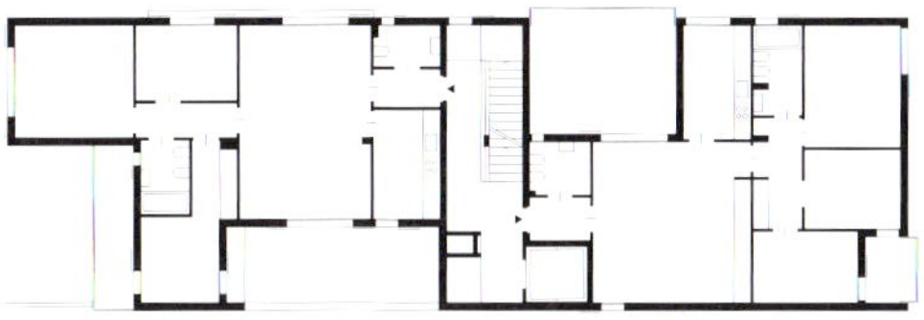

Grundriss 1. Obergeschoss / Pianta 1° piano / First floor

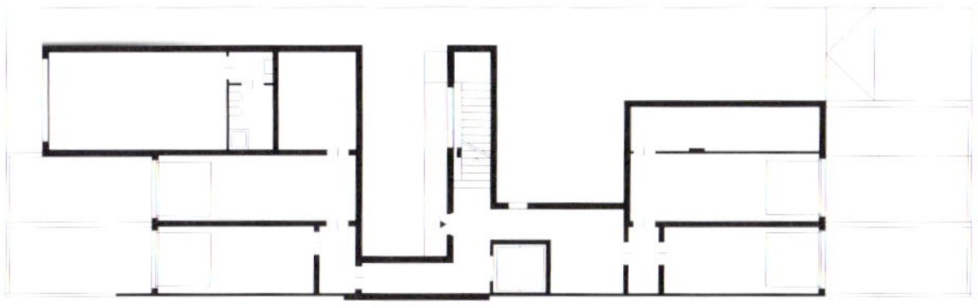

Grundriss Erdgeschoss / Pianta piano terra / Ground floor
M 1:500

40 - 621

m ü. NN / m a.s.l. / m s.l.m.

Beausoleil

Provence-Alpes-Côte d'Azur
France

Wohnbau „Stella K"
Edificio residenziale "Stella K"
"Stella K" Residential Building

Calori Azimi Botineau (CAB) Architectes, Nizza

Auftraggeber / Committente / Client
privater Auftraggeber / privato / private client

Fertigstellung / Data di completamento / Completion
2005

Grundstücksfläche / Superficie del lotto / Site area
332 m²

Wohnfläche / Superficie abitativa / Living area
1.249 m²

Wohneinheiten / Unità abitative / Dwellings
9 x 34 m²-70 m²

Baukörper / Articolazione volumetrica / Form
1

Erschließung / Tipologia distributiva / Access
Laubengangerschließung / ballatoio / gallery circulation

Wohnart / Tipologia abitativa / Housing type
Mehrfamilienhaus / casa plurifamiliare / multi-family dwelling

Stellplätze / Posti auto / Parking spaces
8

Freiraum / Spazi esterni / Open space
Loggia, Dachterrasse
logge, terrazze di copertura
loggias, roof terrace

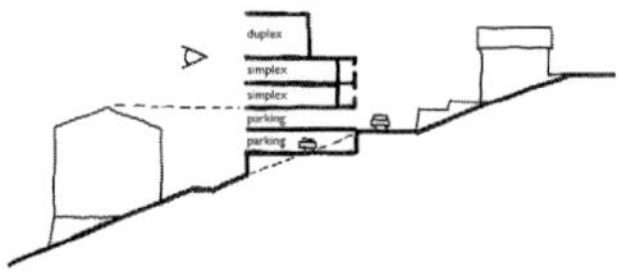

Wohnbau „Stella K"

Beausoleil, ein Ort in den Bergen oberhalb von Monaco, geht auf italienische Gastarbeiter zurück, die in den großen Hotels des nahen Kleinstaates arbeiteten. Extrem schmale Grundstückstreifen zwängen sich zwischen parallel zur Küstenlinie verlaufende Straßen, die über „Quersprossen" aus Verbindungswegen und steilen Staffeln erschlossen werden. Jedes Gebäude bietet zur Südseite hin den Blick über die Bucht und auf die jeweils unterhalb gelegenen Dächer.

Das von einem privaten Investor in Auftrag gegebene Wohnhaus mit sieben Wohneinheiten steht turmartig als Solitär mit sechs Geschossen im Kontext der sich an der Topografie aufschichtenden Stadtmasse. Die Wohnräume der jeweils unterschiedlich großen Ein- bis Zweizimmer- sowie Maisonettewohnungen orientieren sich nach Süden und offerieren den Panoramablick sowie einen vorgelagerten Außenraum als Loggia. Die vier Wohnungen der ersten beiden Geschosse sind über einen Laubengang längs der nördlichen Straßenfront zugänglich, die Maisonettes erreicht man über eine offene Terrassenfläche im dritten Obergeschoss, die sich am Charakter eines öffentlichen Trottoirs orientiert.

Das Gebäude thematisiert vereinfacht und in verkleinertem Maßstab durch die Rhythmisierung seiner Wege sowie durch die prinzipiell unterschiedliche Formulierung der Straßen- und Seeseite die Struktur und die Gestalt der urbanen Umgebung.

Edificio residenziale "Stella K"

Beausoleil, località nei rilievi a monte di Monaco, rimanda ai lavoratori italiani che prestano servizio presso i grandi alberghi del vicino Principato. Esigue fasce di terreno edificabile strette fra le strade che s'inerpicano parallele alla linea di costa, sono servite da ramificate trasverse di collegamento e ripidi dislivelli. Ogni edificio, verso sud, si affaccia sulla veduta della boscaglia e sulle coperture immediatamente sottostanti.

Il complesso residenziale di sette unità abitative, voluto da un investitore privato, si erge a torre come un corpo solitario di sei piani nel contesto del profilo urbano stratificato a seguire la topografia del terreno. Gli ambienti delle maisonettes e degli alloggi, con una fino a due stanze, si orientano verso sud offrendo scorci panoramici e logge come spazi di pertinenza esterna. Le quattro abitazioni dei due primi livelli sono servite da un ballatoio lungo il fronte strada a nord, mentre le maisonettes si raggiungono attraverso una terrazza a cielo aperto posta al terzo livello e definita come un percorso pubblico.

L'edificio riprende i temi della struttura e dell'intorno urbano circostante, trasponendoli in astratto ed in scala ridotta nel ritmo dei percorsi e nel principio di differenziazione dei fronti verso strada e verso mare.

"Stella K" Residential Building

Beausoleil, a town in the mountains overlooking Monaco, traces its history back to Italian immigrant workers who were employed by the large hotels in the nearby principality. Extremely narrow plots are squeezed between streets that run parallel to the coast and are accessed via "cross rails" with connecting paths and steep steps. Each building has a view toward the south, overlooking over the bay and the roofs below.

The apartment building, which was designed and built for a private investor and has seven dwelling units, towers as an exceptional and solitary six-story structure in an urban fabric that is stacked to follow the topography. The dwellings, which range from one- and two-room apartments to maisonettes, are oriented toward the south and offer panoramic views as well as front exterior spaces in the form of loggias. The four apartments on the two lowest floors are accessible via a gallery that runs along the entire northern street frontage, whereas an open terrace area on the third floor that is designed as a public sidewalk leads to the maisonettes.

In a simplified form and on a smaller scale, the building takes up the structure and form of its urban surroundings through the rhythm of its paths and the radically different forms of its street and ocean sides.

← 240

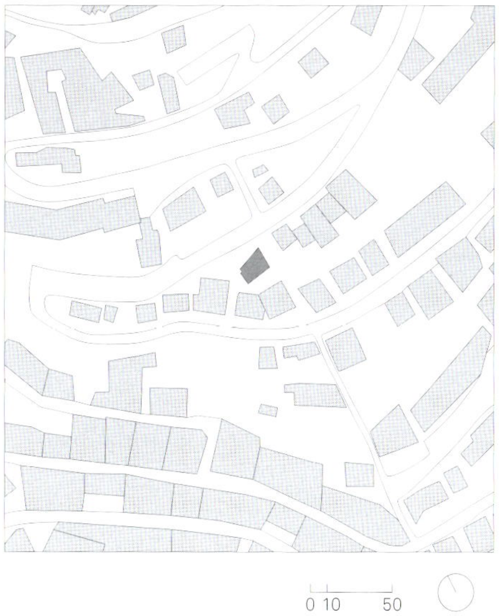

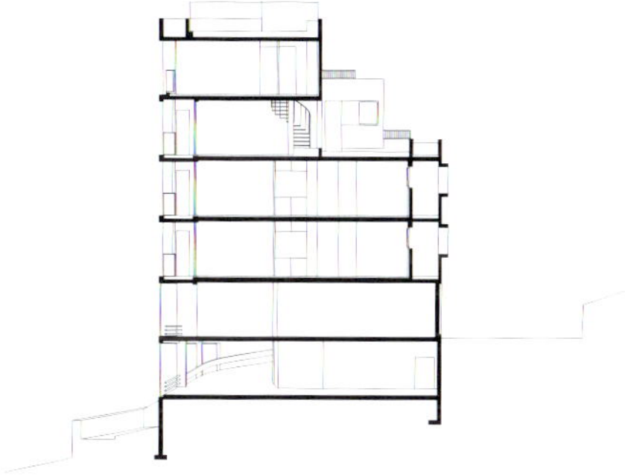

Schnitt / Sezione / Section

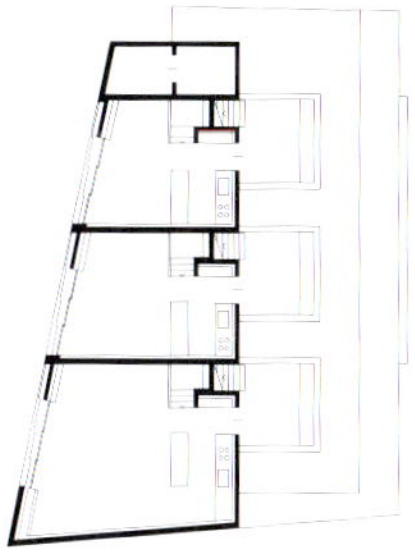

Grundriss Dachgeschoss / Pianta sottotetto / Top floor

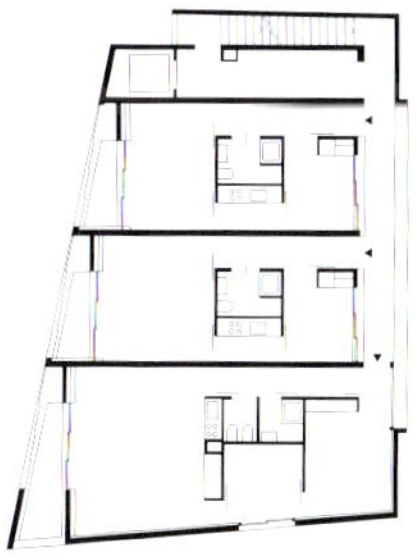

Grundriss Regelgeschoss / Pianta dei piani / Standard floor
M 1:500

Übersetzungen / Traduzioni / Translations

„Wehlsch Pirg“

Loredana Ponticelli

„Wehlsch Pirg“ ist der Titel eines Aquarellgemäldes von Albrecht Dürer, das während seiner ersten Italienreise zwischen 1494 und 1495 entstanden ist. Dieses außergewöhnliche Aquarell, das einige Kritiker als erstes Landschaftsgemälde der europäischen Kunstgeschichte bezeichnen, ist Teil einer Serie von sechs Zeichnungen, die der Künstler auf einer Reise durch die Täler der Etsch und des Avisio geschaffen hat. Er bereiste also genau jene Gegend zwischen dem Norden und dem Süden Europas, in der die unsichtbare Grenze der Sprache ein machtvolles Mittel der Identifikation und gleichzeitig der kulturellen Unterscheidung darstellt.

Die Bedeutung der archaisch anmutenden Bezeichnung „wehlsch“ ist nicht eindeutig und hängt in erster Linie vom geografischen Kontext ab, auf den sie sich bezieht, oder von dessen Bewohnern, die sie verwenden: Die erste Bedeutungsebene entspricht sozusagen einem Blick von außen, die zweite einem Blick von innen. Ich möchte nun die semantische Vielfalt dieser Bezeichnung nutzen, um den Blickwinkel zu ändern, mit dem ich mich den italienischen Alpen von heute annähere, und dabei die äußere mit der inneren Wahrnehmung verbinden.

Ursprünglich bezog sich der Begriff auf die Volcae (M.h.d. *wählisch*) und wurde später auf die Gesamtheit der keltischen Völker ausgedehnt. Die germanischen Völker bezeichneten die romanisierte keltische Bevölkerung im Alpenraum als *„Wehlsche“* und bezogen sich mit diesem Begriff also auf jene Kulturen, die aus dem Zusammentreffen und der Kontamination zwischen den *gentes alpinae* und der römischen Welt entstanden waren. Später wurde diese Bezeichnung auf alle Völker romanischer Sprache ausgedehnt, also alle, die unmittelbar auf der anderen Seite der germanischen Sprach- und Kulturgrenze lebten.[1] Auf einer erweiterten Bedeutungsebene bezeichnete der Begriff *wehlsch* später jemanden, „der eine unverständliche Sprache spricht“, rein sprachlich gesehen also den Fremden im Allgemeinen. In einigen alpenländischen Idiomen hat der Begriff allerdings die Bedeutung von „Nachbar lateinischer Sprache“ beibehalten. *Wehlsch* meint hier also einen sehr nahen Fremden, der das Leben und die Welt der Berge kennt, sie aber anders bezeichnet.

„Fremde“ Alpen

Unter „Wehlsch Pirg“ verstanden Dürer und das Europa des 16. Jahrhunderts also „die Alpen auf italienischer Seite“, sozusagen das Gebirge jenseits der germanischen politisch-kulturellen Grenze und damit im politischen Einflussbereich der italienischen Verwaltungsbereiche.[2] Unter der genannten Bezeichnung verstand man jedoch auch jenen Teil der Alpen, in dem Sprache und Kultur ins Lateinische einführen, in dem das Klima milder und lieblicher wird, das Land, in dem später die Zitronen blühen würden[3] und das das Tor zum Mittelmeer darstellte. Man definiert mit dem Begriff sozusagen einen exakt geografischen Ort, verweist aber gleichzeitig auf einen viel ausgedehnteren kulturellen und symbolischen Raum.

Auch heute noch wird der italienische Alpenraum dadurch charakterisiert, dass er den breitesten Schwellenbereich, die augenscheinlichste Schnittstelle zwischen den beiden wichtigsten Kulturräumen der Geschichte Zentraleuropas darstellt.

Die italienischen Alpen erstrecken sich über den gesamten Alpenbogen. Sie übernehmen im Westen die südlichen Ausläufer des Colle di Cadibona und übergeben im Osten nur das letzte Massiv, den Triglav, an Slowenien.

Diese Tatsache macht den italienischen Abschnitt „aufgrund seiner morphologischen, klimatischen und ethnisch-kulturellen und urbanistischen Aspekte zum vollständigsten und reichhaltigsten des gesamten Alpenraumes“ (Bartaletti 2004). Er besitzt die größte Ausdehnung und grenzt an alle alpinen Staaten, ausgenommen die Fürstentümer Liechtenstein und Monaco. Auch der gleich nach Österreich (28,5%) größte prozentuelle Flächenanteil am Alpengebiet (27,2%) und die höchste Siedlungsdichte (etwa 4,4 Mio. Einwohner mit einer durchschnittlichen Siedlungsdichte von 84,6 Einw./m²; Bätzting 2003) verleihen den italienischen Alpen ihre herausragende Bedeutung innerhalb des Alpenbogens und machen sie zu einem der außergewöhnlichsten Lebensräume Europas, reich an natürlichen und menschlichen Ressourcen.

Unter wirtschaftlichem Gesichtspunkt produziert das italienische Alpengebiet 15% des BIP Italiens. Einige der wichtigsten Industriegebiete des Landes mit wegweisenden Firmen auf den Sektoren Energie und High-Tech sind im Alpenraum angesiedelt. Das Gebiet hat überdies einen maßgeblichen Anteil am kulturellen und umweltorientierten „Made in Italy“, dessen natürliche Ressourcen zum großen Teil noch ungenutzt sind. Der italienische Alpenraum ist laut Aldo Bonomi außerdem ein politisch-administratives Versuchsgebiet, auf dem es mit Aosta, Friaul-Julisch Venezien, den autonomen Provinzen Trient und Bozen die höchste Konzentration an autonomen Regionen, viele Berggemeinden und die zollfreie Zone Livigno, ein kleines alpines Monte Carlo, gibt.

Ungeachtet dessen hat das Alpengebiet in der italienischen Politik nur geringe Bedeutung. In Erwartung einer ernsthaften Föderalismusreform sieht die zentralistische Staatsstruktur den Alpenraum weiterhin als „Peripherie“: fern vom „Zentrum“ und deshalb von geringem Interesse. Diese Sichtweise verhindert, dass die Berge als tatsächlicher Lebensraum wahrgenommen werden, und fördert vielmehr die beharrliche kulturelle Orientierung auf die großen Städte. Steigt man ins Tal hinab, werden die Berggebiete kulturell nach wie vor als nicht zum restlichen Italien zugehörig empfunden. Auf den Bergen spricht man infolge der vielsprachigen und vielschichtigen Beziehungen alte, unverständliche Sprachen oder gar die Sprache der angrenzenden Nationen. Außerdem sind die Gebiete schwer zu kontrollieren und werden des Lokalpatriotismus bezichtigt, weil sie nach Autonomie streben.

Tatsächlich sind sie einfach nicht bekannt: Was es wirklich bedeutet, in den Alpen zu leben, weiß nur, wer dort wohnt. Diese Alpen, welche für Dürer „wehlsch“ waren, sind auch diesseits der Grenze ganz entschieden „fremd“.

Das schlägt sich sehr deutlich in der Entwicklungspolitik für die Bergregionen nieder. Solange das neue Reformgesetz zur Förderung der Bergregionen im Parlament liegt, gibt es in Italien keine einheitliche politische Position zu den Bergen, und die am meisten benachteiligten Gebiete bleiben weiterhin von spezifischen Förderungen ausgeschlossen.

Im Gegensatz dazu sind die regionale Politik vor Ort und die Zusammenarbeit zwischen benachbarten Regionen teilweise sehr weit fortgeschritten. Dennoch fehlen geordnete übergreifende Abkommen, die die verschiedenen Verwaltungen des italienischen Alpenraumes im Namen des Lebensraumes Berg vereinen.

Ein wichtiger Versuch in diese Richtung könnte die kürzlich erfolgte Anerkennung der Dolomiten als Weltkulturerbe sein, die infolge einer gemeinsamen Anstrengung sieben sehr unterschiedlicher Verwaltungen erreicht worden ist: den Regionen Venezien und Friaul-Julisch Venezien sowie den Provinzen Belluno, Bozen, Pordenone, Trient und Udine.

Beziehungsreiche Unterschiede

Da ist aber noch mehr. Die Bezeichnung *wehlsch* in ihrer ursprünglichen Bedeutung von „Nachbar romanischer Sprache“ bietet einen weiteren Ansatz zur Annäherung an die italienischen Alpen.

Charakteristisch für das Gebiet sind kulturelle Unterschiede zwischen Nachbarn und die damit verbundenen wechselseitigen Beziehungen.

Tirol und Welschtirol (heute Trentino), Welschnofen (Nova Levante, früher Nova Ladina) und Deutsch-nofen (Nova Ponente), Brixen und Wälsche Brixen (Brescia), Welsche Vogteien – Baliaggio Italiano (Valtellina): All diese Ortsnamen beziehen ihre Identität aus der Andersartigkeit gegenüber einem gleichbenannten Raum anderer Sprache.

In dem komplexen und „gefältelten“ Alpenraum können verschiedene Kulturen aneinandergrenzen und dennoch unterscheidbar bleiben, getrennt, geschützt in ihrer Ursprünglichkeit. Führt das Zusammenleben unterschiedlicher Lebenseinstellungen in den meisten urbanen Gebieten zur Durchmischung oder zum geschützten Nebeneinander von Codes, so wird hier Identität durch Beziehungsmechanismen gewahrt.

Dies ist eine vorzügliche Strategie, kulturelle Eigenheiten aufrechtzuerhalten, die besonders dort greift, wo die Grenzen – wie jene der Nationalstaaten – noch nicht völlig körperlos sind. Unter diesem

← 37

Gesichtspunkt verfügt das alpine Italien wohl über die kompakteste Grenze.

Comment vivre ensemble

Diese Idee der Unterschiedlichkeit in Nähe ist auch ein Schlüsselthema des gemeinschaftlichen Wohnens. „Welcher Abstand dem Anderen gegenüber muss gewahrt werden, um eine Gemeinschaft ohne Entfremdung zu bilden?“, fragte sich Roland Barthes in der zweiten Hälfte der 1970er Jahre.

Viele alpine Siedlungen, vor allem in höheren Lagen, haben interessante Antworten auf diese Frage gefunden. Die Walser Dörfer, die ladinischen *Viles*, die Streusiedlungen der Höfe konzentrieren sich weniger auf den Aspekt des „Wohnens“ als vielmehr auf die wechselseitige Beziehung zwischen Mensch und räumlichen Strukturen, indem sie große Aufmerksamkeit auf die Räume zwischen den Dingen richten. Das Grundkonzept ist einfach: Auf den Bergen zu wohnen, bedeutet nicht nur, dort sein Haus zu haben, sondern auch, mit der Kargheit des Siedlungsgebiets zu leben. Die Aufmerksamkeit verschiebt sich vom individuellen Wohnsitz hin zum übergeordneten Beziehungsgeflecht der Bewohner mit dem sie umgebenden Raum. Statt von Wohnräumen sollte man von Lebensraum, Habitat, sprechen.

Unter Lebensraum versteht man ein komplexes System von Organismen und deren Umwelt. Je reicher dieses System an gegenseitigem Austausch ist, desto vitaler ist der Lebensraum. In den hoch gelegenen Dörfern entspricht die Anordnung von Gebäuden, Obst- und Gemüsegärten, Plätzen und Wegen nicht einer hierarchischen Ordnung, sondern – genau wie in natürlichen Lebensräumen – einer Notwendigkeit. Das Ergebnis ist eine „dialektische“ Siedlungsstruktur den Nachbarn gegenüber, durch die es möglich wird, sich vor Ort zu behaupten und konkrete nachbarschaftliche Beziehungen zu schaffen. Rein urbane Elemente wie Viertel mit eingeschränkter Nutzung oder öffentliche Räume „von der Stange“ bewähren sich nicht und sind auch nicht wünschenswert, da sie die Beziehungsmöglichkeiten reduzieren. Wichtig sind hingegen vielteilige Systeme, bei denen sich Aktivitäten unter freiem Himmel mit solchen in geschlossenen Räumen abwechseln, mit gemeinschaftlich genutzten, durchlässigen und nicht vorbestimmten Räumen. In solchen Siedlungen besteht tatsächlich die Möglichkeit, zu „einem Raum individuellen Ausdrucks innerhalb gemeinschaftlicher Strukturen“ zu gelangen, für den Barthes sich interessierte.

Genau diese interessante Thematik greifen einige Projekte für alpines Zusammenleben auf und versuchen sie umsetzen. Es handelt sich in erster Linie um spontan entstandene Initiativen an Orten mit großem Bevölkerungsschwund – Carnia, Valli Valdesi, Val Thuras –, für die es aber auch etliche Bemühungen der öffentlichen Hand gibt.

Allen gemeinsam ist der Versuch, ein anderes Lebensmodell umzusetzen. Es gründet auf bewusster Gemeinschaft, ist geprägt von den Prinzipien der nachhaltigen Bewirtschaftung und Permakultur und sieht in der Struktur der alpinen Bergdörfer ein ideales Siedlungsmodell.

Auch wenn diese Initiativen zunächst unter einem rein ideologischen Ansatz leiden, sind sie dennoch von Bedeutung, weil sie die Bergwelt als zeitgenössischen, aktuellen Raum präsentieren, der sich als Versuchsraum für neue Formen des Zusammenlebens anbietet und damit der Bedeutung des urbanen Raumes gleichkommt.

Dieser neue Blickwinkel könnte eine neue „Front“ in den italienischen Alpen sein: Ein nichturbaner Ort, befreit von jener scheinbaren Randständigkeit, in die er durch eine kulturell zentralisierte Wahrnehmung aus der Ferne gedrängt wurde.

1 In der europäischen Geschichte wurde diese Grenze mehrmals verschoben. Es entstand Unterschiedlichkeit, wo einst Einheit, und Gleichförmigkeit wo einst Vielfalt geherrscht hatte. Aufgrund der bewegten Geschicke während der Italienisierung Südtirols unter dem Faschismus erhielt „walsch“ (für: italienisch) eine stark abwertende Prägung. In der Schweiz dagegen klingt „welsch“ für „rätoromanisch“ oder „Schweizer französischer Sprache“ gänzlich neutral.

2 Die politische Definition hat in vielen Fällen die sprachliche Zuordnung überlagert und in den Hintergrund gerückt. Zum Beispiel hießen die heutigen Ortschaften Mezzolombardo und Mezzocorona im Trentino Welschmetz bzw. Teutschmetz, um zu unterscheiden, auf welcher Seite der Grenze sie lagen. Obwohl keinerlei sprachliche Unterschiede zwischen den Bewohnern der Orte bestanden, unterstand Welschmetz dem Bistum Trient, Teutschmetz den Grafen von Tirol.

3 „Kennst du das Land, wo die Zitronen blühn?“, J. W. v. Goethe, Italienische Reise, Stuttgart 1862.

4 Dokument der Uncem (Unione Nazionale Comuni Comunità Enti Montani - Nationale Vereinigung der Gemeinden, Berggemeinschaften und Vereine) über die Verwaltung des Gebirgsraums und das neue Staatsgesetz für die Berggebiete, Rom Dezember 2008.

Bibliografie

Bartaletti, F., 2004, Geografia e cultura delle Alpi, Franco Angeli, Milano
Bätzing, W., 2003, Die Alpen. Geschichte und Zukunft einer europäischen Kulturlandschaft, Verlag C.H. Beck oHG, München
Bonomi, A., Borghi, E., 2002, La montagna disincantata, Cda&Vivalda, Torino
Lehmann, B., Steiger, U., Weber, M., 2007, Landschaften und Lebensräume der Alpen – Zwischen Wertschöpfung und Wertschätzung, Hochschulverlag an der ETH Zürich
Perlik, M., 2001, Alpenstädte – Zwischen Metropolisation und neuer Eigenständigkeit, Geographisches Institut der Universität Bern

“Wehlsch pirg”

Loredana Ponticelli

Wehlsch pirg is the title of a watercolor painted by Albrecht Dürer on his first *Wanderschaft* to Italy in 1494—1495. That extraordinary painting—some critics have called it the first landscape painting in the history of European art—forms part of a series of six works which the artist made on his journey through the Alpine valleys of the Adige and Avisio: those lands sandwiched between the North and South of Europe, where the invisible language frontier becomes a powerful marker of identity as well as a cultural distinction.

The archaic-sounding epithet is not simple in meaning. It lends itself to differing interpretations, depending on the geographical context it refers to (if defined “from outside”) or in which it is used (if identified “from inside”). I propose to use the semantic wealth of this epithet as a device to shift the viewpoint and approach to the Italian Alps of today, combining an “outside” and an “inside” mentality.

Wehlsche originally referred to the Volcae tribe (MHG *wählisch) and was later extended to denote the Celts as a whole. In the Alpine region, it was the name the ancient German peoples gave the Romanized Celts—that is, the cultures formed by contact and contamination between the gentes alpinae and the Roman world. Later on, the term was broadened to include Romansh-speaking peoples in general, meaning those who lived just across or astride the Germanic cultural and linguistic border.[1] By extension, wehlsch then took on the general meaning of “one who speaks an incomprehensible language”—i.e. a linguistic foreigner. However, many local Alpine dialects still use it in the sense of “Latin-speaking neighbor”—a close neighbor who knows mountain life and its universe, but describes it in another fashion. Hence, wehlsch specifically refers to the idea of something that is different, yet adjacent.

“Foreign” Alps

By wehlsch pirg, Dürer and sixteenth-century Europe thus meant the “mountains on the Italian side,” beyond the Germanic political and cultural divide and hence subject to political pressure from Italian governments.[2] But the name also identified the Alpine area in which language and culture heralded Latinity, where the climate was milder, and where lemon trees flowered in the valleys[3]—the gateway to the Mediterranean world. It denoted a precise geographical area and hinted at a broad cultural and symbolic realm.

The very fact that they represent the most extensive and characteristic borderland, where the major cultural universes of Central European history are confronted with the modern age, is one of the most significant features of the Italian Alps as

← 37

compared to the rest of the Alps. The Italian Alps extend across the entire Alpine arc, including the southern slopes of the Cadibona range to the west, and all but the great Slovenian massif of Triglav to the east. They can thus rightly be called the territory that is "most complete and varied from a morphological, climatic, ethno-cultural, and community point of view" (Bartaletti, 2004); they cover the full length of the Alps and share frontiers with all the Alpine nations except the Principalities of Liechtenstein and Monaco. Along with its large percentage of the Alps (27.2%), second only to Austria (28.5%), and its dense population (c. 4,400,000 inhabitants with at an average density of 84.6 inhab./sq km [Bätzing, 2003]), this makes the Italian Alps one of the most representative parts of the Alpine range and a treasure house of natural and human habitats, rivaling anything in Europe. The same applies from an economic angle: the Italian Alps produce almost 15 percent of the nation's GDP, they include some of the most important manufacturing areas in the country, with leading firms in energy and other advanced technology; they contribute a sizeable segment of cultural and environmental products "made in Italy," and are a still an unexplored goldmine of natural resources. As Aldo Bonomi remarks, the Italian Alpine arc is also a political and administrative laboratory. It concentrates the majority of independent Italian territories: the autonomous regions of the Aosta Valley and Friuli Venezia Giulia, the autonomous provinces of Trento and Bolzano, many mountain communities, and the duty-free town of Livigno, a miniature Monte Carlo of the Alps.

And yet, the Alps occupy a rather marginal position in Italian politics. Pending serious federal reforms, the centralizing state still views the Alpine lands as "peripheries," remote from the "center," and therefore uninteresting. This nurtures an obstinately urban-centric cultural mentality that sees the mountains as not quite true to life. Even the Cisalpine territories are commonly perceived as culturally separate from the rest of Italy, areas where incomprehensible ancient tongues are spoken, heteroglot past contacts are retained, and even the languages of foreign neighbors can be heard. Their inhabitants are hard to control, keen on independence, and tarred with the brush of localism. The fact is that they are simply unknown. Only those who live in the Alps know what that truly means. These Alps that Dürer found wehlsch, are "foreign," even on this side of the border.

This mentality is also reflected in mountain development policy. Pending the new reform law for public intervention in favor of mountain territories, which has now reached Parliament, Italy still lacks any national policy for the mountains[4]. Hence, the poorer Alpine areas, at least for the time being, are still not given any funding or specific intervention. The counter to this situation is seen in the sometimes highly advanced policies of local bodies and the many cooperative ventures between adjacent regions. Still, there are no structured transversal agreements to unite the different administrative set-ups of the Italian Alps through a concept of mountains as a living space. One important experiment, however, may be the recent recognition of the Dolomites as a World Heritage Site. This links seven quite different administrations through a joint coordination venture: the regions of Veneto and Friuli Venezia Giulia, as well as the provinces of Belluno, Bolzano, Pordenone, Trento, and Udine.

"Relative" differences

But that is not all. The original meaning of our epithet, a "Romansh-speaking neighbor", hints at another singular feature of the Italian Alps. They are a territory of adjacent and reciprocal cultural differences.

Tyrol and Welschtirol (now Trentino), Welschnofen (Nova Levante, formerly referred to as Nova Ladina) and Deutschnofen (Nova Ponente), Brixen and Wälsch-Brixen (Brescia), Welsche Vogteien (Valtellina or Baliaggio in Italian): their identity lies in differentiation in the face of linguistic standardization processes.

In the "crumpled" complexity of the Alps, culturally different worlds can rub shoulders and yet stay separate, protected by their original ways of life. Unlike most urbanized areas, where the coexistence of different mentalities spawns hybrid situations or paratactically juxtaposed codes, these territories preserve their identities through relationship mechanisms. That is a formidable strategy for maintaining cultural differences; it is mainly activated whenever boundaries are not altogether "metabolized," like those between nation states. Alpine Italy has the most complete boundary in this respect.

Comment vivre ensemble

This idea of difference in proximity is a key concept of communal living. "What distance should I keep from others, so as to maintain sociality without alienation?" wondered Roland Barthes in the late 1970s.

Particularly many of the higher-altitude Alpine communities have found interesting answers to that question. The Walser villages, the Ladin Viles, the scattered community of the Masi, do not concentrate so much on "habitation," but rather on the deep system of relations that links people to spatial structures, carefully calibrating the spaces between them. The basic idea is simple: living at high altitude does not mean having a house there, but living in an area where habitation space is at a premium. The attention shifts from an individualistic domain to a broader relational system that the inhabitants weave with their spaces: one must speak of habitat, rather than "habitations."

A habitat is a complex system formed by organisms and the environment they live in. The more complex the system of interrelations, the more viable it gets. In such high-altitude nuclei, the connections between buildings, gardens, vegetable plots, gathering points, and thoroughfares are not hierarchical, but consequential, as occurs in natural systems. The result is a "dialectical" community structure bound up with one's own proximity; it finds local expression, facilitating concrete neighborly relations. Consequently, such purely urban factors as the appurtenances of exclusive use or pre-ordained public areas are meaningless and undesirable: they impoverish the system of relations. What counts are the complex patterns, where indoor activities interweave with outdoor activities in a communal area that is as permeable and un-predetermined as possible. In such habitats, there is a concrete opportunity for achieving the kind of "scope for individual expression with collective configurations" that Barthes was interested in.

This is what certain "Alpine co-housing projects" try to put into practice. Most of them are spontaneous initiatives that emerge in those parts of the Alps with the worst depopulation problems—Carnia, Valli Valdesi, Val Thuras—although there have been experimental public initiatives. They have in common the idea of achieving a different pattern of life, based on establishing communities of intent that serve the principles of eco-sustainability and permaculture. For such schemes, run-down Alpine villages are an ideal ground for the community venture. Though suffering from a basically ideological undercurrent, they are important as they nonetheless give a glimpse of mountain territories as sites for modern ideas in which to experiment with new forms of living together, on a par with urbanized territories.

This could be the new "frontier" of the Italian Alps: to comprise a place of non-urban modernity, freed at long last from the marginal status they have been penned into by a remote central culture that is sometimes only very nominally so.

1 Over the course of European history, this boundary has frequently shifted, bringing about differences in what was formally homogeneous, or imposing standardization on what used to be different. Hence, following the vexed chapter of imposed Italianization under the twenty years of Fascism, walsch—"Italian"—took on a strongly derogatory meaning in South Tyrol. By contrast, in Switzerland the term welsch—"Romansh" and "French-speaking Swiss"—is quite neutral.
2 The political meaning came to be superimposed and impinged on by the linguistic meaning. For instance, the present inhabitants of Mezzolombardo and Mezzocorona in the Trentino used to be called "Welschmetz" and "Teutschmetz" respectively, to denote that, frontier-wise, one lay on the Episcopal Principate side and the other was ruled by the Counts of Tyrol, although there were no linguistic differences in the population.
3 "Kennst du das Land, wo die Zitronen blühn?" Johann Wolfgang von Goethe, Italiänische Reise, Stuttgart 1862.
4 Document by the UNCEM Council on the institutional status of the mountains and the new national law for mountain territories, Rome, December 2008.

Bibliography

Bartaletti F., 2004, *Geografia e cultura delle Alpi*, Franco Angeli, Milan.
Bätzing W., 2003, *Die Alpen. Geschichte und Zukunft einer europäischen Kulturlandschaft*, Verlag C.H. Beck oHG, Munich.
Bonomi A., Borghi E., 2002, *La montagna disincantata*, Cda&Vivalda, Turin.
Lehmann B., Steiger U., Weber M., 2007, *Landschaften und Lebensräume der Alpen—Zwischen Wertschöpfung und Wertschätzung*, Hochschulverlag AG an der ET, Zurich.
Perlik M., 2001, *Alpenstädte—Zwischen Metropolisation und neuer Eigenständigkeit*, Geographisches Institut der Universität Bern.

Abitare nelle Alpi. Una nota biografica

Köbi Gantenbein

Il 25 febbraio 1956, venne al mondo un maschietto a Samedan, nell'Alta Engadina. Ero io. Ben presto i miei genitori mi portarono a casa loro in Via della Stazione, dove abitavano i ferrovieri. Gli edifici erano tutti in fila come lungo un treno. In testa una villa pittoresca, la casa dell'ingegnere delle ferrovie, formava la locomotiva. Ad essa erano agganciate carrozze di quattro piani di altezza, le case degli operai, intonacate grigio marrone chiaro sotto tetti massicci. L'ultima casa, nel sottotetto, ospitava la mia prima dimora. Vi si saliva attraverso una scala scricchiolante, su ogni piano abitavano due famiglie, con nomi come Manatschal, Caflisch, Platz, Derungs e Muggli. L'appartamento di Lydia, Hitsch e mio aveva una superficie di 80 m², con tre stanze e una grande cucina. Mancava il bagno, non esisteva frigorifero, nella *Stube* vi era una stufetta a legna e le stanze da letto erano belle fresche. La gran differenza rispetto all'alloggio cittadino era che dalle finestre della *Stube,* della cucina e della mia stanza vedevo sempre una montagna diversa. Ma la distribuzione abitativa, attraversando gli strati sociali, era sempre la stessa. Le maestranze ferroviarie abitavano nel fondovalle, i contadini nei loro masi, i maestri, il dottore e gli impiegati di un certo livello sul versante soleggiato, anche se negli anni Cinquanta la mobilità sociale iniziava lentamente a modificare l'ordinamento sociale e l'urbanistica nelle Alpi. Un cugino di mio padre, pure lui macchinista, abitava già in una villetta unifamiliare del quartiere elegante, come uno zio di mio padre, capostazione.

A un secondo sguardo, una differenza rispetto alle città è significativa. Quando andavo a Zurigo in visita da mia zia Verena, prendevo coscienza dell'edilizia abitativa sociale, perché abitava nella casa di una grande cooperativa. Nelle Alpi, anche al di fuori dell'Engadina, questa istituzione sociale e tipologia edilizia erano sconosciute. La mia famiglia era un'eccezione rispetto al personale delle ferrovie e delle poste, le cui aziende statali costruivano alloggi per i loro addetti ai punti nodali della ferrovia. Chi però lavorava nel settore alberghiero, nell'edilizia o svolgeva altre mansioni tipiche per le Alpi, doveva cercare di risolvere da solo il problema di come e dove abitare, una peculiarità dell'abitare nelle Alpi: mentre infatti nella città di Zurigo il 40% degli appartamenti appartiene a cooperative o alla città ed è amministrato secondo criteri di pubblico interesse, le cooperative edilizie nel Cantone dei Grigioni, come nelle sue vicinanze, godono di cattiva fama e il disporre di alloggi per un comune non è né consueto né politicamente auspicato. Casomai, è possibile che un comune conceda il diritto d'uso e di edificabilità di un lotto fondiario a un committente privato, per alleviare così parzialmente la pressione dei costi per l'alloggio. Pur sempre facendo attenzione, però, che un'eccessiva presenza di ideologia socialista non turbi la proprietà privata, che è basilare nelle Alpi e disciplina la politica dell'abitare.

La mia famiglia traeva profitto quindi dall'idea – esotica per le Alpi – dell'abitazione sociale, arrivata fin qui con la strada ferrata. Pagava un affitto di 35 euro, e Hitsch, macchinista ferroviario, aveva uno stipendio di 300 euro. Ma era solo temporaneamente in Engadina, dove gli inverni sono lunghi e il freddo gelido. I miei genitori volevano ritornare nella regione ai piedi delle Alpi, dove il clima è più mite e le estati sono più lunghe. Entrambe le famiglie erano originarie della Prettigovia e quindi, dopo che papà aveva assolto sei anni di lavoro, facemmo le valige. Mi congedai non solo dalle mie amiche Silvali Muggli, Emmarita Manatschal e Ursali Zanoni, ma anche da una tipologia residenziale – la casa plurifamiliare. Per la mia giovane e ambiziosa famiglia era evidente che anch'essa sarebbe andata ad abitare, sul versante settentrionale delle Alpi, in una casa con giardino e ciliegio, a vivere quindi da proprietari come era tradizione e costume. Come facevano quasi tutti i fratelli e le sorelle dei miei genitori e fanno ancor oggi quasi tutti i più di trenta cugine e cugini.

Noi lo facemmo dal 1964. Trovammo il terreno appropriato a Malans, un paese nella valle alpina del Reno, non lontano dal deposito delle locomotive della Ferrovia retica, che attendevano mio padre ad ogni ora del giorno e della notte. Non c'era quindi da meravigliarsi che a Malans il mio ambiente fosse simile a quello di Samedan, non solo per i monti e le Alpi, ma anche per composizione sociale: i nostri vicini erano nuovamente ferrovieri, ma anche elettricisti, camionisti, impiegati di banca, panettieri e capomastri che potevano consolidare la loro accresciuta posizione sociale per sé ed i propri famigliari costruendosi la casa. Il terreno della mia seconda dimora è tipico del boom che iniziò a plasmare i paesi delle Alpi, venuti a far parte nel corso degli anni Sessanta della Svizzera moderna. Fuori dalla cerchia dell'antico nucleo insediativo, i pianificatori ritagliarono attorno ai paesi lotti edificabili per sistemarvi casette unifamiliari con antistante giardinetto, una sorta di "cintura di speck". Il disegno dei lotti era dettato da principi di pianificazione stradale e dalle canalizzazioni; la stima della consistenza dei portafogli dei futuri acquirenti determinava l'estensione delle particelle. Sull'attenti come nell'esercito, i lotti sembravano allineati in parata l'uno accanto all'altro, postulando le variabili dell'architettura, l'orientamento, il contesto, la composizione, il volume dell'edificio e, naturalmente, l'autorimessa con accesso veicolare. Poiché, negli anni Sessanta, fu l'automobile a divenire il progettista dell'urbanistica, in tutta la Svizzera e quindi anche nelle Alpi. L'automobile fece sfumare i confini tra gli insediamenti alpini e le agglomerazioni in rapida crescita dell'Altopiano svizzero. Non furono volontà architettonica o interesse per le tradizioni costruttive locali in ambito urbanistico e insediativo montano a muovere la penna dei progettisti, ma riflessioni di ordine economico quali l'accessibilità con strade ad alta capacità, la rapida raggiungibilità e l'approntamento di terreni per contribuenti solidi e sicuri quanto lo sono i proprietari di case.
Su una particella di tali fattezze sorse di lì a poco la casa unifamiliare che divenne la mia seconda dimora.

Vi vissi felicemente per dodici anni, richiamato ogni tanto dai tipici doveri di questa forma abitativa: dipingere il recinto, occuparmi del giardino, spazzare l'ingresso. Ma un decoro, spintosi cocciutamente dai comuni dell'Altopiano svizzero fino alle Alpi, non mi è mai andato giù: il prato. Ne possedevamo uno anche noi, da me sentito come elemento estraneo alle Alpi. Ma il pezzo di terra immolato unicamente alla bellezza del giardino, senza scopi alimentari, esprimeva la possibilità di permettersi un tal lusso. Per tagliare l'erba avevamo me. Oggi il prato a tappeto si è insinuato fino in montagna, le sue specie resistenti circondano del suo verde velenoso le ville fin sotto i ghiacciai. Assieme alla yucca, al ficus e alla conifera è uno dei retaggi della cultura del benessere.

La prima generazione di case alpine monofamiliari, affrancatasi dal maso e costruita dal 19° secolo fino agli anni Cinquanta del 20° secolo, era caratterizzata dalla parsimonia. Sezioni semplici, piante spartane, un catalogo di pochi materiali, metodi artigianali e scarne decorazioni caratterizzavano l'arte della costruzione. Mancava il denaro per verande o tetti complicati. La casa del capomastro era la variante in pietra, come quella in legno del carpentiere, anche conosciuta come *chalet.* Di entrambe restano oggi testimonianze, anche se poche però hanno saputo resistere agli affronti della modernizzazione. Vi sono state aggiunte verande, i tetti ristrutturati hanno cancellato le proporzioni armoniose di una volta.

Alla metà degli anni Sessanta, quando la mia famiglia iniziò a costruire, il ventaglio di varianti della seconda generazione della casa alpina unifamiliare era più ampio. Il progetto della nostra casa non è di un capomastro, ma dell'architetto Kessler, originario del paese di mia madre e che ispirava fiducia. Progettò un edificio che si distingueva dai vicini, con il frontone del tetto lievemente fuori asse e posto su una piccola collina, così solo io nel quartiere salivo a casa su una rampa leggera. Questo sforzo è tipico degli edifici della seconda generazione di villette unifamiliari: si voleva essere diversi dagli altri. Le innovazioni tecniche e chimiche nei materiali da costruzione, la piena disponibilità di ogni forma e materiale, iniziarono a fare germogliare i loro fiori. E, per magia, da tale diversità risultò un amalgama unificante. Nelle "cinture di speck" attorno ai paesi, su fino in montagna, si sviluppò un'armoniosa architettura di villette. Ma per me non fu un gran problema – passai con gioia i miei dodici anni di casa unifamiliare, e una gioventù spensierata arricchì la mia vita di paese sotto la montagna in compagnia di Daniel e Susanne, mio fratello e la mia sorellina.

← 61

Diversamente rispetto ai miei compagni di scuola, il cui padre era medico o funzionario bancario, durante le vacanze scolastiche nella mia famiglia era tradizione e costume non fare i bagagli e partire, ma trovarsi "un posto". Questa circostanza completa in maniera eccellente la mia biografia abitativa alpina, perché mi diede la possibilità di ricoprire le più svariate mansioni nel mondo del turismo. Da ginnasiale feci carriera, passando da garzone per le spese a cameriere al piano, da telefonista a bagnino nell'Hotel Schweizerhof a Lenzerheide. Lavoravamo circa in 200. Abitavo in una stanza a sei letti di ferro verniciati di bianco. Ogni letto aveva in dotazione un armadio metallico e un comodino. Sotto il letto potevamo riporre le valige. Abitavo assieme a cuochi, camerieri e aiuti di cucina di Vienna, Porto e Catania che già da tempo facevano la "stagione" ed erano abituati a vivere in quattro o in sei. Imparai molto, in tali condizioni di densità abitativa, sulla vita della gente che faceva funzionare il turismo. Quest'ambiente influenzò anche la mia formazione politica: due miei coinquilini erano, "fuori stagione", studenti di filosofia a Vienna. Mi reclutarono nel loro "gruppo di base di proletariato alberghiero" e mi introdussero ai fondamenti del marxismo. Anche questa forma di abitazione collettiva nelle roccaforti dell'economia alpina, senza tutte le distrazioni piccole borghesi, servì a farmi aprire gli occhi. Perché, oltre ad abitare nel letto in ferro, dovevo anche servire i signori nelle *suites* al piano e portare l'asciugamano caldo alle nobili dame nella piscina dell'albergo.

Più tardi, da studente, andai a fare "la stagione" come maestro di sci a Davos. A differenza del collettivo protetto dell'hotel, lì fui costretto a combattere da solo sul fronte del mercato immobiliare degli alloggi di una città nelle Alpi. Sacrificavo un terzo dello stipendio per un miserabile stanzino di 15 metri quadri con gabinetto comune in corridoio. Fu lì che capii ciò che minacciava il mercato immobiliare nelle località turistiche delle Alpi: chi ci abita e lavora, deve pagar caro lo scotto del progresso, il cui profitto alimenta l'economia fondiaria, immobiliare, e la speculazione edilizia. Nel frattempo, un fiorente mercato di seconde case ha fatto letteralmente impazzire le quotazioni dei terreni e degli appartamenti in città come St. Moritz, Davos, Arosa, Zermatt o Crans.

I miei successivi impieghi mi portarono poi nell'*Unterland* svizzero, a Zurigo, dove passai in rassegna tutte le forme dell'abitare borghese, dall'appartamento in comune alla cooperativa condominiale, dall'appartamento in affitto fino a quello di proprietà. Trent'anni dopo vivo di nuovo – provvisoriamente – in una casa alle pendici delle Alpi, a Fläsch, il paese più settentrionale del Cantone dei Grigioni. Abito una casa di famiglia trasognata, vecchissima, con una stufa in ceramica, il giardino e un'enorme stalla vuota. Vivo il mattino la grande differenza dell'abitare nelle Alpi rispetto alla città e alla pianura: aprendo gli occhi, vedo montagne. All'orizzonte, gli alberi ricoperti da uno spolverio di neve sul monte Pizol, sullo sfondo rocce erte e in primo piano i pascoli innevati e il taglio della magica gola della Tamina. E, sdraiato nella vasca da bagno, vedo la minacciosa parete rocciosa del Monte di Fläsch sull'altro lato della casa.

E vivo la dinamica dell'abitare e del lavorare nelle Alpi che aveva iniziato a svilupparsi già quand'ero ragazzo. Le pendici delle Alpi sono collegate alla metropoli dalla rete stradale e ferroviaria, e ne diventano la periferia. La mattina, alle 6.30, prendo il treno nel paese accanto, leggo i giornali e guardo nel mattino che sta per cominciare, un'oretta dopo siedo già alla mia scrivania alla redazione di *Hochparterre* a Zurigo. La sera, alle 22.10, salgo in treno e mi inoltro sognante nella sera. A Landquart aspetto il bus a chiamata con cui Hausi Ludwig mi riporta a Fläsch. A mezzanotte sono a casa. O resto qui, collegato via computer alla metropoli. Il vantaggio infrastrutturale come fattore di pianificazione territoriale nelle Alpi che muoveva nella mia infanzia i suoi primi passi, determina oggi l'abitare alle pendici delle Alpi. Quando studiavo, c'erano tre treni rapidi per Zurigo di mattina tra le sei e le otto, oggi sono otto e i più veloci non ci impiegano nemmeno un'ora. Se un tempo c'erano solo un paio di avventori mattinieri che andavano nella grande città a far compere, oggi i treni sono già pieni alla prima fermata del treno e prima di Zurigo si è seduti belli stretti. E la crescita è esigente anche con le strade: il mio vicino Andrea, anche lui caporedattore a Zurigo, fa il pendolare avanti e indietro in automobile e ci impiega quasi un'ora – anche se, a seconda delle colonne, può durare di più, perché non è solo – tanto affondano nelle Alpi le rotte dei pendolari stradali. E questo interessa non solo chi viaggia per lavoro, ma anche i fruitori del tempo libero, che il fine settimana affluiscono in massa in automobile o in treno dalle residenze alpine alla Festhütte di Zurigo, per andare agli spettacoli all'Opera o a ballare tutta la notte.

Quarant'anni dopo funziona a pieno ritmo anche il secondo programma, all'epoca della mia infanzia in gestazione: i paesi, in preda alla modernizzazione, sfrangiano i loro confini e diventano parte di una città. Quella di Fläsch si chiama città sul Reno alpino e si sviluppa lungo il fiume, da Coira fino al Lago di Costanza. Per più di 70 chilometri di lunghezza, lungo 70 paesi tra Svizzera, Liechtenstein e Vorarlberg si dipana una città lineare senza piano né ordine: caotica, guidata dalla posizione favorevole e diretta dall'autostrada nord-sud. Né le buone intenzioni degli urbanisti, né una pianificazione difficilmente armonizzata dei tre paesi cui appartiene il territorio della città alpina, possono governare questa genesi urbana. È interessante che donne e uomini residenti in alcuni paesi cerchino di dare regole di sviluppo al luogo dove abitano e vivono. Fläsch, ad esempio, ha postulato in una complessa e combattuta revisione della pianificazione locale la conservazione di elementi caratterizzanti come gli spazi esterni nel paese, alla stregua dell'apertura verso l'architettura contemporanea. Malans, il paese limitrofo, dove abitavo da piccolo, opporrà una pianificazione locale alla pressione edificatoria derivante dal vantaggio di collegamento alla rete del traffico e dalla bellezza ambientale, per non abbandonare il paese all'agglomerazione anonima.

E la mia ultima dimora? Si trova forse sul terreno che confina con la casa e il laboratorio di mio nonno, a Jenaz, dove da ragazzino che veniva dall'Engadina mi piaceva visitare i nonni. Un paio di mesi fa, in questo paese della Prettigovia, è stata inaugurata la seconda casa di riposo della valle. Al bordo del paese si trova il cubo coraggioso di un'architettura contemporanea. Gli architetti vi hanno ingegnosamente applicato tutti gli standard dell'edilizia abitativa dell'ospitalità secondo le normative statali. La visita dell'edificio mi ha commosso – non voglio declamare le lodi dell'edificio, ma i duri affronti spesso subiti nella coabitazione di più generazioni in un maso o peggio ancora tutti assieme, secondo le tradizioni e gli usi di solo una generazione fa, sono stati cancellati in questa previdenziale forma di abitazione collettiva per l'età avanzata. La cura e l'accortezza con cui è stata progettata e arredata la casa di riposo di Jenaz evidenzia il drastico mutamento sociale dell'abitare e della vita nelle Alpi. Lo stato sociale e i grandi progressi del movimento operaio cittadino hanno raggiunto la popolazione residente nelle zone montane. Le istituzioni dedicate all'abitare degli anziani non sono più solo un retaggio cittadino, ma appartengono naturalmente anche alla montagna. Se la mia bisnonna Annalydia, completamente dipendente dall'aiuto familiare, non aveva ancora diritto ad alcuna forma di previdenza di anzianità, mia madre – sua nipote – ha vissuto con soddisfazione una vita professionale da assistente in una casa di riposo, prendendosi cura di anziane abitanti della Prettigovia. Quello che, una generazione fa, era chiamato ancora ospizio, oggi è finanziato e regolamentato come un'abitazione e una casa alloggio per anziani. Ho prenotato la mia stanza nella casa di riposo di Jenaz: è al terzo piano. Dalla sua finestra vedrò – diciamo fra trent'anni – direttamente l'albero di ciliegio sotto il quale giocavo da bambino, quand'ero in visita dai miei nonni.

Biographical Notes on a Life in the Alps

Köbi Gantenbein

On February 25, 1956, a young lad was born in the Swiss village of Samedan in the Upper Engadin lake district. Me! It wasn't long before my parents took me to their home in Bahnhofstrasse, where the railway workers lived. The series of buildings along the street even looked like a train. The locomotive in the front was represented by the construction engineer's picturesque villa. Behind it, there were four "carriages," the four-story buildings inhabited by the workers, plastered in light brownish grey and crowned by broad, bulky roofs. My first home was under the roof of the last building. A creaky staircase led up to our apartment. Each story was occupied by two families; their names were Manatschal, Caflisch, Platz, Derungs, and Muggli. The apartment occupied by Lydia, Hitsch, and me measured 80 square meters. It had three rooms and a large kitchen, but no bathroom and no refrigerator. The living room was equipped with a wood-burning stove, and it was cold in the two bedrooms. The important difference compared to living in the city was that, from the living room, the kitchen, and the window of my room, I could see mountains. Apart from that, life in Samedan more or less corresponded to the social stratification patterns in the wider society: the railway workers lived in the bottom of the valley, the farmers on their farmsteads, the teachers, doctors, and higher-paid white-collar employees on the sunny slopes. On the other hand, social mobility in the Alps during the fifties gradually changed these established patterns. A cousin of my father was also a train driver, and he lived in a detached house in the exclusive district of our town. One of my father's uncles was a stationmaster and also lived there.

On reflection, there was a notable difference between our situation and life in the cities, after all. When I visited my Aunt Verena in Zurich, I became acquainted with social housing schemes, as she lived in a building owned by a large housing cooperative. In the Alps, high above the Engadin valley, this type of social residential compound was unknown. My family belonged to the railway and postal workers, who were provided with housing built by state organizations at the nodal points of the railway system. Those who worked in hotels, in the construction industries, or in other jobs typical of the Alpine regions had to find their own accommodation. This remains a peculiarity of life in the Alps today. While in Zurich, 40 percent of housing belongs to cooperatives or the city and is operated on a non-profit basis, in the Grisons and their neighboring cantons, cooperative building societies are nothing but a rumor, and the idea of municipality-owned housing is neither common nor politically welcome. Here and there, a municipality may lease building land to a private construction firm to somewhat ameliorate the high cost of housing. However, the general attitude is that socialist ideas should not interfere with the system of freehold property. This is an important principle in the Alpine context, and it governs the way people live.

My family profited from the concept—an exotic one in the Alps—of social housing, which arrived in the area with the railway. They paid 35 euros a month in rent out of the 300 euros that Hitsch earned as a train driver. However, he did not intend to settle permanently in the Engadin, where the winters are long and cold. My parents wanted to move back to the foot of the Alps, where the weather is milder and summers are longer. Both of them had roots in the Prattigau, and so, after my father had seen out his six-year contract, we packed up. I said goodbye, not only to my friends Silvali Muggli, Emmarita Manatschal, and Ursali Zanoni, but also to a certain form of housing—the multi-family dwelling. It was clear to my young, aspirational family that they, too, would build a house with a garden and a cherry tree on the north side of the Alps and live on their own property, as was the custom. Nearly all my parents' brothers and sisters lived that way, and almost all of my over thirty cousins continue to do so today.

It came true in 1964. We found building land in Malans, a village in the Alpine Rhine Valley, near the depot where the Rhaetian Railway locomotives waited for my father to take the wheel at all times of day and night. Given that his job remained the same, it is not surprising that my surroundings in Malans were similar to those in Samedan, not only in terms of the mountains and the Alpine atmosphere, but also with regard to the social structure. Our neighbors were again railway workers, but electricians, truck drivers, bank employees, bakers, and construction foremen were also able to cement their social advancement by building a house for themselves and their families. The land on which my second home stands is typical of the growth spurt that began to shape the villages in the Alps during the 1960s, when they became connected with modern Switzerland. Planners arranged detached, single-family dwellings with front yards like a belt around the old villages. The plots complied with the regulations that govern street construction and sewage systems, and the size of the plots was based on estimations of how much prospective residents would be able to pay. Properties were aligned with almost military precision, which, in turn, influenced architectural variables such as the orientation, position, lawn areas, building volumes, and, of course, the garage and driveway. In the sixties, the car played a crucial role in town planning all over Switzerland, including the Alps. Widespread car-use resulted in the obliteration of various settlement forms between the Alps and the rapidly growing agglomerations of the midlands. It was not architectural volition or concern for local building and housing traditions that guided the hand of planners, but rather economic considerations such as opening up areas for development with high-capacity road networks, ensuring rapid accessibility, and securing locations for reliable taxpayers—which is how home owners were regarded. It was on such a plot that the detached house which became my second home was built.

I spent twelve happy years there, now and then burdened with the chores that such a form of housing entails: painting the garden fence, gardening, sweeping the forecourt. However, I never became fond of one particular domestic ornament, a feature that had doggedly made its way from the Swiss midland municipalities into the Alps: the lawn. We also had one, and I regarded it as foreign to the Alps. Nevertheless, it signified that we could afford a piece of land that was not maintained to produce food, but merely for the sake of horticultural aesthetics. And I, of course, was responsible for mowing it. Today, the grass carpet has penetrated far into the mountains, and its resistant varieties now gird houses in bilious green not far from the glaciers. Together with the yucca, the rubber plant, and the conifer, it is the cultural corollary of affluence.

Alpine single-family dwellings of the first generation were built from the nineteenth century until the 1950s as entities separated from the farmstead. They were marked by austerity: simple layouts, a limited range of materials, manual construction techniques, and elementary ornamentation were their hallmarks. No money was available for winter gardens or complicated roof structures. The master-builder's house was made out of stone; the carpenter's house was made out of wood and was also known as the "chalet." Only few of them have survived the impositions of modernization. Winter gardens have been added, and remodeled attics have destroyed the original proportions.

By the mid-sixties, when my family got around to building, the range of specialists for the second generation of Alpine single-family dwellings had expanded. Our house was not designed by a master builder, but by Kessler, an architect who came from my mother's village and was considered trustworthy. His design distinguished our house from those of our neighbors in that the gable was slightly off the central axis and there was a small hill that made a gently sloping ramp necessary, which was unique in our district. Such attention to detail is typical of the second generation of single-family dwellings: the emphasis was on difference. Progress in the fields of construction technology and chemistry and the ready availability of a wide range of materials and forms began to bear fruit. And yet, as if jinxed, this outgrowth of difference ended up being a uniform mush. In the suburban belts around the villages and far into the mountains, an architectural sameness emerged. Not that I minded—I enjoyed my twelve years in our single-family house. It was enriching for me to live a carefree life in a village at the foot of a mountain, together with my brother, Daniel, and my little sister, Susanne.

← 61

Unlike our school friends, whose fathers were physicians or bank employees, we did not pack our bags and head off to far away places during the school holidays. Instead, we would find ourselves a summer job. Over the years, I worked in various capacities in the tourist industry, which considerably expanded my experience of life in the Alps. While in high school, I worked at Hotel Schweizerhof in Lenzerheide as a porter, a room-service waiter, a switchboard operator, a pool attendant, and in other jobs. I belonged to a staff of 200. My living quarters consisted of a room with six white-painted iron beds under which we could store our suitcases, each equipped with a metal box and a bedside table. I lived with cooks, waiters, and bus boys from Vienna, Porto, and Catania. They had been working the season for longer than I had and were accustomed to living four or six to a room. In these tightly packed living quarters, I learned a great deal about the lives of people who keep the wheels of tourism turning. This environment also provided me with my political education. Two of my roommates studied philosophy *hors saison* in Vienna. They invited me to join their "Hotel Proletariat Action Group" and taught me the fundamentals of Marxism. All *petit-bourgeois* distractions aside, this collective form of living in the sub-structure of the Alpine economy proved to be something of an eye-opener. Outside my living quarters with the iron beds, it was my task to wait on gentlemen in their suites and to hand warm towels to posh ladies at the hotel swimming pool.

Later, as a university student, I worked as a ski instructor in Davos during the season. No longer part of the protected hotel collective, I found myself a lone fighter on the housing market of a city in the Alps. A third of my wage paid for a miserable little room measuring 15 square meters with a shared toilet in the hallway. I came to know the scourge of all those who live in the Alpine tourist centers: they pay the piper of progress, the profits of which are siphoned off by the real-estate and construction industries. In the meantime, a flourishing second-home business has completely unhinged the property and housing markets in cities like St. Moritz, Davos, Arosa, Zermatt, and Crans Montana.

My later employments took me to the lowlands and to Zurich, where I experienced the full range of middle-class living forms: shared accommodation, the housing cooperative, the rented apartment, and, finally, the owner-occupied dwelling. Now, thirty years later, I sporadically live at the foot of the Alps again, in the small village of Fläsch, the northernmost village in the Grisons. There, my family and I reside in a romantic and very old house with a tiled stove, a garden, and an enormous empty stable. Every morning, I experience what makes life in the Alps so different from life in the city and in the flatlands. When I open my eyes, I see the mountains. The horizon is marked by snow-powdered trees on the Pizol, in the background rocky crags and in the foreground snowed-decked mountain pastures and the gash formed by the magical Tamina Gorge. And from my bathtub, I look out at the eerily black rock face of the Fläscherberg mountain on the other side of the house.

I also experience the dynamics of Alpine life and work that began to unfold in my youth. The foot of the Alps is linked to Zurich by road and rail. It is becoming the city's suburb. At 6.30 in the morning, I catch the train in a neighboring village and spend my trip reading the newspapers and gazing out into the brightening morning. A little over an hour later, I sit at my desk in the editorial offices of *Hochparterre* in Zurich. At 10.10 in the evening, I get on the train and dream my way into the night. In Lanquart, I wait for Hausi Ludwig to drive me to Fläsch in his taxi-bus. I arrive home around midnight. On other days, I stay at home, linked to the metropolis via computer. A good public transport system is an Alpine planning principle. It began to take shape in my childhood and is now a formative element of life at the foot of the mountains. When I was a university student, there were three fast trains to Zurich between six and eight in the morning. Today, there are eight, the fastest of which makes the trip in less than an hour. I used to sit with a few early birds on their way to the big city, whereas today, the trains pick up a good crowd right at their first stop, and by the time we approach Zurich every seat is occupied. The roads also have to cope with a much greater traffic burden. My neighbor, Andrea, who is also an editor in Zurich, commutes by car and needs just under an hour—but traffic jams can make the journey longer. Today, road commuters travel from far up in the Alps, and not all of them are on their way to their workplace. Many weekenders also travel from the Alps to Zurich by car or train to attend the opera or dance the night away.

But there is another development that began during my childhood and is now well underway. The villages caught up in the process of modernization are spreading out and being swallowed by cities. Fläsch, for instance, is becoming part of the "Stadt am Alpenrhein" that is growing between Chur and Lake Constance. Unguided by any plan or intention, 70 villages in Switzerland, Liechtenstein, and Vorarlberg in Austria are gradually forming an urban belt: a chaotic process driven by locational interests and governed by the north-south autobahn. Neither the good intentions of spatial planners nor the planning policies of the three countries concerned are able to control the emerging city. It is remarkable how the inhabitants of a number of villages attempt to regulate their residential environments. Through a laborious and exhausting revision of its town planning procedures, Fläsch, for example, has made sure that the external village spaces will be preserved and that residents maintain an open attitude to contemporary architecture. Residents of the neighboring village of Malans, where I grew up, are intent on controlling settlement pressures stemming from the town's favorable transport location and attractive natural setting by adopting planning regulations that shall prevent the village from disappearing into the morass of agglomeration.

And my final home? Perhaps it will be in Jenaz, which I enjoyed visiting when I was a boy, on the land next to the house and workshop of my grandfather. A few months ago, the second old-age home in the Prättigau valley was opened there. On the edge of the village, there is now a bold block of contemporary architecture. The architects of the home have cleverly gone as far as they could while complying with the standards of state-regulated housing. I was touched when I visited the home—not that I want to sing its praises, but I was struck by the fact that the often harsh demands of life that are more or less the rule on Alpine farmsteads or even in apartments under the roof are completely absent in this benevolent form of collective living for the aged. The care and attention with which the old-age home in Jenaz was planned and built is representative of a dramatic social transformation in the way people reside and live in the Alps. The welfare state, that great achievement of the workers' movement in the cities, has extended its reach to people in the mountains, where there are now also institutions that provide housing for the aged. While my great-grandmother Annalydia was not entitled to any retirement provisions and completely depended on the help of her family, my mother—her granddaughter—led a fulfilling professional life as a nurse in a home for the elderly, looking after aging valley residents. What was still referred to as a "sanctuary" a generation ago is now supported and accepted as housing for the aged. I have made a note of my room in the home in Jenaz: it is on the third floor. From its window—in, say, thirty years—I will have a direct view of the cherry tree I used to play under when I visited my grandparents as a young lad.

La regione alpina tedesca: alcune pendici pedemontane prive di architettura significativa

Christian Schittich

Un ambiente paesaggistico di suggestiva bellezza, unico in Europa, questo sono le nostre Alpi. Dispiegate su un territorio di quasi 191.000 km², ricadono per circa il 90% in Austria, Italia, Francia, e Svizzera, dove svettano le cime maggiori e le malghe sono più verdeggianti. Per giungere infine al margine settentrionale della loro estensione, dove rivolgono una minuscola propaggine di pochi rilievi pedemontani anche verso la popolosa Germania. Un lembo di territorio montano verso il quale il buon Dio non si è mostrato così generoso di quell'architettura alpina internazionalmente tanto acclamata, e della quale, in questi paraggi, non si trovano troppe tracce.

Mentre regioni come il Vorarlberg, i Grigioni o il Tirolo si trovano al centro del dibattito architettonico internazionale per la loro architettura contemporanea (nella quale svolge un ruolo non secondario l'edilizia residenziale) e grazie a questa visibilità possono tranquillamente concorrere con capitali alla moda come Londra o Madrid, la regione alpina tedesca, sotto questo aspetto, rimane invece completamente oscurata. Ce lo confermano i risultati di Sesto Cultura, il "Premio per l'Architettura contemporanea alpina" di prestigio internazionale, dato che tra i 69 premi e riconoscimenti complessivamente assegnati negli ultimi 15 anni non figura un solo progetto tedesco. Altrettanto infelice è l'immagine offerta dall'editoria internazionale, benché alcune isolate pubblicazioni siano pur apparse nel corso degli ultimi due decenni. Ma si è trattato più che altro di qualche villetta unifamiliare, un piccolo museo o un edificio sacro, e non di tipiche residenze collettive o quartieri abitativi che costituiscono il tema di questa ricognizione.

I tre progetti riportati in questo catalogo contribuiranno certamente a correggere questa immagine, riavvicinando un pochino l'area alpina tedesca all'attenzione del dibattito architettonico. Si tratta di tre riusciti esempi di eccellenza del costruire contemporaneo in ambito regionale. Disegnati modernamente, grazie ai materiali e per la loro volumetria si inseriscono nel contesto senza risultare corpi estranei. Ma anche questi esempi non si risolvono in paradigmi programmatici di un'innovativa edilizia residenziale compatta. Certo non il lussuoso residence per anziani progettato a Bad Tölz dagli architetti Götz, Hootz e Castorph (al motto di "La villa in condominio per la generazione *over* 50") con metrature fino a 200 m², a fronte di prezzi di vendita non inferiori a quelli delle più esclusive zone della costosa Monaco di Baviera.

E neppure entrambi gli altri esempi, una cooperativa edilizia di tre case binate a Dießen sull'Ammersee, di Bembè e Dellinger, e un complesso residenziale a Weyarn, che propongono piccoli e ben riusciti insediamenti di case mono- e bifamiliari. Di quest'ultimo progetto, di Florian Nagler, va evidenziato il consapevole confronto con il pendio, tema determinante per il costruire in montagna, che genera un intelligente coinvolgimento della topografia, risolvendo l'accesso di alcune delle case dal piano superiore. La selezione dei tre contributi bavaresi vagliata dalla giuria, di fatto, dimostra sostanzialmente come non esista uno specifico tipo residenziale delle Alpi tedesche.

Per convenzione, l'ambito alpino tedesco si estende a partire dal Lago di Costanza fino a Bad Reichenhall lungo un'esile fascia di complessivi 11.152 km², che comprende le circoscrizioni di Lindau, Oberallgäu, Ostallgäu, Weilheim-Schongau, Garmisch-Partenkirchen, Bad Tölz-Wolfratshausen, Miesbach, Rosenheim, Traunstein e la provincia del Berchtesgad, con le città circondariali di Kempten, Kaufbeuren e Rosenheim. Il territorio abbraccia appena il 16% della superficie dello Stato bavarese, vale a dire giusto il 3% dell'estensione della Repubblica Federale Tedesca. Con i suoi 124 abitanti per km² appartiene alle zone più densamente popolate dell'intero arco alpino, benché i suoi centri maggiori, Kemten e Rosenheim, contino appena 60.000 abitanti l'uno. A dispetto della ridotta superficie, l'ambiente insediativo appare particolarmente eterogeneo.

Infatti, i comuni di alcune delle circoscrizioni settentrionali delle Alpi tedesche gravitano in buona parte nell'area di influenza metropolitana di Monaco di Baviera, beneficiando della vicinanza del suo dinamico mercato del lavoro e dell'offerta di servizi del capoluogo, mentre invece altre zone nell'Oberland o nell'Allgäu meridionale, in virtù delle loro notevoli risorse paesaggistiche, sono aree a vocazione turistica. Altre realtà territoriali invece devono affrontare la sfida di elaborare nuove appropriate prospettive di sviluppo.

In controtendenza rispetto al bilancio demografico nazionale, in Baviera si assiste a un costante aumento della popolazione e nella fascia alpina l'indice di crescita tocca i vertici in prossimità dell'area metropolitana di Monaco. Questa crescita è il prodotto di un evidente afflusso di abitanti, in quanto l'incremento delle nascite, qui come altrove, è di per sé negativo. Alti indici di afflusso di popolazione sono sempre espressione di grande attrattività, e questo vale in maniera particolare per la regione alpina bavarese. Tuttavia le motivazioni alla base dei flussi migratori sono molto diversificate per le distinte circoscrizioni di questo territorio. Nei comuni vicini al capoluogo assistiamo prevalentemente allo spostamento di addetti dell'area metropolitana, in particolare famiglie con figli, mentre nei comuni propriamente alpini della fascia pedemontana, Garmisch-Partenkirchen o Mittenwald, Tegernsee oppure Obersdorf, si rileva piuttosto il trasferimento di persone anziane, non raramente da regioni più settentrionali.

Ovviamente questa dinamica incide sulla struttura degli insediamenti e sulla tipologia residenziale. Così nei comuni dell'*Hinterland* monacense si sviluppano soprattutto i consueti insediamenti per famiglie con bambini, come se ne trovano ovunque in Germania, mentre nella gran parte dei comuni propriamente alpini (come Garmisch-Partenkirchen) si è venuta praticamente esaurendo la spinta alla realizzazione di residenza intensiva multipiano. In sostanza, chi matura la scelta di trasferirsi a vivere nella fascia pedemontana, insegue anche il desiderio di abitare in "stile alpino". Questo influisce non solo sulla foggia delle case, ma anche sulle loro dimensioni, che si orientano verso la tradizionale casa contadina. "Nei comuni turistici le abitazioni in edifici più grandi di una bifamiliare sono semplicemente fuori mercato", sostengono imprenditori e immobiliaristi. Sta di fatto che in molte località il prezzo dei terreni edificabili si è talmente elevato che "la maggior parte dei salariati meno remunerati", come riferisce esplicitamente il dirigente tecnico di uno dei comuni coinvolti da questo fenomeno della fascia pedemontana „non riescono assolutamente più a permettersi un terreno in casa propria". E così le nuove aree edificabili diventano appannaggio esclusivo di abbienti nuovi arrivati, ad uso e consumo della loro immagine preconcetta dell'abitare in montagna. Un ulteriore effetto è prodotto dai regolamenti edilizi che spesso, oltre a materiali, inclinazione e aggetti delle coperture, impongono addirittura dimensioni e proporzioni dei corpi di fabbrica. Così il regolamento edilizio locale del Comune di Mittenwald prescrive il progetto di strutture edilizie in modo che "sotto ogni aspetto, ad esempio per forma, misura, rapporto dei volumi, materiali e colori, si mantengano fedeli ai capisaldi della tradizione edilizia locale", e ne regola poi in dettaglio ogni aspetto.

Il fabbisogno di superficie abitativa in edifici multifamiliari nella fascia montana tedesca viene coperto quasi esclusivamente tramite il risanamento dell'esistente, in buona parte realizzato in periodi nei quali anche alcuni dei comuni turistici promuovevano ancora l'edilizia abitativa sovvenzionata, come ad esempio nel secondo dopoguerra, quando in località come Berchtesgaden o Garmisch venivano accolti i profughi dai territori orientali. Così l'attuale afflusso di abitanti da un lato stimola il consumo di suolo e l'insediamento estensivo, dall'altro causa la pressione economica che a sua volta favorisce la ristrutturazione del patrimonio edilizio esistente. D'altronde, lì dove ancora si realizza su ampia scala nuova edilizia residenziale intensiva, vale a dire nelle zone di immigrazione di città come Kempten o Rosenheim, oppure nell'area metropolitana di Monaco di Baviera, questa non si differenzia affatto dall'analoga edilizia residenziale del resto della Repubblica.

E la Germania non è di certo un paese che si sia fatto notare a livello internazionale per un'edilizia residenziale particolarmente innovativa, pur esistendo alcune eccezioni, scaturite perlopiù da iniziativa privata o da progetti pilota a sostegno statale. A dispetto delle profonde trasformazioni della struttura sociale avvenute anche nel nostro paese negli ultimi decenni, nelle zone rurali come nelle grandi città, il tipico taglio abitativo resta ancora quasi esclusivamente orientato verso le esigenze della piccola famiglia media, che in realtà perde sempre più rilevanza. Riguardo all'abitare, in Germania, domina il conservatorismo e, dato che investitori e imprenditori di norma scelgono la via più comoda e meno rischiosa (orientando pedissequamente la loro offerta alla domanda), le innovazioni nell'ambito dell'edilizia abitativa stentano a prender piede. Lo stesso vale anche per l'aspetto compositivo. Se in altri settori, come quello delle automobili o degli elettrodomestici, oppure in altri ambiti costruttivi, come stazioni, musei o negozi, si accettano senza riserve un design futuristico e le ultime tecnologie, il gusto abitativo al contrario resta ancorato al già sperimentato, al tradizionale. A tutto ciò si aggiunga la giungla legislativa di ordinamenti e norme tecniche che, regolando tutto fino all'ultimo dettaglio, limita madornali cadute progettuali, ma allo stesso tempo soffoca le eccellenze estetiche. In definitiva, se paragonata a quanto attualmente realizzato in paesi come l'Austria e la Svizzera con soluzioni progettuali innovative e rigorose, l'edilizia residenziale germanica risulta di assoluta mediocrità, solida e ben eseguita solo dal punto di vista meramente tecnico. "Purché non si distingua" sembra essere in due parole la massima dell'architettura tedesca che calza a pennello anche per l'edilizia residenziale al margine meridionale della Baviera. Per concludere, nello specifico architettonico non esiste alcun preciso carattere regionale delle Alpi tedesche.

The German Alpine Region: A Few Outliers, But No Significant Architecture

Christian Schittich

Our Alps form a landscape of impressive beauty that is unique in Europe. They stretch over an area of 191,000 square kilometers, some ninety percent of which is located in Austria, Italy, France, and Switzerland, where the peaks are highest and the mountain pastures lushest. Densely populated Germany also shares in this terrain in the form of a tiny corner made up of a few outliers on the northern edge of the range. However, this area is not marked by the kind of Alpine architecture that has gained international renown. For the most part, this architectural sensibility has not yet penetrated Germany.

Contemporary architecture (and not least residential construction) in regions such as Vorarlberg, Graubünden, and Tyrol continues to be a focus of international architectural discussions and, in terms of the degree of attention it attracts, can certainly be seen as competing with trendsetting cities such as London and Madrid. In this respect, however, the German Alpine region looks fairly bleak. This is illustrated by the results of the internationally renowned Sexten prize for "New Alpine Architecture." Of the sixty-nine prizes and commendations awarded in the last fifteen years, none went to a German project. The situation is also dismal when it comes to international publications, although there have been a few isolated exceptions in the last two decades. But they only deal with two or three single-family homes, a small museum, or a religious building rather than with the typical apartment houses and residential estates that form the focus of this discussion.

The three projects presented in this catalog will undoubtedly go a small way toward righting this imbalance and shifting the German Alpine region into the center of the architectural debate. All three projects are of high quality and represent successful examples of regionally based contemporary architecture. All of them feature modern designs, integrated into their surroundings in terms of material and structure, such that they do not appear to be foreign bodies. However, even these are not characteristic cases of compact residential building that point the way to the future. The architects Götz, Hootz, and Castorph, for example, have designed a luxury residential estate for Bad Hölz (themed "the apartment villa for the 50+ generation") featuring apartments of up to 200 square meters that cost almost as much as those in exclusive areas near Munich.

By contrast, the other two examples—a joint building venture with three semi-detached houses by Bembé and Dellinger in the township of Dießen am Ammersee and a building group in Weyarn—involve small residential estates made up of one- and two-family dwellings. As for the Weyarn project, by Florian Nagler, it is important to note the conscious integration of the hillside—a decisive theme for building in mountain areas—which has resulted in an adroit exploitation of the topography and access points to several of the dwellings from the upper level. At all events, the jury's selection of the three Bavarian projects confirms that there is no characteristic type of residential architecture in the German Alpine region.

Conventionally, a narrow strip of land measuring 11,152 square kilometers that stretches from Lake Constance in the west to Bad Reichenhall in the east and comprises the rural districts of Lindau, Oberallgäu, Ostallgäu, Weilheim-Schongau, Garmisch-Partenkirchen, Bad Tölz-Wolfratshausen, Miesbach, Rosenheim, Traunstein, and the Berchtesgadener Land as well as the urban districts of Kempten, Kaufbeuren, and Rosenheim is regarded as the German Alpine region. It makes up only sixteen percent of the territory of Bavaria and only three percent of the Federal Republic of Germany. Compared to other parts of the Alpine region, it is rather densely settled, with 124 residents per square kilometer, although its largest towns, Kempten and Rosenheim, each have only around 60,000 inhabitants. Despite its small size, this settlement area is highly heterogeneous.

Some of the municipalities in the northern urban districts of the German Alpine region belong to Munich's catchment area and profit from their proximity to the city's dynamic labor market and services. By contrast, other more picturesque locations in the Oberland and the southern Allgäu are mainly devoted to tourism. Still others are currently facing the challenge of shaping new and specific future development perspectives.

Contrary to the tendency exhibited by Germany as a whole, the Bavarian population continues to increase—and apart from Munich, the highest rate of increase is found in the Alpine region. This increase is clearly due to immigration, since natural population growth here, as elsewhere, is negative.
High immigration rates always indicate a high level of attractiveness. This particularly applies to the Bavarian Alpine region. All the same, there are varying reasons for the influx into this region. The municipalities near the Bavarian capital predominantly attract new residents who work in the metropolitan area—including many families with children—whereas mostly elderly persons, often from regions further north, settle in the actual Alpine municipalities at the foot of the mountains—Garmisch-Partenkirchen, Mittenwald, Tegernsee, or Oberstdorf. Naturally, this development affects the settlement structure and housing construction. Most buildings in

← 93

the conurbation municipalities of Munich are residential estates for families with children, such as are also common in other parts of Germany, whereas in many of the true Alpine municipalities (such as Garmisch-Partenkirchen), multi-story dwellings play virtually no role at all (anymore). Those who consciously decide to live near the mountains are more likely to prefer the "Alpine style." That affects not only the design but also the size of the buildings, which is influenced by that of traditional farmhouses. Builders and property developers argue that "apartments in buildings larger than semi-detached houses are simply not marketable." Be that as it may, the prices for building land are already so high in many places that locals, "who mostly have rather poorly-paid jobs," as the building-authority manager in one of the concerned municipalities at the foot of the mountains bluntly puts it, "can no longer afford the building land in their hometowns." The new residential property is thus almost exclusively left to well-off newcomers with their particular concepts of life in the mountains. This situation is fostered by design regulations that stipulate not only the building material, roof pitch, and overhang, but also the size and proportions of buildings. For instance, the local design regulations for Mittenwald demand that structures "accord with the basic features of local construction methods in every regard, e.g. form, scale, relation between dimensions and components, materials, and colors" and lay down all these aspects in detail.

In the German highland, the demand for apartment buildings is met almost exclusively by renovating existing housing stock. There have been times when even some of the currently tourism-based municipalities have seen state-funded residential construction—for instance after the Second World War, when towns such as Berchtesgaden and Garmisch accepted expellees from Germany's former eastern territories. While current immigration is promoting urban sprawl and splinter, the increased economic pressure resulting from it thus also leads to a greater focus on existing building stock. Where multi-story residential buildings are constructed on a larger scale—in the catchment areas of towns such as Kempten or Rosenheim and in the southern conurbation of Munich—they more or less correspond with those in the rest of Germany.

However, Germany is not likely to attract international attention for a particularly innovative approach to residential construction, except with a number of private initiatives or imposing state-funded building projects. Although social structures have been changing substantially in Germany for decades—in both rural areas and large cities—the typical apartment floor plan continues to be tailored almost exclusively to the needs of the average small family, a social unit that is increasingly losing its significance. When it comes to residential space, Germany remains conservative, and because most developers and investors take a low-risk approach (and are strictly oriented by the prevailing demand), innovative residential construction is not readily accepted. The same applies to design. While futuristic design and the latest technologies are accepted without reservation in the automobile and electronics industry or in other building projects, such as railway terminals, museums, and shops, people still trust the tried and tested in the residential building sector. This situation is often reinforced by a jungle of design regulations, ordinances, and technical norms that regulate everything down to the smallest detail and while preventing disastrous slip-ups, also hinder the achievement of aesthetic excellence. Measured against the refreshing and uncompromisingly designed solutions currently seen in Austria and Switzerland, the residential building sector in Germany remains tied to a kind of exalted mediocrity—solid and with an enduring value, at least in a technical sense. Frankly, the slogan of German architecture seems to be: "don't stand out." That also applies to residential buildings on the southern edge of Bavaria. And thus we say: in terms of architectural specificity, the German Alpine region does not exist.

Abitare nelle Alpi

Hansjörg Hilti

Il linguaggio architettonico del Liechtenstein non è riferibile a uno sviluppo nazionale, bensì regionale. Affrontare il tema "L'abitare in Liechtenstein" obbliga quindi a considerare il piccolo paese come parte di una regione più vasta, ove l'approccio progettuale corrisponde a quello svizzero. Con questa premessa, tenteremo allora di descrivere l'evoluzione dell'architettura del Principato negli ultimi cento anni.

Per la sua storia specifica, il Liechtenstein è un paese fondato sull'agricoltura, privo di struttura urbana. Il 90% della popolazione vive nella pianura della valle del Reno o sui lievi declivi ai piedi delle catene montuose, i villaggi sono per lo più situati lungo la direttrice nord-sud, utilizzata già in epoca romana. Originariamente, il Liechtenstein era caratterizzato da paesi in linea o agglomerazioni di tipo sparso nel fondovalle, nonché dal borgo composto da piccoli villaggi del Triesenberg, situato su un terrazzamento della montagna. Solo a Vaduz, capoluogo e dal 1937 residenza della famiglia principesca, ebbe luogo nei secoli 18° e 19° una certa densificazione con una nuova tipologia di edifici amministrativi e di abitazioni per funzionari. Nella "Guida d'architettura" pubblicata dalla Scuola Superiore del Liechtenstein nel 2002, Benedikt Loderer afferma: "Il Liechtenstein ha subìto, in meno di una generazione, la trasformazione da ospizio dei poveri a villa patronale. Ciò si è verificato in un paese giocoforza sprovvisto di un solido substrato culturale, senza l'apporto della città quale luogo di secolare sedimentazione culturale. La povertà storica ha quindi lasciato in eredità solo uno scarno lascito architettonico. [...] Laddove un tempo sorgevano paesi rurali dominati da castelli signorili, vi è oggi un'agglomerazione priva di centro." Ciononostante, lo studio sulla "città intermedia" come fenomeno urbano ha compiuto nel frattempo progressi notevoli e si è dimostrato che le agglomerazioni sono in grado di assumere una nuova forma urbana, anche facendo a meno di un nucleo urbano medioevale. Tentiamo ora quindi di approfondire questi aspetti.

L'epoca del Moderno iniziò nei tardi anni Venti con Ernst Sommerlad, architetto tedesco che introdusse a Vaduz e a Schaan quartieri di ville residenziali con un'interpretazione personale dello stile del Bauhaus. Nel periodo tra le due guerre, gli architetti Sommerlad e Richter diedero notevole impulso all'architettura contemporanea. I quartieri residenziali di ville per facoltosi clienti germanici, costruiti su terreni agricoli di poco valore ma in bella posizione in pendio, diedero loro possibilità di sperimentazione concreta. Altri progetti dell'epoca di spirito rivoluzionario e di rottura con la tradizione rurale sono la costruzione ibrida in metallo e cemento armato dell'"Engländerbau" di Erwin Hinderer del

← 117

1933 nonché alcuni edifici commerciali ed un motel di Sommerlad. Il rifugio "Pfälzerhütte" di Sommerlad, costruito nel 1927 ad un'altezza di 2.111 metri, è un esempio notevole di architettura alpina.

Con la crescita economica postbellica e il benessere conseguito, si rafforzò il rifiuto verso l'angustia dei paesini a sviluppo lineare e delle agglomerazioni rurali, a favore dell'intimità della casa unifamiliare in proprietà. L'aiuto statale erogato grazie alla legge sulla casa di proprietà provocò un'ulteriore dispersione edilizia. Citando a proposito ancora Loderer: "Ne risultò un'esplosione degli insediamenti: dal 1959, in Liechtenstein si è costruito più che in tutte le precedenti epoche assieme a partire dai Romani, in un salto di scala non ancora assimilato." Parallelamente alla costruzione di case unifamiliari, sorsero in quell'epoca anche i primi edifici per appartamenti in locazione, sotto forma di "blocchi abitativi". Variazioni "cubiche" sul tema dell'edificio residenziale pluripiano degli anni '60 e '70 che marcarono l'inizio dell'epopea della casa da appartamenti d'affitto, oggi in gran parte modificati e formalmente rimaneggiati con aggiunta di tetti a due o quattro falde per impermeabilizzarne i tetti piani.

Fu in questa fase di progresso euforico che vennero demolite intere file di case, lasciando spazio all'automobile. I paesi, perso il loro carattere, si adeguarono al *trend* generale delle agglomerazioni europee. Il boom economico plasmò ideologicamente i progetti. Negli anni Sessanta, aree enormi vennero rese edificabili, per una popolazione triplicata rispetto a quella odierna. Secondo l'uso corrente, si definirono zone per l'industria, la residenza, il centro e le strutture pubbliche. I centri abitati vennero riprogettati secondo simili schemi di separazione funzionale. Vaduz, modello esemplare, ottenne il suo asse pedonale di 200 metri di lunghezza e, ad esso parallelo, un asse veicolare varcato da un ponte pedonale. Il progetto del centro, allora sentito come estraneo, è stato oggi realizzato e la maggior parte dei lotti disponibili edificati – la vita rifluisce lentamente nel nostro capoluogo. La netta separazione fra traffico automobilistico e pedonale ha stemperato nel frattempo il suo rigore: i pedoni possono di nuovo attraversare la strada. Ma, in questo piccolo mondo, tracce di queste norme sono ancor oggi visibili negli infelici ponti pedonali e nelle entrate delle autorimesse interrate. La zona pedonale di Vaduz, la "Städtle", è diventata il centro urbano del Paese. Su di essa si affacciano in fila il quartiere museale e amministrativo, il mondo dei negozi e quello bancario.

Dopo due decenni di operosa dispersione urbanistica, per la prima volta lo Stato organizzò un concorso internazionale in controtendenza per "tipologie abitative contemporanee". Bargetze & Nigg, che ne furono i vincitori, realizzarono un complesso di case a schiera e due insediamenti a terrazze. Dei due progetti di case a terrazze uno è stato da poco rinnovato, con gran sensibilità per la sua chiarezza formale e per la materialità del calcestruzzo a vista impiegato. Anche il progetto per abitazioni a schiera a Vaduz si è conservato nello stato originario. Sempre nel 1973 l'architetto di Zurigo Ernst Gisel realizzò a Vaduz un affascinante insediamento di case a schiera *split-level,* completando la serie dei modelli di densificazione edilizia. Sulla scia delle mode internazionali, anche in Liechtenstein nel corso di due decenni si sono visti progetti per grattacieli, regionalismo e postmoderno. L'emergente corrente delle costruzioni in legno dei primi anni Ottanta ha interessato solo sporadicamente gli insediamenti collettivi o multipiano, restando limitata alla casa unifamiliare.

A partire dal 1990, sono sorti alcuni edifici residenziali contemporanei inseriti con sensibilità nel contesto dei paesi storici. Nei quartieri una volta contraddistinti da case unifamiliari, alcune ville urbane e abitazioni a più piani indicano le vie della densificazione futura. Ciò ha rapidamente modificato l'aspetto del Liechtenstein: le case contadine con il tetto a sella che fitte avevano bordato gli assi principali della rete stradale, hanno lasciato il posto, a partire dagli anni Cinquanta, ad edifici cubici per il commercio e l'amministrazione; mentre lo spazio dato al crescente traffico stradale con ondate di demolizioni ha radicalmente deturpato l'omogenea immagine storica dei paesi. Oggi la crescita ha congiunto i paesi, mentre gli edifici amministrativi e commerciali a quattro piani determinano l'immagine della strada. Come elementi caratterizzanti emergono, dal punto di vista architettonico, edifici per la scuola e la pubblica amministrazione, vincitori di concorsi di progettazione. È tuttavia l'edilizia residenziale a rappresentare il mercato più importante e l'ambito principale della ricerca architettonica. Insediamenti come quelli di Ivan Cavegn (vd. libro) a Balzers, il gruppo "La Casa" a Triesen di Silvio Marogg, un complesso di edifici a schiera di Binotto/Gähler a Ruggell o quello in calcestruzzo rosso di Hasler Architekten nel vecchio rione Specki a Schaan, contraddistinguono l'architettura contemporanea nell'edilizia residenziale.

I paesi centrali di Schaan, Vaduz e Triesen costituiscono oggi un'agglomerazione continua. Le arterie principali sono definite da volumi a quattro piani e la densità raggiunge in queste zone circa il 100%, con un indice edilizio di 1,0. Il Paese un tempo fondato sull'agricoltura ha oggi chiaramente il carattere di prestatore di servizi, senza nascondere la sua vocazione industriale: il Liechtenstein ha praticamente tanti impiegati quanti abitanti, e più del 50% dei lavoratori sono pendolari giornalieri transfrontalieri. Questa circostanza deriva tra l'altro dal fatto che il mondo politico non si è ancora espresso sulla libera circolazione delle persone, cosa che non potrà essere rinviata a lungo. Per il forte afflusso migratorio, da un lato, e la carenza sul mercato di lotti edificabili, dall'altro, i prezzi attuali dei terreni per l'edilizia residenziale oscillano tra i 1.000 e i 3.000 franchi svizzeri, ossia tra 700 e 2.000 euro al metro quadro. Quanto basta per rendere inaccessibile l'acquisto dei terreni a chi percepisce un salario normale. La maggior parte dei comuni favorisce la densificazione edilizia su terreni di proprietà comunale, generalmente affidandoli in diritto edificatorio. Questi grandi complessi da 4 a 12 unità abitative vengono affidati attraverso un concorso. I grandi "insediamenti" sono però opera di investitori privati – spesso affidati senza ricorrere a concorsi di architettura. La metà circa della popolazione del Liechtenstein vive perciò in proprietà, e l'altra metà in affitto.

Vale la pena chiedersi se la fortuna economica del Liechtenstein continuerà. A tutt'oggi non vi sono concetti chiari sul futuro che ci attende o almeno sui possibili scenari da prendere in considerazione. Né è stato finora possibile trasmettere alla popolazione l'idea di una pianificazione territoriale positiva. Una legge urbanistica è stata respinta pochi anni fa dal sovrano. Nell'attuale competizione tra aree insediative, sta crescendo però la consapevolezza che uno sviluppo urbanistico fondato sull'idea di una natura incontaminata collegata ad una forma urbana e un collegamento ottimale al trasporto su rotaia della rete europea rappresentano la *chance* territoriale di questo piccolo Paese. La discussione su questi temi è oggi condotta dall'Istituto di architettura e sviluppo territoriale della Scuola Superiore del Liechtenstein. Questa Facoltà di Architettura, orientata alle esperienze internazionali, esercita una notevole influenza sulle decisioni della pianificazione futura. L'onere di concretizzare questi obbiettivi spetta ad una generazione di architetti che nei concorsi, ora naturali in Liechtenstein, consegue ottimi piazzamenti anche a livello internazionale.

L'attività insediativa del Liechtenstein è attualmente dominata dalla pianificazione del traffico, né vi sono avvisaglie di un cambio di rotta verso un futuro di urbanistica sostenibile. Con il mutamento climatico e la carenza di combustibili fossili diverrà tuttavia inevitabile una riflessione e vi sarà impellente bisogno di visioni urbanistiche e architettoniche. Nonostante le poche sperimentazioni attuali, la cultura architettonica di questo piccolo Paese può senz'altro essere definita come contemporanea; se anche non si presenta oggi come un tipico esempio di insediamento alpino, il Liechtenstein può offrire, nell'insieme, un ambiente di vita attraente.

Alpine Living Space

Hansjörg Hilti

The architectural character of Liechtenstein can be traced back to a form of regional rather than national development. Describing Liechtenstein's residential character therefore requires that one view this small country as embedded in the surrounding region—and shaped by planning concepts that correspond to those of Switzerland. With this in mind, the following represents an attempt to describe the constructional development of Liechtenstein over the last hundred years.

Historically, Liechtenstein was an agricultural country without an urban structure. Ninety percent of the population used to live on the Rhine Valley plain or on the lush slopes below the mountain ranges. For the most part, villages were arranged along the north-south route that dates back to Roman times. Originally, Liechtenstein consisted of a series of single-street and clustered villages in the valley areas and the hamlet of Triesenberg, which is located on a mountain terrace. Only the principal town of Vaduz—since 1937 also the residence of the royal family—achieved an urban level of density in the eighteenth and nineteenth centuries as a result of a new type of construction used for administrative buildings and housing for functionaries. In an architectural guide to Liechtenstein published in 2002 by the national university, Benedikt Loderer wrote: "In less than a generation, Liechtenstein was converted from a poorhouse to a luxurious villa—and this in a country that had to make do with a relatively narrow cultural base. It lacked the phenomenon of the city as a locus of centuries of cultural accumulation, and its history of poverty left behind only a modest architectural legacy. [...] Where there were once peasant villages dominated by the castles of the nobility, we now find an agglomeration without a center." In the meantime, the Zwischenstadt—or urban sprawl—as an urban-development phenomenon has been extensively investigated, and we now know that agglomerations can develop a new type of urban character, even without a connection to medieval town centers. In the present context, it is worth examining this background once again.

In Liechtenstein, Modernity began in the late 1920s, when the German architect Ernst Sommerlad created the villa quarters in Vaduz and Schaan, based on his interpretation of the Bauhaus style. During the interwar period, the architects Sommerlad and Richter established a new building style in Liechtenstein. These villa quarters, which were built on agriculturally worthless land in attractive hillside locations for well-off German clients, were their experimental field. This tendency to break out of the rural tradition also included projects like the so-called Engländerbau, a hybrid steel and concrete construction built by Erwin Hinderer in 1933, as well as a number of commercial premises and a motel building by Sommerlad. A particularly impressive example of Alpine architecture is Sommerlad's Pfälzerhütte mountain house, which was built in 1927 at a height of 2,111 meters above sea level.

The economic boom following the Second World War and the prosperity it engendered also gave rise to the slogan: out of the cramped one-street and clustered villages and into a cozy home of one's own. The ensuing uncontrolled development was given a further boost by the state support provided under the law for owner-occupied dwellings. As Loderer puts it, "[t]he result was a settlement explosion. From 1959 onwards, there was more construction in Liechtenstein than in the entire previous period since the Romans—a leap of scale that has not yet been digested." Apart from single-family dwellings, this period also saw the construction of the first rental apartments in the form of "apartment blocks." These cubic variations of multi-story apartment buildings from the 1960s and 1970s represent the beginning of the era of rental apartment construction. Since that time, most of these buildings have been modified in form, with gables and hipped roofs added to cover leaky flat roofs.

During this phase of euphoric faith in progress, entire streets of houses were torn down. Space was made for cars. The villages surrendered much of their character and followed the general European trend towards agglomerations. The economic boom also had an ideological impact on architectural planning. In the 1960s, enormous building zones were created to house three times the current population. Industrial, residential, core, and public zones were defined in accordance with prevalent models. Similar models were used to generate new functional designs for village centers. As a prime example of this trend, Vaduz was provided with a two hundred meter long pedestrian axis and a parallel vehicle axis spanned by a pedestrian bridge. The plans for the town center, which at the time seemed somewhat alien, have now been implemented. Most of the gaps between buildings have been closed, and life is slowly returning to our main town. Vehicle and pedestrian traffic is no longer separated as strictly as it used to be, and pedestrians are now permitted to cross the road directly. Nevertheless, traces of the original concept remain visible in this small cosmos in the form of unsightly pedestrian overpasses and entrances to underground parking lots. The pedestrian zone of Vaduz's Städtle has developed into the country's urban center and is flanked by the museum and government quarter and the country's business and banking headquarters.

Following two decades of energetic urban sprawl, an international competition for "contemporary residential typologies" represented the first sign of the government's desire to counteract this uncontrolled development. The competition winners, Bargetze & Nigg, subsequently built a row-house estate and two terraced housing clusters. One of the latter, which features a clear formal vernacular in exposed concrete, was recently carefully renovated. A row-house project in South Vaduz has also been maintained in its original form. Also in 1973, Ernst Gisel from Zurich realized an exciting split-level row-house estate in Vaduz, thereby completing the series of models for denser residential construction. Following prevailing international trends, Liechtenstein was also shaped by high-rise buildings, regionalism, and Postmodernism over a period of two decades. The increasing popularity of wooden construction in the early 1980s was reflected in isolated cases of multi-story dwellings and housing estates, but was most evident in the design of single-family houses.

From 1990 onwards, a number of contemporary residential buildings were carefully embedded in the old village structures. In the former single-family housing districts, a number of city villas and residential apartment buildings pointed the way to a future of higher-density living. The image projected by Liechtenstein rapidly took on a new form. As of the 1950s, the gable houses from the rural past that had densely lined the main traffic axes were intermingled with cubic commercial and office buildings; a series of demolition waves created space for the increasing car traffic, thereby radically destroying organically developed, homogeneous village structures. Today, these villages are growing together, and streetscapes are now shaped by four-story office and commercial buildings. Schools and other public buildings that are a result of architectural design competitions determine their character. However, residential construction remains the big market and is also undergoing architectural experimentation. Housing estates such as those in Balzers by Ivan Cavegn (see book), the "La Casa" group in Triesen by Silvio Marogg, a row-house estate in Ruggell by Binotto/Gähler, and the red concrete group in the old village area of Specki in Schaan by Hasler Architekten are all representative of contemporary approaches to residential construction.

Today, the central villages of Schaan, Vaduz, and Triesen form a single agglomeration. The main roads are lined by four-story structures and have a building density of around 100 percent, i.e. an occupancy rate of 1.0. Liechtenstein, as a former agricultural country, has now clearly become a country of industry and services. It has almost as many jobs as inhabitants, and more than fifty percent of the employees commute from the surrounding regions every day. That is partly due to the fact that freedom of residence is still restricted by politics. However, this policy will probably not be tenable in the long term. Because of increased immigration on the one hand and a restricted property market on the other, the price of land per square meter for residential construction now ranges between 1,000 and 3,000 Swiss francs or 700 and 2,000 euros, so average wage earners can no longer afford to buy land. Most municipalities promote dense residential construction on their own properties, which they normally

← 117

lease for building. Competitions are held to design the housing estates, which often consist of four to twelve residential units. However, the largest estates are built by private investors who usually do not conduct architecture competitions. As a result of this situation, roughly half of Liechtenstein's population now lives in owner-occupied properties, while the other half lives in rented apartments.

Whether Liechtenstein's economic success will prove sustainable remains to be seen. As yet, there are no clear concepts that seem capable of anticipating the future or at least of presenting possible scenarios. The idea of positive regional development has still not been made accessible for the population. Only a few years ago, a regional planning law was rejected by the sovereign. However, in the face of competition from other locations, there is a growing awareness that regional development which combines the protection of the natural environment with a certain degree of urban character and good rail connections to the European railroad network offers the best prospects for this small country. The Institute of Architecture and Planning at Hochschule Liechtenstein is presently leading a discussion about such development. This internationally oriented architecture faculty has a decisive influence on the debate concerning the future of the region. Shaping this future is incumbent upon a generation of architects who are making their mark in the international competition scene that has become a matter of course in Liechtenstein.

At present, residential building in Liechtenstein is dominated by transport planning issues, and a reorientation towards sustainable urban development is not yet in sight. However, climate change and the shortage of fossil fuels make it inevitable to rethink such issues and necessitate new residential planning and architectural ideas. At the moment, there is little experimentation in this field, although the building culture of this small country can certainly be characterized as contemporary. On this note, while not a paradigm of contemporary Alpine architecture, Liechtenstein is, all in all, an attractive place to live.

Braghe di cuoio in naftalina

Il costruire alpino al passaggio dall'architettura all'urbanistica

Wojciech Czaja

Zuppa di pane, ravioli rustici di magro, e per finire, un bicchierino di grappa al cirmolo. Così si gode un bel pomeriggio estivo sulla terrazza del ristorante Alpbacherhof. Il panorama è sconfinato, come del resto il piacere dato dall'assortimento enogastronomico regionale. Lo sguardo si libra su prati e boschi, scivola lontano verso valle, catturato nuovamente dal pendio montano del versante opposto, dove in verdi pascoli rigogliosi prosperano non solo erbe e piante da fieno, ma anche casette unifamiliari, masi, baite. Attra-versato da minuscole stradine, tanto ripide e sinuose da non potersi quasi immaginare di percorrerle, il quadro paesaggistico che ci si dischiude emula una cartolina, certo romantica, ma a ben vedere si riduce ad una convulsione di cubetti, come in un eccesso di tosse, dal dubbio valore architettonico e senza struttura.

Alpbach, piccolo borgo montano al centro del Tirolo, nel 1983 fu eletto da un concorso televisivo del canale nazionale come "il più bel paesino d'Austria". Da allora il Comune di 2.500 anime, fregiandosi dell'alloro della fama televisiva, riesce ad attirare intorno ai 50.000 turisti l'anno. Le norme edilizie sono inflessibili e non ammettono eccezioni nel rilascio dei permessi. Per la costruzione di case e alberghi prescrivono – non senza orgoglio – l'osservanza allo stile tradizionale del posto: facciate in legno, balconi fioriti, e a coronamento un tetto a capanna. Qualcuno vi aggiunge anche *Lederhose,* le tipiche braghe corte in cuoio.

Effettivamente, tra i numerosi edifici del pendio che si stende di fronte è ben difficile dire se si tratti di nuove o vecchie costruzioni. L'età in rari casi si distingue solo dal colore delle tavole in legno chiaro, giallo miele, che risaltano per freschezza dal *potpourri* del costruito. In pochi anni anche questa fievole traccia della recente fattura sbiadirà con le intemperie.

"Noi sappiamo come leggi, regolamenti e prescrizioni in materia non discendano altro che dagli esiti di processi storici, cioè dalle loro forme esteriori" ha sostenuto il teorico d'architettura austriaco Friedrich Achleitner in una conferenza tenuta ad Innsbruck nel 1994. Con l'indice levato, intende dire, questa forma di architettura mette mano allo sfacelo del costruire, per ricementarlo in una dolce glassa etico-rurale. Vanamente: "Ogni tentativo di regionalismo cade nella trappola dell'interpretazione formale che risulta culturalmente stagnante o svilente".

È questa l'architettura alpina austriaca? Sarebbe un ben triste capitolo di questo libro.

Proprio al contrario invece: grazie al continuo impegno di molti architetti ed urbanisti, e molti sindaci e committenti, dopo parecchi decenni di stallo si è finalmente diradata quella nebbia che offuscava la cultura architettonica, privilegiando lo pseudoantico al nuovo. Con l'eccezione di pochi comuni turistici, aggrappati spasmodicamente al quadretto storico e storicizzante dell'immagine locale, nelle Alpi il costruire vive un nuovo slancio creativo. Se prima si operava per prototipi, sulla superficie di un'immagine precodificata, oggi si è tornati a dare un maggior riconoscimento all'architettura contemporanea, considerata più vitale e plurale. Il presente non viene più solo pazientemente tollerato. Lo si esige.

"Si continua a parlare di ambiente alpino, ma esaminando il concetto più da vicino, si giunge alla conclusione che un territorio alpino omogeneo e coerente non esiste affatto", dice l'architetto Dietmar Eberle dal Vorarlberg. "Ben diversa era l'accezione delle montagne nella storia dell'umanità, rispetto a come le viviamo oggi, non certo un qualcosa che unisce ma un qualcosa che divide il più profondamente." In ognuna delle singole valli, le diverse condizioni climatiche e topografiche, ma anche sociali, politiche ed economiche, hanno portato a differenti tipologie costruttive. Chi oggi costruisce nelle Alpi, dovrebbe essere consapevole di questo universo di contrasti. "Ogni territorio, specie se ancora circoscritto e isolato, ha peculiarità culturali proprie e una propria vicenda costruttivo-architettonica", continua Eberle. "A noi architetti spetta il compito di riannodare queste specifiche tradizioni alle nuove conoscenze oggi a nostra disposizione. La trascrizione pedissequa del preesistente non ci appartiene."

Come si può manifestare concretamente un tale processo, che esiti può produrre? "Sono convinto che per avvicinarsi al costruire in montagna, bisogna lavorare sui materiali", spiega Herrmann Kaufmann. "I materiali edilizi utilizzati tradizionalmente, in definitiva sono il legno e la pietra. Con i quali, compresi i loro derivati come ad esempio cemento e calcestruzzo, si può fare molto." Nel complesso residenziale di via Hofsteig, da lui progettato a Wolfurt, trova applicazione il tipico assemblaggio di materiali della nuova architettura del Vorarlberg, come da programma: cemento faccia a vista e legno grezzo a taglio di sega. In facciata, brusco passaggio materico, dal ruvido elemento rinnovabile alla struttura massicci, ha una giustificazione. Vicino alla casa, sul lato est, passa una condotta dell'alta tensione. "Come schermatura, il committente richiedeva una parete massiccia in cemento armato. Benché l'effetto elettromagnetico di questa protezione sia difficilmente verificabile, il risvolto psico-logico si tocca con mano. Gli acquirenti si sono tranquillizzati."

Per Kaufmann il progetto rappresenta, e non è un aspetto secondario, un omaggio ai predecessori:

← 133

"La vecchia falegnameria che qui sorgeva in precedenza non viene rimpianta con nostalgia. Il vuoto lasciato lungo la strada orlata di case in tipico stile della Rheintal (la vallata del Reno nel tratto alpino), è colmato con discrezione dal nuovo edificio." Sarebbe stata possibile una soluzione tanto sensata da apparire spontanea, come questa, con gli strumenti di un'architettura regionalista "dall'indice alzato", come la definisce Achleitner? La domanda si perde nella sua stessa retorica.

In tutt'altro contesto, il complesso abitativo Alberschwende si inserisce armonicamente nella cornice paesaggistica. L'erba fa venir voglia di morderla e la scultura in legno, abitabile, è di una bellezza che sembra non essere costata fatica, cosìche osservandola si ha l'impressione sia qui da sempre. "A causa dell'esposizione sul pendio, il volume in sé modesto di 12 alloggi risulta invece grande e possente" dice Daniel Sauter dello studio di progettazione *km architektur.* "Per questo mi è sembrato importante collocare l'edificio in modo silenzioso sul terreno. Un linguaggio architettonico sopra le righe in questo caso non sarebbe stato affatto opportuno."

L'adattamento al contesto dato raggiunge il culmine nel complesso abitativo sulla Sebastianstraße a Dornbirn-Oberdorf. Rifacendosi alle costruzioni vicine, canute e sagge, l'intero edificio è impacchettato in un manto di scandole in larice. Rispettosa ma non accondiscendente, l'architettura nonostante il linguaggio autonomo si accosta amorevolmente ai suoi predecessori del XVIII secolo. "Costruire nelle Alpi nonostante tutto significa costruire con riguardo verso ciò che ci sta vicino", dice l'architetto Christian Lenz. "Al contrario dell'ambiente urbano, la dimensione alpina è nella maggior parte dei casi così minuta e stretta che troppa eterogeneità probabilmente priverebbe la struttura del costruito del suo ultimo legante e la scompiglierebbe ancor più di quanto già non sia."

Non tutti condividono queste considerazioni. Baumschlager ed Eberle, Johann Obermoser e *henke schreieck architekten,* per citare solo alcuni degli esempi presentati in questo libro, voltano coscientemente le spalle alla questione dei materiali. "Il costruire dipende da diversi fattori, nelle Alpi come altrove", spiega la architetto viennese Marta Schreieck. "Si tratta di contesto, di topografia, di atmosfere. Attenzione e coerenza sono sempre un approccio fondamentale, non importa dove si costruisca. Non saprei proprio perché qui si dovrebbe operare diversamente."

Questo atteggiamento critico è reso esplicito nel centro per l'innovazione medica Eduard-Wallnöfer (EWZ) progettato a Hall da *henke schreieck*. Atmosfere definite da calcestruzzo a vista, vetro e acciaio. Parapetti in lamiera forata e piegata connotano la pelle esterna. Delle montagne circostanti l'edificio non vuol saperne, rivolge la sua attenzione piuttosto verso il luogo, si concentra sul programma spaziale e funzionale, offre un immagine che si può definire urbana nel senso più alto del termine. "Penso che il Moderno abbia introdotto molte funzioni e tipologie costruttive, delle quali nelle Alpi non esisteva ancora alcun precedente", dice Schreieck. "È molto semplice: nuove forme edilizie richiedono nuove soluzioni."

Torniamo alla convulsione di tosse dei cubetti di Alpbach, in gergo tecnico definito – città diffusa. È il campione dei molti altri boccheggianti, rigurgitanti e gracchianti sintomi patologici dell'arco alpino austriaco, dall'alto distretto della Rheintal al profondo della Stira. Perché dal quadro che si delinea alla luce di tutte le questioni poste e delle risposte ottenute, si chiarisce come lo specifico *abitare nelle Alpi* abbia poco a che fare con l'architettura e molto con l'urbanistica e la politica regionale. "Se oggi le regioni alpine sono devastate e deturpate dal costruito, la responsabilità non va attribuita alle amministrazioni centrali di Berna, Monaco, Torino, Milano, o Vienna", aveva sancito Friedrich Achleitner nella sua conferenza di 15 anni fa, "ma piuttosto alle scelte locali scaturite dai conciliaboli comunali. Bruxelles è arrivata tardi, ormai abbiamo cementificato le nostre vallate montane con un alacre lavoro fatto in casa."

Il tempo passa, e la problematica è chiara come mai prima. "La dispersione urbana delle regioni alpine, di fatto, è un problema gravoso", aggiunge Dietmar Eberle con l'ottica odierna. "A causa della rarefazione degli insediamenti, non esiste più una vera comunità. Sbaglia di grosso chi pensa si tratti di un problema superfluo che riguarda solo gli specialisti. Se ne accorgeranno i singoli piccoli costruttori di prime case quando un giorno scopriranno increduli che il valore del loro immobile è di molto inferiore agli investimenti sostenuti. Parliamo di strutture insediative senza la minima prospettiva di attrazione. Costruendo in modo tanto disseminato e slegato – e questo è un dato di fatto – le persone non fanno nulla di buono, né per sé né per la società."

A seguito della trasformazione demografica che sta attraversando l'Austria, e della crescente concorrenza economica tra le valli, ne è convinto l'architetto, molte di queste di vallate oggi abitate verranno abbandonate. "Non è una novità, si è già verificato più volte nella storia,e si ripeterà. Per questo sostengo strenuamente solo forme di insediamento che in virtù della loro densità, permettano di generare comunità."

È questa l'architettura dello spazio alpino austriaco? Sì, questa è. Dopo essere riusciti negli ultimi decenni, a ripensare da zero i criteri formali della cultura architettonica, sostituendo la divisa regionalistica dei *Lederhosen* con un critico dibattito contemporaneo tra politici, committenti e tecnici progettisti, il cos-truire alpino oggi si trova di fronte a una nuova sfida. Ora si tratta di riformare i nostri modelli di vita ed insediativi. Iniziative come *vision rheinland, Tirol City* e il Premio per la cultura del costruire Landluft, assegnato per la prima volta l'anno scorso, puntano nella direzione giusta. Giù in un sorso, il bicchierino di grappa al cirmolo, così si fa. Che l'impresa possa riuscirci.

Lederhosen Are So Yesterday!

Alpine Building Culture at the Intersection of Architecture and Regional Politics

Wojciech Czaja

Pretzel soup and cream-cheese ravioli finished off with a stone-pine schnapps—the ideal way to spend a summer afternoon on the terrace of the Alpbacherhof restaurant. The region's traditional dishes and beverages seem all the more delicious when sampled in view of the wonderful panorama that stretches out in front of the terrace. The eye wanders over meadows and forests, floats across the valley, and comes to rest on the mountainside opposite, where the succulent, green pastures are not only thick with grass and livestock feed, but also dotted by single-family homes, farmsteads, and huts. This landscape, interconnected by tiny paths so steep and serpentine that it is hard to imagine actually walking along them, is certainly romantic and postcard-friendly but, regarded with a critical eye, it ultimately amounts an architectural disgorgement devoid of any structure.

In a competition hosted by the television broadcaster ORF in 1983, Alpbach, a small mountain village in the middle of Tyrol, was selected as "Austria's most beautiful village." Today, this community of 2,500 inhabitants continues to advertise itself with this media seal of approval to attract around 50,000 tourists every year. No wonder. Building regulations in Alpbach are rigorous, and all building proposals must be lodged with the authorities without exception. There is a sense of pride in the strict building code enforcement. All new residential buildings and hotels must conform to the traditional Alpbach style: wooden facade, flower-decked balcony, and gabled roof. Some say that lederhosen are also *de rigueur*.

Looking at the array of buildings on the hillside opposite the village, it is difficult to say whether they are old or new. In some cases, a building's age is only betrayed by the light honey-yellow wooden slats that flash youthfully amidst the structural potpourri—a last indicator of its genesis, which in a few years will also have faded and weathered.

"We know that the relevant laws, regulations, and provisions are based exclusively on historical processes, that they have been derived from the manifestations of these processes," stated the Austrian architectural theorist Friedrich Achleitner in a lecture held in 1994 in Innsbruck. This form of architecture, he argued, represented a kind of moralistic finger-wagging at constructions that had got out of control. It was, in effect, an attempt to re-establish some sense of coherence by dousing everything in a treacly, ethical-rural coating. However, such efforts were in vain: "Every attempt to act in a regionalist manner falls into the trap of formal interpretation, which usually has a stagnatory or flattening effect in cultural terms."

Does this describe the architecture of the Alpine region? If so, it would make for a sad chapter in this book.

In fact, the situation is quite the contrary. Thanks to the energies of many architects and regional planners, mayors and developers, the fog of a building culture in which the pseudo-old is preferred to the new has finally cleared after many decades of stagnation. With the exception of a small number of tourist towns that still cling stubbornly to their historical and historicizing townscapes, building in the Alps is undergoing a revival. Where, earlier, emphasis was placed on the prototypical outside surface and the expected impression, contemporary architecture is more differentiated and, above all, more vital and varied. The present is not merely tolerated in silence, but claimed.

"People often talk about the Alpine region, but if you take a close look, it becomes clear that this supposedly homogenous and cohesive Alpine region does not in fact exist," says the Voralberg architect Dietmar Eberle. "In contrast to what we experience today, mountains have historically not connected people, but radically separated them." In each individual valley, different climatic conditions, topographies, and forms of social, political, and economic development led to equally different building typologies. Anyone building in the Alps today needs to be aware of how rich in contrasts this world is. "Every region, especially if it is small and remote, has its cultural specificities, its own architectural genesis," says Eberle. "The task for us architects is to link these specific traditions with the knowledge we have at our disposal today. Mindless copying of existing things does not count as part of such a process."

What might such a process and its result look like in concrete terms? "I am convinced that we must approach building in the mountains in terms of material," explains Hermann Kaufmann. "The traditional building materials are wood and stone. A lot can be accomplished with these—and also with derivatives such as cement and concrete." The Hofsteigstrasse housing complex designed by Kaufmann in Wolfurt features what is probably the most typical combination of materials associated with the new Vorarlberg: exposed concrete and raw wood. The abrupt change in the facades from renewable raw material to solid structure is for a good reason. The eastern side of the site is close to a high-voltage power line. "The developer asked for a solid wall of reinforced concrete to provide a shield. Although the effect of such measures on electromagnetic radiation has not been scientifically proved, the psychological aspect cannot simply be discounted. Buyers' concerns have been allayed."

For Kaufmann, the project, in a sense, also bows to the buildings that were already there. "The old joinery that used to stand here is not really missed. The new building inconspicuously fills the gap in a street lined with Rhine Valley houses." Would such an illuminating, indeed self-evident, solution have been possible with what Achleitner characterizes as finger-wagging regionalist architecture? The question is merely rhetorical.

The Alberschwende housing complex also fits harmoniously into the surrounding landscape. Surrounded by a lush carpet of grass, this inhabitable wood sculpture exudes such an easy beauty that it gives the impression of having always been there. "On the exposed slope, even a small structural cube made up of twelve residential units appears large and dominant," says Daniel Sauter from *k_m.architektur*. "For this reason, I regarded it as important to place the building on the plot as 'silently' as possible. A loud, screeching architectural style would not have been appropriate."

When it comes to adapting to local conditions, another highlight is the Sebastianstraße housing complex in Dornbirn-Oberdorf. In a reference to its extremely old neighboring houses, the entire building is mantled in larch wood shingles. In spite of its specific formal vernacular, the architecture nestles among its material forerunners from the eighteenth century, respectfully but without attempting to curry favor. "Building in the Alps is not least about building with respect for the immediate neighborhood," says architect Christian Lenz. "In contrast to the urban environment, the Alpine region is divided into small sections and, in most places, so tightly packed that too much structural heterogeneity would probably destroy the last vestiges of coherence and tear it apart even further than it already is."

This point of view is not shared by everyone. Baumschlager Eberle, Johann Obermoser, and henke schreieck architekten—to name just a few of the examples presented in this book—all confidently ignore the question of materials. "Building in the Alps depends on just as many factors as building anywhere else," explains the Viennese architect Marta Schreieck. "It's about environment, it's about topography, it's about atmosphere. Care and rigor are fundamental everywhere, irrespective of where you are building. I don't see why there should be a need to differentiate in this respect."

The Eduard Wallnöfer Center for Medical Innovation (EWZ) in Hall provides a clear expression of the critical attitude of its originators. The ambiance is shaped by exposed concrete, glass, and steel. The exterior is finished with tilted, perforated metal sheeting. The building has no interest at all in the surrounding mountains, but is oriented to its immediate location, its spatiality and functionality, and offers a form that can be termed "urban" in the best sense of the word. "I think that, in the course of modernity, many uses and building typologies emerged for which the Alps had no precedents," says Schreieck.

← 133

"It is quite simple: new forms of building demand new solutions."

The Alpbacher disgorgement, referred to in the jargon as "uncontrolled development," is representative of many other gasping, puking, and rasping symptoms in the Austrian Alpine region—from the outer reaches of the Rhine Valley to deep inside Styria. When all questions have been asked and all answers given, the picture that emerges suggests that the specific *Alpine living space* has less to do with architecture than with regional planning and politics. "If the Alpine regions have been spoiled, it is not because of the central authority offices in Berne, Munich, Turin, Milan, or Vienna," argued Friedrich Achleitner in his lecture over fifteen years ago, "but in the small decisions made at the municipal level. Brussels is too late. Our mountain valleys have long been covered by solid local work."

Time is passing, and the problem has become more evident than ever before. From a contemporary position, Dietmar Eberle thinks, "[u]ncontrolled development in the Alpine regions is actually a very serious problem. The fact that settlement is so thin means that no public sphere is developing anymore. Anyone who argues that this is a luxury problem that only concerns the architectural world is mistaken. Whoever builds their own small house is confronted with this problem when, one day, they are astonished to find that its resale value is far lower than the original investment. We are dealing here with development structures that have no prospect of generating anything attractive. Fragmented and incoherent building—and this is a fact—is not doing anything positive for individuals or the society."

In the context of the demographic changes taking place in Austria and the increased economic competition between the valleys, the architect is convinced that a whole series of settled village communities will soon have to be broken up. "That is nothing new. It has often happened throughout history, and it will happen again. For this reason, I advocate that, even in the high-altitude areas, we exclusively create residential forms with a density that lends them the capacity to generate a sense of public sphere."

Is this the typical architecture of the Austrian Alpine region? Indeed it is. Recent decades have seen a rethinking of the criteria governing the form and culture of building. A critical discussion in keeping with the times between politicians, developers, and specialist planners has successfully overcome the strictures of the regionalist lederhosen uniformity, and Alpine building today is facing a new challenge. The task is now one of reforming the prevailing culture of living and settlement. Initiatives such as *vision rheinland, TirolCITY*, and the *Landluft-Baukulturpreis*, which was first awarded last year, are all moves in the right direction. It would seem appropriate, by way of conclusion, to down a glass of stone-pine schnapps, as is the custom here, and wish this project every success.

Domizil: Die Alpen. Werden wir langsam normal?

Chancen für eine neue slowenische Alpensaga

Miha Dešman

Die dunkle Nacht beschloss den Kampf, es ruhten
die Männer hier und Wetterwolken oben,
der Triglav strahlt im Gold der Morgengluten,
als graues Haupt der Gletscher Krains erhoben,
still liegen des Woheiner Sees Fluten,
spurlos verschwand des äußern Sturmes Toben,
nicht ruht der Welse Krieg im Wasserschlunde,
und and're Räuber kämpfen tief im Grunde.

Auszug aus: France Prešeren, Die Taufe an der Savica (Krst pri Savici), 1835
übersetzt von Franc Vidic (1901)

1. Ist Slowenien ein Alpenland oder nicht? Ist es Teil der Lederhosen-Familie? Natürlich ist es das – es besitzt seine eigene Version der Heidi-Geschichten als Teil seiner Mythologie, und es ist auch ein Land des alpinen Klettersports, des alpinen Skifahrens und in letzter Zeit auch der alpenländischen Turbo-Folk-Musik.

Trotz seiner geringen Größe wird Slowenien von verschiedenen, widersprüchlichen Identitäten geplagt. Es war schon immer Teil des Mittelmeerraums, zwischenzeitlich des Balkans und des öden Osteuropas, seiner Steppen und Ebenen, und heute wie damals ist es ein Teil von Mitteleuropa. Natürlich hat das mit seiner geografischen, topografischen und geopolitischen Lage zu tun. Die Alpen erstrecken sich praktisch bis zur Küste hinunter, und es entsteht ein Raum, der gleichzeitig alpin, mediterran und Teil des Balkan ist – nirgendwo sonst treffen die romanische, die germanische und die slawische Welt aufeinander. Auf der symbolischen Ebene ist das beste Sinnbild dieser dreifachen Nahtstelle der Prešeren-Platz in Ljubljana, der unserem größten Dichter gewidmet ist und als das symbolische Zentrum von Ljubljana und Slowenien gilt. Der Blick vom Platz gen Norden wird schließlich von den Alpen begrenzt; den Fluss überspannt die Dreifachbrücke von Plečnik, die an Venedig erinnert. Und die Slawen werden durch eine Dichterstatue auf einem Sockel repräsentiert France Prešeren, der in die Ferne blickt, zum Fenster, an das sich Julija, seine unerwiderte Liebe, lehnt.

Julija ist das Symbol der bürgerlichen Kultur, der Ordnung und Angepasstheit. Prešeren dagegen ist ein Bohemien, er zweifelt und träumt, eine richtige slawische Seele. Und genau zwischen diesen beiden Rollen oszilliert die slowenische Identität bis heute. Unter der Oberfläche der Konformität rumort es, die anästhesierte Welt des Westens verschmilzt mit dem ungezähmten Geist des Balkans. Darin liegt sowohl ein Fluch als auch das größte Potenzial, eine charakteristische Identität zu entwickeln – auch eine architektonische.

2. Eine Deutung der heutigen nationalen Identität sowie der slowenischen Architektur muss die Erfahrung des Zusammenbruchs des soziopolitischen sozialistischen Systems in den frühen 1990er Jahren und die anschließende Zeit des Übergangs berücksichtigen. Wir alle, die wir unsere Kindheit und Jugend im Sozialismus verbracht, darin jedoch nie eine aktive Rolle gespielt haben, da er vorbei war, bevor wir das Erwachsenenalter erreicht hatten, definieren uns irgendwie über diese Erfahrung. Ich spreche über die Erfahrung eines „Davor" und „Danach", über die Erfahrung des Draußenseins (aus Europa, aus der Alpenfamilie) und des Drinnenseins.

Der Übergang der Gesellschaft zur Normalität konnte sich natürlich nicht ohne unerwünschte Nebenwirkungen vollziehen. Er brachte den Niedergang des kulturellen und sozialen Raums mit sich, der in der Endphase des alten politischen Systems, während des Unabhängigkeitkampfes und unmittelbar nach der Gründung des neuen Staates, zur Blüte gelangt war. Soziale Sensibilität und Solidarität, das Streben nach dem Gemeinwohl, ein betonter Multikulturalismus, Antimilitarismus und das Gedankengut des New Age, die alle für das kulturelle Leben dieser Zeit charakteristisch waren, sind ersetzt worden durch Individualismus, Hedonismus, zahlreiche das Spektakel liebende Retro-Avantgarde-Bewegungen, grelle Alternativkultur, Extremsportarten, Extremdiäten und auch Extreminvestitionen.

Tatsächlich ist das größte existenzielle Problem in Slowenien das Fehlen eines gemeinsamen Bewusstseins, der Glaube an die öffentliche Hand und die Toleranz gegenüber einem ungehemmten Individualismus und Eigennutz, den nichts außerhalb seines winzigen eigenen Umkreises interessiert: Jeder Slowene will sein eigenes Haus auf seinem eigenen Grundstück in einem Vorort oder auf dem Land. Was diese bestimmte Wohn- und Eigentumsstruktur angeht, sind wir Slowenen die Nummer 1 in Europa. Es gibt keinerlei Stadtplanung, die Landschaft wird mit Tausenden und Abertausenden von frei stehenden Häusern in schlechter architektonischer und Wohnqualität verbaut. Diese Katastrophe wird noch durch eine andere verschärft: durch die völlige Zersplitterung von Politik und Verwaltung – es gibt Hunderte von winzigen Gemeinden mit eigenen Bürgermeistern, die über ihr jeweiliges Territorium herrschen. Jede dieser Gemeinden baut also ihre eigenen Industrie- und Gewerbegebiete, und Einkaufszentren großer Ketten schießen in jeder einzelnen Stadt wie

← 181

Pilze aus dem Boden. Jede dieser Gemeinden verfolgt auch ihre eigene Raumpolitik, in der der Handel mit Flächen blüht und das Geschäft gut läuft, besonders wenn es darum geht, landwirtschaftliche Flächen in Bauland umzuwandeln.

Die Begeisterung über die schöne neue Welt des Kapitalismus, die Universalität der Marktwirtschaft und die Globalität des Internets spiegelt sich im allgemeinen Niveau der Architektur wider, die pluralistisch, unempfindlich gegenüber globalen Problemen und oberflächlich geworden ist. Aber es gibt auch ein Gegenbild zu dieser pessimistischen, wenngleich realistischen Analyse: Es wird auch hervorragende Architektur, auch Architektur mit bahnbrechenden Lösungen in internationalem Maßstab gebaut. Gerade auch durch diese Situation des Laisser-faire entstehen Gelegenheiten zum Experiment, zum Unkonventionellen, sogar zu außergewöhnlichen Leistungen, die anderswo aufgrund der Restriktionen einer normierten Umwelt nicht möglich wären. Deshalb ist sind meine Bewertungen nicht eindeutig positiv oder negativ: Auf jede Kritik folgt ein Lob und umgekehrt.

3. Für eine Architekturszene, die erst seit einer relativ kurzen Zeit zu bestehen scheint (seit der Gründung des unabhängigen Staates Slowenien im Jahr 1991), hat die slowenische Architektur ein überraschend umfangreiches und reifes Œuvre hervorgebracht, darunter auch Werke mit alpinem Charakter, besonders wenn man sich auf die größten kreativen Leistungen konzentriert, wie es bei dieser Ausstellung geschieht. Umso mehr erstaunt die Tatsache, dass diese Reife schon von Anfang an da war. Bedenkt man jedoch die reiche Architekturtradition Sloweniens, ist auch dies nicht weiter verwunderlich: Sie setzte mit Architekten ein, die schon vor dem Ersten Weltkrieg zu arbeiten begannen und zu Berühmtheit gelangten, wie Fabiani und Plečnik, und wurde in der Nachkriegszeit vom slowenischen Modernismus des von skandinavischen Vorbildern inspirierten Edvard Ravnikar und seiner Schule fortgesetzt.

Doch die Situation ist noch weit vom Idealzustand entfernt. Im Moment kann nicht die Rede davon sein, dass Slowenien eine konsequente alpenländische Architektur oder aber eine Kultur des Wohnens hervorgebracht hätte. Die Schweiz, Vorarlberg, Nord- und Südtirol sind für uns – jedenfalls dem Anschein nach und sicherlich zum momentanen Zeitpunkt – ein unerreichbares Ideal. Das bedeutet nicht, dass ich für irgendeine Art von Bevormundung plädiere; in der Vergangenheit besaß Slowenien ja schon eine alpenländische Architektur und auch eine Kultur des Wohnens, und was die Gegenwart anbelangt, haben wir ein großes Potenzial, eine solche Kultur wieder aus uns selbst heraus zu entwickeln.

Zunächst ist da das Erbe der „Architektur ohne Architekten", das dabei helfen könnte, eine speziell zeitgenössische Architektur hervorzubringen. Slowenien hat ein reiches alpines ethnografisches Architekturerbe, das noch relativ gut erhalten ist. Wie anderswo auch, wurde es aus der Notwendigkeit des Überlebens unter harten wirtschaftlichen, geografischen und klimatischen Bedingungen geschaffen. Die Kultur des Wohnens in den Alpen ist etwas Allumfassendes, sie beinhaltet die Organisation von Raum und Leben, von der Organisation des Territoriums und der Architektur bis hin zu der des einzelnen Objekts. Die Tragweite einer vernünftigen hierarchischen Ordnung ist vielleicht das Wichtigste, das wir von einer Tradition lernen können, die sowohl das Paradigma der Nachhaltigkeit als auch die Frage nach dem Sinn in der heutigen Zeit anspricht. Leider haben wir jedoch diese Botschaft bisher missachtet.

Um ein Beispiel zu nennen: Alte Häuser in Alpendörfern sind nach festen Prinzipien in Gruppen angeordnet und bestimmen das Dorfambiente. In früherer Zeit stellte jedes neue Haus eine bewusste Reaktion auf die Eigenschaften des Raumes dar, sei es durch die Platzierung des Eingangs, vorspringende Räume, den Blick auf den Brunnen, den Kirchturm etc. Noch heute bilden diese Häuser eine enge und wohlüberlegte Gemeinschaft, die Demokratie im Inneren, gegenseitigen Respekt und das Gespräch miteinander ermöglicht. Diese Kultur ging in der zweiten Hälfte des 20. Jahrhunderts komplett verloren. Neuere Häuser werden mittig auf dem Grundstück platziert und stehen in keinerlei Beziehung zu ihrer Umgebung.

Ebenso gab es im Laufe unserer Geschichte schon Architektur, die bewusst und verantwortungsvoll die alpenländische Tradition interpretierte. Der Traditionalismus der Romantik fasste hier zur gleichen Zeit Fuß wie im Rest der Alpenwelt. In der ersten Hälfte des 20. Jahrhunderts versuchten unsere berühmten Vorgänger, Legitimität und Reichtum der besonderen historischen alpenländischen Identität kreativ zu interpretieren. In seinen Werken brachte Jože Plečnik – der heute als der slowenische Beitrag zur Weltarchitektur betrachtet wird – Folkloreelemente und hohe Architektur bewusst zusammen, um eine besondere nationale Identität zu entwickeln (um nicht zu sagen: zu erfinden). Mit der ihm eigenen Kreativität verschmolz er Bilder aus Architektur- und Kunstgeschichte, Archäologie und Volkskunst und benutzte die Architektur als Mittel, um eine Erzählung über die Ursprünge von Architektur und Identität, von Orten und des Lebens zu schaffen.

Im Kontext der sogenannten Architekturschule von Ljubljana entwickelten Architekten unter der Leitung von Professor Edvard Ravnikar in den 1950er und 1960er Jahren eine spezielle Architektur, die man am besten mit Framptons Begriff „Kritischer Regionalismus" beschreiben könnte. Zahlreiche Gebäude öffentlicher oder privater Natur wie Hotels und Schulen oder Wochenendhäuser und Berghütten erreichten in jeder Hinsicht ein beneidenswertes Niveau der architektonischen Qualität, von der Kühnheit und Originalität der Idee bis hin zur hervorragenden Ausführung.

4. Wozu sind also die Architektur der Gegenwart und die Architekten in der slowenischen Ecke der Alpen fähig? Es ist keine Frage, dass die Mehrheit dessen, was gebaut wird, von erschreckend schlechter architektonischer Qualität ist. Allerweltsbauten im Stil städtischer Architektur sind der übliche Anblick. Aufgrund der Erwartungen der Klienten oder von lokalen Bauvorschriften weisen sie oft oberflächlich regionale Eigenheiten auf, zum Beispiel eine Holzfassade, ein spitzes Giebeldach, einen Dachgrat oder Ähnliches. In einem unproportionierten und nach einfachsten Prinzipien entworfenen Gebäude, das ein Bauernhaus aus dem 19. Jahrhundert imitiert, als ob es in einem traditionellen Alpenkostüm posierte, versteckt sich etwa ein Hotel, eine Disco, ein Schwimmbad oder ein Einkaufszentrum.

Nur einen kleinen Teil dessen, was gebaut wird, kann man als Architektur bezeichnen. Diese wird von Architekten geschaffen, die sich jedem einzelnen Projekt – mehr oder weniger erfolgreich – mit der Absicht nähern, architektonische Positionen und Wohntrends der Gegenwart in ihre eigene Sprache zu integrieren. Auf diese Weise entstehen verschiedene Genres alpenländischer Architektur, die neue typologische und formale Register eröffnen. Einige davon erscheinen in dieser Ausstellung, andere nicht.

Es gibt keinen Mangel an Architekten, die wissen, wie sie die romantische Begeisterung ihrer Kunden nutzen können, um ihre eigene persönliche architektonische Poetik umzusetzen. Dies ist hauptsächlich die Domäne der jungen, manieristischen Generation, die alle Potenziale auf immer neue Arten und Weisen erkundet und mischt. Sie unterscheidet sich von den früheren Generationen darin, dass sie ewige Wahrheiten und das Privileg der einzig richtigen Meinung negiert; sie verführt ihre Kunden eher, als dass sie sie belehrte, wie das frühere Generationen getan haben. Diese Generation beschäftigt sich nicht mit Theorien, Berufsverbänden und dem traditionellen Bild des Architekten (dem sie zunächst entsprachen und das sie dann ablegten), sondern bietet Sinnlichkeit, Einfühlungsvermögen, Funktionsfähigkeit und Verführung an. Ihre Architektur basiert nicht länger auf dem Bildungskanon der Architekturgeschichte, sondern ist stattdessen eine Art Mutation des Berufsbilds, das sich an die oberflächliche und schnelle Lebensweise der heutigen Gesellschaft angepasst hat. Dieser Ansatz wird nach Koolhaas die neue Folklore, die neue Volksarchitektur. Und wie Koolhaas weiter meint, besteht der notwendige erste Schritt der Therapie darin, die Situation so zu akzeptieren, wie sie ist.

Zeitgenössische Umsetzungen der Tradition, bei denen man sich unausweichlich mit der Vaterfigur Plečnik auseinandersetzen muss, sind konzeptionell heterogen und oft schlampig ausgeführt. Häufig versuchen Architekten einen zu starken Einfluss zu neutralisieren, zu globalisieren und zu brechen. Die Situation ist vergleichbar mit der zahlreicher italienischer Architekten der letzten zwei Jahrzehnte, die nicht in der Lage sind, auf ihre Art die glorreiche

Vergangenheit fortzusetzen, und deshalb versuchen, „Nicht-Italiener" zu werden, um diese Last loszuwerden. Und erst seit Kurzem nähern sich die Besten unter ihnen – in gebührendem Zeitabstand zu ihrem Abstecher, bei dem sie die Substanzlosigkeit der derzeitigen globalen Sichtweise erfahren haben – wieder dem vielschichtigen, offenen und kreativen Kontakt mit den Wurzeln. Dieser Kontextualismus ist nicht naturgegeben, sondern er ist künstlich und kritisch. Er hinterfragt bewusst seine Vorbilder und sucht den Dialog mit der Gegenwart. Dieser Kontakt ist das dritte und wichtigste Potenzial, das die Slowenen zur Entwicklung einer alpenländischen Architektur beitragen können.

5. Architektur ist nicht allmächtig, auch wenn Architekten es gern so hätten. Die Welt hat ihren eigenen Kopf, und man wird schnell aus der Illusion der Selbstherrlichkeit gerissen, wenn man feststellen muss, dass Architektur nicht besonders wichtig oder gar unwichtig ist. Das Legen einer Autobahn oder einer Trasse für Hochgeschwindigkeitszüge durch ein enges Alpental ist ein so großer Eingriff, dass er von einem Satelliten aus zu sehen ist. Im Vergleich dazu erscheint die Verkleidung einer Fassade belanglos. Stauseen und Dämme, Skipisten mit ihrer Infrastruktur, Industrieanlagen, Steinbrüche – die Liste ließe sich fortsetzen. Wir haben nur wenig, das sich in die andere Waagschale legen lässt: den nostalgischen Wunsch nach Harmonie und der Lesbarkeit der architektonischen Botschaft. Und selbst dort entgleiten uns die Dinge.

Ich denke, dass ein vernünftiges gemeinsames Ziel darin bestehen könnte, in der Alpenregion eine Antwort auf die globalen wirtschaftlichen und ökologischen Entwicklungen zu geben, indem man ökologisch und anderweitig geschädigte Bereiche regeneriert, die Wasserkraft fördert und neue, umweltfreundliche Infrastrukturen, Wohngebiete, Erholungsgebiete, Parks und kulturelle Räume schafft. Dabei müssen wir der Maxime folgen, dass das Bewahren der Tradition bedeutet, das Feuer weiterzugeben, nicht der Asche zu huldigen. Wir müssen die Gefahr meiden, die Alpenlandschaft wie ein Museum zu konservieren, möge es wirtschaftlich auch noch so sinnvoll erscheinen; dies würde ihr kreatives Potenzial gefährden und untergraben.

Die Zukunft der Erde hängt von unserer Fähigkeit ab, die globale Lebensumwelt zu schützen und zu bewahren. Dies ist ein komplexes und interdisziplinäres Problem, das jeden einzelnen von uns etwas angeht: Normalbürger, Politiker, Experten, Intellektuelle, Wissenschaftler, Künstler etc. Um dieses Problem zu lösen, ist ein ganzheitlicher Ansatz gefragt, in dem die Architektur eine wichtige und verantwortungsvolle Rolle spielt, insbesondere bei der Entwicklung von innovativen Lösungen. Es geht dabei nicht nur um den Schutz der vorhandenen Ressourcen, Flächen, Kulturen etc., sondern in erster Linie darum, die Zukunft kreativ zu gestalten. Wir müssen Formen eines nachhaltigen Wohnens und einer nachhaltigen Entwicklung schaffen, sowohl politisch und ökonomisch als auch sozial und kulturell. Der Einfallsreichtum der Architekten zeigt sich in einer nachhaltigen Architektur. Daneben ist die Architektur noch immer ein lebendiger Beweis für die Vitalität einer Region und ihre wirtschaftliche Stärke, weshalb jede Lebensumwelt, und die Alpen ganz besonders, gute Architektur verdient. Und nicht zuletzt hat die Schönheit einer Umgebung immer auch einen therapeutischen Effekt.

6. Hugo von Hofmannsthal sagte einmal, dass man Tiefe verstecken müsse. Und wo? An der Oberfläche. Vielleicht ist in Slowenien das Potenzial zur Tiefe in Architektur und Wohnkultur an der Oberfläche versteckt, während in der Tiefe ein heftiger Kampf tobt, wie in Prešerens Versen. Wir sind jedenfalls noch weit von der Normalität entfernt.

An der Architekturfakultät von Ljubljana gibt es kein Fach, das sich ganzheitlich mit den Alpen beschäftigte, mit alpenländischer Architektur, alpenländischer Tradition oder alpenländischen Bautechnologien. Die aktuelle architektonische Identität der Slowenen begreift sich nicht aus sich selbst heraus, sondern vor allem in der Beziehung zu regionalen und globalen Zentren. Unsere neue Architektur ist weit davon entfernt, den Keim für eine neue nationale Identität zu bilden. Für uns sind Identitäten wie Kleider: leicht austauschbar und abhängig von der Mode. Selbst der Kontext wird zum Spiel. Im größeren europäischen Maßstab sind wir daher noch das Experimentierfeld der Avantgarde. Im Rückblick lässt sich diese Avantgarde in Beziehung setzen zu der extrem schnellen Nivellierung der kulturellen Unterschiede in den letzten zehn Jahren – wie beim Wetter, wenn ein Luftdruckausgleich stattfindet: Etwas entspannt sich; es gibt Turbulenzen, bis alles in einen Zustand der Beruhigung übergeht. Es gibt jedoch interessante neue Architektur in Slowenien, auch in den Alpen, und noch nie zuvor haben junge slowenische Architekten so großen internationalen Erfolg gehabt.

Um es zusammenzufassen: Wir slowenischen Architekten möchten gerne als unseren europäischen Kollegen ebenbürtig erscheinen, während ausländische Beobachter uns gerne als anders wahrnehmen – als interessant, gerade weil wir anders sind. Mit dem Wissen und der Erfahrung, die wir uns während der Übergangsphase angeeignet haben, bewegen wir, die wir ja an das Schlimmste gewöhnt sind, uns erstaunlich gut unter den (für uns gar nicht so harten und feindseligen) Bedingungen der globalisierten Welt von heute, trotz der allgemeinen Krise. Dies könnte unser wichtigstes Potenzial sein; es mag als Basis für das Phänomen der zeitgenössischen slowenischen Architektur dienen. Doch dieser relative Vorteil geht schnell in der allgemeinen Fragmentierung und Individualisierung der Standpunkte und Meinungen verloren.

Um eine Analogie aus dem Bereich des Wintersports zu benutzen: Der slowenische Architekt ist kein Newcomer bei einem Abfahrtslauf, der ein bisschen das Glück des Anfängers hatte. Er ist auch kein erprobter Altmeister. Er ist am besten mit einem Snowboarder zu vergleichen, der es auf einer ungebahnten Piste sausen lässt.

Domicilio: Le Alpi
Stiamo diventando normali?
Opportunità per una nuova saga alpina slovena

Miha Dešman

The warring clouds have vanished from the skies;
The war of men has ended with the night.
The morning sun gilds the tree heads that rise
Supreme above the Carniola's snowpeaks white.
The lake of Bohinj calm in stillness lies,
No sign of strife remains to outward sight;
Yet in the lake the fierce pike never sleep…
nor other fell marauders of the deep.

France Prešeren, an excerpt from the epic
The Baptism at The Savica (Krst pri Savici), 1835, translated by Alasdair Mackinnon

1. La Slovenia è un paese alpino, oppure no? È parte della famiglia dei *Lederhosen?* Certo che lo è – nella propria mitologia ha una propria versione delle storie di Heidi ed è anche il paese della scalata in stile alpino, dello sci alpino ed ultimamente anche della musica turbo-folk alpina.

La Slovenia, un paese piccolo, ma tormentato da diverse identità contradditorie. È sempre stata parte del mediterraneo, ora è parte anche dei Balcani e della desolata Europa dell'est, con le sue steppe e pianure, ed ancora prima è stata parte dell'Europa centrale.

Naturalmente questa è una riflessione sulla sua posizione geografica, topografica e geopolitica. Le Alpi scendono fino al litorale formando uno spazio insieme alpino, mediterraneo e balcanico – in nessun altro luogo si riuniscono il mondo romanzo, quello germanico e quello slavo.
La migliore manifestazione simbolica di questa triade è la piazza Prešeren a Lubiana, dedicata al nostro poeta più illustre e considerata il centro emblematico di Lubiana e della Slovenia. La vista dalla piazza verso nord è delimitata dalle Alpi; il fiume è attraversato dal triplo ponte di Plečnik che ricorda Venezia. Gli slavi sono rappresentati da una statua di un poeta su un plinto – France Prešeren in piedi con lo sguardo distante verso la finestra a cui si affaccia Julija, il suo amore non corrisposto.

Julija rappresenta la cultura borghese, l'ordine e il conformismo. Prešeren è un bohemien, trascorre la vita fantasticando, è una vera e propria anima slava. Ed è proprio tra questi due ruoli che fino ad oggi oscilla l'identità slovena. Tuttora c'è qualcosa che ribolle sotto la superficie del conformismo, il mondo occidentale anestetizzato contro lo spirito indomo dei Balcani. In questo è insito una maledizione, così come la possibilità di creare un'identità specifica, anche architettonica.

2. Interpretare l'identità nazionale contemporanea è impossibile senza considerare l'esperienza del collasso del sistema sociopolitico socialista dei primi anni 90 e il conseguente periodo di transizione. Tutti noi che abbiamo passato la nostra infanzia ed adolescenza nel socialismo, senza prendervi attivamente parte, per la sua la fine sopraggiunta prima della nostra età adulta, definiamo noi stessi attraverso questa esperienza. Sto parlando dell'esperienza del "prima" e dell'"adesso", l'esperienza dell'essere al di fuori (dell'Europa, della famiglia alpina) ed all'interno.

Naturalmente il passaggio alla normalità non poteva avvenire senza effetti collaterali. La transizione ha portato con sé la degradazione dello spazio culturale e sociale, dopo il periodo di fioritura negli anni in cui il precedente sistema politico stava scomparendo, durante la battaglia per l'indipendenza ed immediatamente dopo la costituzione del nuovo stato. Sensibilità sociale e solidarietà, la ricerca del bene comune, un accentuato multiculturalismo, antimilitarismo e valori New Age, tratti caratteristici della vita culturale di quel tempo, sono stati rimpiazzati da individualismo, da edonismo, da numerosi movimenti retro avangardisti orientati allo spettacolo, da un'esuberante cultura alternativa, da sport estremi, diete estreme e anche da investimenti estremi.

Il più grande problema esistenziale in Slovenia, effettivamente, è la mancanza di una coscienza collettiva e di fiducia nella sfera pubblica, e la tolleranza verso un individualismo senza briglie che non ha interesse se non per il prorio limitato specifico. Ogni sloveno vuole costruirsi la propria casa sul proprio terreno in periferia o in campagna. Per queste particolari strutture residenziali e di proprietà siamo la prima nazione in Europa. Non c'è pianificazione urbanistica, mentre il territorio viene coperto da migliaia e migliaia di case unifamiliari di scarsa qualità architettonica ed abitativa. Questa catastrofe è amplificata anche da un altro fattore, l'estrema frammentazione dello spazio politico ed amministrativo: ci sono centinaia di piccole municipalità, ognuna governata da un proprio sindaco, ed ognuna con una propria zona industriale e commerciale. In ogni città stanno spuntando centri commerciali di tutte le catene. Ognuna di queste municipalità ha una propria politica territoriale che fa prosperare il commercio dei suoli e fa fare buoni affari, soprattutto se si tratta di convertire terreni agricoli in aree edificabili.

L'entusiasmo per il radioso nuovo mondo del capitalismo, l'universalità del mercato e la globalità di internet si riflette nel livello generale dell'architettura che è diventata plurima, irresponsabile verso le questioni globali e superficiale. Rispetto a questa pessimistica anche se fedele analisi, c'è però anche il retro della medaglia: è stata costruita anche una superba architettura, capace di soluzioni pionieristiche a livello internazionale. È esattamente questa situazione di laissez-faire che crea la possibilità di opere sperimentali, non convenzionali, addirittura straordinarie, che non sarebbero realizzabili altrove, a causa di un contesto normativo più restrittivo. Ecco perché il mio giudizio è ambiguo: ad ogni critica segue un elogio e vice versa.

3. Per esistere, la scena architettonica slovena, da un periodo di tempo relativamente corto (dalla costituzione dello stato indipendente della Slovenia nel 1991), ha prodotto un'opera sorprendentemente ampia e matura, incluse costruzioni di carattere alpino, in particolare se ci si concentra solo sulle imprese creative maggiori, come fa questa esposizione. La cosa ancora più sorprendente è che questa maturità esisteva già fin dall'inizio. Non dovrebbe stupire però, se si considera la ricca tradizione architettonica slovena che, partendo da architetti divenuti famosi già prima della prima guerra mondiale, come ad esempio Fabiani e Plečnik, si è sviluppata poi nel modernismo sloveno del dopoguerra di Edvard Ravnikar e della sua scuola, ispirata ai modelli dell'architettura scandinava.

Nonostante ciò, la situazione è ancora lontana dall'essere ideale. Attualmente non si può affermare che la Slovenia abbia sviluppato una consistente architettura alpina, o una cultura dell'abitare. La Svizzera, il Vorarlberg e il Nord- e Sudtirolo, rappresentano per noi – almeno apparentemente e certamente in questo momento – un ideale irraggiungibile. Non intendo argomentare secondo in modo paternalistico. La Slovenia nel passato ha già avuto entrambe, l'architettura alpina e la cultura abitare, ed oggi disponiamo di un autentico potenziale che potrà rendere possibile lo sviluppo di una simile cultura.

Per prima cosa c'è l'eredità dell'"architettura senza architetti" che può dimostrarsi utile per lo sviluppo di un'architettura contemporanea. La Slovenia ha una ricco lascito di costruzioni etnografiche ancora relativamente ben preservate. Nato, come altrove, dal bisogno di sopravvivere a rigide circostanze economiche, geografiche e climatiche. La cultura dell'abitare nelle Alpi è onnicomprensiva; va dall'organizzazione dello spazio e della vita, all'organizzazione del territorio e dell'architettura, fino all'oggetto singolo. La comprensibilità di un ordine gerarchico, è il messaggio più importante che possiamo imparare dalla tradizione, un tema che tocca sia il paradigma della sostenibilità che la domanda attorno al significato nel mondo contemporaneo. Sfortunatamente, almeno fino ad ora, abbiamo rifiutato questo messaggio.

Per esempio, le vecchie case nelle regioni alpine sono disposte in gruppi, secondo principi precisi che determinano l'atmosfera di un villaggio. Un tempo ogni nuova casa rappresentava una consapevole reazione agli attributi dello spazio, sia che fosse attraverso la posizione della sua entrata, gli spazi progettati, la vista della fontana, del campanile, ecc. Ancora oggi queste case formano una comunità coesa e ben calibrata che permette una democrazia interna,

← 181

reciproco rispetto e interrelazione personale. Questa cultura è andata completamente persa nella seconda metà del XX secolo. Le nuove case sono state costruite al centro del lotto, senza alcuna relazione con l'intorno.

In diversi momenti della nostra storia abbiamo avuto un'architettura che ha saputo interpretare consapevolmente e con responsabilità la tradizione alpina. Il tradizionalismo romantico ha preso piede qui nello stesso momento che nel resto del mondo alpino. Nella prima metà del 900 i nostri famosi predecessori cercarono di interpretare creativamente la legittimità e la ricchezza della tradizionale, specifica identità alpina. Nei suoi lavori Jože Plečnik – oggi riconosciuto come il contributo sloveno all'architettura mondiale – ha unito conscientemente elementi folcloristici con l'alta architettura per sviluppare (per non dire: inventare) una specifica identità nazionale. Attraverso la sua caratteristica immaginazione creativa ha fuso immagini della storia dell'architettura e dell'arte, archeologia e folclore, usando l'architettura come mezzo per costruire una racconto delle origini dell'architettura, dell'identità, di luoghi e della vita.

Nel contesto della cosiddetta scuola di architettura di Lubiana negli anni 50 e 60, sotto la guida del professor Edvard Ravnikar, gli architetti svilupparono una forma specifica di architettura che viene descritta nel modo migliore dalla nozione di Frampton del "regionalismo critico". Numerosi edifici pubblici e privati come alberghi, scuole, case per il finesettimana e rifugi raggiunsero un invidiabile livello di qualità architettonica sotto tutti gli aspetti, dall'intelligenza e originalità dell'idea, fino all'eccellente esecuzione.

4. Allora, di cosa sono capaci l'architettura del presente e gli architetti nell'angolo sloveno delle Alpi? È indiscutibile che la maggior parte di quello che è stato costruito sia di pessima qualità architettonica. La vista più comune sono edifici generici nello stile dell'architettura urbana. A causa delle aspettative dei clienti e delle normative urbanistiche locali, presentano spesso superficiali caratterizzazioni regionali, come ad esempio la facciata in legno, un ripido tetto a due falde, uno spigolo sul tetto e via dicendo. Costruzioni sproporzionate e banali che imitano meccanicamente le case di campagna del diciottesimo secolo, come se posassero in costumi tradizionali alpini nascondendo al loro interno un albergo, una discoteca, una piscina o un centro commerciale.

Solo una piccola parte di quello che è stato costruito può essere chiamata architettura; disegnata da architetti che con più o meno successo e creatività affrontano ogni progetto con l'intenzione di includere nel proprio linguaggio una posizione e trend abitativi attuali. Tutto questo ha portato a vari generi di architettura alpina che aprono nuovi registri formali e tipologici. Alcuni di questi sono inclusi nell'esposizione, altri invece no.

Non pochi sono gli architetti che sanno come sfruttare l'entusiasmo romantico dei loro clienti per realizzare una propria poetica architettonica. È il dominio di una giovane generazione manierista che esplora e mescola ogni potenzialità in maniera sempre nuova. Si distingue dalla generazione precedente perché nega l'esistenza di verità eterne e il privilegio di un'unica corretta opinione. Più che convincere i loro clienti, come faceva la generazione precedente, li seducono. Questa generazione non si occupa di teorie, di associazioni professionali e dell'immagine tradizionale dell'architetto (che prima li rappresentava e che poi hanno rifiutato), ma offre sensualità, empatia, funzionalità e seduzione. La sua architettura non è più fondata sul canone formativo della storia architettonica, ma una sorta di mutazione della pratica professionale che si è adattata agli stili di vita veloci e superficiali della società contemporanea. Secondo Koolhaas questo approccio sta diventando il nuovo folclore, la nuova architettura indigena ed il primo passo terapeutico, prosegue Koolhaas, è quello di accettare la situazione così com'è.

Le trascrizioni contemporanee della tradizione che si confrontano immancabilmente con la figura paterna di Plečnik sono concettualmente eterogenee e spesso eseguite in modo trascurato. Gli architetti cercano spesso di neutralizzare, globalizzare e spezzare un'influenza che è troppo forte. La situazione è simile a quella di numerosi architetti italiani degli ultimi due decenni incapaci di trovare il loro modo di proseguire un eroico passato e di conseguenza sono portati a tentare di diventare non italiani per scrollarsi questo peso di dosso. Solo recentemente i migliori di loro – dopo un arco di tempo sufficiente e dopo una fuga necessaria per scoprire il vuoto del modo di vedere globalizzato – si sono nuovamente avvicinati alle loro radici in modo aperto, stratificato e creativo. Questo contestualismo non è naturale, è artificiale e critico. Mette coscientemente in discussione i suoi modelli e cerca il contatto con la contemporaneità. Questo contatto è il terzo e più importante potenziale con cui gli sloveni possono contribuire allo sviluppo dell'architettura alpina.

5. L'architettura non è onnipotente come gli architetti vorrebbero che fosse. Il mondo ha una propria mente e l'autocelebrazione dura poco quando ci si rende conto che l'architettura ha poca o nessuna importanza. Costruire un'autostrada o una linea ferroviaria ad alta velocità in una stretta valle alpina è un intervento talmente grande che è visibile da un satellite e, paragonato a questo, i dettagli del rivestimento di una facciata risultano irrilevanti. Centrali idroelettriche e dighe, piste da sci con le loro infrastrutture, industrie, cave, e così via. Abbiamo ben poco da mettere sull'altro piatto della bilancia: il desiderio nostalgico di armonia e l'intelleggibilità del messaggio architettonico. E anche qui le cose ci stanno sfuggendo di mano.

Suppongo che un appropriato obiettivo comune potrebbe essere di mettere la regione alpina in grado di rispondere ai trend economici ed ecologici globali rigenerando aree afflitte da problemi ecologici o danneggiate da altri fattori, costruendo centrali idroelettriche e nuove infrastrutture ecocompatibili, alloggi e aree ricreative, parchi e spazi culturali. Seguendo la massima che vede nel rispetto della tradizione la trasmissione del segreto del fuoco e non l'adorazione della cenere. Dobbiamo evitare il pericolo di conservare il paesaggio alpino come un museo, anche se può sembrare economicamente ragionevole perché né comprometterebbe il potenziale creativo.

Il futuro del mondo dipende dalla nostra capacità di preservare e proteggere l'ambiente globale. Questo è un problema complesso e interdisciplinare che riguarda tutti noi: gente comune, politici, esperti, intellettuali, scienziati, artisti, ecc. Per risolvere questo problema è richiesto un approccio olistico e l'architettura ha un ruolo importante e di responsabilità, in particolare nel trovare nuove soluzioni. Non si tratta solo di proteggere le risorse esistenti, gli spazi, le culture, ecc., ma soprattutto di dare forma in modo creativo al futuro. Dobbiamo creare abitazioni e sviluppo sostenibili, politicamente ed economicamente, così come socialmente e culturalmente. Gli architetti devono essere inventivi nel creare un'architettura sostenibile. Oltretutto, l'architettura è la prova vivente della vitalità di una regione e del suo peso economico, motivo per cui qualsiasi ambiente, ed in particolare le Alpi, meritano una buona architettura. E non meno importante, la bellezza di un territorio ha sempre un effetto terapeutico.

6. Hugo von Hofmannsthal ha detto una volta che la profondità va nascosta. Nascosta dove? In superficie. Forse in Slovenia il potenziale della profondità in architettura e nella cultura del costruire è nascosto in superficie, mentre nel profondo ha luogo una feroce battaglia, come nei versi di Prešeren. Siamo sicuramente ancora lontani dalla normalità.

Nessuna delle materie alla Facoltà di Architettura di Lubiana tratta studi alpini, architettura alpina, tradizione alpina o tecnologie delle costruzioni alpine in maniera specifica. L'attuale identità architettonica slovena non viene realizzata dall'interno ma principalmente in relazione ai centri globali e regionali. La nostra nuova architettura è lontana dal formare un nucleo da cui derivare una forma di identità nazionale. Per noi le identità sono come i vestiti, facilmente sostituibili e dipendenti dalla moda. Diventa un gioco anche il contesto. A scala europea siamo comunque tuttora un'area di sperimentazione d'avanguardia. Retrospettivamente questa avanguardia può essere messa in relazione con il rapido livellamento delle differenze culturali degli ultimi anni come con il tempo atmosferico quando avviene un riequilibrio tra aree a pressioni differenti: qualcosa si libera, c'è una turbolenza e alla fine tutto si calma. C'è comunque della nuova architettura interessante in Slovenia anche nelle Alpi, e mai prima d'ora giovani architetti sloveni hanno goduto di un tale successo internazionale.

Riassumendo, noi, architetti sloveni, vogliamo apparire uguali ai nostri colleghi europei, mentre gli osservatori stranieri vorrebbero vederci diversi, interessanti appunto perché diversi. Essendo sopravissuti ai periodi peggiori, la conoscenza e l'esperienza acquisita attraverso la transizione ci permette di operare sorprendentemente bene nelle condizioni (per noi ancora meno severe e avverse) del attuale mondo globalizzato, nonostante la crisi generale. Questo potrebbe costituire il nostro potenziale principale per la fondazione del fenomeno dell'architettura slovena contemporanea. Anche se questo vantaggio relativo si perde velocemente nella generale frammentazione e individualizzazione dei punti di vista.

Per usare un'analogia sciistica, l'architetto sloveno non è un novellino su una pista da gara con la solita fortuna da principiante. Non è nemmeno un veterano attempato. Lo descriverei piuttosto come uno snowboarder che si precipita giù per una pista non battuta.

Domicile: The Alps
Are We Becoming Normal?
Opportunities for a New Slovene Alpine Saga

Miha Dešman

The warring clouds have vanished from the skies;
The war of men has ended with the night.
The morning sun gilds the tree heads that rise
Supreme above the Carniola's snowpeaks white.
The lake of Bohinj calm in stillness lies,
No sign of strife remains to outward sight;
Yet in the lake the fierce pike never sleep…
nor other fell marauders of the deep.

France Prešeren, an excerpt from the
epic The Baptism at The Savica (Krst pri Savici), 1835
translated by Alasdair Mackinnon

1. Is Slovenia an Alpine country or not? Is it part of the *Lederhosen* family? Of course it is—it has its own version of the Heidi stories as part of its mythology and is also the country of Alpine style climbing, Alpine skiing, and lately even Alpine turbo-folk music.

Though small, Slovenia is beset by several contradictory identities. It has always been part of the Mediterranean, is now also part of the Balkans and bleak Eastern Europe, with its steppes and plains, and was part of Central Europe even before that.

Naturally, this is a reflection of its geographical, topographical, and geopolitical position. The Alps slope down practically all the way to the coastline, forming a space at once Alpine, Mediterranean, and Balkan—nowhere else do the Romance, Germanic, and Slavonic worlds come together. The best symbolic manifestation of this three-way junction is the Prešeren Square in Ljubljana, dedicated to our greatest poet and considered the emblematic center of Ljubljana and Slovenia. The view from the square towards the north is eventually blocked by the Alps; the river is spanned by Plečnik's Triple Bridge that is reminiscent of Venice. The Slavs are represented by a statue of a poet on a plinth—France Prešeren stands looking into the distance, towards the window against which Julija, his unrequited love, is leaning.

Julija stands for the bourgeois culture, orderliness, and conformity. Prešeren is a Bohemian; he doubts and dreams his life away, a thoroughly Slavic soul. And it is between these two roles that the Slovene identity oscillates to this day. There is still something burbling under the surface of conformity, the anaesthetized Western world blending with the untamed spirit of the Balkans. Therein lies the curse, as well as the greatest potential for creating a specific identity—including an architectural one.

2. An interpretation of the contemporary national identity and architecture of Slovenia is not possible without considering the experience of the collapse of the socio-political Socialist system in the early 1990s and the subsequent transition. All of us who spent our childhood and youth in Socialism, but never played an active role in it, since it had come to an end before we had grown up, somehow define ourselves through this experience. I am talking about the experience of "before" and "now," the experience of being outside (Europe, the Alpine family) and inside.

Naturally, the society could not transform to normality without some unwanted side effects. The transition brought with it the degradation of the cultural and social space which once bloomed as the former political system dwindled away, during the struggle for independence, and immediately after the constitution of the new-born state. Social sensibility and solidarity, a desire for public welfare, emphatic multiculturalism, antimilitarism, and New Age values, which were all characteristic of the cultural sphere of that time, have been replaced by individualism, hedonism, numerous spectacle-oriented retro avant-garde movements, brash alternative culture, extreme sports, extreme diets, and also extreme investments.

In fact, the greatest existential problem in Slovenia is the lack of a collective consciousness, of faith in the public sphere, and of tolerance towards unbridled individualism and selfishness which won't give the time of day to anything outside its tiny individual area of interest. A Slovene wants his or her own house built on his on her own land in the suburbs or the countryside. In terms of this particular residential and ownership structure, we are the no. 1 nation in Europe. Urbanism of any kind is suspended; the landscape has been covered with thousands upon thousands of individual houses, low in architecture and habitation quality. This catastrophe is amplified by another one, i.e. the complete fragmentation of the political and administrative space—there are hundreds of tiny municipalities, each governed by a mayor, and they all build their own industrial and trading estates. Shopping centers of each and every chain are springing up in each and every town. Each of these municipalities also has its own spatial policy, where trading in space is rampant and business is good, especially when it comes to converting agricultural land into building land.

The enthusiasm over the brave new world of capitalism, the universality of the market economy, and the global nature of the Internet is reflected in the general level of architecture, which has become plural, irresponsible towards global issues, and superficial. But there is another side to this pessimistic, but nonetheless faithful, analysis: superb architecture is being built, including architecture that features

← 181

internationally pioneering solutions. It is precisely this laissez-faire situation that creates possibilities for experimentation, unevenness, and even for exceptional achievements that would not be feasible elsewhere, due to standardized development plans. That is why my assessment is ambiguous, with each instance of criticism followed by praise, and vice versa.

3. For a scene that appears to have existed for a relatively short period of time (since the constitution of the independent state of Slovenia in 1991), the Slovene architecture has produced a surprisingly large and mature body of work, including buildings with an Alpine character. That is particularly striking when one only focuses on the greatest creative achievements, as this exhibition does. What is even more surprising is that this maturity has existed from the very beginning. But that is no mystery when we take into account the rich architectural tradition, starting with architects who worked and made their names even before the First World War, such as Fabiani and Plečnik, and were followed by the Slovene post-war Modernism of Edvard Ravnikar and his school, inspired by Scandinavian models.

And yet the situation is far from ideal. Currently, we cannot say that Slovenia has developed a consistent Alpine architecture, or even a culture of habitation. Switzerland, Vorarlberg, and the two Tyrols, North and South, are for us—at least seemingly, and certainly at the moment—an unattainable ideal. I do not mean to argue for any sort of paternalism. The Slovenia of the past already had both Alpine architecture and a culture of habitation, and today, we have a lot of authentic potential that makes the development of such a culture possible.

First, there is the heritage of "architecture without architects," which may prove useful for developing a specific contemporary architecture. Slovenia has a rich Alpine ethnographic building legacy, which is still relatively well preserved. Like elsewhere, it was created out of the need to survive under harsh economic, social, geographical, and climatic circumstances. The culture of habitation in the Alps is comprehensive: from the organization of space and life, to the organization of the territory and architecture, down to the individual object. The comprehensiveness of a sensible hierarchy is the most important message of the tradition that touches upon both the sustainability paradigm and the construction of sense in the contemporary world. Unfortunately, however, we have neglected this message, at least until now.

For example, old houses in Alpine regions are strictly arranged in groups that form a village ambience. In those days, each new house represented a considered reaction to the attributes of the space, be it through the placement of its entrance, projecting spaces, a view of the well, the church spire, etc. Even today, these houses constitute tight, well-thought-out communities that foster internal democracy, mutual respect, and conversation. This culture was completely lost in the second half of the 20th century. Newer houses are being built along the path in the middle of the plot, with no relationship at all to anything else.

At several points in our history, our architecture had consciously and responsibly interpreted the Alpine tradition. Romantic traditionalism gained ground here at the same time as in the rest of the Alpine world. In the first half of the 20th century, our heroic predecessors tried to creatively interpret the legitimacy and richness of the specific historical Alpine identity. In his works, Jože Plečnik—these days recognized as the Slovene contribution to world architecture—consciously melded folklore elements and haute architecture to produce (or fabricate) a specific national identity. Through his unique creative imagination, he conflated images from the history of architecture and art, archaeology, and folklore, and he used architecture as a means of constructing a narrative of the origins of architecture, identity, places, and life.

Within the context of the so-called Ljubljana architecture school in the 1950s and 60s, and guided by Professor Edvard Ravnikar, architects developed a specific form of architecture that could best be described by Frampton's notion of "critical regionalism." Numerous public or private buildings, such as hotels and schools, as well as week-end homes and mountain lodges, reached an enviable level of architectural quality in every respect, from the boldness of the idea and originality to the confident excellence of the execution.

4. So, what are the present-day architecture and architects in the Slovene corner of the Alps capable of? There is no denying that the majority of what is been built is of terrible architectural quality. The most common sights are completely generic buildings that take after the architecture of the cities. Due to customer expectations or local urbanization regulations, they often display a superficial regional attribute, for example a wooden facade, a steep-sloping gable roof, a hip in the roof, or some such thing. Disproportional and banally designed buildings that parrot 19th century farmhouses, as if they were posing in traditional Alpine costume, hide hotels, discotheques, swimming pools, or shopping centers inside.

Only a small part of what is been built can even be called architecture. This part is designed by architects who, more or less successfully and creatively, approach each individual project with the intention to include architectural positions and habitation trends of today in their own specific narrative. That has led to various genres of Alpine architecture (and habitation) that open up new typological and formal registers. Some of them are included in the exhibition; others are not.

There is no shortage of the kind of architects who know how to exploit the romantic enthusiasm of their clients to realize their own personal architectural poetry. This is chiefly the domain of a young, mannerist generation that explores and mixes all the potentials in constantly new ways. They distinguish themselves from previous generations by renouncing eternal truths and the privilege of holding the only true conviction. They seduce their clients rather than teach them, as previous generations used to do. This generation does not concern itself with theories, professional associations, and the traditional image of an architect (which it first mastered and then discarded), but offers sensuality, empathy, operability, and seduction. Their architecture is no longer based on a civilized reading of architectural history, but is rather a kind of mutation of the professional practice that has adapted to the shallow and fast ways of our contemporary generic society. This approach, according to Koolhaas, is becoming the new folklore, the new vernacular architecture. And as Koolhaas further states, the first step of therapy is accepting the situation as it is.

Contemporary interpretations of the tradition that do not confront themselves with the father figure of Plečnik as an inevitable part of the process are conceptually heterogeneous and frequently sloppy. Architects often try to neutralize, globalize, and disperse an influence that is too strong. The situation is similar to that of the numerous Italian architects of the past two decades who were unable to find a way of continuing the heroic past and consequently tried to become non-Italians in order to shed this burden. And it has not been until recently that the best among them—after a sufficient amount of time and having taken the detour of discovering the emptiness of the current global experience—have again been connecting with their roots in multi-layered, open, and creative ways. This contextualism is not natural; it is artificial and critical. It consciously questions its paragons and seeks contact with contemporaneity. This contact is the third and most important potential that the Slovenes can contribute to the development of an Alpine architecture.

5. Architecture is not omnipotent, however much architects would like it to be. The world has a mind of its own, and the illusion of self-importance is rapidly shaping up to be a situation in which architecture is of minor or no importance. Building a motorway or a high-speed train line in a narrow Alpine valley is an intervention so big that it can be seen from a satellite, compared to which the details of a facade cladding seem irrelevant. Hydropower plant lakes and dams, ski slopes with their services, industry, quarries—the list goes on. We have but little to place on the other end of the scales: a nostalgic desire for harmony and the intelligibility of the architectural message. And even there, things are slipping out of our hands.

I suppose a suitable common goal would be to enable the Alpine region to respond to global economic and ecological trends by regenerating ecologically and otherwise afflicted areas, constructing hydrological facilities and other eco-friendly infrastructures, living spaces, and recreational spaces, as well as new parks and cultural areas. In doing so, we must follow the maxim of continuing the tradition by handing on the fire, not worshipping the ashes. No matter how profitable it may be, we must avoid conserving the Alpine landscape like a museum, as that would jeopardize and erode its creative potential.

The future of the world depends on our ability to preserve and protect the global living environment. This is a complex and interdisciplinary problem which concerns each and every one of us: ordinary people, politicians, experts, intellectuals, scientists, artists, etc. To solve this problem, a holistic approach is required, where architecture has an important role and responsibility, particularly in finding innovative solutions. This is not just about protecting the existing resources, spaces, cultures, etc.; it is primarily about creatively shaping the future. We have to develop forms and ways of sustainable habitation and development, both political and economic as well as social and cultural. Architects must be inventive in creating sustainable architecture. Besides, architecture is still a living proof of a region's vitality and economic clout, which is why any environment, and the Alps in particular, deserves good architecture. And last but not least, the beauty of a surrounding always has a therapeutic effect.

6. Hugo von Hofmannsthal once said that depth should be hidden. Hidden where? On the surface. Perhaps the potential for deep architecture and culture of habitation in Slovenia is hidden on the surface, while deep down below, a fierce struggle is taking place, like in Prešeren's verses. We are certainly a long way from normality.

There is no subject at the Faculty of Architecture in Ljubljana that deals with Alpine studies, Alpine architecture, Alpine tradition, or Alpine building technologies in a holistic manner. The current architectural identity of Slovenia is not realized from within, but primarily in relation to regional and global centers. Our new architecture is far from being able to form a nucleus from which some kind of national identity could be derived. For us, identities are like clothes, easily interchangeable and depending on the seasonal fashion. Even the context becomes a game. On a wider European scale, we are thus still an area of experiment, of the avant-garde. In retrospect, this avant-garde can be related to the extremely rapid closing of the cultural gap in the past decade—like the weather when the air pressure is equalized: something eases up, there is turbulence, and finally, everything settles down. There is, however, some interesting new architecture in Slovenia and its Alpine region, and never before have young Slovene architects enjoyed such international success.

To sum up, we Slovene architects want to appear as equals to our European colleagues, while foreign observers would like to see us as different, and see us as interesting because we are different. Having lived through the worst of times, the knowledge and experience we have gained through the transition enables us to operate surprisingly well under the (for us still less severe and adverse) conditions of today's globalized world, despite the general crisis. This could be the crucial potential that might serve as the foundation of the phenomenon of contemporary Slovene architecture. Yet, this relative advantage is quickly lost in the general fragmentation and individualization of standpoints and views.

To use a skiing analogy, the Slovene architect is not a novice on a racing slope with a bit of beginner's luck. Nor is he or she a seasoned veteran. I might best describe him or her as a snowboarder who lets it rip down an ungroomed trail.

Avoriaz und Queyras – Zwei Entwicklungsmodelle in den französischen Alpen

Axel Sowa

Dieser Beitrag versucht anhand zweier zeitlich, geografisch und wirtschaftlich entlegener Modelle den kontinuierlichen Wandel von Siedlungsformen und Freizeitgestaltung im Kontext des französischen Alpenraums ausschnitthaft zu beschreiben. Bei der vergleichenden Beobachtung der stark kontrastierenden Modelle mit fast idealtypischem Charakter kristallisieren sich entwicklungsgeschichtliche Tendenzen heraus, die die Einschätzung weiterer Planungen und Entwicklungszenarien erleichtern. Bei den hier ausgewählten Modellen handelt es sich zum einen um die Skistation Avoriaz, die seit ihrer Gründung im Jahre 1966 von der Tourismusindustrie als Markenzeichen aufgebaut, stetig erweitert und bewirtschaftet wird. Obwohl Avoriaz im Verlauf von vierzig Jahren beständig anwuchs, ist die Station dennoch keine eigenständige Gemeinde, sondern lediglich ein Teil von Morzine, einer im Tal gelegenen Ortschaft von knapp 3000 Einwohnern. In den heutigen Diskussionen um die wirtschaftliche und ökologische Zukunft von Avoriaz sind neben den Stimmen der Immobilienverwaltungen auch jene der Anwohner zu vernehmen, die auf lokalpolitischer Ebene Prinzipien der Nachhaltigkeit einfordern.

Das zweite Modell steht mit einer Dichte von nur acht Einwohnern pro Quadratkilometer in drastischem Kontrast zu der sprunghaften Entwicklungsgeschichte des erstgenannten und soll hier exemplarisch für die peripheren und infrastrukturell schwach ausgestatteten Lagen im französischen Alpenraum Erwähnung finden. Das Biosphärenprojekt Queyras – Mont Viso, das sich derzeit im fortgeschrittenen Stadium befindet[1], liegt südlich von Briançon an der Grenze zu Italien. Das Projekt erweitert den seit 1977 bestehenden und elf Kommunen umfassenden Parc Naturel Régional du Queyras um weitere neun Kommunen und soll den bilateralen Austausch zwischen Frankreich und Italien befördern. Etwas mehr als 10.000 Einwohner leben auf dem Territorium des Parks im östlichen Teil des Départements Hautes-Alpes. Legt man bei den Erhebungen jedoch die Ortschaften des Queyras im engeren Sinne zu Grunde, die nur über Passstraßen mit den Städten Gap, Briançon und Turin verbunden sind, so halbiert sich die Einwohnerzahl noch einmal.

Avoriaz – Eine Retortenstadt in den Alpen

Im Jahre 1963 nahm eine interministerielle Arbeitsgruppe unter dem Namen „Mission Racine“ ihre Arbeit auf. Ihre Aufgabe war es, Planungsvorschläge für die französische Mittelmeerküste der Region Languedoc-Roussillon auszuarbeiten. Der auf der Region und ihren Naturräumen lastende demografische Druck sowie die enorme Nachfage nach küstennahen

← 221

Wohn- und Freizeiteinrichtung waren der Anlass für die konzertierte Aktion. Ziel der Mission Racine war es, der Nachfrage durch die Schaffung von äußerst kompakten, hochverdichteten und infrastrukturell gut ausgestatteten Siedlungen zu entsprechen. Die ersten sichtbaren Ergebnisse der Mission waren die allesamt ex nihilo errichteten monostrukturellen Freizeitzentren mit den Namen „La Grande Motte", „Port Grimaud" und „Port Bacares". Was an der mediterranen Küste im Geist der sogenannten „*Trente Glorieuses*", der dreißig ruhmreichen, von kontinuierlichem Wachstum und Modernisierungselan gesegneten Nachkriegsjahre, entstand und weitere Küstenstriche vor Landkonsum und Zersiedelung bewahrte, waren Anlagen, denen erst Jahre später der Status von Gemeinden im politischen Sinne verliehen wurde. Für all diese Neugründungen lassen sich renommierte Architekten benennen: Der Schöpfer von Port Grimaud war François Spoerry; der von La Grande Motte der im Jahre 2002 verstorbene Jean Balladur, ehemaliger Schüler von Jean-Paul Sartre und Offizier der Ehrenlegion. Die Errichtung der Anlagen verlangte nicht nur interministerielle Koordination, sondern ebenfalls die Zusammenarbeit von Bauindustrie, Immobilienwirtschaft und Tourismusanbietern. Wenig später dehnten sich die äußerst erfolgreichen Operationen auch auf die Erschließung von Bergregionen aus. Les Arcs und Avoriaz sind hier die prominentesten Beispiele, deren Aufbau ganz unmittelbar mit der Initiative von Investoren zusammenhing. Im Fall von Avoriaz beginnt die Geschichte mit der Vision des Ski-Champions Jean Vuarnet, der nach errungenem Olympiasieg eine Alm seines Heimatdorfes Morzine zu einer 5000-Betten-Station ausbauen wollte. Auf 1800 m gelegen, sollte die autofreie Station ausschließlich über Seilbahnen erschlossen werden. Die Pariser Investoren Robert und Gérard Brémond interessierten sich für das Projekt. Auf dem 82 ha großen Areal entstand eine Anlage von insgesamt 240.000 m² Wohnfläche. Der Rat der zuständigen Gemeinde Morzine unterzeichnete 1963 einen Konzessionsvertrag mit den Brémonds, der vorsah, dass der Gemeinde nach Abschluss der Operation eine erschlossene Fläche von 22 ha zurückerstattet werden sollte. Mit Jacques Labro, einem Absolventen der Pariser Ecole des Beaux-Arts, fand Gérard Brémond einen Architekten, der Avoriaz seine charakteristische Gestalt gab. Gemeinsam mit seinen Kollegen Jean-Jacques Orzoni und Jean-Marc Roques entwarf Labro unter dem Motto einer „mimetischen" Architektur ein Ensemble, dessen Silhouette als visuelles Echo der Bergketten gelesen werden kann.[2] Als weiterer Einfluss im Werk Labros ist die fantastisch-visionäre Architektur der Gläsernen Kette zu nennen, deren Mitglieder Bruno Taut, Paul Scherbart und Hans Scharoun in den Jahren nach dem Ersten Weltkrieg bunt schillernd kristalline Strukturen in die Gipfelregionen Europas projizierten.
An Weihnachten 1966 wurde mit dem Hotel des Dormonts der erste Stützpunkt auf der zu erschließenden Alm eröffnet. Die zehngeschossige Hotelanlage, deren sägezahnartig verspringende Fassade mit kanadischen Red-Cedar-Schindeln ummäntelt ist, brachte Labro 1968 mit der Equerre d'argent den höchsten französischen Architekturpreis ein. Im Verlauf der weiteren Ausbaustufen erreichte Avoriaz eine Bettenzahl von 16.000. Der Erfolg der Station ist nicht nur der sich bergrückenartig auftürmenden Architektur touristisch genutzter Wohnkomplexe geschuldet. Frankreich zählte in den Aufbaujahren von Avoriaz zu den Staaten mit der höchsten Wintersportquote Europas und wies folglich eine sehr hohe Binnennachfrage nach Wintersportquartieren auf.[3] Darüber hinaus verstand es Gérard Brémond, ein Freund der Jazzmusik und des fantastischen Films, in den siebziger Jahren die Größen des Pariser Gesellschaftslebens nach Avoriaz zu holen. Der Ort wird festivalbedingt auch in der Zwischensaison zu einem touristischen Magneten und weist in der winterlichen Hochsaison eine Auslastung von 75% auf. Mit feinem Gespür für die Moden und Begehrlichkeiten seiner Zeit installierte Brémont bereits 1988 einen seither fortlaufend modernisierten Snowboard-Park in Avoriaz und stellte wenig später das mittlerweile als zu elitär wahrgenommene Filmfestival ein.

Während die moderne Ski-Station Les Arcs über den Bahnhof Bourg-Saint-Maurice an das nationale Netz der Hochgeschwindigkeitszüge angeschlossen ist, ist der Zugang zum autofreien Avoriaz nicht ohne Auto denkbar. 2.400 Parkplätze befinden sich am Eingang der Station. Die weitere Fortbewegung erfolgt mit einem der dreißig Pferdeschlitten, per Raupenfahrzeug oder per Ski. Bei ihren Planungen haben Labro und Brémond auf das Wechselspiel von Subzentren und Freiflächen geachtet. Das umsichtige Layout der 288 Pisten sowie der 207 Lifte und Seilbahnen ermöglicht spektakuläre Ausblicke in die Berglandschaft, deren prominenteste Punkte durch Labros skulpturale Architektur besetzt sind. Jüngsten Datums ist die Residenz Saskia, die am Rande der jäh abfallenden Felswand steht, welche Avoriaz von seiner Muttergemeinde Morzine trennt. Labro entwarf hierfür Mitte der 1980er Jahre eine durch geschützte Laubengänge erschlossene Wohnarchitektur, deren Apartments für den Bedarf von Familien verschiedener Größe ausgelegt sind. Der Gründer von Avoriaz und inzwischen siebzigjährige Direktor von Pierre & Vacances, Gérard Brémond, hegt inzwischen weitere Ausbaupläne.[4] Um den etwas in Vergessenheit geratenen Ort wieder in die Schlagzeilen zu bringen, kündigte Brémond im Februar 2009 die nächsten Schritte an: Bis 2010 soll eine gigantische, blasenartige Konstruktion errichtet werden, deren künstliches Binnenklima ein tropisches Ambiente auf 1800 Metern über dem Meeresspiegel bietet. Dort finden die Besucher ein 3.000 m² großes, auf 29 °C beheiztes Wasserbecken sowie Ausblicke in die sich ebenfalls langsam aufheizende und mit Kunstschneekanonen aufgerüstete Bergwelt. Gleichzeitig genehmigte im Dezember 2008 der Gemeinderat der zu Avoriaz gehörigen Kommune Morzine ein größeres Bauprojekt. Avoriaz soll um weitere Apartmenthäuser mit 475 Ferienwohnungen und einer Geschoßfläche von insgesamt 38.600 Quadratmetern wachsen. Die Wohnungen werden von Pierre & Vacances, Maeva und Residences MGM kommerzialisiert, wobei pro Quadratmeter zwischen 5000 bis 6000 Euro veranschlagt werden.[5] Nicht nur beim Niveau der Baupreise bleibt Avoriaz auf einer Höhe mit Pariser Standards. Die Gemeinde versucht auch den ökologischen Erwartungen der Entspannung und Zerstreuung suchenden Stadtbevölkerung zu entsprechen. Im Januar 2010 haben zehn der wichtigsten französischen Skistationen, darunter Avoriaz, ihre Kohlendioxidwerte verglichen. Die in Kooperation mit der nationalen Beratungsstelle für Klimafragen Ademe durchgeführte Aktion führte zu dem Schluss, dass mehr als die Hälfte des CO2-Ausstoßes durch den Individualverkehr an- und abreisender Besucher entsteht.[6] Die Gemeinden wollen daher den öffentlichen Nahverkehr ausbauen, ihr Publikum zu mehr Fahrgemeinschaften animieren und die örtlichen Heizungen von fossilem zu nachwachsendem Brennstoffverbrauch umrüsten. Zu der ökologischen Sorge gesellt sich aber noch eine kommerzielle: Geplant als eine alpine Trabantenstadt der späten 1960er Jahre und seitdem in hohem Grade von massenhaftem Zustrom aus den Metropolitanregionen abhängig, weist Avoriaz eine Struktur und Dichte auf, die sich nicht ohne Weiteres umbauen und den sich wandelnden Erwartungen anpassen lässt.

Le Queyras – Eine aufsteigende Region im Schatten der Berge.

Der Queyras ist eine der stilleren Bergregionen des französischen Südalpenmassivs. Über Jahrhunderte hinweg war die Region von Grenzkonflikten zwischen Italien und Frankreich geprägt und dabei immer auch eine Region des wirtschaftlichen Austausches zwischen den Alpes du Sud und dem Piemont. Die juristische Grundlage der heutigen Existenz des Queyras als Regionalpark ist ein Dekret vom 24. 10. 1975, das im Jahre 1985 durch die *loi montagne* ergänzt wurde.[7] Dieses Berggesetz sah die Schaffung eines nationalen Gremiums mit beratender Funktion unter dem Vorsitz des jeweiligen Staatspräsidenten vor. Beide juristischen Grundlagen erwuchsen aus den Dezentralisierungsbemühungen und der Anerkennung eines spezifisch regionalen Bedarfs. Die in Folge der neuen Gesetzeslage veranlassten Maßnahmen zum Erhalt der Infrastruktur und der Landwirtschaft sowie zur Stabilisierung der Einwohnerzahl trugen dazu bei, dass im Queyras ein schrittweiser Umbau von einer rückläufig agrarischen Struktur zum Regionalpark gelang. Das Zentrum der Parkregion mit Schulen, Einkaufszentren und vor allem dem Bahnhof an der Eisenbahnlinie zwischen Gap und Briançon ist die Kleinstadt Guillestre, deren Einwohnerzahl 1968 genauso hoch war wie im Jahr 1851.[8] Seit Ende der 1960er Jahre verzeichnet Guillestre konstante Migrationsgewinne und zählt heute 2300 Einwohner. Von den talseitig gelegenen Städten Guillestre und der durch die Vauban'sche Befestigungsanlage bekannten Stadt Mont-Dauphin gelangt man nur über das enge Guil-Tal hinauf zu den acht Gemeinden des Queyras.[9] Diese abgelegene Region ist mit einem durchschnittlichen jährlichen Pro-Kopf-Einkommen von 13.900 Euro eine der einkommensschwächsten Regionen Frankreichs. Die Arbeitslosigkeit liegt bei knapp 7% der Erwerbstätigen. Nur noch 4% der arbeitenden Bevölkerung sind in der Landwirtschaft tätig.[10] Die landwirtschaftliche Nutzfläche weist eine auffallend kleinteilige Parzellenstruktur mit durchschnittlich 15 Flurstücken pro Hektar auf. In schwer zu bewirtschaftenden Hanglagen wird das Weideland durch neue Föhrenwälder verdrängt. Trotz des kaum zu stoppenden Rückgangs der Landwirtschaft sind die über Jahrhunderte gewachsenen Dorfstrukturen und Kulturlandschaften im Queyras immer noch deutlich erkennbar. Auffallend sind die Geschlossenheit der Ortschaften und der geringe Grad an Zersiedelung.[11] Grund hierfür sind die Unzugänglichkeit und die periphere Lage des Regionalparks, dessen Territorium für die immobilienwirtschaftlichen Großoperationen der 1960er und 1970er Jahre nie in Frage kam. Erst in den letzten Jahren war ein deutlicher Anstieg der Besucherzahlen zu verzeichnen. Auf einen Einwohner des zukünftigen Biosphärenparks entfallen zur Zeit 640 touristische Unterkünfte. Allerdings befinden sich zwei Drittel davon in privaten, saisonal genutzten Zweitwohnsitzen. Hotel- und Pensionsunterkünfte machen lediglich 6,5% des Angebots aus. Allein in den hochgelegenen Kommunen Vesoul, Vars und Queyras wurde ein Bedarf von weiteren 16.000 Betten festgestellt.[12] In Erwartung weiterer baulicher Anlagen erfreuen sich die regionalen Campingplätze großer Beliebtheit. Dieser Trend wird sich so schnell nicht ändern, da neues Bauland nur schwer zu finden ist. Grund dafür ist zum einen die Gefährdung durch Lawinenabgänge, Bodenerosion und Hochwasser. Zum anderen haben die Kommunen des Parks in der von ihnen unterzeichneten Charta klar zum Ausdruck gebracht, dass sie die Naturräume mit ihrer Artenvielfalt schützen und die noch existierenden Kulturlandschaften erhalten möchten. Daraus ergeben sich weitere Bindungen für Baumaßnahmen, die sich, so der Wunsch der Lokalbevölkerung, in erster Linie auf die Umnutzung und Verdichtung bestehender Dorfstrukturen beziehen sollten. In Form einer Broschüre mit dem Titel „Bauen im Queyras" sollen dezidierte Empfehlung zur Verwendung von Bauformen und Materialien ausgegeben werden.[13] Der zentrale Begriff ist hier „*patrimoine*", das lokale Erbe im Sinne eines Bestandes schützenswerter Objekte und lebendiger Traditionen. Dazu gehört auch der Erhalt architektonischer Strukturen und Kleinformen wie Brotöfen, Kapellen und Sonnenuhren. Zu den wichtigen Projekten der Parkgemeinden gehören auch die Förderung der kleinteiligen Wirtschaftsstruktur und der Ausbau touristischer Formen, die mit der Lebensqualität der ortsansässigen Bevölkerung kompatibel sind. Julia Clermont, Gemeinderätin von Aiguilles, weist darauf hin, dass die starke Nachfrage nach individuellen Skitouren und Rundwanderungen bereits zu einem Abbau von Liftanlagen geführt hat. Den veränderten Kundenerwartungen entspricht ein neues Profil von „*moniteurs*" und „*guides de montagne*", die Kraft ihrer Ortskenntnis die Erholung suchenden Gäste über die Vorzüge und Eigenheiten der Region aufklären können. Die Gemeinden des Parks erarbeiten derzeit die Grundlage für ihre Anerkennung im Rahmen des grenzübergreifenden Biosphärenparks Queyras – Mont Viso, welcher der erste alpine Park Frankreichs dieser Art werden könnte.[14] Die wichtigsten Projekte sind hierbei das nachhaltige Bewirtschaften der Wälder, das Freihalten von Weideland, die Pflege von Dorfkernen, das Inventar der Bausubstanz sowie ein unentgeltlicher Transport der lokalen Touristen vom Bahnhof Montdauphin-Guillestre bis in die Bergdörfer des Parks. Ziel ist hier ein betont „langsamer" Tourismus, abseits der Geschäftigkeit urbaner Zentren und weniger abhängig von saisonalen Schwankungen.

Die beiden Beispiele beleuchten schlaglichtartig den drastischen Wandel, den die französische Siedlungspolitik im alpinen Raum im Verlauf der vergangenen vierzig Jahren erfahren hat. Neben den demografischen und touristischen Parametern sind im französischen Kontext hierfür vor allem zwei entscheidende Einflussgrößen zu benennen. Zum einen ist ein Rückgang zentralstaatlicher Vorgaben und Steuerungsmechanismen zu beobachten, der zu einem Erstarken regionaler Entscheidungsstrukturen und Identitäten führte. Parallel dazu lässt sich zum anderen ein Wandel der Mentalitäten beobachten. An die Stelle der eindeutigen Präferenz für dichte, quasi-urbane Strukturen der 1960er Jahre, die auch in der räumlichen Organisation von Freizeit und Tourismus ihren Niederschlag fanden, tritt der Wunsch nach einem breiteren und ausdifferenzierten Angebot für familiäre oder individuelle Lebens- und Freizeitentwürfe. Mit ihrer faszinierenden Vielfalt an Siedlungsformen und Kulturlandschaften wird die französische Bergwelt auch weiterhin ein gesamtgesellschaftlich relevantes Laboratorium bleiben, in dem ein erträgliches Miteinander von Mensch und Natur getestet wird.

1 Programm MAB (Man and Biosphere) der UNESCO. Der Projektantrag soll bis Ende 2010 fertiggestellt werden.
2 Sowa, Axel: „Avoriaz a 40 ans", in: *L'Architecture d'Aujourd'hui N° 369*, März-April 2007, S. 10 ff.
3 Huet, Philippe: „Französische Bergpolitik und die aktuellen Probleme", in: Bätzing, W./Messerli, P., *Die Alpen im Europa der neunziger Jahre*, Bern 1991
4 Papazin, Claire: „Gérard Brémond va construire dans la station haut-savoyarde un bassin ludique «tropical» comme ceux des Centerparcs", in: *Le Figaro*, 3.2.2009
5 Papazin, Claire, *ibid.*
6 Picouët, Martine: „Dix stations de montagne:leur premier bilan carbone", in: *Le Monde*, 16.1.2010
7 Huet, Philippe: *op.cit.*, S. 185 ff.
8 Barbier, Bernard: *Villes et centres des Alpes du Sud*, Gap 1969, S. 58
9 Die acht Bergdörfer des Queyras sind: Abriès, Aiguilles, Arvieux, Château Ville-Vieille, Molines-en-Queyras, Ceillac, Ristolas und Saint-Véran. Hinzu kommen die Talgemeinden Eygliers und Guillestre. Die weiter südlich gelegene Gemeinde Vars hat die Erneuerung der Charta des Parks im Jahr 2009 nicht mitunterzeichnet.
10 Clanché, François (Hrsg.): *Queyras - Mont Viso: une vitalité démographique et économique structurée par le tourisme.* (Studie im Auftrag von INSEE, der Region Provence-Alpes-Côte-d'Azur und des Parks naturel régional du Queyras), Januar 2006
11 Siestrunck, R./Soubarne, M.: *Synthèse étude socio culturelle du Massif du Mont Viso* (Studie der Association pour la Recherche et le Développement en Montage (ARDEM), Juni 2006
12 Clanché, F.: *op.cit.*
13 Parc Naturel Régional du Queyras: *Pour un nouveau parc, Biosphère, Ecotourisme et Agriculture durable: Queyras, Haute montagne exemplaire*, Charte 2010-2022, 27. Juli 2009, Art. 12, S. 28 ff.
14 Ecotone, Etudes-Actions, Geoscop: *Synthèse territoriale valant diagnostique*, (Studie zur Einrichtung der grenzübergreifenden Biosphärenparks Queyras – Mont Viso), Dezember 2005

Avoriaz e Queyras – due modelli di sviluppo nelle Alpi francesi

Axel Sowa

Lo spunto per questa riflessione, sia pure frammentaria, che tenta di ripercorrere la continua metamorfosi delle dinamiche e delle forme insediative legate al turismo nel contesto delle Alpi francesi, ci è offerto da due distinti episodi, tra loro ben distanti per epoca, tratti geografici e risvolti economici. Dal confronto di modelli così fortemente contrastanti, dai caratteri quasi idealmente estremizzati, emergono come cristallizzate quelle tendenze storico-evolutive che ci agevolano nella valutazione di future pianificazioni e scenari di sviluppo.

Il primo dei modelli qui individuati si riferisce alla stazione sciistica di Avoriaz, creata dall'industria del turismo come prodotto di griffe, e ininterrottamente ampliatasi e sviluppatasi a partire dalla sua fondazione nel 1966. A dispetto della continua crescita, ormai quarantennale, la stazione di Avoriaz non ha ancora ottenuto lo status di municipalità a sé stante ed è tuttora solo una frazione del Comune di Moezine, località valligiana di nemmeno 3.000 abitanti. Oggi, il futuro economico ed ecologico di Avoriaz sta animando un dibattito nel quale, contro le posizioni degli immobiliaristi, si fanno sentire anche le istanze degli abitanti che a livello politico locale reclamano principi di sostenibilità.

Il secondo modello, invece, con una densità di soli 8 abitanti per chilometro quadro, si pone in drastico contrasto con la fulminante escalation del precedente e viene qui riportato come esemplare riferimento per tutte le situazioni di arretratezza, marginalità e carenza di infrastrutture della regione alpina francese. Si tratta del progetto di Riserva della biosfera *Queyras – Mont Viso,* attualmente in avanzata fase di programmazione,[1] dislocato a sud di Briançon, al confine con l'Italia. Il progetto estende a ulteriori 9 comuni l'area del *Parc Naturel Régional du Queyras,* esistente dal 1977 e attualmente formato da 11 municipalità, che è rivolto a promuovere lo scambio bilaterale tra Francia e Italia. Il territorio del parco, posto nella zona orientale del *Départements delle Hautes-Alpes,* è abitato da poco più di 10.000 persone, ma prendendo in considerazione le sole località del *Queyras* propriamente detto, cioè quelle collegate esclusivamente attraverso valichi montani alle città di *Gap, Briançon* e *Turin,* la consistenza degli abitanti si dimezza.

Avoriaz – una città in provetta nelle Alpi

Nel 1963 diede avvio alla propria attività una commissione di lavoro interministeriale, denominata "Mission Racine", il cui compito era quello di elaborare ipotesi di pianificazione per la costa mediterranea francese nella regione del Languedoc-Roussillon. Un'iniziativa specifica che scaturiva dalla crescente pressione demografica gravante sulla regione e sul suo ambiente naturale ed era sostenuta dall'enorme domanda di insediamenti abitativi e di strutture turistiche in zona costiera. Finalità della "Mission Racine" era di soddisfare questa domanda tramite la creazione di insediamenti particolarmente compatti, ad alta densità e ben attrezzati a livello di infrastrutture. I primi risultati concreti della "Missione" furono i centri di villeggiatura monofunzionali denominati *"La Grande Motte", "Port Grimaud"* e *"Port Bacares",* tutti realizzati simultaneamente *ex nihilo.* Quello che si realizzò sulla costa mediterranea durante i decenni del dopoguerra nello spirito dei "trentes glorieuses", i gloriosi anni Trenta della crescita continua e del fascino della modernità, risparmiando altre fasce costiere dal consumo di territorio e dall'insediamento selvaggio, furono agglomerati che solo anni più tardi ottennero lo status formale di Municipalità. Le nuove fondazioni vantano tutte autori di fama: creatore di *Port Grimaud* è François Spoerry; quello de *La Grande Motte,* scomparso nel 2002, è Jean Balladur, allievo di Jean-Paul Sartre e Ufficiale della Legion d'Onore. Oltre al coordinamento interministeriale, la realizzazione degli impianti richiese anche e in special modo il coinvolgimento dell'industria edilizia, di gruppi immobiliari e di operatori turistici. In seguito all'eccezionale successo, ben presto le operazioni si estesero allo sviluppo delle zone montane. *Les Arcs* e *Avoriaz* rappresentano gli esempi più eclatanti di quelle realizzazioni, intimamente legate all'iniziativa privata degli investitori.

Nel caso di Avoriaz la vicenda ha inizio con l'intuizione personale del campione di sci Jean Vuarnet che dopo la conquista dell'oro olimpico si dedicò alla trasformazione del suo villaggio natale in una stazione invernale da 5.000 posti letto. Isolata a 1.800 metri sul livello del mare, la stazione sciistica sarebbe stata collegata unicamente da funivie, priva di automobili. Si interessarono al progetto gli investitori parigini Robert e Gérard Brémond, e così, su un'area di 82 ettari, sorse un impianto di complessivi 240.000 metri quadri di superficie abitativa. Il contratto di concessione sottoscritto dal Consiglio Comunale di Morzine insieme ai Brémond nel 1963 prevedeva, a operazione conclusa, il rientro in possesso a favore del comune di una superficie di 22 ettari urbanizzati. Fu ancora Gerard Brémond a scoprire in Jacques Labro, un diplomato dell'École des Beaux-Arts parigina, l'architetto che avrebbe donato ad Avoriaz il suo stile inconfondibile. Insieme ai colleghi Jean-Jacques Orzoni e Jean-Marc Roques, ispirandosi al principio di un'architettura "mimetica", Labro ideò un organismo architettonico il cui profilo può essere letto come eco virtuale delle catene montuose.[2] Altra fonte di ispirazione presente nell'opera di Labro è il riferimento all'architettura fantastico-visionaria della *Gläserne Kette,* il circolo della Catena di Vetro i cui membri, Bruno Taut, Paul Scherbart e Hans Scharoun, negli anni dopo la prima guerra mondiale ipotizzavano scintillanti e variopinte strutture cristalline per le regioni montuose europee.

Per il Natale del 1966 viene inaugurato l'*Hotel des Dromonts,* il primo caposaldo per la valorizzazione dell'alpeggio. Sviluppato su dieci piani, l'impianto alberghiero dalle facciate saettanti a dente di sega e completamente rivestite in scandole di cedro rosso canadese, valse a Labro l'*Équerre d'argent* del 1968, il più prestigioso premio d'architettura di Francia. Nel corso delle successive fasi di avanzamento Avoriaz raggiunge la quota di 16.000 posti letto, ma il successo della stazione sciistica non va attribuito esclusivamente all'architettura turrita a guisa di catena montuosa del complesso di alloggi turistici. Nel periodo della realizzazione di Avoriaz la Francia figurava tra gli stati europei a maggior vocazione sportiva invernale e di conseguenza poteva contare su un'enorme domanda interna di stazioni invernali.[3] Lo aveva ben compreso Gérard Brémond, appassionato di musica jazz e film fantastici che negli anni Settanta fece di Avoriaz un palcoscenico per le celebrità del bel mondo parigino. Attrezzato per i festival, il luogo si dimostra un magnete turistico anche in bassa stagione, arrivando a pienoni del 75% nell'alta stagione invernale. Con finissimo fiuto per le mode e i desideri del momento, Brémont impianta già nel 1988 un parco snowboard, in seguito continuamente sviluppato, mentre di lì a poco chiude i battenti del *Filmfestival,* nel frattempo considerato troppo elitario.

Mentre la moderna stazione sciistica Les Arcs, con la stazione ferroviaria di Bourg-Saint-Maurice, dispone di un nodo di connessione alla rete nazionale dell'alta velocità, raggiungere Avoriaz, località isolata e solo pedonale, resta impensabile senza l'automobile. L'ingresso alla base della stazione turistica mette a disposizione parcheggi per 2.400 posti. L'ultimo tratto di collegamento viene percorso con una delle tredici slitte trainate da cavalli, con i cingolati, oppure con gli sci ai piedi. Labro e Brémond curano l'equilibrio compositivo dei loro progetti alternando giocosamente sottocentri ad aree libere. L'oculato layout delle 288 piste e dei 207 impianti di risalita offre scorci spettacolari sul paesaggio montano, le cui postazioni strategiche vengono occupate dalla scultorea architettura di Labro. Di data più recente è il residence *Saskia,* affacciato sul crinale di parete rocciosa a picco che separa Avoriaz dalla Municipalità madre di Morzine. Siamo a metà anni Ottanta, e Labro propone qui un'architettura residenziale distribuita da ballatoi coperti, con alloggi che interpretano i bisogni dei diversi tagli di famiglie. Il fondatore di Avoriaz, ora settantenne direttore di *Pierre & Vacances* Gérard Brémond, nel frattempo si dedica a diversi altri progetti di ampliamento.[4] Per riportare alla ribalta la località un po' dimenticata, nel febbraio 2009 Brémont annuncia le prossime mosse: entro il 2010 farà realizzare un'opera colossale, una bolla climatizzata artificialmente in grado di offrire un ambiente tropicale a 1.800 metri di quota. All'interno, un bacino idrico di 3.000 m² riscaldato a 29° sarà a disposizione dei visitatori, insieme al panorama sull'universo montano, a sua volta in via di surriscaldamento e attrezzato di cannoni per la neve artificiale.

Contemporaneamente, nel dicembre 2008, il Consiglio Comunale del Comune di Morzine, di cui fa parte Avoriaz, ha approvato un progetto ancor più gigantesco. Avoriaz si espanderà con nuovi volumi abitativi per 475 alloggi turistici e 38.600 metri quadri complessivi. Gli appartamenti verranno commercializzati da *Pierre & Vacances, Maeva* e *Residences MGM* e offerti a prezzi da 5.000 a 6.000 euro al metro quadro.[5] E non è solo per quanto riguarda i prezzi immobiliari che Avoriaz si mantiene sempre al livello di Parigi. Il comune tenta altrettanto di assecondare le aspirazioni ecologiche del pubblico metropolitano in cerca di svago e riposo. Nel gennaio 2010 dieci delle maggiori stazioni sciistiche francesi fra le quali Avoriaz, hanno confrontato i loro valori di biossido di carbonio. Dal rilevamento, condotto in cooperazione con l'Agenzia nazionale per il clima, Ademe, si è giunti alla conclusione che più di metà delle emissioni di CO^2 è originata dal traffico privato dei visitatori in transito.[6] Di conseguenza i comuni intendono potenziare il trasporto pubblico di corto raggio, sensibilizzare i cittadini verso l'uso congiunto dei veicoli e convertire gli impianti di riscaldamento locali dal consumo di combustibile fossile alle fonti rinnovabili. L'ansia ecologica in realtà è accompagnata anche da un certo nervosismo commerciale. Progettata a fine anni Sessanta come una città satellite e da allora legata a doppio filo ai flussi di massa dalle aree metropolitane, oggi Avoriaz si scopre fondata su una struttura e una densità non facilmente ristrutturabile e scarsamente adattabile alle nuove sensibilità in evoluzione.

Le Queyras – una regione in ripresa all'ombra delle montagne

La regione del Queyras è una tra le zone montane più isolate del massiccio delle Alpi meridionali francesi. Per secoli terra tormentata dai conflitti frontalieri italo-francesi, eppure da sempre anche canale dello scambio commerciale fra le *Alpes du Sud* e il Piemonte. Oggi il Queyras, in virtù di un decreto del 24.10.1975, integrato nel 1985 dalla *loi montagne,* gode dello status amministrativo di Parco Regionale.[7] Quest'ultima "legge per la montagna" dispone la creazione di un Comitato Nazionale a funzione consultiva, posto sotto la presidenza del Capo di Stato in carica. Entrambi gli atti legislativi scaturiscono dal fermento riformista per la decentralizzazione e per il riconoscimento delle specifiche esigenze regionali. Le misure d'incentivazione per la salvaguardia di infrastrutture e dell'agricoltura, e per la stabilizzazione del numero di abitanti introdotte dalla nuova disciplina hanno portato, nel caso del Queyras, alla graduale riconversione di una struttura agraria in declino nell'attuale Parco Regionale. Il centro vitale della Regione Parco, con scuole, centri commerciali e soprattutto con la stazione della linea ferroviaria tra Gap e Briançon, è la cittadina di Guillestre, che nel 1968 contava un numero di abitanti identico a quello del 1851.[8] Con la fine degli anni Sessanta Guillestre ha iniziato a registrare un costante incremento migratorio, e oggi conta 2.300 abitanti. Lasciando i centri di mezza costa, Guillestre e Montdauphin, nota per il celebre sistema di fortificazioni di Vauban, e risalendo l'angusta val di Guil, si raggiungono infine gli otto comuni del Queyras.[9] Questa regione dimessa è una delle aree economicamente più deboli della Francia con un reddito annuo pro capite di 13.900 euro. La disoccupazione è attestata intorno al 7% degli occupati, e solo il 4% della popolazione attiva è dedita all'agricoltura.[10] Le superfici coltivate rivelano con evidenza la trama di una fittissima suddivisione della proprietà che arriva mediamente a 15 appezzamenti per ettaro, mentre il prativo, specie nei pendii scoscesi difficilmente coltivabili, è minacciato dall'incalzare dei boschi di conifere. A dispetto del declino pressoché inarrestabile dell'agricoltura, in Queyras restano ancora perfettamente leggibili le strutture dei paesi e del paesaggio agrario, radicate da secoli. Saltano all'occhio la compattezza dei nuclei abitati e il bassissimo grado di edificazione estensiva,[11] dovuti all'inaccessibilità e alla posizione periferica del Parco Regionale, un territorio mai preso di mira dalle grandi operazioni di speculazione immobiliare degli anni Sessanta. È solo in questi ultimi anni che si nota un cospicuo aumento del numero di visitatori. Per ogni abitante del futuro Parco della Biosfera si contano infatti 640 presenze turistiche, due terzi delle quali in particolare sistemate in seconde case stagionali, mentre hotel e alloggi in pensioni costituiscono appena il 6,5% dell'offerta. Nei soli comuni d'alta quota di Vesoul, Vars e Queyras si registra una domanda di 16.000 posti letto vacanti.[12] Se ne compiacciono i camping locali che, in attesa di futuri sviluppi edilizi, godono di grande popolarità. È una tendenza che non sembra destinata a tramontare così rapidamente, data l'oggettiva difficoltà di reperire nuove aree di espansione. Difficoltà alimentata in parte dalla minaccia del dissesto idrogeologico e del distacco di valanghe. Per altro determinata dall'osservanza della carta sottoscritta dai comuni del parco che sancisce con fermezza l'impegno a preservare quanto ancora rimane sia dell'ambiente naturale e della sua biodiversità sia del paesaggio colturale. Ne derivano così ulteriori vincoli alla pratica edilizia che, secondo la volontà popolare locale, deve indirizzarsi in primo luogo al riuso e alla densificazione delle strutture urbanistiche dei paesi esistenti. Un opuscolo intitolato "Costruire in Queyras" dispone precise indicazioni per l'impiego di forme edilizie e di materiali.[13] Il concetto centrale sotteso è quello del "patrimoine", l'eredità del patrimonio locale, esteso dalla sostanza edilizia esistente degna di tutela e memoria, fino alla tradizione materiale ancora vivente. Vi è inclusa quindi anche la tutela di strutture ed espressioni costruttive minori, come forni per il pane, edicole votive e meridiane. Tra gli urgenti compiti dei comuni del parco rientrano anche il sostegno alle microstrutture produttive e quello per lo sviluppo di forme turistiche compatibili con la qualità di vita della popolazione residente. Julia Clermont, consigliera comunale di Aiguilles, sottolinea, ad esempio, come la forte domanda di circuiti escursionistici e di percorsi per lo sci alpinistico abbia già portato allo smantellamento di alcuni impianti di risalita. In risposta ai rinnovati bisogni dei visitatori si è formata una nuova generazione di *"moniteurs"* e *"guides de montagne"* che, forti della loro coscienza dei luoghi, riescono ad avvicinare gli ospiti in vacanza ai valori e alle peculiarità della regione. Attualmente i comuni del parco stanno lavorando per ottenere il riconoscimento ufficiale nel quadro sovranazionale della Riserva Biosfera *Queyras – Mont Viso,* che potrebbe diventare il primo parco alpino francese di questo tipo.[14] Gli sforzi più considerevoli in questo senso sono rappresentati dalle politiche per la conduzione rinnovabile dei boschi, il mantenimento dei pascoli, il rispetto dei nuclei storici dei paesi, il censimento della sostanza edilizia esistente e infine l'introduzione del trasporto gratuito dei turisti dalla stazione ferroviaria di Montdauphin-Guillestre fino ai paesini di montagna del parco. L'obiettivo prefissato è quello di un turismo dichiaratamente "rallentato", ben lontano dalla speculazione commerciale dei centri urbani e indipendente dalle fluttuazioni stagionali.

Entrambi gli esempi illustrati chiariscono nitidamente il drastico mutamento attraversato in Francia dalla politica urbanistico-insediativa in ambito alpino nel corso degli ultimi quarant'anni. Sotto questa luce, a fianco dei tipici parametri demografici e turistici, si evidenziano due ulteriori fattori determinanti nel contesto francese. Innanzitutto si rileva un declino delle imposizioni stataliste e dei meccanismi di controllo centrali che ha portato al rafforzamento dell'identità e delle strutture decisionali regionali. E parallelamente si può constatare un'evoluzione della mentalità. L'unanime preferenza per strutture intensive pseudo-urbane tipica degli anni Sessanta, che tanto ha influito anche nel disegno urbanistico di impianti turistici e ricreativi, sta cedendo il passo all'aspirazione verso un più ampio e differenziato ventaglio di soluzioni progettuali per il tempo libero, famigliare o individuale che sia. Con la sua affascinante varietà di forme d'insediamento e di paesaggi culturali, l'universo montano francese resta ancora un laboratorio di rilevanza sociale complessiva, nel quale sperimentare una convivenza sostenibile tra uomo e natura.

Avoriaz and Queyras – Two Models of Development in the French Alps

Axel Sowa

The following represents an attempt to use two settlement models that are quite distinct in terms of time, geography, and economic function to provide a brief overview of the ongoing transformation of types of housing and recreational facilities in the French Alpine region. These clearly contrasting models exhibit an almost ideal-typical character, so comparing them will help to crystallize historical tendencies, making it easier to assess further planning and developmental scenarios. One of the selected models is the Avoriaz ski resort, which, ever since its foundation in 1966, has been developed, constantly expanded, and operated as a brand by the tourism industry. Although Avoriaz has been growing for forty years, the resort does not constitute an independent municipality, but still belongs to Morzine, a small valley town with just under 3,000 residents. In the current discussion about the economic and ecological future of Avoriaz, it is not only real-estate management firms that are making their voices heard, but also local residents, who are calling for accordance with principles of sustainability at the local political level.

In stark contrast to the dynamic developmental history of Avoriaz, the second model involves a population density of only eight inhabitants per square kilometer and is cited here as an example of peripheral and infrastructurally weak locations in the French Alpine region. The biosphere project *Queyras—Mont Viso*, which is currently in an advanced planning stage,[1] is located south of Briançon on the border with Italy. It represents an extension of the Parc Naturel Régional du Queyras, which was created in 1977 across eleven communes and is now envisaged as embracing another nine communes and promoting bilateral exchange between France and Italy. More than 10,000 residents live within the territory of the park in the eastern part of the Hautes-Alpes department. However, this number is halved when one considers only the Queyras region proper and the towns lying within it, which are linked to the cities of Gap, Briançon, and Turin only by mountain passes.

Avoriaz—a resort town in the Alps

In 1963, an inter-ministerial working group called "Mission Racine" began its work. Its mandate was to devise planning proposals for the Mediterranean coast of the Languedoc-Roussillon region. This concerted action was the result of demographic pressures in the region and on its natural expanses, and of the enormous demand for housing and recreational facilities near the coast. The goal of Mission Racine was to meet this demand by creating extremely compact, dense, and infrastructurally well-equipped housing estates. Its first visible result was the *ex nihilo* construction of the monostructural recreational centers La Grande Motte, Port Grimaud, and Port Bacares. These sites on the Mediterranean coast were all designed in the spirit of the so-called *trentes glorieuses*—the thirty years of continuous growth and modernization following the Second World War—and their construction also served to protect further stretches of coast from land consumption and urban sprawl. It was only years later that they were granted the status of municipalities in a political sense. These new centers were all the work of renowned architects. The creator of Port Grimaud was François Spoerry, and La Grande Motte was designed by Jean Balladur, a former student of Jean-Paul Sartre and officer of the Légion d'honneur, who died in 2002. The construction of the centers required not only inter-ministerial coordination but also collaboration between the construction, real-estate, and tourism industries.

A short time later, these extremely successful projects were used as models for the development of mountain regions. Les Arcs and Avoriaz represent the most prominent examples in this respect, and their construction was directly linked with initiatives by investors. The story of Avoriaz began with the vision of skiing champion Jean Vuarnet, who, in the wake of his Olympic success, came up with the idea of constructing a 5,000-bed resort on a mountain pasture adjacent to his hometown of Morzine. The concept envisaged a car-free resort at a height of 1,800 meters, only accessible by cable car. The project attracted the interest of Paris investors Robert and Gérard Brémond, and the result was a complex covering 24 hectares with a total of 24,000 square meters of living space. In 1963, the Morzine municipal council signed a concession agreement, stipulating that, on completion of construction, the municipality would be handed back an area of 22 hectares.

In Jacques Labro, a graduate of the Paris École des Beaux-Arts, Gérard Brémond found an architect who could lend Avoriaz its distinctive design. Working with his colleagues Jean-Jacques Orzoni and Jean-Marc Roques, Labro used the concept of "mimetic" architecture to create an ensemble, with a silhouette that can be read as a visual echo of the mountain chain.[2] Another influence on Labro's work can be found in the fantastical, visionary architecture of the Glass Chain group, whose members Bruno Taut, Paul Scherbart, and Hans Scharoun projected colorful, iridescent structures onto European mountain regions. At Christmas in 1966, the Hotel des Dormonts became the first staging post on the developed mountain meadow to open its doors. In 1968, the ten-story hotel complex with its staggered facade encased in red cedar shingles won Labro the *Équerre d'argent*, France's highest architectural award.

In the course of further construction, the number of beds offered in Avoriaz reached a total of 16,000. The success of the resort was due not only to its towering architecture, which evokes the topography of a mountain ridge: during the years when Avoriaz was being developed, winter sports in France

1 Programma MAB (Man and Biosphere) dell'UNESCO. L'approvazione del progetto dovrebbe essere completata per la fine del 2010.
2 Sowa, Axel: "Avoriaz a 40 ans", in: *L'Architecture d'Aujourd'hui N° 369,* Marzo-Aprile 2007, pag. 10 e seg.
3 Huet, Philippe: "Französische Bergpolitik und die aktuellen Probleme", in: Bätzing, W./Messerli, P., *Die Alpen im Europa der neunziger Jahre,* Berna 1991
4 Papazin, Claire: "Gérard Brémond va construire dans la station haut-savoyarde un bassin ludique "tropical" comme ceux des Centerparcs", in: *Le Figaro,* numero del 3.2.2009
5 Papazin, Claire, *ibid.*
6 Picouët, Martine: "Dix stations de montagne leur premier bilan carbone", in: *Le Monde,* numero del 16.1.2010
7 Huet, Philippe: *op.cit.*, pag. 185 e seg.
8 Barbier, Bernard: *Villes et centres des Alpes du Sud.* Gap 1969, pag. 58
9 degli otto paesi in quota del Queyras fanno parte: Abriès, Aiguilles, Arvieux, Château Ville-Vieille, Molines-en-Queyras, Ceillac, Ristolas und Saint-Véran. A questi si aggiungono i Comuni di fondovalle Eygliers e Guillestre. Il Comune più meridionale di Vars nel 2009 non ha più sottoscritto la ristesura della Carta del Parco.
10 Clanché, François (Hrsg.): *Queyras-Mont Viso: une vitalité démographique et économique structurée par le tourisme.* (Studio svolto su incarico dell'INSEE, della Region Provence-Alpes Côte d'Azur e del Parks naturel régional du Queyras), gennaio 2006
11 Siestrunck, R.; Soubarne, M.: *Synthèse étude socio culturelle du Massif du Mont Viso,* (Studio dell'Association pour la Recherche et le Développement en Montage [ARDEM]), giugno 2006
12 Clanché, F.: *op.cit.*
13 Parc Naturel Régional du Queyras: *Pour un nouveau parc, Biosphère, Ecotourisme et Agriculture durable: Queyras, Haute montagne exemplaire,* Charta 2010-2022 del 27. luglio 2009, Art. 12, pag. 28 e seg.
14 Ecotone, Etudes-Actions, Geoscop: *Synthèse territoriale valant diagnostique,* (Studio per l'istituzione del Parco sovranazionale Riserva della Biosfera Queyras – Mont Viso), dicembre 2005

← 221

enjoyed a level of popularity almost unequalled in Europe, and domestic demand for winter-sport accommodation was consequently very high.[3] In addition, Gérard Brémond, a fan of jazz music and fantasy films, was able to attract prominent figures from Paris society to Avoriaz in the 1970s. In the warmer months, the location was used to host festivals, making it a magnet for tourists, and in the winter season, it regularly recorded occupancy levels of 75 percent. With a keen sense for prevailing fashions and fads, Brémont already had a snowboard park constructed in Avoriaz in 1988, which has been consistently modernized ever since. A short time later, he launched a fantasy film festival that has come to be regarded as one of the elite festivals of its kind.

While the modern ski resort of Les Arcs is connected to the national high-speed train network via the Bourg-Saint-Maurice railway station, the car-free resort of Avoriaz can, in fact, only be reached by car. A car park with a capacity for 2,400 vehicles is located at the entrance to the resort. Beyond this point, visitors must make use of one of thirty horse-drawn sleighs, snowcats, or their own skis. The interplay of subcenters and open spaces was an important element of Labro's and Brémond's planning process. The canny layout of the 288 ski runs as well as 207 chairlifts and cable cars provide spectacular views of the mountain landscape, with Labro's sculptural architecture crowning its most prominent points. The latest addition is the Saskia residence, perched on the edge of the steep rock face that separates Avoriaz from its parent town of Morzine. Saskia was designed by Labro in the mid-eighties as a residential complex that is accessed via protected walkways and contains apartments that cater to families of various sizes.

The founder of Avoriaz and director of *Pierre & Vacances*, Gérard Brémond, who is now in his seventies, is still working on an extension of the complex.[4] In February 2009, in order to put the location back into the headlines, Brémond announced yet a further construction stage involving a gigantic bubble-shaped structure. Scheduled for completion in 2010, the building will offer a tropical environment 1,800 meters above sea level. It includes a 3,000 m² pool heated to 29° Celsius and offers views of the—also gradually warming—mountain slopes, which are equipped with artificial-snow machines. In December 2008, the municipal council of Morzine also approved a large building project that will see several new buildings containing 475 holiday apartments with a total floor space of 38,600 square meters in Avoriaz. The apartments will be marketed by *Pierre & Vacances*, *Maeva*, and *Residences MGM* at prices ranging between 5,000 and 6,000 euros per square meter.[5]

It is not only in the realm of building prices that Avoriaz accords with Paris standards. The council is also trying to meet the ecological expectations of city dwellers in search of recreation and relaxation. In January 2010, ten of France's most important ski resorts, including Avoriaz, compared their levels of carbon dioxide emissions. The study, which was carried out in collaboration with the French Environment and Energy Management Agency *Ademe*, concluded that more than half of the CO² emissions were generated by private transport and departing visitors.[6] As a result, the municipality is now planning to expand local public transport services, encourage the use of car pools, and upgrade local fossil fuel heating systems to renewable energy sources. These ecological considerations are accompanied by commercial ones. Avoriaz was planned as an Alpine satellite settlement in the late 1960s and has largely depended on a mass influx from metropolitan regions ever since, but it now exhibits a structure and density that require new remodeling strategies in order to meet changing expectations.

Le Queyras—a region on the rise in the shadow of the mountains

The Queyras Valley is one of the quieter mountain regions in the French Southern Alps. For centuries, the region was rocked by border conflicts between Italy and France, while at the same time it constituted a locus of economic exchange between the Alpes du Sud and the Piedmont. Its current legal status as a regional park is based on a decree of October 24, 1975, which was supplemented by the *loi montagne* in 1985.[7] This law stipulates the establishment of a consultative national committee chaired by the sitting state president. These legal frameworks are the result of decentralization efforts and the recognition of a specific regional need. They have generated measures designed to maintain the local infrastructure and agriculture and stabilize the size of the population, and have thus contributed to the progressive conversion of the Queyras from a declining agricultural area into a regional park.

The central node of the park region is the town of Guillestre, which offers schools, shopping centers and, most importantly, a railway station on the line between Gap and Briançon. In 1968, Guillestre's population was still the same as it had been in 1851.[8] Since the end of the sixties, however, it has constantly been growing through migration, and today numbers 2,300. From the valley town of Guillestre and Mont-Dauphin, famous for its seventeenth-century fortifications built by the engineer Vauban, the municipalities of the Queyras can only be reached through the narrow Guil River Valley.[9] This remote region is one of France's economically weakest, with an average annual per capita income of 13,900 euros. The unemployment rate is almost seven percent, and only four percent of the working population is involved in agriculture.[10] Farmed land is conspicuously fragmented, with an average of fifteen parcels of land per hectare. On hillside areas that are difficult to cultivate, pasture land is being pushed back by new pine forests.

In spite of the inexorable decline of agriculture, the village structures and cultivated landscapes that have been formed over centuries in the Queyras remain highly visible. Particularly striking are the compactness of villages and the low level of uncontrolled development.[11] This preservation of the area's historical structure is largely owed to the inaccessibility and peripheral location of the regional park, which never became a target of large real-estate concerns in the sixties and seventies. Only in recent years visitor numbers have risen significantly. At present, there are 640 tourist beds per permanent resident of the future biosphere park. However, two thirds of them are in private, seasonally used second homes. Hotels and guesthouses make up only 6.5 percent of such accommodation. Studies have shown that 16,000 more beds are needed in the high-altitude communes of Vesoul, Vars, and Queyras.[12] In the absence of further built facilities, the region's camping grounds are proving extremely popular. This trend is unlikely to change soon, since it is difficult to find new building land. One reason for this is the danger of avalanches, soil erosion, and floods. Another is that the communes in the park have made it clear in their charter that they wish to preserve the existing natural environment, its biodiversity, and the cultivated landscape.

This desire on the part of the local population also manifests itself in building regulations, which specify that land conversion and development should, above all, accord with existing village structures. A brochure entitled *Building in the Queyras*, which is presently being drawn up, will make specific recommendations on construction types and materials.[13] The central concept here is *patrimoine*, which refers to a local heritage comprising a stock of objects worthy of protection, and living traditions. It includes the preservation of architectural structures and smaller objects, such as baking ovens, oratories, and sundials.

Another important project for the park municipalities is the promotion of the local, small-scale business structure and the expansion of tourism forms that are compatible with the quality of life favored by the local population. Julia Clermont, a local councilor for Aiguilles, points out that the strong demand for individual skiing tours and treks in the area has already led to the dismantling of lift facilities. Changing customer expectations have generated a new profile for *moniteurs* and *guides de montagne*, who are able to use their local knowledge to explain the merits and special features of the region to guests seeking recreation and relaxation. The municipalities that make up the park are currently working towards gaining recognition within the framework of the cross-border biosphere park *Queyras—Mont Viso*, which could become the first Alpine park of its type in France.[14] The most important projects in this respect relate to the sustainable use of forests, the preservation of meadowlands, the maintenance of village centers, an inventory of the existing building stock, and the provision of free transport for local tourists from the Montdauphin-Guillestre railway station to the mountain villages within the park. The goal here is "slow" tourism that offers a clear alternative to the bustle of urban centers and is less dependent on seasonal fluctuations.

These two examples briefly highlight the drastic changes the French settlement policy in the Alpine region underwent over the last forty years. Apart from demographic and tourism parameters, two aspects have proved decisively influential in the French context. One is a decrease in centralist prescriptions and steering mechanisms, which has strengthened regional decision-making structures and identities. This has gone hand in hand with a mentality change. The clear preference for dense, quasi-urban structures common in the sixties, which also influenced the spatial organization of recreation and tourism, has given way to a broader and more differentiated range of designs, tailored to different family structures, lifestyles, and recreational possibilities. With its fascinating diversity of settlement forms and cultivated landscapes, the French mountain region will remain a laboratory relevant to the wider society, one that will continue to explore the possibilities of sustainable coexistence of human beings and their natural environment.

1 UNESCO MAB (Man and Biosphere) program. The project proposal is due to be completed by the end of 2010.
2 Axel Sowa: *Avoriaz a 40 ans*, in: *L'Architecture d'Aujourd'hui N° 369*, March-April 2007, p. 10 ff.
3 Huet, Philippe: *Französische Bergpolitik und die aktuellen Probleme*, in: Bätzing, W. / Messerli, P., *Die Alpen im Europa der neunziger Jahre*, Berne 1991.
4 Claire Papazin: *Gérard Brémond va construire dans la station haut-savoyarde un bassin ludique "tropical" comme ceux des Centerparcs*, in: *Le Figaro*, Feb. 3, 2009.
5 *Ibid.*
6 Martine Picouët: *Dix stations de montagne leur premier bilan carbone*, in: *Le Monde*, Jan. 16, 2010.
7 Philippe Huet: *op.cit.*, p. 185 ff.
8 Bernard Barbier: *Villes et centres des Alpes du Sud*. Gap 1969, p. 58.
9 The eight mountain villages that belong to Queyras are: Abriès, Aiguilles, Arvieux, Château Ville-Vieille, Molines-en-Queyras, Ceillac, Ristolas, and Saint-Véran. Also included are the valley communities of Eygliers und Guillestre. The municipality of Vars further to the south did not sign the park charter when it was renewed in 2009.
10 François Clanché (ed.): *Queyras—Mont Viso: une vitalité démographique et économique structurée par le tourisme* (Study commissioned by INSEE, the region of Provence-Alpes-Côte-d'Azur and the Park naturel régional du Queyras), Jan. 2006.
11 R. Siestrunck; M. Soubarne: *Synthèse étude socio culturelle du Massif du Mont Viso* (Study by the Association pour la Recherche et le Développement en Montage [ARDEM]), June 2006.
12 F. Clanché: *op. cit.*
13 Parc Naturel Régional du Queyras: *Pour un nouveau parc, Biosphère, Ecotourisme et Agriculture durable: Queyras, Haute montagne exemplaire*, Charter 2010-2022 of July 27, 2009, art. 12, p. 28 ff.
14 Ecotone, Etudes-Actions, Geoscop: *Synthèse territoriale valant diagnostique* (Study on the construction the cross-border biosphere park of Queyras—Mont Viso), Dec. 2005.

← 208 / ← 370

Atelier Christoph Mayr Fingerle
St. Oswaldweg 71
I - 39100 Bozen / Bolzano
T +39 0471 975091
www.mayrfingerle.com

In Zusammenarbeit mit
in collaborazione con
in collaboration with
Manfred Alois Mayr

← 156 / ← 348

Architekten Hermann Kaufmann ZT GmbH
Sportplatzweg 5
A - 6858 Schwarzach
T +43 (0)5572 58174
www.hermann-kaufmann.at

← 148 / ← 344

Architekturbüro DI Christian Lenz ZT GmbH
Sportplatzweg 5
A - 6858 Schwarzach
T +43 (0)5572 58174
www.christian-lenz.at

← 172 / ← 356

bevk perović arhitekti d.o.o.
Tobacna 5
SI - 1000 Ljubljana
T +386 1 2417630
www.bevkperovic.com

← 176 / ← 358

← 178 / ← 360

← 70 / ← 324

Covas Hunkeler Wyss Architekten
Dipl. Architekten ETH SIA
Hohlstrasse 10
CH - 8004 Zürich
T +41 (0)44 2417131
www.chw-arch.ch

← 234 / ← 376

DI_aRCHON ass_ Architetti
Stevan Tesic Milena Veljkovic
Via Monte Ortigara 42
I - 25128 Brescia
T +39 030 390501
www.tesicarchitetti.eu

← 106 / ← 336

Dietger Wissounig
Franziskanerplatz 13/2
A - 8010 Graz
T +43 (0)316 8197900
www.wissounig.at

← 200 / ← 366

Arhitektura Krušec
Gallusovo nabrezje 39
SI - 1000 Ljubljana
T +386 1 4251543
www.arhitekturakrusec.si

← 154 / ← 346

Baumschlager Eberle Lochau ZT GmbH
Lindauer Straße 31
A - 6911 Lochau
T +43 (0)5574 43079-0
www.baumschlager-eberle.com

← 111 / ← 338

Bembé Dellinger Architekten BDA
Im Schloss
D - 86926 Greifenberg
T +49 (0)8192 99730-0
www.bembe-dellinger.de

← 50 / ← 320

bhend.klammer architekten
Hardstr. 219
CH - 8005 Zürich
T +41 (0)44 4402994
www.bhend.klammer.ch

← 240 / ← 378

Landschaftsarchitektur:
Andrea Fahrländer
Calori Azimi Botineau (Cab) Architectes
26 Rue Paul Deroulede
F - 06000 Nice
T +33 (0)493161757
www.agencecab.com

← 128 / ← 340

CHRISTEN architekturbüro
Gewerbestrasse 3
FL - 9496 Balzers
T +423 230 0366

CH - 7000 Chur
T +41 (0)81 2502455
www.ch-arch.com

cavegn architektur
Bendererstrasse 33
FL - 9494 Schaan
T +423 233 4813
www.cavegn.li

← 26 / ← 314

Durrer Linggi Architekten
Seebahnstrasse 109
CH - 8003 Zürich
T +41 (0)43 2686600
www.dl-arch.com

In Zusammenarbeit mit
in collaborazione con
in collaboration with
Jürg Schmid

← 46 / ← 318

Gion A. Caminada
Cons 1
CH - 7149 Vrin
T +41 (0)81 9311766
caminada@arch.ethz.ch

← 230 / ← 374

Giorgio Goffi
Via Massimo D'Azeglio 23
I - 25128 Brescia
T +39 030 38 16 10
www.giorgiogoffi.it

Camillo Botticini
Via della Parrocchia 11
I - 25135 Brescia
T +39 030 33 67 323

← 88 / ← 332

Goetz Hootz Castorph Architekten und Stadtplaner GmbH
Bäckerstraße 57
D - 81241 München
T +49 (0)89 829993-0
www.goetzhootzcastorph.de

← 162 / ← 352

Könz Molo architetti FAS
Via al Nido 3
CH - 6900 Lugano
T +41 (0)91 9508915
www.koenzmolo.ch

In Zusammenarbeit mit
in collaborazione con
in collaboration with
Carola Barchi, arch. dipl EPF/SIA,
Lugano Massagno

← 103 / ← 334

henke und schreieck Architekten
Neubaugasse 2/5
A - 1070 Wien
T +43 (0)1 5262118
www.henkeschreieck.at

← 10 / ← 308

Lazzarini Architekten
Mierta & Kurt Lazzarini
Surtuor 20
CH - 7503 Samedan
T +41 (0)81 8511070
www.lazzarinis.com

← 217 / ← 372

O.A.L / Edouard François
136 rue Falguière
F - 75015 Paris
T +33 (0)1 45678887
www.edouardfrancois.com

← 54 / ← 322

Obermoser zt GmbH architektur
Herzog Otto Straße 8
A - 6020 Innsbruck
T +43 (0)512 52050
www.arch-omo.at

← 144 / ← 342
Johannes Kaufmann Architektur
Sägerstraße 4
A - 6850 Dornbirn
T +43 (0)5572 23690
www.jkarch.at

Riepl Riepl Architekten
OK-Platz 1A
A - 4020 Linz
T +43 (0)732 782300
www.rieplriepl.com

← 80 / ← 328
k_m.architektur
Arch. DI Daniel Sauter
Glockengieße 2
A - 6900 Bregenz
T +43 (0)5574 82838
www.k-m-architektur.com

← 14 / ← 310
Könz Molo architetti FAS
Via al Nido 3
CH - 6900 Lugano
T +41 (0)91 9508915
www.koenzmolo.ch

← 204 / ← 368
METROGRAMMA
Andrea Boschetti & Alberto Francini srl
Via G. Cadolini, 30
I - 20137 Milano
T +39 02 27209346
www.metrogramma.com

← 158 / ← 350
novaron Architektur
Baumanagement Konzept GmbH
Bitziweg 2
CH - 9444 Diepoldsau
T +41 (0)71 7377161
www. novaron.ch

← 168 / ← 354
Ofis Arhitekti
Kongresni Trg 3
SI - 1000 Ljubljana
T +386 1 4260085
Www.Ofis-A.Si

← 4 / ← 306
Pablo Horváth Architekt SIA/SWB
Herrengasse 7
CH - 7000 Chur
T +41 (0)81 2533831
www.pablohorvath.ch

← 190 / ← 362
pateyarchitectes
69 rue Pasteur
F - 73000 Chambéry
T +33 (0)4 79 854783
www.patey.fr

← 76 / ← 236

pedevilla architekten
Armin Pedevilla, Alexander Pedevilla
Paul von Sternbach 1
I - 39031 Bruneck
T +39 0474 370055
www.pedevilla.info

← 32 / ← 316

Plasma Studio Architects
Unit 51 - Regents Studios
8 Andrews Road London E8 4QN
United Kingdom
T +44 207 8129875
www.plasmastudio.com

St. Josephstraße 51
I - 39030 Sexten
T +39 0474 710435
www.plasmastudio.com

← 84 / ← 330

Prof. Matthias Reichenbach-Klinke
Hans Schranner
Frauenberger Straße 13
D - 84166 Adlkofen
T +49 (0)8707 9107 0
www.reichenbach-schranner.de

Florian Nagler Architekten GmbH
Theodor-Storm-Str. 16
D - 81245 München
T +49 (0)89 820051-0
www.nagler-architekten.de

← 194 / ← 364

Walter Angonese Architekt
Marktplatz / piazza principale 6
I - 39052 Kaltern / Caldaro
T +39 0471 965485
www.angonesewalter.it

In Zusammenarbeit mit
in collaborazione con
in collaboration with
Silvia Boday und Alexander Fill

← 20 / ← 312

Zindel Brönnimann Ferrario
ZBF Architekten AG
Hönggerstrasse 47a
CH - 8037 Zürich
T +41 (0)43 8115151
www.zbf.ch

Mit freundlicher Unterstützung von / Con il generoso sostegno di / Kindly supported by

Felsfrisch aus dem Herzen der Berge
Salute da un clima salubre

AQUAEFORST GmbH-Srl I-39022 Forst/Algund - Forst/Lagundo (BZ) Tel.0473 44 9727

Mit freundlicher Unterstützung von / Con il generoso sostegno di / Kindly supported by

Mit freundlicher Unterstützung von / Con il generoso sostegno di / Kindly supported by

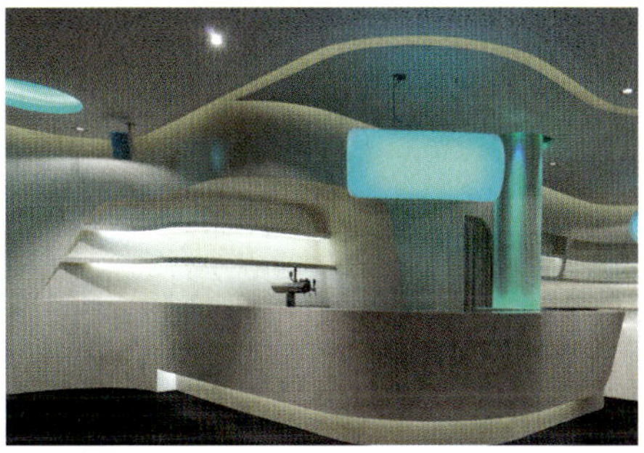

Mit freundlicher Unterstützung von / Con il generoso sostegno di / Kindly supported by

Mit freundlicher Unterstützung von / Con il generoso sostegno di / Kindly supported by

Pernet Comestibles

Gstaad, Schweiz, 550 m²

schweitzer

www.schweitzerproject.com

Shopfitting since 1927

Mit freundlicher Unterstützung von / Con il generoso sostegno di / Kindly supported by

AUTONOME PROVINZ BOZEN SÜDTIROL
PROVINCIA AUTONOMA DI BOLZANO ALTO ADIGE

ABTEILUNG DEUTSCHE KULTUR
RIPARTIZIONE CULTURA ITALIANA
ABTEILUNG HOCHBAU UND TECHNISCHER DIENST
ABTEILUNG RAUMORDNUNG

STADTGEMEINDE **MERAN**
COMUNE DI **MERANO**
Referat für Kultur
Assessorato alla cultura

Mit freundlicher Unterstützung von / Con il generoso sostegno di / Kindly supported by

Staschitz Digital
Stand - Display & Print

TIROLENSIS ARS VINI

Niederstätter

KARL PICHLER A.G. S.P.A.

RUBNER

UNIONBAU

Katalog / Catalogo / Catalog

Diese Publikation erscheint
im Rahmen der Wanderausstellung
Wohn Raum Alpen
14. Mai bis 12. September 2010 bei kunst Meran

Volume pubblicato
in occasione della mostra itinerante
Abitare le Alpi
14 maggio – 12 settembre 2010 presso Merano arte

This publication accompanies the traveling exhibition
Living in the Alps
May 14, to September 12, 2010 at Merano arte

Herausgeber / A cura di / Editor

kunst Meran
im haus der Sparkasse
Lauben 163
I – 39012 Meran

Merano arte
edificio Cassa di Risparmio
Portici 163
I – 39012 Merano

www.kunstmeranoarte.org

Stiftung der Kammer der Architekten, Raumplaner, Landschaftsplaner, Denkmalpfleger der Provin Bozen
Sparkassenstraße 15
I – 39100 Bozen

Fondazione dell'ordine degli architetti, pianificatori, paesaggisti, conservatori della Provincia di Bolzano
Via Cassa di Risparmio 15
I – 39100 Bolzano

www.turrisbabel.it

Vorwort / Prefazione / Preface
Arch. Georg Klotzner kunst Meran
Arch. Luigi Scolari Stiftung der Architektenkammer Bozen

Expertentext zum Thema Wohnungsbau
Testo specialistico sul tema dell'edilizia abitativa
Specialist text on residential construction
Peter Ebner

Einleitung in die Ausstellung
Introduzione alla mostra
Introduction to the exhibition
Statement zur Konzeption und Gestaltung
Commento sull'ideazione e sull'allestimento
Statement on the concept and design
Eva Herrmann, Markus Kuntscher

Essays / Saggi / Essays
Luigi Scolari, Paolo Mazzoleni, Wolfgang Piller, Miha Dešman, Köbi Gantenbein, Hansjörg Hilti, Wojciech Czaja, Loredana Ponticelli, Christian Schittich, Axel Sowa

Redaktion / Redazione / Editorial staff
Ursula Schnitzer, Luigi Scolari, Eva Herrmann, Markus Kuntscher

Projektkoordination Birkhäuser
Coordinamento progetto Birkhäuser
Project coordination Birkhäuser
Andrea Wiegelmann, Sarah Schwarz

Projektaufbereitung und -präsentation
Elaborazione e presentazione del progetto
Project editing and presentation
Eva Herrmann, Markus Kuntscher

Planaufbereitung / Elaborazione disegni / Plan editing
Michael Freyer, Nick Beckbissinger, Stephanie Reichenberger

Übersetzungen / Traduzioni / Translations
Lukas Abram, deutsch
Umberto Bonagura, italiano
Giovanni Dissegna, italiano
David Koralek / ArchiTrans, english
Ralph Nisbet, english
Joseph O'Donnell, english
Wolfgang Piller, deutsch
Sabine Rochlitz, deutsch
Jutta Telser, deutsch
Anabel Witry, français
Margot Wittig, deutsch

Lektorat / Lettorato / Copy editing
Carlo Calderan, italiano
Leila Kais, english
Claudia Sacchetto, italiano
Sarah Schwarz, deutsch

Gestaltung / Progetto / Design
Andrea Muheim, www.aamm.ch
Lioba Wackernell, www.granitweb.it
thanks to Manfred Alois Mayr

Fotografie / Fotografia / Photography
Hartmut Nägele

Fotografen der Projektauswahl
Fotografi progetti selezionati
Photographers of the selected projects
Alberto Muciaccia, Alexa Rainer Bozen / Milano, Alfredo Muciaccia, André Morin, Arch. Paul Senoner, architekten mayer+seidl, Architekturbüro Prof. Herbert Meyer-Sternberg, Bargetze + Partner, Bruno Klomfar, Christoph Scheithauer, Close up AG Roland Korner, Dietger Wissounig, Eduar Hueber / Archfoto.com, Fabijanic, Laginjing, Florian Holzherr, Foto atelje Pavsic Zavadlav, Franco Pessina Architetto FAS, Franz Rindlisbacher, Zürich, Gaston Wicky, Georg Hofer, Brixen, Gerhard Klocker, Gernot Gleiss Klagenfurt, Gianni Antoniali, Günter Laznia, Günter Richard Wett, Guy Depollier, Hartmut Nägele, Heinrich Helfenstein, Heinz Fahrni, Architekt, Hisao Suzuki, Ignacio Martinez, James Morris, Jürgen Eheim, Lazzarini Architekten, Samedan, Lew Rodin, Lukas Schaller, Lupe, Bozen, Mag. Gisela Erlacher, Mag.art. Gebhard Sengmüller, Wien, Manuela Tessaro / Alberto Franceschi, Marco Castelletti, Capogruppo, Margherita Spiluttini, Markus Bstieler, Massimo Crivellari / Andrea Pertoldeo, Matevž Paternoster, Michael Meier und Marius Hug Architekten, Zürich, Milli Kaufmann, Miran Kambič, Miriam Raneburger. Verena Melgarejo, Nigel Young / Foster + Partners, pateyarchitectes, Paul Ott, Pedevilla Architekten, Peter Eder, Rainer Retzlaff, Ralph Feiner, Malans, Rene´ Riller, Robert Fleischanderl, Roger Frei, Zürich, s+p dinkel Architekturbüro, sps-architekten zt GmbH, Steinert Architekten, Studio Krauss, Studio Piller, Tomaz Gregoric, V. Sedy, Wendelin Burkhardt, Willi Schnöll, Wolfgang C Retter